湖北省学术著作出版专项资金资助项目

中国科举文化通志　主编　陈文新

本书为教育部人文社会科学重点研究基地重大项目（15JJDZONGHE017）暨武汉大学自主科研项目阶段性成果，得到中央高校科研基本业务费、『万人计划』青年拔尖人才计划支持

元明科举与文学考论

余来明　著

武汉大学出版社
WUHAN UNIVERSITY PRESS

图书在版编目(CIP)数据

元明科举与文学考论/余来明著.—武汉：武汉大学出版社,2015.12
中国科举文化通志/陈文新主编
ISBN 978-7-307-17088-9

Ⅰ.元… Ⅱ.余… Ⅲ..①科举制度—研究—中国—元代 ②科举制度—研究—中国—明代 ③中国文学—古典文学研究—元代 ④中国文学—古典文学研究—明代 Ⅳ.①D691.3 ②I206.2

中国版本图书馆 CIP 数据核字(2015)第 261635 号

责任编辑:白绍华　　责任校对:李孟潇　　版式设计:马　佳

出版发行：**武汉大学出版社**　(430072　武昌　珞珈山)
(电子邮件：cbs22@whu.edu.cn　网址：www.wdp.com.cn)
印刷：武汉中远印务有限公司
开本：787×1092　1/16　印张:17.5　字数:380 千字　插页:4
版次:2015 年 12 月第 1 版　2015 年 12 月第 1 次印刷
ISBN 978-7-307-17088-9　定价:88.00 元

《中国科举文化通志》总序

陈文新

(一)

科举是中国古代最为健全的文官制度。它渊源于汉，始创于隋，确立于唐，完备于宋，兴盛于明、清两代。如果从隋大业元年（605）的进士科算起，到清光绪三十一年（1905）被废除，科举制度在中国有整整1300年的历史。科举制度还曾“出口”越南、朝鲜等国，扩大了汉文化的影响。始于19世纪的西方文官考试制度，其创立也与中国科举的启发相关。孙中山在《五权宪法》等演讲中反复强调：中国的科举制度是世界各国中所用以拔取真才之最古最好的制度。胡适也说：“中国文官制度影响之大，及其价值之被人看重”，“是我们中国对世界文化贡献的一件可以自夸的事”。①

科举制度具有如此强大的生命力，其原因在于，它在保证“程序的公正”方面具有空前的优越性。官员选拔的理想境界是“实质的公正”，即将所有优秀的人才选拔到最合适的岗位上。但这个境界人类至今未达到过。不得已而求其次，“程序的公正”就成为优先选择。“中国古代独特的社会结构是家族宗法制，家长统治、任人唯亲、帮派活动、裙带关系皆为家族宗法制的派生物，在重人情与关系的社会文化背景下，若没有可以操作的客观标准，任何立意美妙的选举制度都会被异化为植党营私、任人唯亲的工具，汉代的察举推荐和魏晋南北朝的九品官人法走向求才的死胡同便是明证。”“古往今来科举考试一再起死回生的历史说明：自古以来，中国就是一个人情社会，人情与关系在社会生活中起着重要的作用，为了防止人情的泛滥，使社会不至于陷入无序的状态，中国人发明了考试，以考试作为维护社会公平和社会秩序的调节阀。悠久的科举历史与普遍的考试现实一再雄辩地证明，考试选才具有恒久的价值。”② 从这一角度看，科举制度不但在诞生之初有着巨大的进步意义，而且在整个中国历史和世界历史上，都是一个了不起的创造。较之前代的选官制度，如汉代的察举、征辟制和魏文帝时开始推行的九品中正制等，科举制度都更加公正合理。

---

① 胡适：《考试与教育》，《胡适文集》第12册，北京大学出版社1998年版，第508页。

② 刘海峰：《科举学导论》，华中师范大学出版社2005年版，第113、136页。

作为一项从整体上影响国民生活的官员选拔制度，科举制度对于维护我们这个幅员辽阔的多民族国家的统一稳定，其作用是无论怎样估计也不会过高的。胡适这位新文化运动的领袖，虽然一再愤愤不平地说到中国文化的种种不是，但在《考试与教育》一文中，他也毫不含糊地指出：在古代那种交通极为不便的情形下，中央可以不用武力来维持国家的统一是由于考试制度的公开和公平。胡适所说的公平，包括三种含义：一是公开考选，标准客观。二是顾及各地的文化水准，录取的人员，并不偏于一方或一省，而是遍及全国。三是实行回避制度，“就是本省的人不能任本省的官吏，而必须派往其他省份服务。有时候江南的人，派到西北去，有时候西北的人派到东南来。这种公道的办法，大家没有理由可以反对抵制。所以政府不用靠兵力和其他工具来统治地方，这是考试制度影响的结果”①。这些话出于胡适之口，足以说明，即使是文化激进主义者，只要具有清明的理性，也不难看出科举制度的合理性。

作为一项从整体上影响国民生活的官员选拔制度，科举制度不仅具有历史研究的价值，而且有助于我们思考当今人事制度的改革问题。2005 年，任继愈曾在《古代中国科举考试制度值得借鉴》一文中提出设立“国家博士”学位的设想。其立论前提是：我国目前由各高校授予的博士学位缺少权威性和公正性。之所以不够权威和公正，不外下述几个原因。其一，“各校有自己的土标准，执行起来宽严标准不一，取得学位后，它的头衔在社会上流通价值都是同等的”，这当然不公平。其二，研究生入学后，第一年大部分时间用在外语上，第二年大部分时间忙于在规定的某种等级的刊物上发论文，第三年忙于找工作，这样的情形，怎么可能培养出货真价实的博士？其三，几乎所有名牌大学都招收“在职博士生”，有的博士研究生派秘书代他上课，甚至不上课而拿文凭，这样的博士能说是名副其实的吗？只有设立“国家博士”学位，采用统一标准选拔人才，这样的“博士学位”才具有权威性和公正性。而国家在高级人才的选拔方面统一把关，不仅可以避免“跑”博士点和博士生扩招带来的许多弊病，有助于社会风气的改善，而且，由于只管考而不必太多地管教，还可以节省大量开支。就这一点而言，中国古代的科举制度的确是值得参考借鉴的。任继愈的这篇文章现已收入《皓首学术随笔·任继愈卷》（中华书局 2006 年版），有心的读者不妨一阅。

与任继愈的呼吁相得益彰，早在 1951 年，钱穆就发表了《中国历史上的考试制度》一文。针对民国年间（1911—1949）人事管理腐败混乱的状况，他痛心疾首地指出：科举制“因有种种缺点，种种流弊，自该随时变通，但清末人却一意想变法，把此制度也连根拔去。民国以来，政府用人，便全无标准，人事奔竞，派系倾轧，结党营私，偏枯偏荣，种种病象，指不胜屈。不可不说我们把历史看轻了，认为以前一切要不得，才聚九州铁铸成大错”②。钱穆的意思是明确的：参考借鉴科举制度，有助于人事管理的规范化和公正性。1955 年，他在《中国历代政治得失》一书中进一步指出：“无

① 胡适：《胡适文集》第 12 册，北京大学出版社 1998 年版，第 506 页。

② 钱穆：《国史新论》，东大图书公司 1984 年版，第 114~115 页。

论如何，考试制度，是中国政治制度中一项比较重要的制度，又且由唐迄清绵历了一千年以上的长时期。中间递有改革，递有演变，在历史进程中逐渐发展，这绝不是偶然的。直到晚清，西方人还知采用此制度来弥缝他们政党选举之偏陷，而我们却对以往考试制度在历史上有过上千年以上根柢的，一口气吐弃了，不再重视，抑且不再留丝毫顾惜之余地。那真是一件可诧怪的事。”① 现代中国的人事管理理应借鉴源远流长的科举制度，这是毫无疑问的。至于如何借鉴，则是我们需要认真思考的问题。

（二）

作为一项从整体上影响国民生活的官员选拔制度，科举制度以其“程序的公正”为国家选拔了大量行政官员，在提高全民族的文化水准和维护我们这个多民族国家的统一稳定方面，发挥了直接而巨大的作用，这是其显而易见的功能；它还有其他不那么显著却同样值得重视的功能，即意识形态功能和人文教育功能：科举制度以其对社会的整体影响力将儒家经典维持世道人心的作用发挥到极致。我们试就此略作讨论。

明清时代有一项重要规定：科举以《四书》《五经》为基本考试内容。这一规定是耐人寻味的。《论语》《孟子》等儒家经典是秦汉以来中国传统社会维系人心、培育道德感的主要读物。我们经常表彰“中国的脊梁”，一个毋庸置疑的事实是，秦汉以降，“中国的脊梁”大多是在儒家经典的教育下成长起来的。以文天祥为例，这位南宋末年的民族英雄，曾在《过零丁洋》诗中说：“人生自古谁无死？留取丹心照汗青。”“丹心”，就是蕴蓄着崇高的道德感的心灵。他还有一首《正气歌》，开头一段是：“天地有正气，杂然赋流形。下则为河岳，上则为日星。于人曰浩然，沛乎塞苍冥。皇路当清夷，含和吐明庭。时穷节乃见，一一垂丹青。”身在治世，正气表现为安邦定国的情志；身在乱世，则表现为忠贞坚毅的气节。即文天祥所说：“当其贯日月，生死安足论。”1282 年，他在元大都（今属北京）英勇就义，事前他在衣带中写下了这样的话：“孔曰‘成仁’，孟曰‘取义’。惟其义尽，所以仁至。读圣贤书，所学何事？而今而后，庶几无愧。”《四书》《五经》的教诲，确乎是他的立身之本。

文天祥是宝祐四年（1256）状元。这是一个值得关注的事实。它表明：进士阶层在实践儒家的人格理想方面，其自觉性远远高于社会的平均水平。宋代如此，明代如此，甚至连元代也是如此。清代史学家赵翼曾论及“元末殉难者多进士”这一现象：“元代不重儒术，延祐中始设科取士，顺帝时又停二科始复。其时所谓进士者，已属积轻之势矣，然末年仗节死义者，乃多在进士出身之人。”（赵翼《廿二史劄记》卷三十《元末殉难者多进士》）接下来，赵翼列举了余阙、泰不华、李齐、李黼、王士元、赵琏、周镗、聂炳元、刘耕孙、丑闾、彭庭坚、普颜不花、月鲁不花、迈里古思等死难进

① 钱穆：《中国历代政治得失》，三联书店 2001 年版，第 89 页。

士，最后归结说："诸人可谓不负科名者哉，而国家设科取士亦不徒矣。"① 在元末殉难的进士中，余阙（1303—1358）是最早战死的封疆大臣。他的朋友蒋良，一次和他谈起国难，余阙推心置腹地说："余荷国恩，以进士及第，历省居馆阁，每愧无报。今国家多难，授予兵戎重寄，岂余所堪。然古人有言：'为子死孝，为臣死忠。'万一不幸，吾知尽吾忠而已。"余阙殉难后，蒋良作《余忠宣公死节记》，开篇即强调说："有元设科取士，中外文武著功社稷之臣历历可纪。至正辛卯，兵起淮、颍，城邑尽废，江、汉之间能捍御大郡、全尽名节者，守豫帅余公廷心一人而已。"② 在余阙"擢高科"的履历与他忠勇殉节的人格境界之间，人们确认有其内在联系。无独有偶，《元史·泰不华传》在记叙元末另一著名的死节之臣泰不华（1305—1352）时，也着重指出：其人生信念的基本依据是他作为"书生"所受的儒家经典教育。在与方国珍决战前夕，泰不华曾对部从说过一番词气慷慨的话："吾以书生登显要，诚虑负所学。今守海隅，贼甫招徕，又复为变。君辈助我击之，其克则汝众功也，不克则我尽死以报国耳。""书生""所学"与捐躯"报国"之间关系如此密切，足见以《四书》《五经》作为基本考试教材的科举制度，它在维持世道人心方面的作用的确是巨大而深远的。

儒家经典维持世道人心的功能不仅泽及宋元，泽及明清，甚至泽及已经废除了科举制度的现代。其实这并不令人感到奇怪。原因在于，不少现代名流的少年时光是在科举时代度过的，他们系统地受过这种教育，耳濡目染，其人生观在早年即已确立并足以支配一生。儒家经典的生命力由此可见。科举制度的余泽亦由此可见。

这里我想特别提及五四新文化运动的领袖胡适，并有意多引他的言论。之所以关注他，是因为，世人眼中的胡适，只是一个文化激进主义者，以高倡"打倒孔家店"著称。人们很少注意到，胡适在表面上高呼"打倒孔家店"，但在内心里仍对孔子和儒家保留了足够的敬意，是儒家人生哲学的虔诚信奉者和实行者。唐德刚编译《胡适口述自传》，第二章有胡适的如下自白："有许多人认为我是反孔非儒的。在许多方面，我对那经过长期发展的儒教的批判是很严厉的。但是就全体来说，我在我的一切著述上，对孔子和早期的'仲尼之徒'如孟子，都是相当尊崇的。我对十二世纪'新儒学'(Neo-Confucianism)('理学')的开山宗师的朱熹，也是十分崇敬的。""在这场伟大的'新儒学'(理学）的运动里，对那（道德、知识；也就是《中庸》里面所说的'诚则明矣，明则诚矣'的）两股思潮，最好的表达，便是程颐所说的：'涵养须用敬，进学则在致知。'后世学者都认为'理学'的真谛，此一语足以道破。"同一章还有唐德刚的一段插话："'要提高你的道德标准，你一定要在"敬"字上下功夫；要学识上有长进，你一定要扩展你的知识到最大极限。'适之先生对这两句话最为服膺，他老人家不断向我传教的也是这两句。一次我替他照相，要他在录音机边作说话状，他说的便是这两句。所以胡适之先生骨子里实在是位理学家。他反对佛教、道教乃至基督教，都是从

① 赵翼著，王树民校证：《廿二史劄记校证》，中华书局 1984 年版，第 706 页。

② 杨讷等编：《元代农民战争史料汇编》中编第一分册，中华书局 1985 年版，第 268 页。

‘理学’这条道理上出发的。他开口闭口什么实验主义的，在笔者看来，都是些表面账。吾人如用胡先生自己的学术分期来说，则胡适之便是他自己所说的‘现代期’的最后一人。”① 胡适是在少年时代接受儒家经典教育的，在经历了废止科举、“打倒孔家店”等种种变故后，儒家的人生哲学仍能贯彻其生命的始终，由此不难想见，在中国传统社会尤其是科举时代，儒家经典对社会精神风貌的塑造可以发挥多么强大的功能。虽然生活中确有教育目标与实际状况两歧的情形，但正面的成效仍是不容忽视的。

“精神文明”是中国人常用的一个概念。“精神文明”是相对物质文明而言的，就个人而言，需要长期的修养，就民族而言，需要长期的培育。中国古人对这一点体会很深，所以常常强调“潜移默化”，经由耳濡目染的长期熏陶，价值内化，成为一种道德规范。如果这种道德规范大体近于人情，既“止乎礼义”而又“发乎性情”，它对社会的稳定，对人类精神境界的提升，都将发挥重要作用。这就是文化的功能。目前教育界所说的“深厚的人文知识素养，有助于塑造高尚的精神世界，提高健康的审美能力”，与这个意思是相通的。《四书》《五经》作为科举时代的基本读物，人文教育功能是其不容抹杀的价值，并因制度的保障而得到了充分的发挥。

美国学者罗兹曼认为：科举制在中国传统社会结构中居于中心的地位，是维系儒家意识形态和儒家价值体系正统地位的根本手段。科举制在1905年被废止，从而使这一年成为新旧中国的分水岭：它标志着一个时代的结束和另一个时代的开始，其划时代的重要性甚至超过辛亥革命；就其现实和象征性的意义而言，科举革废代表着中国已与过去一刀两断，这种转折大致相当于1861年沙俄废奴和1868年的日本明治维新后不久的废藩。② 罗兹曼的意见也许是对的。而我想要补充的问题是：在科举制废止之后，如何保证《四书》《五经》的人文教育功能继续得到发挥？

（三）

科举制度曾经有过辉煌的历史，科举制度对现代中国的发展更有足资借鉴的意义。整理与研究历代科举文献，其意义也需要从历史与现实两个角度加以说明：一方面是传承文化，传承文明，让这份丰厚的遗产充分发挥塑造民族精神的作用，另一方面是去粗取精，古为今用，让它在现实的中国社会重放异彩，成为人事制度改革的重要智力资源。这是我们编纂出版《中国科举文化通志》的初衷，也是我们不辞劳苦从事这一学术工作的动力。

《中国科举文化通志》重点包括下述内容：

1. 整理、研究反映科举制度沿革、影响及历代登科情形的文献。

---

① 胡适：《胡适文集》第1册，北京大学出版社1998年版，第418、433页。

② ［美］吉尔伯特·罗曼兹主编，国家社会科学基金“比较现代化”课题组译：《中国的现代化》中译本，江苏人民出版社1988年版，第335、635页。

从《新唐书》开始，历代正史多有《选举志》。历代《会要》、《实录》、《纪事本末》等史传、政书之中，相当一部分是关于科举制度沿革的资料。还有黄佐《翰林记》、陆深《科场条贯》、张朝瑞《明贡举考》、冯梦祯《历代贡举志》、董其昌《学科考略》、陶福履《常谈》等一批专书。历代《登科录》和杂录类书籍，也保存了大量关于科举的材料。唐代登科记多已散失亡佚，有清代徐松的《登科记考》可供参考。宋元登科记保存稍多，明清有关文献尤为繁富。

2. 整理、研究与历代考试文体相关的教材、试卷、程文及论著等。

八股文是最引人注目的考试文体。八股文集有选本、稿本之分。重要的选本，明代有艾南英编《明文定》、《明文待》，杨廷枢编《同文录》，马世奇编《澹宁居文集》，黎淳编《国朝试录》等；清朝有纪昀《房行书精华》，王步青编《八法集》；还有《百二十名家集》，选文3000篇，以明代为主；《钦定四书文》，明文4集，选文480余篇，清文1集，选文290余篇。稿本为个人文集。明清著名的八股大家，如明代的王鏊、钱福、唐顺之、归有光、艾南英，清代的刘子壮、熊伯龙、李光地、方苞、王步青、袁枚、翁方纲等人，均有稿本传世。相关著述数量也不少。清梁章钜《制义丛话》等，是研究八股文的重要论著。其他考试文体，如试策、试律等，也在我们关注的范围之内。这些科举文献，一般读者不易见到，或只能零零星星地见到一些，或虽然见到了也难以读懂，亟待系统地整理出版，以供研究和阅读。

《中国科举文化通志》包括以下数种：《历代制举史料汇编》、《历代律赋校注》、《唐代试律试策校注》、《八股文总论八种》、《七史选举志校注》、《四书大全校注》、《游戏八股文集成》、《明代科举与文学编年》、《明代状元史料汇编》、《钦定四书文校注》、《翰林掌故五种》、《贡举志五种》、《〈游艺塾文规〉正续编》、《钦定学政全书校注》、《梁章钜科举文献二种校注》、《〈清实录〉科举史料汇编》、《二十世纪科举研究论文选编》、《明代科举与文学编年》、《〈礼部韵略〉与宋代科举》、《元明科举与文学考论》、《游戏八股文研究》、《明代八股文选家考论》、《唐代科举与试赋》、《〈儒林外史〉的现代误读》、《科举废止前后的晚清社会与文学》等。我们这套《中国科举文化通志》，以涵盖面广和分量厚重为显著特征，可以从多方面满足阅读和研究之需。而在整理、研究方面投入的心力之多，更是有目共睹。我们的目的是为推进学术作出力所能及的贡献。

《中国科举文化通志》是一项规模宏大、任务艰巨、意义深远的大型出版文化工程。编纂任务主要由武汉大学专家承担，并根据需要从中国人民大学、南京大学、中国艺术研究院、厦门大学、华中师范大学、陕西师范大学、扬州大学、中南民族大学、中南财经政法大学等高校或科研院所聘请了若干学者。南京大学卞孝萱先生、中华书局傅璇琮先生、中国社会科学院邓绍基先生等在学术上给我们提供了若干指导；参与这一工程的各位专家不辞辛苦，努力工作，保证了编纂进度和质量；武汉大学出版社鼎立支持《中国科举文化通志》的出版；所有这些，我们将永远铭记在心。

2015年4月13日

于武汉大学

目　录

上　编

下　编

上　编

壹、元代进士生平家世补考

元代前后百余年，共举行过十六科进士考试。然而由于进士录和登科录的缺乏(存世的仅有两科，且颇多错漏)，各科进士生平经历都有待进一步考证。近年来，经由陈高华、萧启庆、王德毅、杨镰、桂栖鹏、沈仁国等先生的努力，取得了很大进展。然而中国古代文献浩如烟海，非短时间内所能穷尽，其间不免遗漏错讹之处。出于研究兴趣，笔者长期致力于阅读明人文集，其中有不少记载涉及元代进士。兹就所见略作厘析，以期能进一步丰富对元代进士生平仕履的了解。

一、高若凤

高若凤，至治元年(1321)进士。王德毅等编《元人传记资料索引》辑录两条资料：《古今图书集成氏族典》、《元诗选癸集》，并系以小传云："高若凤，字在翁，号灞雪，吉水人。至治元年进士，授建昌州判。泰定三年，迁江西儒学副提举。元统二年，任大庾县尹。历平江路推官、福建帅府经历、广州路推官，终知封州。"①萧启庆《元至治元年进士辑录》所据资料更为丰富，但对其生平的描述与《索引》区别不大②。翟国璋主编《中国科举辞典》于元代科举人物亦载录其人，生平叙述仅比《索引》多出"累校文江南三省"一句③。

明成祖永乐四年(1406)，解缙为其母高妙莹作《先妣高太夫人鉴湖阡》，同时提到其祖解子元和外祖高若凤：

> 先妣高太夫人讳妙莹，字淑婉。高氏自南平至崇文裔孙逸为吉州判官，因家焉。……考讳若凤，字在翁，学者称灞雪先生。至治辛酉进士，朝列大夫、知封州。母周氏，故宋进士周路铃公孙，进士知天河县讳以仁公女，家法严整，累赠渤

① 王德毅等：《元人传记资料索引》，中华书局1987年版，第1017页。

② 萧启庆：《元至治元年进士辑录》，《宋旭轩教授八十荣寿论文集》，台北"国史馆"2000年版，第778页。

③ 翟国璋：《中国科举辞典》，江西教育出版社2006年版，第570页。

海郡太夫人。封州公以大(泰)定乙丑判建昌，太夫人生于廨舍，后历官南昌、南安、平江，常迎泰和公就养，太夫人亦从。……至正壬辰四月，兄镗、钜举义兵，母周太夫人卒于战舰。五月，先祖太史公讳子元兵败，为贼所执，大骂死之。先二日，封州公在广攻龙潭贼，中流矢，卒于军。事闻于朝，使者由海道追赠推诚尽节功臣、资德大夫、中书右丞。子金铨师逾年，城陷死之，赠推忠效节功臣、荣禄大夫、江西等处行中书省平章政事。至正癸巳，钜提兵复吉水，与贼战于乡，兵败，为贼所杀。①

根据上述记载，对高若凤生平仕履有以下几点须予补正：1. 高若凤卒于至正十二年(1352)，死后追赠推诚尽节功臣、资德大夫、中书右丞，其兄、其子亦死于兵乱。2. 高若凤出任建昌州判官，在泰定二年(1325)，其时距考中进士已四年，似为转官，而非初授。3. 根据解缙《先妣高太夫人鉴湖阡》所记，高若凤女高妙莹生于泰定二年(1325)，卒于洪武三十年(1397)，依此推断，高若凤死难时，年龄应在五十左右。

二、许广大

许广大，元统元年(1333)进士。元统元年因为有进士录传世，对其籍贯、家世等有详细记载："贯台州路天台县，民户。——《书经》。字具瞻，行一，年廿一，正月初十日酉时。曾祖渔著，宋进士。祖文的，父嗣。母张氏。重慈下。娶叶氏。乡试江浙第廿名，会试第十八名。授庆元路昌国州判官。"②萧启庆《元统元年进士录校注(下)》根据王元恭《至正四明续志》、王袆《送金华尹徐君序》、黄溍《赠文林郎江浙儒学副提举许公(嗣)墓志铭》、陈旅《思敬堂记》、余阙《送许具瞻序》、《宋元学案补遗别附》等文献，对许广大的家世、仕履有所补益③。翟国璋主编《中国科举辞典》于科举人物元代部分收载其人，生平履历大致沿袭萧文，未作补充④。王德毅等编《元人传记资料索引》广征文献，辑录各类资料23条，改其生年为至大二年(1309)，卒年不详⑤。

事实上，许广大的生平履历，刘基至正十五年(1355)所作《故鄞县尹许君遗爱碑

---

① 解缙：《文毅集》卷十二，文渊阁《四库全书》第1236册，台湾商务印书馆1986年影印版，第785-786页。后文所引《四库全书》中文集均据此版本。

② 萧启庆：《元统元年进士录校注(下)》，《食货月刊》(复刊)第13卷第3、4期，1983年，第54页。

③ 参见《元统元年进士录校注(下)》注释第301-304条。

④ 翟国璋：《中国科举辞典》，江西教育出版社2006年版，第533页。据该书《前言》，元代为沈仁国负责撰写。

⑤ 王德毅等：《元人传记资料索引》，中华书局1987年版，第1237-1238页。若据《元统元年进士录》记载，许广大当生于皇庆二年(1313)。

铭》有详细交代①。根据刘文，对许广大的家世、仕履等情况可作以下补正：1. 许广大卒于至正十三年(1353)7月6日(公历1353年8月5日)，享年46岁，以此上推，其生年当在至大元年(1308)。2. 许广大考中进士时实际年龄为25岁(虚岁26)，而不是《元统元年进士录》所说的21岁。黄溍《赠文林郎江浙等处儒学副提举许公墓志铭》(《金华黄先生文集》卷36)说他25岁考中进士，也是就实际年龄而言，而《元人传记资料索引》等将它误作虚岁，因而得出生于至大二年(1309)的判断。3. 许广大的去世是由于突然病发，“癸巳夏旱，君亲诣天井潭祷，即得大雨。未越月，部使者至郡，君前欲白事，忽疾作顿于地。舁归，卒”。许氏一生廉洁奉公，死后依靠各界捐助，其妻叶氏才得以将他归葬天台。许氏身后留有二子三女，长子名孟浩，次子庶出，名鄞生。

因系为许广大任鄞县县令期间的政绩树碑立传，刘基《故鄞县尹许君遗爱碑铭》对许氏任职期间的所作所为记载颇详：

> 其为武义时，尝奉府檄摄尹金华，金华、武义民争尹，诉宪府，累月乃以君还武义。未几，母宜人卒，君奉丧归天台。服阕，如京师。时盗起海上，连岁莫能讨，国家深为民之陷于非辜，咎在有司，乃更严考课法，命大臣各举可郡守县令者，验殿最，连及其赏罚。于是朝臣多以君荐。以庆元为浙东剧郡，且薄海，与鄞最密迩，乃奏君尹鄞。
>
> 君至，则先平其差役，与民约：以乡都大小分次第，较厚薄以均轻重，量远近以命程限，罢吏卒弗遣，有事则亲署于帖，俾都役相传递，令如约来。民视署缓急，如署至，同官或有为，而君有故不及署，则皆疑弗至，须尹署乃至。民有讦讼无不听，必召使来前亲与辨折，委曲反复，得其情然后行，虽倦惫无所苟。狱讼租赋有下于乡，悉如前约，群吏皆旁睨束手立，无敢容一(喙)②，大府亦无敢托以私者。以故乡人得咸安业，无意外费。于是新县学先圣庙，复甬东书院，延师教子弟，月朔望必亲视廪膳，课讲业，阐明伦理，敦笃行义，优礼耆德，奖拔后进，期以实效，鄞士习为之一变。其他如湖闸、水利、农桑、常平，无不悉心，以求合于民情土俗之宜。故为鄞五载，而人爱敬之如一日。
>
> 会兵革四起，郡邑承藩阃命供军实兵器，使者项领相望。庆元又树栅捍江，浚隍筑城，百役并作，君令人民均力从役，毫发不容有所私。事有所不可，即挺身陈利害，虽数忤上官意弗惮。无何，遂得罪于分省左丞，命君以军资入海，而不与之师。及诸军遇贼溃散，独责君令偿所失物，欲致之死。鄞老幼皆号泣诣阃，诉帅为解，得稍缓。比左丞以故去，君乃复署尹事。

---

① 刘基：《诚意伯文集》卷九，文渊阁《四库全书》第1225册，第238页。四部丛刊初编本《诚意伯刘文诚公文集》未见此文。王直《题许氏家训诗后》曾提及“刘伯温先生所为鄞尹许君遗爱碑”(《抑庵文后集》卷三十六)，当即指此碑铭。

② 原缺，据《刘伯温集》卷十二补，浙江古籍出版社2011年版，第235页。

通过以上记述，对王袆《送金华尹徐君序》“许君之治，济以刚果，为民兴利除害，政绩殊异”的评价才有更形象、具体的认识。

三、解子元

解子元，至正五年(1345)进士。王德毅等编《元人传记资料索引》列举资料 4 条：《古今图书集成氏族典》、《古今图书集成官常典》、《元史类编》及《新元史》，所系小传云：“解子元，字真我，吉水人。举进士，官太史院校书郎。至正间，募义兵保乡，为寇所困，力战死。”①萧启庆《元至正前期进士辑录》据欧阳玄《跋刘士行墓志铭》、《万历吉安府志》、《元史类编》等文献，撰其小传云：“解子元，字真我，吉安路吉水(今江西吉水)人，由国子学登至正五年进士第，故为国子进士。官太史院校书郎，至正间募义兵保乡，力战死。”②

对于解子元的生平、仕履，解缙作于明惠帝建文二年(1400)的《鉴湖阡表》有详细叙述：

> 先大父字真我，讳子元，号竹梧。至正乙酉进士。得便道养亲，仕为安福州判官。迁太史院校书郎，授承务郎、东莞县尹。元季死节于乡，有赠官，祀于忠节祠。大母徐氏，里中林隐先生之女。林隐殷家，有知监再世，深得其助。先公少从大父学，后又遍受业于经师，有体有用，在朝在野诸公俱器重之。至正甲午，以先祖死节事闻，归吉讨贼。③

阡表系为其父解开所作，叙述解氏家世渊源甚为详细。据其记述，对解子元生平可作以下补正：1. 解子元考中进士后，为便于养亲，初授安福州判官，其后历官太史院校书郎、东莞县尹。殉难后，元政府曾赠官参知政事，但其子解开并未接受。2. 据前引《先妣高太夫人鉴湖阡》记载，解子元卒于至正十二年(1352)。而据解缙《鉴湖阡表》所说，解开生于皇庆元年(1312)，卒于洪武三十一年(1398)，解子元登进士第时，其子年已34，子元年龄当在55岁左右，相比高若凤至治元年(1321)登第，足足晚了25年，可算是“持之以恒”。3. 解子元应是由乡贡进士参加会试进而登第，而并非萧文所说的“国子进士”。分歧在于对欧阳玄《跋刘士行墓志铭》记载的不同理解。欧文云：“庐陵处士刘士行父，以经学名家。曩予在京师国学，进士解子元尝请序其诗文矣。”④按照萧先生的理解，后一句的断句应为“曩予在京师，国学进士解子元尝请序其诗文矣”。这一判

---

① 王德毅等：《元人传记资料索引》，中华书局1987年版，第1623页。

② 萧启庆：《元至正前期进士辑录》，《燕京学报》新10期，北京大学出版社2001年版，第189页。

③ 解缙：《文毅集》卷十二，文渊阁《四库全书》第1236册，第784页。

④ 欧阳玄：《圭斋文集》卷十四，四部丛刊初编本。

断可能存在误解，理由有二：(1)至正五年，解子元已年过五旬，如果此时仍在国子监读书，于事理不符；(2)根据《鉴湖阡表》记载，解开"至正初入太学"，而假如解子元仍在国子受学，则存在父子同在国子监读书之事，于理似亦不通。

四、萧飞凤

萧飞凤，至正十一年(1351)进士。萧启庆《元至正十一年进士题名记校补》据《明太祖实录》载萧氏吴元年(1367)辞官一事，而对其在元代的仕履则以为"不详"①。翟国璋主编《中国科举辞典》于元代科举人物亦载其人，小传云："萧飞凤，吉安路吉水州(今江西吉水)人。元至正十一年(1351)二甲进士。朱元璋吴元年(1367)，征至金陵，以老疾辞归。"②其元代的仕履亦付阙如。

实际上，杨士奇《张母萧安人墓志铭》曾略及萧飞凤其人，说他在元朝曾历官天临路湘阴州(今湖南湘阴)同知：

> 永乐十六年，刑部主事吉水张宗琏扈从在北京，闻其母安人之讣，匍匐奔归，过南京，奉事状求余铭墓。……按状，安人姓萧氏。萧故邑中儒家，从学欧阳巽斋先生为高第，曰定夫，其曾祖也。曰从大，曰自敏，其祖、其父也。登元至正辛卯进士第、授湘阴州同知曰飞凤，其世父也。母颜氏。父母无他子，惟安人，故甚爱之，而自幼端重，不肯纵肆，惟日务女红，凡为之辄精致。湘阴家居教授，安人自内习闻其教，而益谨于礼度。湘阴爱之，择配以归同里张彦忱。③

根据墓志，可以对萧氏的家世有基本了解。萧氏为吉安路吉水(今江西吉水)人，世代业儒。祖父萧定夫，从学于欧阳守道，父萧从大，弟萧自敏。萧飞凤登第后，授官湘阴同知，一任即退，此后一直居家授徒。

五、何淑

何淑，至正十一年(1351)进士。《辛卯会试题名记》作"何淑成"，萧启庆《元至正十一年进士题名记校补》以之为基础，并据《光绪抚州府志》卷六十九补录小传："何淑成，字伯善，抚州路乐安县人。授武冈县丞，阻于兵，未就任。明洪武四年(1371)奉

---

① 萧启庆：《元至正十一年进士题名记校补》，《食货月刊》(复刊)第16卷第7、8期，1987年，第75页。

② 翟国璋：《中国科举辞典》，江西教育出版社2006年版，第571页。

③ 杨士奇：《东里续集》卷四十，文渊阁《四库全书》第1239册，第193-194页。

诏至京，以老疾辞归。”①吴小红《泰定元年进士张观、至正十一年进士何淑事迹补证》据《弘治抚州府志》及梁寅所作《江西贡院唱和诗序》，对《题名记校补》所录“何淑成”予以考辨，以为当作“何淑”，然而由于缺乏直接证据，不乏推测之辞②。

事实上，“何淑成”确为“何淑”之误，其登至正十一年进士第及仕履、家世，杨士奇《蠖闇集序》有明确交代：

> 何先生名淑，以《诗经》名家，登至正辛卯进士第，授湖广武冈县丞。会湖湘寇乱，不果上。时吴伯高为江西廉访使，辟先生署从事，不就。虽寇祸延及乡里，而执经相从者常不绝。洪武中，以贤良征，继以太子宾客召，皆引疾辞。他日，特召天下名士九人，先生预焉。既至，入见，固以疾辞归，而从学者益众。朝廷后复遣使即其家起之，时蜀献王亦遣使奉书币来聘，盖先生以前月捐馆矣，使者相顾叹息而去。③

较之萧启庆、吴小红二文的考证，《蠖闇集序》的记载更为明晰详实，可以征信。根据序中记载，对何淑生平家世可作以下几点补正：1. 何淑考中进士后，因为南方战乱频仍，一直隐居乡里，以授徒为业，明初虽曾应征至京，却并未接受官职。《弘治抚州府志》的记载与此相符，和不少地方志误记进士题名的情况不同。2. “蠖闇”既是他居所的名称，又是他的别号，《弘治抚州府志》误作“蠖庵”。这一点，可以他为邓雅《玉笥集》作序时的署名予以佐证，序末署“临川老友蠖闇道人”。3. 何淑所撰文集以“蠖闇”命名，共八卷，《文渊阁书目》卷二、《千顷堂书目》卷十七均有记载。除此之外，尚著有《诗经衍义》等书。4. 何淑有一个名叫何士彦的孙子，曾任宁国府学训导。

此外，刘崧《哀张以修辞》也提到何淑：“洪武四年夏，朝廷以言者征前进士刘于吉之永丰。其至也，廷臣以于见，上欲官之，于叩首再拜，以迂疏不任吏事辞。上许之，乃荐其所知者三人而退。三人，乐安张洁、何淑暨安成伍朝宾也。上命省部近臣即籍而征之。五月，洁与淑偕至京师，次于侍仪司之东室。既数日，洁得疾遂卒。”④据此，对何淑洪武四年应召原委可以有更详细的了解。

---

① 萧启庆：《元至正十一年进士题名记校补》，《食货月刊》(复刊)第16卷第7、8期，1987年，第76页。王德毅等编《元人传记资料索引》所录文献和小传与之相同。《索引》最初由台北新文丰出版公司于1979—1982年陆续出版，在萧文之前。

② 吴小红：《泰定元年进士张观、至正十一年进士何淑事迹补证》，刘迎胜主编《元史及民族与边疆研究集刊》第18辑，上海古籍出版社2006年版，第24-26页。

③ 杨士奇：《东里续集》卷十四，文渊阁《四库全书》第1238册，第544页。

④ 刘崧：《槎翁文集》卷十五，四库全书存目丛书影嘉靖元年徐冠刻本。

六、夏日孜

夏日孜登至顺元年(1330)进士第，今人所编各类索引、辞书均有记载。如王德毅等编《元人传记资料索引》云："夏日孜，字仲善，吉水人。至顺元年进士，授建昌州判官，改兴国路录事。至正四年，迁尹会稽。"①列举文献8种：刘岳申《赠夏仲善之官会稽》、虞集《送会稽宰进士夏仲善》、贡师泰《重修南镇庙碑》、许有壬《怀坡楼记》、陶宗仪《书史会要补遗》、《万历绍兴府志》、《宋元学案补遗》、《新元史》。萧启庆《元至顺元年进士辑录》载："夏日孜，字仲善，吉安路吉水人(今江西吉水)。夏氏家世业儒，宋有父子入胄监者。日孜乡试江西第一，登本科三甲进士。历任建昌州判官，至元三年(1337)任兴国路录事，迁会稽县尹，以病去官，卒年四十四。善书，楷书学颜鲁公。从弟夏霖(1310—1375)，屡试不利。"②据以撰录的文献包括：《类编历举三场文选》、许有壬《怀远楼记》、刘岳申《赠夏仲善之官会稽》、陶宗仪《书史会要补遗》、《宋元学案补遗》、危素《送夏仲信序》。《中国科举辞典》于元代科举人物收录其人，小传较上述记载并无增述③。

根据以上记述，研究者对夏日孜生平仕履已有基本了解，但却不够清晰。而明人刘崧所作《夏日孜传》④，对其生平家世有更为详细的记载，根据传中记述，较前人考述可作以下补充：

1. 夏氏先为金陵人，南宋建炎(1127—1130)初，迁至吉水。

2. 曾祖桂父，宋淳祐、宝祐间，由胄监两贡升上舍，祖得一，入补国学生，此即所谓"宋有父子入胄监者"。

3. 天历二年(1329)考中江西行省乡试第一名之前，夏日孜还参加过至治三年(1323)的乡试，并且考中该年江西乡试《易经》场第一名，次年会试下第，以恩例授瑞州路儒学正。

4. 夏日孜由绍兴路会稽县尹去官，原因并非自己生病，而是"母病"。

5. 夏日孜归家后，突遭怪病，逾月而卒，享年仅44岁。

6. 根据《传》中所说"初贡时年二十，再贡二十有六"，知夏日孜生于大德八年(1304)，卒于至正七年(1347)。

7. 及门弟子中，山东刘谦、河南李玉、松江黄璋、临江章大雅，均由举人发身。

8. 夏日孜身后留有二子，长子夏璜，卒于至正十二年(1352)，次子夏瓒。

夏日孜被取中天历二年江西行省乡试第一名，其中还经历了一番曲折。根据解缙

---

① 王德毅等：《元人传记资料索引》，中华书局1987年版，第861-862页。

② 萧启庆：《元至顺元年进士辑录》，《文史哲学报》第52期，2000年6月，第200页。

③ 翟国璋主编：《中国科举辞典》(元代部分沈仁国负责)，江西教育出版社2006年版，第568页。

④ 刘崧：《夏日孜传》，《槎翁文集》卷二，四库全书存目丛书影嘉靖元年徐冠刻本。

《伯中公传》记载：

> 天历己巳，与弟蒙俱试，江西主事林兴祖欲举为首，彭士奇私于夏日孜。兴祖怒甚，捧两卷却立楹下，徐第为四、五，乃兄弟不失伦焉，士论庆之。①

说夏日孜因为与考官彭士奇的私人关系而被取中第一名，或是实情。彭士奇(1266—1331)，字琦初，吉安路庐陵(今江西吉安)人，泰定元年(1324)进士，历官南昌县丞、建昌经历、广东盐官。至治三年，彭士奇以58岁高龄举江西行省乡试第五名，而夏日孜也于同年与贡②。尽管二人年龄相去甚远，但按照科场惯例，二人即成为"同年"。泰定元年(1324)，彭士奇考中进士，而夏日孜则名落孙山。天历二年，彭士奇出任江西乡试考官，对与自己有"同年"之谊的夏日孜予以照顾，也是情理中事。另一位考官林兴祖，字宗起，福州罗源(今福建罗源)人，至治元年(1321)进士，授承事郎、同知黄岩州事，历官江西行省主事、铅山州同知、道州路总管③。夏日孜与解观、解蒙兄弟同为吉水人，夏日孜在被取中江西乡试头名后，于次年顺利考中进士，而解观兄弟此后却屡试不中。

七、刘畊孙

刘畊孙，今人所编各类索引、辞典均作刘耕孙。至正初，刘贞等编《类编历举三场文选》作刘畊孙，宋濂《故宁国路推官刘君墓志铭》亦作刘畊孙。二字可通用。

刘畊孙生平仕履，《元史》卷一百九十五《忠义三》、宋濂《故宁国路推官刘君墓志铭》均有详细记述，萧启庆《元至顺元年进士辑录》、翟国璋主编《中国科举辞典》所载刘氏小传即根据二文撰写。

关于刘畊孙生平，笔者所见文献无所补益。须予补证的，主要是刘畊孙的家世：

1. 刘三吾，名昆孙(一作如孙)，字三吾，以字行，为刘畊孙之幼弟。刘焘孙字长吾，刘畊孙弟，刘三吾兄，生平见王袆《刘焘孙传》④。刘三吾《留畊堂世德记》云："伯兄存吾所存心地，犹吾父所存心地也。其由甲科令临武……恒曰：'为官不在兴利，能

---

① 解缙：《文毅集》卷十一，文渊阁《四库全书》第1236册，第753页。

② 刘贞等：《类编历举三场文选》甲集卷四、丁集卷四、庚集卷四；转引自陈高华《两种〈三场文选〉中所见元代科举人物名录——兼说钱大昕〈元进士考〉》(《中国社科院历史研究所学刊》第1集，2001年)，收入《陈高华文集》，上海辞书出版社2005年版。又见刘诜《建昌经历彭进士琦初》(《桂隐文集》卷二)。

③ 宋濂等：《元史》卷一百九十二《良吏二》，中华书局1976年版，第4366-4367页。后文所引《元史》均据此本。

④ 王袆：《王忠文公集》卷十七，金华丛书本。

为民除害即所以利民。’……与二弟长吾、三吾恪遵家法，敦好族里。”①存吾，刘畊孙字。佚名《翰林学士刘三吾传》亦云：“刘三吾，名昆孙，三吾其字也，别号坦斋，以字行。系出宋楚国公之裔，世为茶陵人。大父平埜，父芃翁，皆宿学。兄长吾以上舍教宜庠，存吾登庚午进士，令临武，元末俱死节。”②廖道南《殿阁词林记》卷四《翰林院学士刘三吾》云：“刘三吾，名昆孙，以字行，长沙茶陵人。兄耕孙、寿(焘)孙，皆事元，死难。”③萧启庆《元至顺元年进士辑录》以为刘三吾乃畊孙之子，误。

刘畊孙、刘焘孙及畊孙子刘硕兄弟父子三人元末死难，刘三吾均有诗哭之。刘三吾《哭伯兄存吾推官二首》其一云：“寸心忠厚古人流，两鬓风霜为国忧。黄甲题名前进士，白头死难古宣州。高城留得苌弘血，故友应同李黼游。弱弟自惭无气力，未能申请达宸旒。”其二云：“举义乡闾多涉险，之官宁国复遭兵。高城誓死生前句，信史流芳身后名。子克保家存胤嗣，妻能削发效忠贞。伤心瘗骨江东地，望断鸰原泪两倾。”题下注云：“天历庚午进士。署高城门曰：‘身随下士同甘苦，誓与高城共死生。’”④天历庚午，即至顺元年。《哭仲兄长吾上舍》云：“宜江昨值红巾乱，兄以儒官与抗衡，本为国家图报效，岂缘儿女坏声名。一腔忠愤三间地，千载清风大学生。更有老兄同节操，去年死事在宣城。”⑤据此，可知刘焘孙之死，在至正十六年(1356)。《哭兄子硕》云：“天性疏材志未酬，妙年举义气陵秋。病中不倚防身剑，夜半俄惊在壑舟。韩叔有文申远祭，赵家无后复先雠。更怜而父伤心处，哭望南云天尽头。”⑥刘硕为畊孙长子。

2. 刘畊孙有三子，刘颋为第三子。宋濂《故宁国路推官刘君墓志铭》载：“君娶某氏，子二人，即硕、颋也。”⑦而刘三吾《留畊堂世德记》云：“存吾三子，其季颋。”当以刘三吾所记为准。

明人文集数量庞大，其中不乏关于元代进士生平、仕履的记载。以上对《东里文集》等集所作的爬梳，可以为元代进士录的进一步完善提供另一个向度：在关注明代方志等史部文献之外，明人文集同样值得研究者去深入细致地开掘。

---

① 刘三吾：《坦斋刘先生文集》卷上，四库全书存目丛书影万历六年贾缘刻本。
② 焦竑：《国朝献征录》卷二十，中国史学丛书本。
③ 廖道南：《殿阁词林记》卷四，湖北先正遗书本。
④ 刘三吾：《坦斋刘先生文集》卷下，四库全书存目丛书影万历六年贾缘刻本。
⑤ 刘三吾：《坦斋刘先生文集》卷下，四库全书存目丛书影万历六年贾缘刻本。
⑥ 刘三吾：《坦斋刘先生文集》卷下，四库全书存目丛书影万历六年贾缘刻本。
⑦ 宋濂：《宋濂全集》，浙江古籍出版社 1999 年版，第 2105 页。

贰、元代进士补正

元代进士录建构是一项长期工作，前贤已有丰硕成果。① 然而，其中也不免错讹遗漏之处。笔者在上篇对部分进士的生平家世进行了补益。兹就所见对郑合生、杨彝二人的登第情况予以考辨，以成善本。

一、郑合生登延祐二年进士第

郑合生登延祐二年(1315)进士第，元代文献并无记载。萧启庆《元延祐二年与五年进士辑录》对《正德饶州府志》卷十《眉阳刘公墓志》记载郑合生为延祐五年进士之说表示怀疑②。翟国璋主编《中国科举辞典》作“郑合升”，小传云：“浮梁(今江西浮梁)人。

---

① 陈高华撰有《两种〈三场文选〉中所见元代科举人物名录——兼说钱大昕〈元进士考〉》(《中国社科院历史研究所学刊》第1集，2001年)，《元泰定甲子科进士考》(《内陆亚洲历史文化研究——韩儒林先生纪念文集》，南京大学出版社1996年)等文。桂栖鹏著有《元代进士研究》(兰州大学出版社2001年)。沈仁国参与编写《中国科举辞典》(翟国璋主编，江西教育出版社2006年)，负责其中的元代部分。萧启庆先生用力尤多，陆续发表了《元统元年进士录校注》(上)(《食货月刊》复刊第13卷第1、2期，1983年5月)，《元统元年进士录校注》(下)(《食货月刊》复刊第13卷第3、4期，1987年7月)，《元至正十一年进士题名记校补》(《食货月刊》复刊第16卷第7、8期，1987年)，《元延祐二年与五年进士辑录》(《台大历史学报》第24期，1999年12月)，《元至治元年进士辑录》(《宋旭轩教授八十荣寿论文集》，台北，国史馆，2000年)，《元朝泰定元年与四年进士辑录》(《蒙古史研究》第6辑，内蒙古大学出版社2000年)，《元至顺元年进士辑录》(《文史哲学报》第52期，2000年)，《元至正前期进士辑录》(《燕京学报》新10期，北京大学出版社2001年)，《元至正后期进士辑录》(《燕京学报》新15期，北京大学出版社2003年)，《元明之际士人的多元政治抉择——以各族进士为中心》(《台大历史学报》第32期，2003年12月)，《元朝科举与江南士大夫之延续》(《元史论丛》第7辑，江西教育出版社1999年)，《元代科举与菁英流动：以元统元年进士为中心》(《汉学研究》第5卷第1期，台北，1987年)，《元代蒙古色目进士背景的分析》(《汉学研究》第18卷第1期，台北，2000年)，《元代蒙古色目士人层的形成与发展》(《文化的馈赠——汉学研究国际会议论文集史学卷》，北京大学出版社2000年)，《元朝南人进士分布与近世区域人才升沉》(萧启庆主编《蒙元的历史与文化：蒙元史学术研讨会论文集》，台北，学生书局2001年)等文。

② 萧启庆：《元延祐二年与五年进士辑录》，《台大历史学报》第24期，1999年12月，第422页。

尝从吴仲迂受经。元延祐二年(1315)进士，授兰溪县尹，迁婺源录事，转汉阳尹，政皆可观。"①未标明出处。据该书《前言》交代，元代部分沈仁国先生负责。沈仁国曾发表《元延祐进士再探》一文，根据陈循等修《寰宇通志》和《正德饶州府志》等文献记载，认为郑合生登延祐二年进士第："郑合生，饶州府浮梁人。除《寰宇通志》记他为乙卯科进士外，《正德饶州府志》也说他是延祐二年乙卯科张起岩榜进士。《正德饶州府志》记曰：郑合生，字子谦，受经于吴仲迂，志苦力锐，为文简而明，登进士，倅兰溪。时南士摒斥，达鲁花赤易之。合生不激不随，济之以文，由是声名鹊起于两浙间。间迁婺源录事，转汉阳尹，政皆可观。从倅兰溪，即初授官兰溪尹来看，他应是乙卯科三甲进士。"②

尽管方志中有大量关于进士的记载，然而由于误载情况普遍，使研究者信疑两难。这一点，在元代进士研究中甚为常见。萧文和沈文对《正德饶州府志》记载郑合生登第的不同取舍，只是其中一例。在此情况下，若有其他可信文献作为佐证，一方面既能提高元代进士重构的准确性，同时又不致出现因对文献持审慎态度而错失那些原本属于进士群体的成员。基于这一认识，笔者在元代进士研究中尽可能查阅前贤未曾涉及的文献。在阅读中，注意到杨士奇《郑氏族谱序》一文有关于郑合生为延祐二年进士的明确记载：

> 贵州布政司参政郑景曜，以其所修郑氏族谱，介贵州按察佥事郭公绪求序之。谱有吾友胡仲器序，又有元干寿道所为郑子谦家作《司徒庙记》。寿道、子谦，皆元延祐乙卯进士，与先曾祖有同年之好。③

干寿道，即干文传(1276—1353)，江浙行中书省平江路(今江苏吴县)人，延祐二年进士。杨景行(1277—1347)，杨士奇(1365—1444)曾祖，江西行中书省吉安路泰和(今江西泰和)人，延祐二年进士。郑合生也在延祐二年考中进士，故与二人有"同年之好"。序文对郑氏历代迁衍有详细叙述，有助于进一步了解郑合生的家世。

郑合生为官兰溪，杨载(1271—1323)有《送郑子谦倅兰溪》诗两首，其二云："青丝络马去翩翩，正是春风二月天。乐作前行尤蔚壮，书随后乘并稠填。征符此日须官次，射策他时对御筵。玉府编摩求大手，知君元有笔如椽。"④"春风二月天"，知其前往兰溪上任是在二月。而据诗中"射策他时对御筵"一语，其任官兰溪又似在登第之前。类似情形，在元代首科进士中并不鲜见。

---

① 翟国璋：《中国科举辞典》，江西教育出版社 2006 年版，第 561 页。

② 沈仁国：《元延祐进士再探》，《燕京学报》新 20 期，北京大学出版社 2006 年版，第 32 页。

③ 杨士奇：《东里续集》卷十三，文渊阁《四库全书》第 1238 册，第 537 页。

④ 杨载：《翰林杨仲弘诗集》卷六，四部丛刊初编本。

二、杨彝为乡贡进士

今人编著各种辞书、资料，一致认为杨彝为至治元年(1321)进士。如萧启庆《元至治元年进士辑录》："杨彝，字彦常，号西亭，杭州路钱塘(今浙江杭州)人。历任儒学副提举、吴县尹、翰林编修，官至翰林学士。以古诗文见重于台阁，工篆隶真楷。至正间曾跋廼贤《金台集》，序张仲深《子渊诗集》。"①所据文献有：《书史会要》(卷七)，胡宗宪《浙江通志》(卷一百七十八《文苑一》、卷一百二十九《选举七》，万历四十年刊本)，倪瓒《贞寿堂为吴县尹杨彝作》(《清闷阁全集》卷六，四部丛刊本)，王逢《怀杨彦常编修》(《梧溪集》卷三)，廼贤《金台集》(汲古阁《元人十种诗》本)，张仲深《子渊诗集》(四库全书本)。王德毅等编《元人传记资料索引》："杨彝，字彦常，号西亭，钱塘人。至治元年进士，官翰林编修。"②所列文献包括：《书史会要》(卷七)，《乾隆浙江通志》(卷一百二十九、卷一百七十八)，《元诗选癸集》(丁)。翟国璋主编《中国科举辞典》载："杨彝，字彦常，号西亭，钱塘(今浙江杭州)人。元至治元年(1321)进士，历任儒学副提举、吴县尹、翰林编修，官至翰林学士。以诗、古文重台阁，工篆、隶、真楷。"③未注明出处。

萧启庆在元代进士研究方面卓有成绩，对各科进士生平的考证极为详细。王德毅等编《元人传记资料索引》查阅了大量文献，尤其用力于元代文献的爬梳。然而，在杨彝是否考中进士问题上，《元至治元年进士辑录》、《元人传记资料索引》确实弄错了。杨彝至治元年并未登第，刘基《故鄞县尹许君遗爱碑铭》有明确记载：

> 至正十三年岁在癸巳秋七月六日，鄞县尹许君卒于官，其配叶氏既以柩归葬天台。越明年乙未夏五月，鄞父老以董先生朝宗书，致乡贡进士杨君彝所为行状于刘基，愿立石纪尹遗爱，请为之文。④

乙未为至正十五年(1355)。碑为许广大作，其时刘基(1311—1375)因至正十三年(1353)十月建议招捕方国珍得罪朝廷，被羁管于绍兴。刘基至正八年(1348)以后，多往来于杭州，与杨彝当有交往，其称彝为"乡贡进士"，当是据实言之。

杨彝至治元年未考中进士，又有陶安(1315—1371)所作《答杨彦常书》可以为证。书云：

---

① 萧启庆：《元至治元年进士辑录》，《宋旭轩教授八十荣寿论文集》，台北"国史馆"2000年版，第771-772页。

② 王德毅等：《元人传记资料索引》，中华书局1987年版，第1543页。

③ 翟国璋：《中国科举辞典》(元代部分沈仁国负责)，江西教育出版社2006年版，第536页。

④ 刘基：《诚意伯文集》卷九，文渊阁《四库全书》第1225册，第237页。

曩在京师，接谈笑于觞豆间，酒酣倜傥，意气飞动，信其为词场之人杰也。庚辰印卷，常瞻承于众中，卒卒数语，情不能竟。别来几载，老将冉冉，慨想金石之音，鸾鹄之姿，则固隆隆耳根，隐隐梦中也。伏惟掌教慈湖，摄席杜洲，崇正道而辟异言，动荡海隅，使考亭理性之学，渐被含生，何其盛哉！……夫以伟才达识，使居金马承明，可以补益时用，而犹栖迟冷职，天固以此养贤，使之端凝其德性，韬敛其英风，丰乎内不暴乎外，积之深厚，则其发也光大无穷，必将兆于斯也。①

庚辰为后至元六年(1340)。书中说杨彝“掌教慈湖”，当指其为饶州慈湖书院山长。元代承唐宋之制，在各地设立书院，以山长为主讲及总理书院事务，由礼部或行省宣慰司选任，属于学官，即所谓“冷职”，元代进士并无授此官之例。

事实上，杨彝终元之世都未曾登第。郑真作《陈以通父葬记》，称其为“前乡贡进士浙河杨彝”②。在为张仲深《子渊诗集》、廼贤(1309—1368)《金台集》等作序时，杨彝也以“浙河杨彝”自称。“浙河”，浙江的别称，在今杭州。杨彝为杭州人，故自称“浙河杨彝”。陈以通，即陈公享，卒于洪武四年(1371)，生于元至治三年(1323)。既然洪武四年仍被称作“乡贡进士”，应是未考中进士。

---

① 陶安：《陶学士集》卷二十，文渊阁《四库全书》第1225册，第804页。

② 郑真：《荥阳外史集》卷四十三，文渊阁《四库全书》第1234册，第273页。

叁、元曲家奥屯周卿生平补考

奥屯周卿，又作奥敦周卿，女真人，元前期散曲作家。元明几部重要的散曲集中都收录了他的作品，今人隋树森编《全元散曲》，辑录其所作小令 2 首，套数 1 套。其生平经历，今人知之甚少。就笔者所见，学界对于其人的了解，一般都是基于孙楷第先生《元曲家考略》的考证，桂栖鹏《元曲家奥敦周卿事迹考补》对其生平也有所补遗①。

笔者曾编撰《中国文学编年史・元代卷》，阅读了大量元代文献，所见史料可以丰富对奥屯周卿生平经历的认识和了解。其中《卫生宝鉴》记载的一则材料为我们提供了重要线索：

> 建康道按察副使奥屯周卿子，年二十有三，至元戊寅三月间，病发热，肌肉消瘦，四肢困倦，嗜卧盗汗，大便溏多，肠鸣，不思饮食，舌不知味，懒言语，时来时去，约半载余，请予治之。……戒于慎言语，节饮食，惩忿窒欲，病气日减，数月，气得平复。逮二年，肥盛倍常。②

《卫生宝鉴》的著者罗天益，字谦甫，为元前期著名医家，"金元四大家"之一李杲(1180—1251)的弟子。一生行医四方，所治病症繁多，治疗的病人上至王公大臣，下及乡民旅客，该书即是他根据自己多年的实践经验整理而成。③ 以上这则案例，明代几种主要的医药类书如朱橚编《普济方》、徐用诚原辑、刘纯续增《玉机微义》、江瓘编《名医类案》等均予以收录。

上文提到的建康道，即江东建康道提刑按察司，始设于至元十四年(1277)，治所初在建康。二十二年(1285)，因行御史台由杭州迁至建康，遂迁治所于宁国路。二十六年(1289)，行御史台从建康迁至扬州，江东建康道还治建康。二十八年(1291)，改提刑按察司为肃政廉访司。二十九年(1292)，又以江南诸道行御史台移至建康，再迁

---

① 孙楷第：《元曲家考略・甲集》，上海古籍出版社 1981 年版，第 3-4 页。桂栖鹏：《元曲家奥敦周卿事迹考补》，《晋阳学刊》1995 年第 2 期，第 77-78 页。

② 罗天益：《卫生宝鉴》卷五《虚中有热治验》，人民卫生出版社 1987 年版，第 58 页。

③ 陈高华作《罗天益与〈卫生宝鉴〉》一文，对其人其书有比较详细的介绍。该文原载《文史》第 48 辑，收入《陈高华文集》，上海辞书出版社 2005 年版，第 269-289 页。

江东建康道于宁国路。江东建康道辖宁国、徽州、饶州三路，下括四州：婺源、余干、浮梁、乐平，均元贞元年由县改州；十四县：宣城、南陵、泾县、宁国、旌德、太平、歙县、休宁、祁门、黟县、绩溪、鄱阳、德兴、安仁。①

根据《卫生宝鉴》所说，至元十五年戊寅(1278)，奥屯周卿时任江东建康道提刑按察司按察副使。这一说法，另有汪梦斗、方回二人的一诗一文相互印证。汪诗题为《奥屯周卿提刑去年巡历绩溪，回日有诗留别，今依韵和呈》，见于《北游集》卷上。汪梦斗为绩溪人，咸淳年间曾与叶李一道上疏弹劾贾似道。元世祖至元十六年(1279)正月，因为谢昌言的举荐，应召入京，十月还家。《北游集》上卷所录诸诗，即其此次北行所作。题中所谓"去年"，当即至元十五年(1278)，奥屯周卿以按察副使巡视绩溪，与汪梦斗以诗唱和。第二年，汪梦斗经由金陵前往大都，遂依原韵奉和一首。② 方文系一篇墓志，为饶州路治中汪元圭作。文中提到："(至元)十五年，江东道提刑按察副使奥屯行部兴学，公大喜，延名进士九江文天佑主文衡，拔儒彦，出税帑，立赏格，免徭给廪，士萎复振。"③虽未明示其名，但从其所任官职及时间来看，确系奥屯周卿其人无疑。鉴于江东建康道提刑按察司的设置是在至元十四年(1277)，奥屯周卿被授按察副使一职，可能就在置司当年。

关于奥屯周卿任职期间兴学之事，曹弘斋(曹泾)《从仕郎扬州路通州判官弗斋先生陈公宜孙行状》、陈弗斋(陈宜孙)《学宾菊存郑公天麟墓志铭》等文亦有记述。曹文云："至元丙子，阖邑草窃起如沸糜，公殚竭己力，激勇裒智，勉相保聚，以竢王师之至。上功外省，遂知休宁县事。……居三年，乡邑大治。本道按察奥屯竹庵公始行部，以誉望知公，请为郡文学。……辛巳入觐，授将仕郎、开化县尹。"④陈文云："岁乙亥，人怵兵戎，农释耒耜，民色若菜，公匍匐救助，遐迩毕粟，以故人无摇心，德之者万喙。郡侯寺丞王公积翁以其事闻，累授职本路，钤阶至武节，谢曰：'吾安用此?'会本道提刑察使竹庵奥屯先生希鲁初行部，淬勉多士，于耆俊尤重。予时分教乡校，亟奉命礼公作宾。"⑤身为一个少数民族官员，奥屯周卿能在没有实行科举制度的情况下致力于文化建设，实属难能可贵。正因如此，他与当时南方的不少文人都有密切交往。

到了元成宗元贞(1295—1296)前后，奥屯周卿历升至江南湖北道澧州路总管。姚燧《澧州庙学记》云："后廷议不欲诸道纠郡者错壤，江之北南改为肃政廉访，澧遂割入江南湖北。元贞乙未(1295)，居民不戒于火，庙为延烧，总管是道者故奥屯希鲁将复之……委材集工，责校官李寓、学正张子仁身敦其役，而纠郡诸公如副使贾仁，佥事蒋

---

① 参见张铉《至正金陵新志》卷二、《元史》卷八十六《百官二·肃政廉访司》。

② 汪梦斗：《北游集》，文渊阁《四库全书》第1187册。

③ 方回：《饶州路治中汪公元圭墓志铭》，《新安文献志》卷八十五，黄山书社2004年版，第2076页。

④ 程敏政编：《新安文献志》卷八十五，黄山书社2004年版，第2071页。

⑤ 程敏政编：《新安文献志》卷八十八，黄山书社2004年版，第2156页。

某、姚某、李庭咏、郭贯，凡至者必促其成功，五年而落之。”①记作于大德己亥(1299)。姚燧文中提及奥屯周卿，称“总管是道者故奥屯希鲁”，当是已卒，而澧州路总管当是其最后所任职位。因此，《元史·奥屯世英传》附载奥屯希鲁，即言其官澧州路总管。

奥屯周卿致仕以后，晚年曾在湖北汉阳居住。傅若金(1303—1342)《题奥屯主簿藏其叔沧江公翰墨》云：“从父旧为湖北使，老年亦就汉阳居。晴登大别题黄鹤，暖立沧江玩白鱼。杜位未忘工部学，庾郎休慕右军书。只今耆旧凋零尽，抚养伤怀泪满裾。”②所谓“湖北使”，即指奥屯周卿曾任江南湖北道澧州路总管。卸任总管之后，曾在湖北汉阳居住。贡奎(1269—1329)作《题奥屯沧江宪使所藏八骏图》诗，亦云：“联翩八骏下云关，谁识神骢只尺间。万里汉阳春草碧，可能无意到天闲。”③贡奎之子贡师泰(1298—1362)也曾为奥屯周卿所留墨迹题诗，诗云：“沧江渺何许，岁晚正愁予。密谏囊无稿，闲吟卷有书。青天来鸑鷟，秋水照芙蕖。风致今谁似，令人忆使车。”④据此可知，奥屯周卿又号沧江，散曲之外，还擅长书法。

此外，根据《卫生宝鉴》提供的材料，我们也可大致推测奥屯周卿的寿年。文中提到至元十五年(1278)，奥屯周卿之子年二十三。依常理推断，此时奥屯周卿应在五十岁上下。而到元贞元年(1295)，奥屯周卿的年龄应当在六十五岁左右。

通过以上考证，我们对于奥屯周卿生平经历的了解更加完整：他出生于一个武将世家，却酷爱文学，与当时著名文人白朴、杨果、张之翰、俞德邻、汪梦斗、陈宜孙等都有密切交往。元世祖至元六年(1269)，任怀孟路总管府判官，迁河北河南道提刑按察司佥事。至元十四年(1277)以后，升任江东建康道按察副使，其后历任江北淮东道按察使、侍御史。元贞元年(1295)前后，任江南湖北道澧州路总管。晚年寓居湖北汉阳，成宗大德前期去世。除了写作散曲、诗词，也从事书法创作。

---

① 苏天爵编：《国朝文类》卷二十八，四部丛刊初编本。

② 傅若金：《傅与砺诗集》卷五，嘉业堂丛书本。

③ 贡奎：《贡文靖公云林诗集》卷六，北京图书馆古籍珍本丛刊影明弘治三年范吉刻本。

④ 贡师泰：《贡礼部玩斋集》卷三《题奥屯秋江墨迹》，天顺七年(1463)沈性刻、嘉靖十四年(1535)徐万璧重修本。

肆、元代文人胡助、王沂卒年考

胡助、王沂同为元代中后期重要诗文作家，其卒年诸家均无明确记载。笔者通过钩稽史料，对二人卒年做了比较确切的考定。

一、胡助

胡助，字履信，一字古愚，自号纯白道人，浙江东阳人，元代中后期重要的诗文作家。生前曾自编所著为《纯白斋类稿》三十卷，后经兵燹散佚。明正德初，由其六世孙胡淮重编为二十卷，刊刻行世，今存文渊阁《四库全书》、《金华丛书》等本均据该本翻刻。胡助一生仕履虽谈不上显赫，所任也只是儒学录、书院山长、翰林编修、儒学教授、太常博士等冷衙文职，然而交游颇广，与当时名流如吴澄、虞集、苏天爵、马祖常、黄溍、张起岩、许有壬、王沂、柳贯、孛术鲁翀、欧阳玄、曹元用、王士熙、揭傒斯等均有密切往来。吴澄评其诗"如春兰茁芽，夏竹含箨，露滋雨洗之余，馥馥幽媚，娟娟净好"，并将其列为上品①。胡助曾作《大拙先生传》一篇以自况，一时名士题署几遍。

胡助生平经历，在他自己所作《纯白先生自传》中有所记述②。因其交游广泛，元代涉及胡氏生平的文献资料颇为丰富，今人王德毅等编《元人传记资料索引》曾予细致搜罗③。据张以宁《胡太常岁月日记序》记载，胡瑜曾作《岁月日记》一篇记述其父生平："《岁月日记》者，东阳胡瑜记其先太常府君纯白先生出处本末之详也。"④可惜其书今已不存，无法得见其详。

胡助的生年，可以根据《纯白斋类稿》中所存《庚寅岁旦》一诗推定。诗云："元日春闱已一旬，老夫就养客吴门。新年七十又三岁，后饮屠苏望白云。"⑤庚寅，即顺帝至正十年(1350)，则其生年当为世祖至元十五年(1278)。而其卒年，因缺乏碑传材料，各

① 吴澄：《胡助诗序》，《吴文正集》卷二十二，文渊阁《四库全书》第1197册，第236页。

② 胡助：《纯白斋类稿》卷十八，丛书集成初编本。

③ 王德毅等：《元人传记资料索引》，中华书局1987年版，第788-790页。

④ 张以宁：《翠屏集》卷三，文渊阁《四库全书》第1226册，第595页。

⑤ 胡助：《纯白斋类稿》卷十六，丛书集成初编本。

家均无明确记载①。

事实上，胡助卒年，可由张以宁《学海陈君墓志铭》的相关记载推定。墓文系为胡助之子胡瑜的岳父陈憬而作，其中有这样一段话：

> 曩者宋社既屋，江左大家巨室，率与之俱替，而长塘陈氏独岿然。比年兵祸盈海内，缙绅颠踣不可胜数，独君与太常君同享寿康，继没一年中，考终承平日，一不闻金革声，天固匪私于君也。②

根据《墓志铭》记载，陈憬生于元世祖至元二十年(1283)正月初一，卒于元顺帝至正十五年(1355)十二月十四日，享年七十三岁。太常君，即胡助，因其曾历官至承信郎、太常博士。文中说胡助与陈憬"继没一年中"，二人当是在同一年去世。由此可知，胡助当亦卒于至正十五年(1355)。

上述推断，还可以黄溍《青樾居士郑君墓铭》、贡师泰《题朱教授送行诗卷》等文的相关记载予以佐证。

黄溍《青樾居士郑君墓铭》云："至正癸巳秋九月十又六日，郑君子敬卒于家，其子涣以冬十月二十又七日葬君于浦江县东三十五里闵子坞之阡。今年春二月五日，奉太常博士胡助状来征予铭。"③至正癸巳，为元顺帝至正十三年(1353)。而所谓"今年"，当即至正十四年(1354)。其时胡助仍为人作行状文，显是尚在人世。

贡师泰《题朱教授送行诗卷》云："至正十八年冬，余自省府退归西湖之上。郡博士朱君斗瑞来谒，出示京师送行诗一卷。读之，则揭学士、巙承旨、吴大宗师、王尚书沂、潘司业迪、陈监丞旅、胡应奉助、刘博士闻、冯助教三奇凡九人，去今才二十年，皆已凋谢无存者。"④揭学士，即揭傒斯，卒于至正四年(1344)。巙承旨，即巙巙，不忽木子，卒于至正五年(1345)。吴大宗师，即吴全节，卒于至正六年(1346)。陈旅，卒于至正三年(1343)。⑤ 既是"皆已凋谢无存者"，可知至正十八年(1358)胡助应已离世。

另据张以宁《胡太常岁月日记序》记载："第惟自丁卯逮今三十有六年，同年同志，凋沦殆尽，予于先生能无慨然以感也。"⑥丁卯，即泰定四年(1327)，后三十六年为至正二十三年(1363)。又戴良《送胡主簿诗序》云："至正癸卯，余既避兵吴门，回视故

---

① 王德毅等编《元人传记资料索引》于胡助生卒年均无记载。邓绍基、杨镰主编《中国文学家大辞典·辽金元卷》收录其人，小传云："至正五年(1345)致仕，至正八年(1348)尚存。"(中华书局2006年版，第256页)杨镰《元代文学编年史》于"至正五年乙酉(1345)"系年有"年近七十的胡助告老致仕"条，下系小传云："胡助(1278—1354以后)，字履信……"(山西教育出版社2005年版，第438页)

② 张以宁：《翠屏集》卷四，文渊阁《四库全书》第1226册，第645页。

③ 黄溍：《文献集》卷九下，文渊阁《四库全书》第1209册，第584页。

④ 贡师泰：《贡礼部玩斋集》卷四，天顺七年(1463)沈性刻、嘉靖十四年(1535)徐万璧重修本。

⑤ 各人卒年，见笔者主编《中国文学编年史·元代卷》相关系年。

⑥ 张以宁：《翠屏集》卷三，文渊阁《四库全书》第1226册，第595页。

乡，恍如隔世。方将访其乡先生子弟之在吴者，而胡君季瑊自京师至焉。盖季瑊乃太常之子，尤予之所歆慕者也。”①胡季瑊，即胡助之子胡瑜。戴良与胡瑜相见于吴中，胡瑜述及其父亡故之事，戴良遂作《吴中追哭胡古愚博士》②诗以追挽之。诗编在戴良所作《吴游稿》，为戴氏避兵吴门所作。至正癸卯，为至正二十三年(1363)。此二则材料所记时间，虽较《题朱教授送行诗卷》记载稍晚，也可略加印证。

根据黄溍《青梿居士郑君墓铭》、贡师泰《题朱教授送行诗卷》等文的相关记载，可推知胡助卒年当在至正十四年至十八年之间。张以宁《学海陈君墓志铭》关于胡助卒于至正十五年的记载与之相符，其说当可征信。

综上考述可以断定，胡助卒于至正十五年(1355)无疑，享年七十八岁。

二、王沂

王沂，字师鲁(一作思鲁)，先世云中人，徙居真定(今河北正定县)，元代中后期重要诗文作家。王沂为元代首科进士，同时作为北方文人，其所历官职比胡助更为显重，至顺以后，先后历任翰林国史院编修官、国子博士、翰林待制、宣文阁鉴书博士、翰林直学士、礼部尚书等职。至正三年(1343)，以翰林直学士任《金史》总裁，并参与编修《辽史》。所著文集二十八卷，明代以后散佚不存。清代编纂《四库全书》，从《永乐大典》中辑得《伊滨集》二十四卷，然而其中所云丧乱之诗，俱为明初征士王沂(1317—1383，字子与，号竹亭，江西泰和人)所作。之所以出现类似错误，即是因为对王沂(字师鲁)的生平缺乏准确了解所致。

因为缺乏碑传材料，王沂生卒年各家均无明确记载。其生年，根据所作《伯姊墓志铭》，可知在至元十七年(1280)之后③。其卒年，《中国文学家大辞典·辽金元卷》以为卒于至正二十二年(1362)以后④，萧启庆《元延祐二年与五年进士辑录》根据贡师泰所作《题朱教授送行诗卷》以为卒于至正十八年(1358)之前⑤。

---

① 戴良：《九灵山房集》卷十二，文渊阁《四库全书》第1219册，第387页。

② 戴良：《九灵山房集》卷八，文渊阁《四库全书》第1219册，第343页。

③ 据王沂《伯姊墓志铭》(《伊滨集卷》二十三)记载，其姊卒于延祐四年(1317)，年仅三十八岁，则其姊当生于至元十七年(1280)。又据马祖常《监黄池税务王君墓碣铭》(《石田文集》卷十三)记载，王沂父王宗仁卒于至治三年(1323)，享年六十七，则其父当生于宋理宗宝祐五年(1257)。王宗仁有三子，王沂为次子。

④ 邓绍基、杨镰主编：《中国文学家大辞典·辽金元卷》，中华书局2006年版，第22页。其说当是沿《四库全书总目》卷一百六十七《伊滨集》提要之误，未对集中所收诗作予以辨析。事实上，其中所收部分诗作，为元末明初王沂(1317—1383，字子与，号竹亭，江西泰和人)所作，其中即包括《壬寅纪异同刘以和赋》(《伊滨集》卷五)一诗。

⑤ 萧启庆：《元延祐二年与五年进士辑录》，《台大历史学报》第24期，1999年12月，第388页。

事实上，刘基所作《王师鲁尚书文集序》为研究者透露了关于王沂卒年的信息：

尚书王公师鲁文集二十有八卷。公卒之四年，浙西廉访司佥事王君宗礼、经历王公威可访而辑之，版行于世。浙江行省参政赵郡苏公命刘基为之序。序曰：……公生至元间，自幼好学为文。仁宗皇帝首开科举，公即以其年登第。其涵濡渐渍，非一日矣。故其为文，有中和正大之音，无纤巧萎靡之习，舂容而纡余，衍迤而宏肆，不极于理不止，粹乎其为言也。后之览者，得以考其时焉。公之历官行事，自见国史，故不著。①

序见于《覆瓿集》，系刘基作于元代作品的结集。据序中所说，刘基为王沂文集作序，是受“浙江行省参政赵郡苏公”之命。赵郡苏公，即真定（今河北正定县）人苏天爵（1294—1352）。河北在战国时属赵国领地，故苏天爵常以“赵郡”称籍。苏天爵为元代中后期著名文臣，长期致力于搜辑元人文集，所编《国朝名臣事略》、《国朝文类》等书，是研究元代历史、文化、文学的重要资料。

苏天爵曾先后两次出任浙江行省参知政事：第一次在至正八年（1348）②，至正九年（1349）冬，迁除大都路总管③；第二次在至正十二年（1352），其时各地兵兴，苏天爵以江浙行省参政总兵于饶州、信州两府，卒于军中。刘基序中说苏天爵为浙江行省参政，则作序时间应在至正八年至九年间或至正十二年。作序时间是王沂去世后的第四年，则其卒应在至正五年（1345）至六年（1346）间或至正九年。而据赵天泽《送儒学副提举刘公序》、黄伯生《故诚意伯刘公行状》、张时彻《明开国翊运守正文臣资善大夫赠太师谥文成护军诚意伯刘公神道碑铭》以及刘基《送钱士能之建昌知州序》、《刘显仁墓志铭》等文记载，刘基于至正八年（1348）至十二年（1352）初寓居杭州，其间曾出任江浙行省儒学副提举④。综合苏、刘二人行迹，可以推知刘基作《王师鲁尚书文集序》的时间，应在苏天爵第一次出任江浙行省参知政事期间，也即至正八年至九年间。

此外，据苏天爵《国子生试贡题名记》记载，王沂在至正五年二月的礼部会试中担任考官：“至正五年春二月，大比进士。知贡举翰林学士欧阳玄，同知贡举礼部尚书王

---

① 刘基：《诚意伯文集》卷六，文渊阁《四库全书》第1225册，第166-167页。

② 见苏天爵《江浙行省浚治杭州河渠记》（《滋溪文稿》卷三）、《常州路新修庙学记》（《滋溪文稿》卷三）、《镇江路新修庙学记》（《滋溪文稿》卷三）等文纪事。苏天爵出任浙江行中书省参政之前，于至正七年（1347）由集贤侍讲学士兼国子祭酒外迁任浙东海右道肃政廉访使。

③ 见刘基《送苏参政除大都路总管序并诗》（《诚意伯文集》卷六）、赵汸《送江浙参政苏公赴大都路总管序》《东山存稿》卷二）等文纪事。

④ 黄伯生《故诚意伯刘公行状》、张时彻《明开国翊运守正文臣资善大夫赠太师谥文成护军诚意伯刘公神道碑铭》二文，见《四部丛刊初编》本《诚意伯刘文成公文集》卷首附录。赵天泽《送儒学副提举刘公序》，见文渊阁《四库全书》本《诚意伯文集》卷二十。刘基作《送钱士能之建昌知州序》、《刘显仁墓志铭》二文，分别见《诚意伯刘文成公文集》卷三、卷四。

沂，考试官崇文太监杨宗端、国子司业王思诚、翰林修撰余阙、太常博士李齐，监试御史宝哥、赵时敏。”①记作于至正五年五月，其时王沂尚在人世。

综上考述，可知王沂卒于至正五年(1345)或至正六年(1346)。

---

① 苏天爵：《滋溪文稿》卷三，中华书局1997年版，第30页。

伍、《中国文学家大辞典·辽金元卷》元代文学家生卒年补正

邓绍基、杨镰二先生主编《中国文学家大辞典·辽金元卷》(以下简称《辽金元卷》)，于辽金元三代作家生平考辨精详，其搜罗之勤、闻见之博，可为编纂作家生平辞典之范，是研究辽金元文学的重要参考资料。然而由于出于众人之手，其中也不免存在错讹遗漏之处。笔者长期从事元代文学研究，在比勘材料的基础上，对丁复等十余位元代文学家的生卒年做了考订，以期有助于进一步完善《中国文学家大辞典·辽金元卷》对元代文学家生平的记述。兹略作疏解，以收拾遗补阙之效。

1. 丁复

丁复生卒年，《辽金元卷》作“约 1272—1338”，注明出处有《草堂雅集》卷八、《元诗选二集》及《元诗纪事》卷十四。查诸书，均无关于丁复生卒的记载。

丁复卒年，在至正四年(1344)之后。今存《桧亭集》有《挽䜣笑隐》诗：“亲对先皇讲法筵，人间独住十三年。将同鸣凤瑞下世，恰道飞龙招上天。长立宝阶瞻宝树，亦知金像捧金莲。梵王此日生欢喜，黑雨翻空浴九泉。”①䜣笑隐，即释大䜣，卒于至正四年②。

又当卒于至正十年(1350)之前。谕敬(喻立敬)所作《桧亭集跋》云：“惟先生之才，足以追配古作而鸣国家之盛，乃弗见诸用以没。”末署日期为“至正十年冬”。

2. 叶颙

叶颙生卒年，《辽金远卷》作“1300—1374 后”。关于其卒年，明人彭韶《叶氏先茔碑》有明确交代。彭文记金华叶氏家世源流，有叶颙其人：

> 有约庵先生者，金华府城北四隅人，仕元为九江路判官，后隐迹不复出。事业生卒之详，于今无能言者。故老相传，先生未仕时，读书于城北智者庵，归隐后，卜筑于城西芙蓉峰下居焉，遗址尚存，谦恭厚德，时目为长者。子颙，字景南，克承家学，以时多故，不复仕，性甘淡泊，善吟咏，所著有《樵云独唱集》传于世，

① 丁复：《桧亭集》卷八，文渊阁《四库全书》第 1208 册，第 381 页。

② 见黄溍《龙翔集庆寺笑隐禅师塔铭》，《金华黄先生文集》卷四十二，四部丛刊初编本。

年八十四而卒，与约庵俱葬芙蓉峰之麓。①

彭韶(1430—1495)此文，是应叶颙四世孙叶淇(1426—1501)②之请而作，其时距明初未远，当为可信。据此，叶颙应卒于1383年。

3. 沈梦麟

沈梦麟生卒年，《辽金远卷》以为“不详”。虽然没有碑传，但其生年，可以根据沈梦麟自己所作《金节妇传》推知。传末有沈梦麟题名，署“洪武丙子春三月朔日，吴兴郡花溪九十翁沈梦麟识”③。洪武丙子为1396年，上推八十九年，当生于大德十一年(1307)。其寿年，据《明一统志》卷四十、《列朝诗集小传》甲集等材料，知为九十三，则当卒于建文帝元年(1399)。

4. 姚枢

姚枢生卒年，《辽金元卷》作“1203—1280”，注明出处有姚燧撰神道碑、《元史》及《元朝名臣事略》。

考姚燧所作《中书左丞姚文献公神道碑》④，凡两处提到姚枢卒年，均作至元十五年(1278)：(1)“既没世，而名声日延。后十九年，当元贞二年……”元贞二年为公元1296年，上推十八年为公元1278年。(2)“当十五年，炎烬扑灭，而公始薨……”十五年，即元世祖至元十五年，为公元1278年。

事实上，姚枢生卒年，姚燧《三贤堂记》有明确交代：“先公生以辛酉……吾姚氏营人，先公生于汾……先公以十五年卒，年七十八……先公独卒官京师……先公讳枢，字公茂，号雪斋。”⑤辛酉为公元1201年，十五年即公元1278年。

《辽金元卷》之误，当是沿自《元史·姚枢传》：“十七年，卒，年七十八，谥文献。”

5. 熊钚

熊钚生卒年，《辽金远卷》作“1253—1312”，注明出处有偰处约《勿轩先生传》、《宋元学案》、《宋季忠义录》、《元诗选·初集》、《新元史》等。

考之偰处约所作《勿轩先生传》，记其生卒曰：“先生生于宋理宗淳祐七年丁未，即元定宗之二年也。卒于元仁宗皇庆元年十月二十九日，葬于鳌峰之横历，寿六十。”⑥宋理宗淳祐七年丁未、元定宗二年为1247年，元仁宗皇庆元年为1312年，则其寿当为六

---

① 彭韶：《彭惠安集》卷五，文渊阁《四库全书》第1247册，第73页。

② 叶淇生平，见李东阳《明故资政大夫太子少保户部尚书赠太子太保叶君墓志铭》(《怀麓堂集》卷八十四)，其中亦提到叶淇曾祖叶颙。

③ 程敏政编：《新安文献志》卷九十九，文渊阁《四库全书》第1376册，第681页。

④ 姚燧：《牧庵集》卷十五，四部丛刊初编本。

⑤ 姚燧：《牧庵集》卷七，四部丛刊初编本。

⑥ 冯继科等：[嘉靖]《建阳县志》卷一百一十，《天一阁藏明代方志选刊》第10册，上海古籍书店1982年重印浙江宁波天一阁藏明嘉靖三十二年刻本。

十六而非所言“六十”。又《闽中理学渊源考》卷三十七《识熊勿轩先生传后》云：“今读先生行状，载友于胡一桂庭芳；其本传，载访文公之门人辅氏而从焉。行状为建宁府训导天台李让撰，本传书前翰林偰处约述，二篇未详所作年月先后。独传中详载公生于宋理宗淳祐七年丁未，卒于元仁宗皇庆元年十月，葬于鳌峰之横沥。”①则其生年当为1247年，享年六十六岁。

《辽金元卷》之误，当是缘于《勿轩先生传》失一“六”字之故。

6. 汪泽民

汪泽民生卒年，《辽金元卷》作“1273—1355”，注明出处有宋濂《谥文节汪先生神道碑铭》、袁桷《赠宣城汪泽民登第归里序》、《元史》、《(弘治)徽州府志》、《元书》、《宋元学案补遗》、《元诗选·三集》等。然而揆之以上文献，汪泽民之生卒年实有二说：一为宋濂《神道碑铭》所说，为1273—1355；另一为《元史》卷一百八十五本传所记，为1287—1356。然而据宋濂《元故嘉义大夫礼部尚书致仕赠资善大夫江浙等处行中书左丞上护军追封谯国郡公谥文节汪先生神道碑铭》所说：“濂奉敕总修《元史》，凡忠义循吏之事，天下郡县悉上史官，而宛陵汪先生独阙。既而先生族子克宽来与纂修，始以其门人汪文炳所摭事状相示，濂既命史官删削立传。克宽以为史乃一代成书，其法当略，墓文乃私家所撰，其纪宜详。复致其孙德垕之言，请濂揭铭于隧上。”②则宋濂所撰神道碑铭与《元史》所本实同，然不详二者何以相异如斯。幸而诸家文献有关于汪泽民生平之记载，可以证《元史》之误。

汪泽民生年，据汪克宽《汪文节公简帖后跋》云：“宗叔礼部尚书巢深先生，其生也，长克宽三十有一年。延佑(祐)戊戌，登进士第。……发第一、第二帖时，先生年已七十有五。而第十帖在癸巳、甲午之间，字画遒劲，精采焕发，老成典刑，乡里情谊，粲然辞意之表。明年八月，先生骂贼被害。”③据此，则《元史》所记年七十卒之说实不可从。

汪泽民卒年，据汪叡《七哀辞·汪尚书》云：“至正十六年乙未八月丁丑，长枪畔将索诺木巴勒陷宣城，前嘉议大夫礼部尚书汪公死之。”④至正十六年为丙申，乙未则为至正十五年。二者必有一误。王逢作《故赠江西省左丞谥文节汪公挽词》，其序云：“公讳泽民，字叔志，号堪老真逸。以《春秋》登戊午进士第，累官致仕礼部尚书，归宣城。淮人闯境，公倡乡子弟保里闬，会城陷，遂遇害。越七年，诏赠江西省左丞，谥文节。”⑤挽词曰：“至正乙未间，星狗光孛然。首倡捍乡井，淮人竟扼咽。侯伯窜草间，丁壮死墓边。执公义不屈，子侄尚控拳。詈言今颜杲，劲气昔郑畋。臣素奏我皇，褒赠

---

① 李清馥：《闽中理学渊源考》，文渊阁《四库全书》第460册，第473-474页。

② 宋濂：《宋学士文集》卷三，四部丛刊初编本。

③ 汪克宽：《环谷集》卷七，文渊阁《四库全书》第1220册，第715-716页。

④ 程敏政：《新安文献志》卷四十九，文渊阁《四库全书》第1375册，第630页。

⑤ 王逢：《梧溪集》卷三，北京图书馆古籍珍本丛刊影元至正、明洪武间刻景泰七年陈敏政重修本。

著史编。”据此，则汪泽民卒年，在至正十五年无疑。《元史》记其卒于至正十六之说亦谬。

由汪泽民生卒年一事，可以略见《元史》编纂之草率。各传人物生平虽多诊碑传、墓志，其中讹误处亦不少，须详加辨析。

7. 赵雍

《辽金元卷》于其生卒年均未有定数。又郭味蕖《宋元明清书画家年表》以赵雍之生年为至元二十六年(1289)，所据乃《元史》卷一百七十二赵孟頫传所附赵雍传。然揆之《元史》，赵孟頫传后实未尝附录雍传。

元末王逢尝作《赵待制画为邵台掾题诗序》，略及赵雍元末行止：“己亥秋，游杭，户部贡公泰甫以予久屏城府之迹，夙狃泉石之好，乃一日邀集贤赵公仲穆，宴予湖山真馆。……自后有以萧山令荐予者，予还寓隐。既边报急，闻赵亦归霅上以卒。今年甲辰，彦文邂逅吴江，示赵所画，绰有棹歌景。予语以此，彦文俾历叙诗左云。”①据此可见，其卒年当在至正十九年(1359)至至正二十四年间(1364)。

8. 黄玠

黄玠生卒年，《辽金元卷》以为“不详”。

其生平今无确载，《万姓统谱》言翰林学士邹缉等撰有玠之状铭，今已不见。考黄溍曾作《慈溪黄君墓志铭》②，言黄正孙之卒年为至正乙酉(1345)，享年八十一，推其生年，当为咸淳元年(1265)。并记正孙生平曰：“公年二十，出为赘婿，居十有七年乃归。”黄正孙为黄玠父，玠为其长子。检《弁山小隐吟录》，有《立春日赠仲珍弟》诗云：“阿父八十兄六十，弟亦今年五十五。”③可知黄玠生时，其父年方二十一，与黄溍《墓志铭》所言“年二十，出为赘婿”合。揆以正孙生年，可知黄玠之生年在至元二十二年(1285)。又据《万姓统谱》卷四十七载，黄玠卒时年八十。下推七十九年，则黄玠卒于至正二十四年(1364)。

又黄玠《弁山小隐吟录自序》作于至正乙酉(1345)，叙其生平云：“自余之西四十有余载，教授诸生以资共养，发种种且白，来日其几余哉。”时黄玠年六十一，言“发种种且白”，乃纪其实也。陈著《本堂集》卷三十五有《名外孙黄玠字孟成说》，亦即其人。

9. 姚式

姚式生卒年，《辽金元卷》以为“不详”，并推测说“卒于延祐年间”。

姚式卒年，虽然不能确考，但据吴师道《跋赵明仲所藏姚子敬书高彦敬诗》，知在延祐四年(1317)或稍后。吴跋云：

---

① 王逢：《梧溪集》卷三，北京图书馆古籍珍本丛刊影元至正、明洪武间刻景泰七年陈敏政重修本。

② 黄溍：《金华黄先生文集》卷三十六，四部丛刊初编本。

③ 黄玠：《弁山小隐吟录》卷二，文渊阁《四库全书》第1205册，第38页。

某于高公声迹不相及，子敬则闻东西州。皇庆中，有孙伯劳者，出子敬所书陆氏馆中诸诗及手选乐府一帙，小楷极精，欣慕之甚。尝作诗送孙，以末章致意。暨赵君明仲往来吾州，则知子敬为详，而明仲亦且过称予以欺子敬，交以未识为恨耳。泰定初，明仲为常山簿，相见则曰："子敬亡矣。"为言其一月前，似疾非疾，屏居敷山中，绝食，惟日饮水，曰：人肠胃秽恶，皆食所致，吾将以是荡涤而潆清之。家人来候者悉遣归，留一子侍。明日，语子曰："汝知之乎？男子不死于妇人之手。"命扶起坐而逝。乌乎，其死亡之际如此，世之知之者特末耳。明仲以予雅敬之，故见辄道子敬事，谨识而不忘。时距其殁已七年，今又十八年矣。明仲子肃携此卷来京师邀予题，因记前语。明仲见之，能无感乎！①

泰定凡四年。以泰定元年(1324)计之，则姚式之卒当不早于延祐四年。

此外，姚式之卒，邓文原作《祭姚子敬文》(《巴西集》卷下)，极力称赏。

10. 释善住

善住生卒年，《辽金元卷》以为"不详"。

善住生年，可据所作诗《丁巳元日》推知，诗云："四十今朝是，余生未有涯。寸心曾不白，短鬓已先华。落落攀天骥，悠悠梦海槎。坐看残腊尽，空忆早梅花。"②丁巳，即延祐四年(1317)，上推三十九年，其生年当为至元十五年(1278)。

11. 成廷珪

成廷珪生卒年，《辽金元卷》以为"不详"。杨镰《元诗史》据其诗《闻中原河决盗起有感》(《居竹轩诗集》卷一)，以为成廷珪生于至元二十九年(1292)。据郜肃《居竹轩诗集序》，以其卒年为至正二十三年(1363)。

考成廷珪有《戊戌年避地吴门九日感怀》诗云："行年七十犹为客，何处江湖着老夫。黑发空存数茎在，黄花也笑一钱无。家徒活计如鸠拙，病起形容似鹤癯。独把茱萸仍独酌，酒酣不用阿孙扶。"③戊戌为至正十八年(1358)，行年七十，则其生年又当在至元二十六年(1289)。然张翥生于至元二十四年(1287)，无论是至元二十六年还是至元二十九年，与郜肃序所称与"仲举张公为忘年友"均不甚相符。

又王逢有《哭成元章》诗，题下注云："与丁仲容先后日生，李坦之、张仲举咸至交好，有诗倡和。"④则其生似又应更早。

12. 孙淑

孙淑生卒年，《辽金元卷》以为"不详"。文献出处注明有《南村辍耕录》、《元诗选·初集》。

---

① 吴师道：《礼部集》卷十八，文渊阁《四库全书》第1212册，第255页。

② 释善住：《谷响集》卷一，文渊阁《四库全书》第1195册，第671页。

③ 成廷珪：《居竹轩诗集》卷二，文渊阁《四库全书》第1216册，第312页。

④ 王逢：《梧溪集》卷三，北京图书馆古籍珍本丛刊影元至正、明洪武间刻景泰七年陈敏政重修本。

孙淑为傅若金妻子，其生平傅若金曾撰殡志，有明确交代：

君讳淑，字蕙兰，姓孙氏，其先汴人。年二十三归我于湘中，五月而卒。……死之日，母大恸。既瞑目久，忽徐起，止母哭，令自宽。及母出，私泣告余曰："妾为父母所偏爱，即死，必伤其心，然终必死矣，为将奈何？君后富贵，幸念之。"言既，复瞑目。泰定五年八月廿有一日也。后三日，寓殡湘中。①

殡志及傅若金所作《绿窗遗稿》序文，均载于《南村辍耕录》。《辽金元卷》之所以未予采信，大约是因为泰定没有五年之故。出于同样原因，《元人传记资料索引》以为泰定五年或为三年之误。实际上，泰定帝改元在1328年二月，则从历史实际的演进轨迹来说，泰定五年确实存在，不过后世史家为了方便起见，径以致和元年标识本年（如《元史·泰定帝二》）。且本年年号更替过繁，有泰定、致和、天顺、天历等多个，民间纪事一时未改年号，也是情理中事。据此，孙淑生卒年作"1306—1328"应可以征信。

① 陶宗仪：《南村辍耕录》卷十三《绿窗遗稿》，中华书局1959年版，第158页。

陆、明洪武进士登科题名考

元顺帝至正二十七年(1367)，朱元璋称吴王。同年三月，即下令于三年后设文武科取士。洪武三年(1370)，明太祖颁行科举诏，并提出了“使中外文臣皆由科举而选，非科举者毋得与官”①的设想。次年，明代第一次科举考试举行。洪武六年(1373)二月，太祖因科举所取士人“多后生年少，观其文词若可与有为，及试用之，能以所学措诸行事者甚寡”②，下令暂停科举取士。洪武十七年(1384)三月，命礼部颁行科举成式，恢复科举取士。此后，每三年开科一次，形成定制。终洪武一朝，凡开科七次(包括洪武三十年春夏两科)，取中进士九百三十四人。除去洪武十八年(1385)恢复科举考试首科取中的四百七十二人，其余各科所取仅四百余人。其中虽有不少彪炳史册的名臣显宦，但大多数都湮没无闻。因而在今人所编的专科辞典中，所载洪武朝进士也屈指可数。③ 本篇通过在前贤研究基础上搜读文献，对洪武年间进士之生平仕履略加考析，以资研究者参证。

一、洪武四年(1371)辛亥科

本科共录取进士120人：一甲3名，二甲17名，三甲100名。④ 其中儒籍63人。⑤

---

① 《明太祖实录》卷五十二“洪武三年五月己亥”条，台湾“中央研究院”历史语言研究所1962年校印本，第1019-1021页。

② 《明太祖实录》卷七十九“洪武六年正月乙未”条，第1443-1444页。

③ 如潘荣胜主编《明清进士录》(中华书局2006年版)，录洪武进士105人；翟国璋主编《中国科举辞典》(江西教育出版社2006年版)，录洪武进士50人。

④ 洪武年间进士登科录，仅有四年一科传世，现存天一阁本、艺海珠尘本等。本科进士籍贯、名次、授官，如未注明，均据登科录。其余各科所用题名录，据明人俞宪《皇明进士登科考》(台湾学生书局1986年再版影印嘉靖增补本)、清人李周望编《国朝历科题名碑录初集·明洪武至崇祯各科附》(台湾华文书局1969年影印本)。

⑤ 王世贞：《弇山堂别集》卷八十一《科试考一》，中华书局1985年版，第1543页。后文所引《弇山堂别集》均据此本。

第二甲除吴镛外，俱授六部主事；第三甲俱授县丞。① 本年会试考官为宋濂和鲍恂。②

吴伯宗(1334—1384)，名祐，以字行，江西抚州府金溪县人。③ 洪武三年，中江西乡试第一名。④ 洪武四年，年三十八，登状元第，授礼部员外郎。忤胡惟庸，坐谪凤阳，未几召还。十年，与林弼等同使安南。⑤ 历官国子助教、翰林典籍。以辞太常寺丞、国子司业忤旨，贬金县教谕。未至，召为翰林检讨。十五年，进武英殿大学士。明年，坐弟荐举不实，降为翰林检讨。洪武十七年四月卒。⑥ 著有《南宫集》、《使交集》、《成均集》、《玉堂集》等，今存《荣进集》四卷。⑦

郭翀，字子翔，山西潞州壶关县人。⑧ 治《春秋》。⑨ 年三十三，登一甲第二名，授吏部考功司主事。⑩ 本年五月，授广德府知府。⑪

吴公达，字致中，浙江处州府丽水县人。年二十四，登一甲第三名，授户部主事。⑫ 历官至刑部尚书。⑬

杨自立，名卓，字自立，一字子吾，又字子渊⑭，江西吉安府泰和县人。⑮ 治《春

---

① 张朝瑞：《皇明贡举考》卷二，《续修四库全书》第828册影北京大学图书馆藏明万历刻本，第178-179页。又见王世贞《弇山堂别集》卷八十一《科试考一》。王樵《赠袁二尹序》云："我高皇帝四年，授进士姚宗敬以下百人皆邑丞。"(《方麓集》卷三)

② 《明史》卷一百三十七《吴伯宗传》。宋濂：《会试纪录题辞》，《銮坡前集》卷六，罗月霞主编《宋濂全集》第1册，浙江古籍出版社1999年版，第466-467页。

③ [嘉靖]《江西通志》卷二十《抚州府·科目》，四库全书存目丛书史部第183册影明嘉靖刻本，齐鲁书社1996年版，第84页。

④ 宋濂：《书前定三事》，《翰苑续集》卷三，《宋濂全集》第2册，第832-833页。

⑤ 林弼：《送韩君子煜之官海门序》，《林登州集》卷十，文渊阁《四库全书》本。

⑥ 《明太祖实录》卷一百六十一"洪武十七年夏四月乙未"条。《明史》卷一百三十七本传。[嘉靖]《江西通志》卷二十一《抚州府·人物》，四库全书存目丛书史部第183册影明嘉靖刻本，第115页。

⑦ 永瑢等：《四库全书总目》卷一百六十九《荣进集》提要，中华书局1965年版，第1477页。

⑧ 李侃、胡谧纂修：[成化]《山西通志》卷十《人物·国朝·已仕》，四库全书存目丛书史部第174册影民国二十二年影钞明成化十一年刻本，齐鲁书社1996年版，第339页，误作庚戌进士。[雍正]《山西通志》卷一百一十三《人物十三·潞安府》，文渊阁《四库全书》本。

⑨ [雍正]《山西通志》卷一百一十三《人物十三·潞安府》。

⑩ 张朝瑞：《皇明贡举考》卷二，第178页。又见[雍正]《山西通志》卷六十六，王世贞《弇山堂别集》卷八《异典述三·首甲不授翰林》、卷八十一《科试考一》。

⑪ 《明太祖实录》卷六十五"洪武四年五月辛酉"条。

⑫ 张朝瑞：《皇明贡举考》卷二，第178页。或以为授吏部主事，见王世贞《弇山堂别集》卷八《异典述三·首甲不授翰林》。

⑬ 王国安等：[康熙]《浙江通志》卷二十九《选举·历朝进士》，康熙二十三年刊本，第35页。[雍正]《浙江通志》卷二百四十《陵墓·处州府·丽水县》，卷一百三十《选举八》，文渊阁《四库全书》本。彭润章等纂修：[同治]《丽水县志》卷九《选举·进士》，同治十三年刻本。

⑭ 陈谟：《赠进士罗子理序》，《海桑集》卷五，文渊阁《四库全书》本。

⑮ 杨士奇：《退庵府君小传》，《东里文集》卷二十二。

秋》。① 初为邑学教师。② 与罗性、邓崇志齐名。③ 洪武三年，江西乡试第七。年三十八，会试第三，进士二甲第一名，授吏部主事。④ 逾年，升广东行省员外郎。岁中坐累谪凤阳屯种，复起为礼部主事。数月，改杭州府通判。援例去官。⑤ 以清修苦节著闻。⑥

赵友能，字宗典，浙江绍兴府会稽县人。年四十，二甲第二名，授吏部主事。⑦ 历官合州知州。⑧

仇敬，字仲立，⑨ 山西平阳府曲沃县人。元季，同郝修己隐紫金山。洪武三年，乡试第一。年三十二，登二甲第三名，授兵部主事。历官绥德知州。升任巩昌知府。丁外艰，卒于苫次。⑩

丁辅，字允正，江西吉安府吉水县人。年三十九，登二甲第四名，授刑部主事。⑪

吴镛，字金川，江西饶州府鄱阳县人。年四十四，二甲第五名，授户部司计。⑫ 历官松江知府。⑬

黄载，一作王载，字文博(一作傅)，江西南昌府奉新县人。⑭ 年四十三，二甲第

---

① 见陈谟：《赠进士罗子理序》。

② 杨士奇：《袁处士墓表》，《东里续集》卷三十一，文渊阁《四库全书》本。

③ 杨士奇：《疾退子传》、《罗先生传》，《东里文集》卷二十二。

④ 于成龙等：[康熙]《江西通志》卷十八《选举·历朝进士》，康熙二十二年刊本，第1页。《[雍正]《江西通志》卷五十二《选举四》，文渊阁《四库全书》本。

⑤ 杨士奇：《退庵府君小传》，《东里文集》卷二十二。任杭州府通判，又见陈谟《元故隐君峻极郭先生墓志铭》，《海桑集》卷八；唐文凤《和游新吴寺诗韵》题下小序，《梧冈集》卷三，文渊阁《四库全书》本。

⑥ 杨士奇：《送邓训科序》，《东里续集》卷七。

⑦ [康熙]《浙江通志》卷二十九《选举·历朝进士》作"赵友龙"(第35页)。[雍正]《浙江通志》卷一百三十《选举八》，文渊阁《四库全书》本。

⑧ [雍正]《四川通志》卷六《名宦》，文渊阁《四库全书》本。

⑨ 凌迪知：《万姓统谱》卷六十三，文渊阁《四库全书》本。

⑩ [成化]《山西通志》卷十《人物·国朝·已仕》，四库全书存目丛书史部第174册，第338页。误作"己酉解元"、"庚戌进士"，授官记载亦误。李维桢修：[万历]《山西通志》卷二十二《选举中》，《稀见中国地方志汇刊》第4册，中国书店1992年版，第358页。刘棨修、孔尚任等纂：[康熙]《平阳府志》卷二十一《选举》，《稀见中国地方志汇刊》第6册，第414页。[雍正]《山西通志》卷一百一十一《人物十一·平阳府》，文渊阁《四库全书》本。其任巩昌知府，又见[雍正]《山西通志》卷六十六《科目二》。

⑪ [嘉靖]《江西通志》卷二十七《吉安府·科目》，四库全书存目丛书史部第183册，第353页。[康熙]《江西通志》卷十八《选举·历朝进士》，第1页。

⑫ 张朝瑞：《皇明贡举考》卷二，第178页。

⑬ [嘉靖]《江西通志》卷九《饶州府》，四库全书存目丛书史部第182册，第378页。于成龙等：[康熙]《江西通志》卷十八《选举·历朝进士》，第1页。[雍正]《江西通志》卷五十二《选举四》。

⑭ 宋濂：《书前定三事》，《翰苑续集》卷三，《宋濂全集》第2册，第832-833页。

六名，授工部主事。①

王敬中，字敬中②，浙江明州府鄞县人。用荐为学校教授。③ 年四十八，登本科二甲第七名，授刑部主事。④

陈信之，字信之，福建福州府怀安县人。至正二十三年，登进士第。洪武三年，举乡试。⑤ 年三十七，登本年二甲进士第八名，授礼部主事。⑥

刘寅，字拱辰，山西太原府崞县人。年三十三，二甲第九名，授兵部主事。⑦ 历官至兵部侍郎。⑧ 著有《五经直解》、《七书直解》二十六卷、《集古兵法》一卷。⑨

杜濬，字亮之，江西吉安府泰和县人。年四十，二甲第十名，授工部主事。⑩

王谏，字惟允，浙江台州府黄岩县人。年四十一，二甲第十一名，授户部主事。历官知府。⑪

熊谊，字判宾，江西南昌府丰城县人。洪武三年，江西乡试第二，南昌府举十人，谊第一。⑫ 年四十七，二甲第十二名，授吏部主事。⑬

---

① 于成龙等：[康熙]《江西通志》卷十八《选举·历朝进士》，第1页。[雍正]《江西通志》卷五十二《选举四》。[嘉靖]《江西通志》卷六《南昌府·科目》三年乡试有其名，四年进士失载(第221页)。

② 朱彝尊：《明诗综》卷十七。又见康熙《御选明诗·姓名爵里一》，文渊阁《四库全书》本；刘仔肩《雅颂正音》卷四，文渊阁《四库全书》本。

③ 郑真：《贺王敬中除教授书》，《荥阳外史集》卷三十三，文渊阁《四库全书》本。

④ 见[康熙]《御选明诗·姓名爵里一》；[乾隆]《鄞县志》卷九《选举表上》，乾隆五十三年刻本。[康熙]《浙江通志》卷二十九《选举·历朝进士》，康熙二十三年刊本，第35页。

⑤ 喻政主修：[万历]《福州府志》卷四十六《选举志二》下册，海风出版社2001年版，第252页。

⑥ 喻政主修：[万历]《福州府志》卷四十七《选举志三》下册，第253页。又见[雍正]《福建通志》卷三十五《选举三》、卷三十六《选举四》，文渊阁《四库全书》本。

⑦ [雍正]《山西通志》卷一百三十九《人物三十九·文苑四》。

⑧ 李维桢修：[万历]《山西通志》卷十八《人物上》，《稀见中国地方志汇刊》第4册，中国书店1992年版，第248页。[雍正]《山西通志》卷六十六《科目二》。

⑨ 《明史》卷九十八《艺文三》。张纶《林泉随笔》称其著有《六书直解》，见《四库全书总目》卷九十九《三略直解》提要。其中之一为《武经直解》([雍正]《山西通志》卷一百三十九)。

⑩ [嘉靖]《江西通志》卷二十七《吉安府·科目》，四库全书存目丛书史部第183册，第353页。王昂重编[嘉靖]《吉安府志存》卷十四《人物志·科目三》，嘉靖刻本。于成龙等：[康熙]《江西通志》卷十八《选举·历朝进士》，第1页。

⑪ [康熙]《浙江通志》卷二十九《选举·历朝进士》，第35页。[雍正]《浙江通志》卷一百三十《选举八》。

⑫ 宋濂：《书前定三事》，《翰苑续集》卷三，《宋濂全集》第2册，第832-833页。[嘉靖]《江西通志》卷六《南昌府·科目》于"洪武三年庚戌乡试"载十人，分别为南昌人刘铸、周渊，丰城人熊谊、丁时敏、黄润德，进贤人罗先源、吴颧(登科录作"吴权")、艾甫，奉新人黄载、余进善。并无本科二甲十五名毛煜其人。

⑬ [嘉靖]《江西通志》卷六《南昌府·科目》，四库全书存目丛书史部第182册，第221页。于成龙等：[康熙]《江西通志》卷十八《选举·历朝进士》，第1页。[雍正]《江西通志》卷五十二《选举四》。

卢贶，字仲宾，广西平乐府平乐县人。年五十三，二甲第十三名，授工部主事。①

周子谅，名恺，以字行，一字灌夫，江西吉安府庐陵县人。② 洪武二年，征修《礼书》。③ 年四十七，二甲第十四名，授工部虞衡司主事。④ 历官至吏部员外郎。⑤ 与宋濂为友，先其而卒。⑥

毛煜，字施伯，江西南昌府南昌县人。年四十六，二甲第十五名，授户部主事。⑦ 洪武七年，在山西平阳府太平县丞任上。⑧

王谊，字翰英，河南南阳府邓州人，寓居靖江府。⑨ 年四十六，二甲第十六名，授吏部主事。

赵旅，字正己，浙江绍兴府山阴县人。年四十三，二甲第十七名，授吏部主事。⑩

姚宗敬，字宗敬，江西饶州府德兴县人。年五十，三甲第一名，授西安府澄城县丞。⑪

王玄范，字彦文，一作彦畴，⑫ 福建福州府福清县人。王士同曾孙。元末辟不起。

---

① 或以为授户部主事，见［雍正］《广西通志》卷七十《选举》，文渊阁《四库全书》本。

② 朱彝尊：《明诗综》卷八。又见［雍正］《江西通志》卷七十七《人物十二·吉安府三》。《雅颂正音》卷四以其名、字均为子谅。

③ 《明史》卷四十七《礼志一》。

④ 宋濂：《郊禋庆成诗序》，《銮坡后集》卷五，《宋濂全集》第2册，第649页。［嘉靖］《江西通志》卷二十七《吉安府·科目》，四库全书存目丛书史部第183册影明嘉靖刻本，第353页。［雍正］《江西通志》卷七十七《人物十二·吉安府三》。

⑤ ［康熙］《江西通志》卷十八《选举·历朝进士》，第1页。［雍正］《江西通志》卷五十二《选举四》。

⑥ 宋濂：《故庐陵张府君光远甫墓碣铭》，《翰苑续集》卷八，《宋濂全集》第2册，第914页。

⑦ 于成龙等：［康熙］《江西通志》卷十八《选举·历朝进士》，第1页。［雍正］《江西通志》卷五十二《选举四》。［嘉靖］《江西通志》卷六《南昌府·科目》三年乡试、四年进士均失载(第221页)。而于洪武六年癸丑乡试载有名毛昱者，南昌人，任知县。

⑧ ［雍正］《山西通志》卷三十五《学校》、卷三十七《公署》。

⑨ ［雍正］《河南通志》卷四十五《选举二》，文渊阁《四库全书》本。

⑩ ［康熙］《浙江通志》卷二十九《选举·历朝进士》，第35页。［雍正］《浙江通志》卷一百三十《选举八》。

⑪ 王樵《赠袁二尹序》，《方麓集》卷三，文渊阁《四库全书》本。于成龙等：［康熙］《江西通志》卷十八《选举·历朝进士》，第1页。［嘉靖］《江西通志》卷九《饶州府·科目》，四库全书存目丛书史部第182册，第378页。［嘉靖］《江西通志》所录进士，虽大多见于题名录，然亦未必完全可靠。如卷九《饶州府·科目》于洪武四年辛亥科录进士七人，而题名录仅载三人，多出查仲源、俞敬德、汪彦思、许仲猷等四人。又如卷三十三《袁州府·科目》于洪武四年辛亥科载进士欧阳贞，分宜人，亦不见于登科录。［康熙］《江西通志》卷十八《选举·历朝进士》照录(第1页)。［康熙］《江西通志》卷三十一《饶州府·人物》于俞敬德注云："浮梁人，与同邑查仲原同登洪武初吴伯宗榜。"(第45页)［嘉靖］《江西通志》卷二十《抚州府·科目》于"洪武四年辛亥乡试"条下注云："初以辛亥、壬子二科乡试疑，及读学士解缙曰：家君以洪武辛亥主考江西乡试，以为可据。今依旧志录之。"(第84页)由其时诏书"连试三年"的规定来看，四年乡试若举行，当亦在八月，而不应列于"洪武三年庚戌乡试"条之后。

⑫ 释如一纂：《福清县志续略》卷六《人物类上·进士》，中国科学院图书馆选编《稀见中国地方志汇刊》第33册影日本宽文刻本，中国书店1992年版，第388页。

会试第三。三甲第二名，授淮安府桃源县丞。①

叶孝友，名爱同，② 有司误以其字闻，江西广信府贵溪县人。年三十八，登进士三甲第三名，授顺德府平乡县丞。③

尹宗伊，山西平阳府万泉县人。④ 三甲第四名，授镇江府丹阳县丞。⑤

金涛，字仲恬，高丽延安县人。⑥ 三甲第五名，授东昌府安丘县丞。寻为本国宰相。⑦

岑鹏，字搏霄，浙江明州府慈溪县人。三甲第六名，授太原府徐沟县丞。⑧

李升，字仲高，福建福州府福清县人。三甲第七名，授济南府新泰县丞。⑨

贾敏，字克勤，山西潞州壶关县人。年三十八，三甲第八名，授南昌府武宁县丞。升广西道监察御史，⑩ 改国子学正，升助教。⑪

梁临，字仲敬，广东广州府新会县人。罗蒙正弟子。登进士三甲第九名，授开封府永城县丞。累官至礼部主事。⑫

聂铉，字伯器，一作器之，江西临江府清江县人。⑬ 三甲第十名，授顺德府广宗县丞。秩满入觐，上《洪武圣德诗》、《南京赋》，授翰林待制。以老疾辞，不许，改国子助教。迁翰林典籍，寻复为助教。洪武十三年，赐归。⑭ 洪武十八年，以前翰林院典籍

---

① 喻政主修：[万历]《福州府志》卷四十七《选举志三》，下册第254页。

② 于成龙等：[康熙]《江西通志》卷十八《选举·历朝进士》，第1页。[雍正]《江西通志》卷五十二《选举四》。

③ 宋濂：《题叶赞玉墓铭后》，《銮坡前集》卷十，《宋濂全集》第1册，第553页。[嘉靖]《江西通志》卷十一《广信府·科目》于“洪武五年壬子乡试”(第483页)载其名，官萍乡县丞。误。

④ [雍正]《山西通志》卷六十六《科目二》，文渊阁《四库全书》本。

⑤ 李维桢修：[万历]《山西通志》卷二十二《选举中》，《稀见中国地方志汇刊》第4册，中国书店1992年版，第358页。刘棨修、孔尚任等纂：[康熙]《平阳府志》卷二十一《选举》，《稀见中国地方志汇刊》第6册，第414页。

⑥ 张朝瑞：《皇明贡举考》卷二，第179页。

⑦ 王世贞：《弇山堂别集》卷十八《奇事述三·外国人进士》，卷八十一《科试考一》。

⑧ [康熙]《浙江通志》卷二十九《选举·历朝进士》，第35页。[雍正]《浙江通志》卷一百三十《选举八》，文渊阁《四库全书》本。

⑨ 喻政主修：[万历]《福州府志》卷四十七《选举志三》，下册第254页。释如一纂：《福清县志续略》卷六《人物类上·进士》，《稀见中国地方志汇刊》第33册，中国书店1992年版，第388页。

⑩ 李维桢修：[万历]《山西通志》卷二十三《选举下》，《稀见中国地方志汇刊》第4册，中国书店1992年版，第392页。[雍正]《山西通志》卷六十六《科目二》载其曾任陕西道监察御史。

⑪ [成化]《山西通志》卷十《人物·国朝·已仕》，四库全书存目丛书史部第174册，第339页。

⑫ [雍正]《广东通志》卷三十二《选举志二》、卷四十七《人物志四》，文渊阁《四库全书》本。

⑬ [嘉靖]《江西通志》卷二十三《临江府·科目》，四库全书存目丛书史部第183册，第179页。于成龙等：[康熙]《江西通志》卷十八《选举·历朝进士》，第1页。[雍正]《江西通志》卷五十二《选举四》。

⑭ 《明太祖实录》卷一百三十一“洪武十三年夏四月”条。

与翰林待诏朱善二人主考会试。① 以年龄益高，择便地授庐陵教谕，终其身。胡俨序其集。②

屠养浩，浙江明州府鄞县人。三甲第十一名，授河南府永宁县丞。③ 历官同知。④

郑廷实，字礼贤，福建福州府永福县人。⑤ 三甲第十二名，授曲阜县丞。⑥

赵铸，字子颜，陕西西安府华州渭南县人。三甲第十三名，授侯官县丞。⑦

张正一，字子明，浙江金华府金华县人。三甲第十四名，授莘县丞。⑧

洪烨，字仲和，浙江台州府天台县人。三甲第十五名，授富平县丞。⑨

包莘，字尹耕，浙江明州府鄞县人，寓居西安府。元至正间，任定海教谕，与王厚孙、张原楷齐名，称四明三先生。遭方国珍乱，致仕。入明应诏，以廷对忤旨，谪西安府掾。越二年，诏流寓就试本道，登陕西乡荐。登本科进士三甲第十六名，授湖广新城县丞。以诖误免。⑩ 著有《蛟川集》。⑪

危孝先，字简言，浙江台州府临海县人。三甲第十七名。历官凤翔府麟游县丞。⑫ 转陵川县丞，坐法输作江浦，子诸生贞昉请代役，从之。⑬

冯麒，⑭ 字孟良，浙江杭州府仁和县人。三甲第十八名，授东昌府清平县丞。⑮

---

① 王世贞：《弇山堂别集》卷八《异典述三·待诏典籍纪善主会试》、《异典述三·致仕官主试》，卷八十一《科试考一》。

② 黄虞稷：《千顷堂书目》卷十八。

③ [乾隆]《鄞县志》卷九《选举表上》，乾隆五十三年刻本。

④ [康熙]《浙江通志》卷二十九《选举·历朝进士》，第 35 页。[雍正]《浙江通志》卷一百三十《选举八》，文渊阁《四库全书》本。

⑤ 史起钦修、林子燮等纂[万历]《福宁州志》卷六《选举志·进士》作“字献夫”，宁德人，历官山西曲沃县丞。(《稀见中国地方志汇刊》第 33 册，中国书店 1992 年版，第 129 页)

⑥ 喻政主修：[万历]《福州府志》卷四十七《选举志三》，下册第 254 页。

⑦ [雍正]《陕西通志》卷三十《选举一》，文渊阁《四库全书》本。

⑧ [康熙]《浙江通志》卷二十九《选举·历朝进士》作“张一正”(第 35 页)。[雍正]《浙江通志》卷一百三十《选举八》，文渊阁《四库全书》本。

⑨ [康熙]《浙江通志》卷二十九《选举·历朝进士》，第 35 页。[雍正]《浙江通志》卷一百三十《选举八》，文渊阁《四库全书》本。

⑩ [康熙]《浙江通志》卷二十九《选举·历朝进士》，第 35 页。[乾隆]《鄞县志》卷十四《人物》，乾隆五十三年刻本，第 3 页。

⑪ [乾隆]《鄞县志》卷二十二《艺文下》，第 19 页。

⑫ [康熙]《浙江通志》卷二十九《选举·历朝进士》，第 35 页。[雍正]《浙江通志》卷一百三十《选举八》。[雍正]《陕西通志》卷十五《公署》。

⑬ [雍正]《山西通志》卷一百八十《遗事一》，文渊阁《四库全书》本。

⑭ 陈让、夏时正纂修[成化]《杭州府志》卷三十九(第 560 页)、[嘉靖]《仁和县志》卷八《科贡》(第 8 页)作“冯骥”。

⑮ [康熙]《浙江通志》卷二十九《选举·历朝进士》，第 35 页。[雍正]《浙江通志》卷一百三十《选举八》。

刘光先，字鸣善，江西吉安府永丰县人。三甲第十九名。历官至同知。①

郭邻，山西潞州长子县人。三甲第二十名，授福清县丞。②

魏云，字云从，福建福州府闽县人。三甲第二十一名，授信阳县丞。③

魏益，④ 直隶徐州砀山县人。三甲第二十二名，授处州府青田县丞。

张寿龄，广东南雄府保昌县人。三甲第二十三名，授开封府洧川县丞。⑤

林器之，福建福州府侯官县人。三甲第二十四名，授登州府文登县丞。⑥

赵实中，浙江台州府黄岩县人。⑦ 三甲第二十五名，授汝宁府确山县丞。⑧

俞友仁，字文辅，⑨ 浙江杭州府仁和县人。⑩ 乡试第一，会元，登进士三甲第二十六名，授济宁府长山县丞。⑪ 历官襄阳县学教谕、山西布政司佥事。⑫

王诚，字允诚，浙江绍兴府上虞县人。三甲第二十七名，授济宁府鱼台县丞。⑬

康缙，字宗正，江西吉安府泰和县人。年五十二，三甲第二十八名，授东平府平阴

---

① ［嘉靖］《江西通志》卷二十七《吉安府·科目》，四库全书存目丛书史部第 183 册，第 353 页。［康熙］《江西通志》卷十八《选举·历朝进士》，第 1 页。［雍正］《江西通志》卷五十二《选举四》。

② 李维桢修：［万历］《山西通志》卷二十三《选举下》，《稀见中国地方志汇刊》第 4 册，中国书店 1992 年版，第 392 页，作“郭麟”。徐飏廷修，徐介纂：［康熙］《长子县志》卷四《人物志·科目》，《稀见中国地方志汇刊》第 5 册，第 104 页。［雍正］《山西通志》卷六十六《科目二》，文渊阁《四库全书》本。

③ 喻政主修：［万历］《福州府志》卷四十七《选举志三》，下册第 253 页。［雍正］《福建通志》卷三十六《选举四》，文渊阁《四库全书》本。

④ 艺海珠尘本《登科录》无，从《皇明进士登科考》、《皇明贡举考》补。

⑤ ［雍正］《广东通志》卷三十三《选举志三》，文渊阁《四库全书》本。

⑥ 喻政主修：［万历］《福州府志》卷四十七《选举志三》，下册第 253 页。［雍正］《福建通志》卷三十六《选举四》。

⑦ ［嘉靖］《仁和县志》卷八《科贡》有其名。(第 8 页)

⑧ ［康熙］《浙江通志》卷二十九《选举·历朝进士》，第 35 页。［雍正］《浙江通志》卷一百三十《选举八》。

⑨ 田汝成：《西湖游览志余》卷二十二《委巷丛谈》，文渊阁《四库全书》本。又见王羽《柘轩集原序》，夏节《柘轩集行述》，《柘轩集》卷首；凌云翰《画并序》，《柘轩集》卷一，文渊阁《四库全书》本。《万姓统谱》卷十二作“字大辅”。

⑩ 据［嘉靖］《仁和县志》卷八《科贡》，俞氏乃是寄籍仁和，原为黄岩人。［雍正］《湖广通志》卷四十四《名宦志·襄阳府》作“钱塘人”。其名见《明史》卷二百八十五《文苑·王蒙传》。

⑪ 陈让、夏时正纂修：［成化］《杭州府志》卷三十九、卷四十三，四库全书存目丛书史部第 175 册影明成化刻本，第 560、609 页。［康熙］《浙江通志》卷二十九《选举·历朝进士》，第 34 页。［雍正］《浙江通志》卷一百三十《选举八》。凌云翰《翰墨清事序》，《柘轩集》卷四，文渊阁《四库全书》本。

⑫ 刘三吾等：《书传会选》卷首《凡例》，文渊阁《四库全书》本。王世贞：《弇山堂别集》卷八《异典述三·首甲不授翰林》、卷八十一《科试考一》。［雍正］《湖广通志》卷四十四《名宦志·襄阳府》，文渊阁《四库全书》本。

⑬ ［康熙］《浙江通志》卷二十九《选举·历朝进士》，第 35 页。

县丞。① 历官丹徒知县。②

闻伯昇，浙江台州府天台县人。三甲第二十九名，授济南府霑化县丞。③

童尹，字廷正，浙江台州府临海县人。三甲第三十名，授济南府淄川县丞。④

林信孚，字信孚，福建福州府怀安县人。三甲第三十一名，授顺德府内丘县丞。⑤

陈执中，字执中，福建福州府连江县人。三甲第三十二名，授顺德府巨鹿县丞。⑥

林文寿，字仲仁，福建福州府长乐县人。至正二十三年，登进士第。洪武三年，举乡试。⑦ 登本年三甲进士第三十三名，授济南府邹平县丞。⑧

王夏，字辅炎，陕西西安府同州郃阳县人。三甲第三十四名，授临江府清江县丞。⑨

黄绶，字伯固，福建福州府闽清县人。三甲第三十五名，授东昌府博平县丞。⑩

齐季舒，⑪ 江西饶州府德兴县人。三甲第三十六名，授东平府须城县丞。⑫

刘杰，北平保定府易州涞水县人。三甲第三十七名，授顺德府沙河县丞。⑬

陈玄，广东广州府东莞县人。三甲第三十八名，授凤翔府岐山县丞。

郑潜，福建兴化府莆田县人。三甲第三十九名，授禹城县丞。⑭

陈章应，字敏达，福建泉州府晋江县人。三甲第四十名，授太原府榆次县丞。历繁

---

① 凌迪知：《万姓统谱》卷五十二。[康熙]《浙江通志》卷二十九《选举·历朝进士》于本科进士载闻人阜，天台人。

② [嘉靖]《江西通志》卷二十七《吉安府·科目》，四库全书存目丛书史部第183册，第353页。王昂重编：[嘉靖]《吉安府志存》卷十四《人物志·科目三》，嘉靖刻本。于成龙等：[康熙]《江西通志》卷十八《选举·历朝进士》，第1页。

③ 凌迪知：《万姓统谱》卷二十。

④ [康熙]《浙江通志》卷二十九《选举·历朝进士》，第35页。[雍正]《浙江通志》卷一百三十《选举八》。

⑤ [万历]《福州府志》卷四十七《选举志三》载授官为巨鹿县丞。(第253页)

⑥ 黄仲昭：[弘治]《八闽通志》卷四十八《选举·科第·福州府》，明弘治刻本，第13页。[万历]《福州府志》卷四十七《选举志三》(下册第253页)载授官为内丘县丞。

⑦ [万历]《福州府志》卷四十六《选举志二》，下册第252页。

⑧ [万历]《福州府志》卷四十七《选举志三》，下册第253页。

⑨ (明)叶梦熊纂，(清)庄曾明、叶子循等续纂：[顺治]《重修郃阳县志》卷六《人物志》，《稀见中国地方志汇刊》第8册，中国书店1992年版，第290页。[雍正]《陕西通志》卷三十《选举一》。

⑩ [万历]《福州府志》卷四十七《选举志三》，下册第253页。

⑪ [康熙]《江西通志》卷十八《选举·历朝进士》作“齐志舒”(第1页)。

⑫ [嘉靖]《江西通志》卷九《饶州府·科目》，四库全书存目丛书史部第182册，第378页。

⑬ 贾淇、章时鸾修，冯惟敏纂，王国桢增修，王政熙补纂：《保定府志》卷十《选举表上》，《稀见中国地方志汇刊》第2册，中国书店1992年版，第694页。李贤等《明一统志》卷二载有刘杰，洪武初人，历官唐县知县，不知是否同一人？

⑭ [弘治]《八闽通志》卷五十四《选举·科第·兴化府》，第16页。[雍正]《福建通志》卷三十六《选举四》，文渊阁《四库全书》本。

峙，调太原府安丘，① 藩宪考其学优廉干，以状闻，特降旌榜嘉之。仕至礼部主事，卒于官。②

彭泰，字文渊，江西吉安府吉水县人。三甲第四十一名，授荆州府公安县丞。③ 历官教谕。④

严植，⑤ 字景周，江西建昌府南城县人，寓居武昌府。三甲第四十二名，授凤阳府天长县丞。

李素，山西潞州壶关县人。三甲第四十三名，授袁州府宜春县丞。⑥

李初，江西吉安府庐陵县人，寓居惠州府。三甲第四十四名，授西安府武功县丞。⑦

陈彝，字原善，浙江温州府永嘉县人。三甲第四十五名，授太原府阳曲县丞。⑧

胡汝雨，字均济，浙江台州府天台县人。三甲第四十六名，授大名府元城县丞。⑨ 历官知县。⑩

管贞，字原清(一作源清)，江西赣州府宁都县人。三甲第四十七名，授山东东平府阳谷知县。⑪ 寇至，竭力以御，被执，骂贼而死。⑫

---

① [雍正]《山西通志》卷八十八《名宦六》。

② 李贤等：《明一统志》卷七十五《泉州府》，文渊阁《四库全书》本。[弘治]《八闽通志》卷五十《选举・科第・泉州府》，第30页；卷六十七《人物・泉州府・宦绩》，第27页。

③ [嘉靖]《江西通志》卷二十七《吉安府・科目》，四库全书存目丛书史部第183册，第353页。[康熙]《江西通志》卷十八《选举・历朝进士》，第1页。

④ 王昂重编：[嘉靖]《吉安府志存》卷十四《人物志・科目三》，嘉靖刻本。

⑤ [嘉靖]《江西通志》卷十七《建昌府・科目》(第701页)、[康熙]《江西通志》卷十八《选举・历朝进士》(第1页)、[雍正]《江西通志》卷五十二《选举四》均作"严桓"。

⑥ [成化]《山西通志》卷十《人物・国朝・已仕》，四库全书存目丛书史部第174册，第339页。李维桢修：[万历]《山西通志》卷二十三《选举下》，《稀见中国地方志汇刊》第4册，中国书店1992年版，第392页。[雍正]《山西通志》卷六十六《科目二》。

⑦ [嘉靖]《江西通志》卷二十七《吉安府・科目》，四库全书存目丛书史部第183册，第353页。[康熙]《江西通志》卷十八《选举・历朝进士》，第1页。

⑧ 王叔杲、王应辰纂：[嘉靖]《永嘉县志》卷六《选举志》，《稀见中国地方志汇刊》第18册，中国书店1992年版，第593页。刘方誉、林继衡等修，王光蕴等纂：[万历]《温州府志》卷十《选举志》，《稀见中国地方志汇刊》第18册，中国书店1992年版，第250页。[康熙]《浙江通志》卷二十九《选举・历朝进士》，第35页。[雍正]《浙江通志》卷一百三十《选举八》。

⑨ [雍正]《浙江通志》卷一百三十《选举八》。

⑩ [康熙]《浙江通志》卷二十九《选举・历朝进士》，第35页。

⑪ [嘉靖]《江西通志》卷二十七《吉安府・科目》，四库全书存目丛书史部第183册，第680页。[雍正]《江西通志》卷五十二《选举四》。[雍正]《山东通志》卷二十七《宦绩志》。[康熙]《江西通志》卷十八《选举・历朝进士》作"阳谷县丞"(第1页)。

⑫ [雍正]《江西通志》卷九十四《人物二十九・赣州府》引《宁都先贤传》，文渊阁《四库全书》本。凌迪知：《万姓统谱》卷八十一，文渊阁《四库全书》本。

吴权，字巽行，江西南昌府进贤县人。三甲第四十八名，授顺德府南河县丞。①

张鹤，山西潞州潞城县人。三甲第四十九名，授徽州府黟县县丞。②

刘伯钦，字子敬，江西吉安府吉水县人。三甲第五十名，授淮安府安东县丞。③ 历官监察御史。④

叶砥(1342—1411)，字周道，更字履道，号坦斋，⑤ 浙江绍兴府上虞县人。年三十，登三甲第五十一名，授太原府定襄县丞。⑥ 洪武八年，坐累谪凉州。建文元年，召为翰林院编修。⑦ 改广西按察佥事。永乐初，坐修史书文帝事多微词，被逮，籍其家。事白，仍与史事。书成，改吏部考功郎中。寻为《永乐大典》副总裁，⑧ 侍讲东宫。郎中三考，加俸二等，职如故。砥重听，误谓授他职。皇上亲为写授之。久之，引年求去，得饶州知府，有治绩。年八十，卒于官。⑨ 著有《坦斋集》、《退朝稿》、《芝山稿》、《经筵讲义》、《銮坡稿》、《溪居稿》、《南行稿》、《经进稿》等。⑩

林嘉，字君亨，福建福州府福清县古龙人。三甲第五十二名，授淮安府沭阳县丞。⑪

刘铸，字季冶，江西南昌府南昌县人。三甲第五十三名，授平阳府荥河县丞。⑫ 历官山西河津知县。⑬

---

① [康熙]《江西通志》卷十八《选举·历朝进士》，第1页。[雍正]《江西通志》卷五十二《选举四》。

② 李维桢修：[万历]《山西通志》卷二十三《选举下》，《稀见中国地方志汇刊》第4册，中国书店1992年版，第392页。[雍正]《山西通志》卷六十六《科目二》。

③ [嘉靖]《江西通志》卷二十七《吉安府·科目》，四库全书存目丛书史部第183册，第353页。

④ [康熙]《江西通志》卷十八《选举·历朝进士》，第1页。[雍正]《江西通志》卷五十二《选举四》。

⑤ 葛万里：《别号录》卷四，文渊阁《四库全书》本。

⑥ [成化]《山西通志》卷八，四库全书存目丛书史部第174册，第264页。《钦定大清一统志》卷一百一十三，文渊阁《四库全书》本。

⑦ 黄佐：《翰林记》卷十七《正官题名》，文渊阁《四库全书》本。

⑧ [雍正]《山西通志》卷九十八《名宦十六》。黄佐《翰林记》卷十三《修书升赏》，文渊阁《四库全书》。

⑨ 王直：《范仲彰墓志铭》，《抑庵文后集》卷二十九；《知府叶公墓志铭》，《抑庵文后集》卷三十三，文渊阁《四库全书》本。凌迪知：《万姓统谱》卷一百二十四。[康熙]《浙江通志》卷二十九《选举·历朝进士》，第35页。[雍正]《浙江通志》卷一百六十九《人物三》引[万历]《上虞县志》，文渊阁《四库全书》本。汪森：《粤西文载》卷六十四《传·名宦》，文渊阁《四库全书》本。

⑩ 黄虞稷：《千顷堂书目》卷十八。

⑪ [万历]《福州府志》卷四十七《选举志三》，下册第254页。释如一纂：《福清县志续略》卷六《人物类上·进士》，《稀见中国地方志汇刊》第33册，中国书店1992年版，第388页。

⑫ 宋濂：《书前定三事》，《翰苑续集》卷三，《宋濂全集》第2册，第832-833页。

⑬ [嘉靖]《江西通志》卷六《南昌府·科目》，四库全书存目丛书史部第182册，第221页。[康熙]《江西通志》卷十八《选举·历朝进士》，第1页。[雍正]《江西通志》卷五十二《选举四》。

陈拱，字叔向，浙江温州府永嘉县人。三甲第五十四名，授东平府东阿县丞。①

何文信，字孟诚，福建福州府闽县人。② 年四十四，登三甲第五十五名，授大名府南乐县丞。③ 洪武七年，在宝坻知县任上。④ 历官四川汉州知州。⑤

傅皓，山东东平府阳谷县人。三甲第五十六名，授常州府江阴县丞。历官长史。⑥

韩守正，浙江绍兴府萧山县人。三甲第五十七名，授济南府利津县丞。⑦

何德举，福建泉州府晋江县人。三甲第五十八名，授平阳府平陆县丞。秩满，升嵩阳知县。⑧ 与王翰为友。⑨

王砥，山西泽州灵川县人。⑩ 三甲第五十九名。⑪

冯本，北平大名府南乐县人。⑫ 三甲第六十名，授青州府日照县丞。

林德亨，福建福州府福安县人。三甲第六十一名，授济南府齐东县丞。⑬

林大同，福建福州府福清县人。三甲第六十二名，授荆州府石首县丞。⑭

尔朱钦，字敬伯，陕西西安府耀州富平县人。乡试第一，登进士三甲第六十三

---

① 王叔杲、王应辰纂：[嘉靖]《永嘉县志》卷六《选举志》，《稀见中国地方志汇刊》第18册，中国书店1992年版，第593页，作“陈拱”。刘方誉、林继衡等修，王光蕴等纂：[万历]《温州府志》卷十《选举志》，《稀见中国地方志汇刊》第18册，中国书店1992年版，第250页，作“陈珙”。[康熙]《浙江通志》卷二十九《选举·历朝进士》(第35页)也作“陈珙”。

② [雍正]《浙江通志》卷一百三十四《选举十二》作“上虞人，福建中式”。[雍正]《福建通志》卷三十七《选举三》于其名下注云：“浙江中式第一名，辛亥进士。”

③ [万历]《福州府志》卷四十七《选举志三》，下册第253页。[雍正]《福建通志》卷三十六《选举四》。

④ 《钦定日下旧闻考》卷一百一十三《京畿》，文渊阁《四库全书》本。

⑤ [雍正]《四川通志》卷六《名宦》。

⑥ [康熙]《山东通志》卷二十六《选举·进士》，康熙十七年刊本，第8页。[雍正]《山东通志》卷十五之一《选举志》。

⑦ [康熙]《浙江通志》卷二十九《选举·历朝进士》，第35页。[雍正]《浙江通志》卷一百三十《选举八》。

⑧ [弘治]《八闽通志》卷五十《选举·科第·泉州府》，第30页。

⑨ 王翰有《平陆县丞何德举，吾文字友也。官满，报政京师，近书来，升嵩县知县。余作近体诗答之》诗，《梁园寓稿》卷九，文渊阁《四库全书》本。

⑩ [雍正]《山西通志》卷六十六《科目二》作“陵川人”。

⑪ 李维桢修：[万历]《山西通志》卷二十三《选举下》，《稀见中国地方志汇刊》第4册，中国书店1992年版，第421页。

⑫ [雍正]《畿辅通志》卷六十一《选举》，文渊阁《四库全书》本。

⑬ [万历]《福州府志》卷四十七《选举志三》，下册第253页。史起钦修、林子燮等纂：[万历]《福宁州志》卷六《选举志·进士》，《稀见中国方志汇刊》第33册，中国书店1992年版，第128页。[雍正]《福建通志》卷三十六《选举四》。

⑭ [万历]《福州府志》卷四十七《选举志三》，下册第254页。释如一纂《福清县志续略》卷六《人物类上·进士》小传误作林嘉(《稀见中国地方志汇刊》第33册，中国书店1992年版，第388页)。

名，① 授武昌府蒲圻县丞。②

伍洪，字伯弘，江西吉安府安福县人。年四十四，三甲第六十四名，授东昌府临清县丞。历官绩溪县丞。③ 迁上元知县。丁外艰，服除，以母老，不复仕。有异母弟得罪逃，使者捕弗获，执其母。洪代往，死于市。④

邓原忠，⑤ 福建延平府沙县人。三甲第六十五名，授济宁府邹县县丞。⑥

蔡士实，字文光，福建福州府福清县人。三甲第六十六名，授汝宁府遂平县丞。⑦

叶德潜，字孔昭，福建福州府侯官县人。三甲第六十七名，授济南府陵县丞。⑧

王锡，山西潞州屯留县人。⑨ 三甲第六十八名，授抚州府崇仁县丞。⑩

梁安，广东肇庆府高要县人。⑪ 三甲第六十九名，授济南府德平县丞。

杨文，字贯道，浙江绍兴府山阴县人。⑫ 三甲第七十名，授平阳府襄陵县丞。

王中，山西泽州沁水县人。⑬ 三甲第七十一名，授湖州府安吉县丞。⑭

胡澄，字以道，浙江绍兴府诸暨县人，寓居温州府平阳县。⑮ 三甲第七十二名，授

---

① [雍正]《陕西通志》卷三十《选举一》作永乐十九年曾鹤龄榜进士，卷三十一作永乐二十年举人。

② 凌迪知：《万姓统谱》卷一百三十二。

③ 《明史》卷二九六《孝义传一》以为授绩溪主簿。

④ 《明史》卷二九六《孝义传一》。[嘉靖]《江西通志》卷二十七《吉安府·科目》，四库全书存目丛书史部第183册，第353页。[康熙]《江西通志》卷十八《选举·历朝进士》，第1页。

⑤ 叶联芳纂修[嘉靖]《沙县志》卷六《选举·进士》(《稀见中国地方志汇刊》第33册，中国书店1992年版，第888页)、[雍正]《福建通志》卷三十六《选举四》作"邓原中"。

⑥ [雍正]《福建通志》卷三十六《选举四》作"邹平县丞"。[雍正]《山东通志》卷三十五之七《艺文志七》录其所撰《孟母祠赞》一篇。

⑦ 喻政主修：[万历]《福州府志》卷四十七《选举志三》，下册第254页。释如一纂：《福清县志续略》卷六《人物类上·进士》作新安人，《稀见中国地方志汇刊》第33册，中国书店1992年版，第388页。[雍正]《福建通志》卷三十六《选举四》。

⑧ [万历]《福州府志》卷四十七《选举志三》，下册第253页。[雍正]《福建通志》卷三十六《选举四》。

⑨ [雍正]《山西通志》卷六十六《科目二》。

⑩ 李维桢修：[万历]《山西通志》卷二十三《选举下》，《稀见中国地方志汇刊》第4册，中国书店1992年版，第392页。屠直纂修：[康熙]《屯留县志》卷二《人物·进士》，《稀见中国地方志汇刊》第5册，中国书店1992年版，第516页。

⑪ [雍正]《广东通志》卷三十二《选举志二》。

⑫ [雍正]《浙江通志》卷一百三十《选举八》。[康熙]《浙江通志》卷二十九《选举·历朝进士》作"杨子文"(第35页)。

⑬ [雍正]《山西通志》卷六十六《科目二》。

⑭ 李维桢修：[万历]《山西通志》卷二十三《选举下》，《稀见中国地方志汇刊》第4册，中国书店1992年版，第421页。

⑮ [雍正]《浙江通志》卷一百三十《选举八》。[康熙]《浙江通志》卷二十九《选举·历朝进士》作"何澄"(第35页)。

开封府河阴县丞。①

时执亮，山东东平府东阿县人。② 三甲第七十三名，授泉州府同安县丞。③

柳汝舟，字处兰，浙江绍兴府山阴县人。三甲第七十四名，授青州府临淄县丞。④

张堂，河南彰德府安阳县人。⑤ 三甲第七十五名，授平阳府太平县丞。⑥

胡黻，北平保定府容城县人。⑦ 三甲第七十六名，授沧州盐山县丞。官至参政。⑧

孙卓，河南开封府郑州荥泽县人。三甲第七十七名，授开封府宁陵县丞。⑨

智审，北平真定府元氏县人。⑩ 三甲第七十八名，授青州府蒙阴县丞。

喻文龙，字叔云，浙江绍兴府山阴县人。三甲第七十九名，授凤阳府扶风县丞。⑪

黄德润，字端玉，江西南昌府丰城县人。年五十七，三甲第八十名，授开封府阳武县丞。历官吴堡知县。⑫

丁时敏，字时敏，江西南昌府丰城县人。年五十七，三甲第八十一名，授卫辉府辉县丞。⑬

董时亮，字彦功，浙江绍兴府嵊县人。三甲第八十二名，授济南府临邑县丞。⑭

陈韶，浙江明州府定海县人。三甲第八十三名，授汝宁府西平县丞。⑮

---

① 刘方誉、林继衡等修，王光蕴等纂：[万历]《温州府志》卷十《选举志》，《稀见中国地方志汇刊》第18册，中国书店1992年版，第250页。[康熙]《重修河南通志》卷二十二《名宦》，清康熙九年(1670)增补顺治本，第41页。[雍正]《河南通志》卷五十六《名宦下》。

② [雍正]《山东通志》卷十五之一《选举志》。

③ 凌迪知：《万姓统谱》卷四。[康熙]《山东通志》卷二十六《选举·进士》，康熙十七年刊本，第8页。[雍正]《福建通志》卷二十三《职官四》。

④ [康熙]《浙江通志》卷二十九《选举·历朝进士》，第35页。[雍正]《浙江通志》卷一百三十《选举八》作“临海县丞”。

⑤ [雍正]《河南通志》卷四十五《选举二》。

⑥ [康熙]《重修河南通志》卷十七《选举》，第40页。

⑦ [雍正]《畿辅通志》卷六十一《选举》，文渊阁《四库全书》本。

⑧ 贾淇、章时鸾修，冯惟敏纂，王国桢增修，王政熙补纂《保定府志》卷十《选举表上》作“胡黼”，《稀见中国地方志汇刊》第2册，中国书店1992年版，第692页。

⑨ [康熙]《重修河南通志》卷十七《选举》，第40页。[雍正]《河南通志》卷四十五《选举二》。

⑩ [雍正]《畿辅通志》卷六十一《选举》。

⑪ [康熙]《浙江通志》卷二十九《选举·历朝进士》，第35页。[雍正]《浙江通志》卷一百三十《选举八》。

⑫ [嘉靖]《江西通志》卷六《南昌府·科目》，四库全书存目丛书史部第182册，第221页。[康熙]《江西通志》卷十八《选举·历朝进士》，第1页。[雍正]《江西通志》卷五十二《选举四》。

⑬ [嘉靖]《江西通志》卷六《南昌府·科目》，第221页。[康熙]《江西通志》卷十八《选举·历朝进士》，第1页。[雍正]《江西通志》卷五十二《选举四》。

⑭ [康熙]《浙江通志》卷二十九《选举·历朝进士》，第35页。[雍正]《浙江通志》卷一百三十《选举八》。

⑮ [康熙]《浙江通志》卷二十九《选举·历朝进士》，第35页。[雍正]《浙江通志》卷一百三十《选举八》。

胡宗禧，北平北平府霸州人。① 三甲第八十四名，授南安府南康县丞。

余集，字孟浩，浙江台州府临海县人。三甲第八十五名，授开封府新城县丞。②

刘中，河南河南府孟津县人。三甲第八十六名，授东昌府恩县丞。历官至员外郎。③

周潼，浙江严州府淳安县人。三甲第八十七名，授河南府偃师县丞。④

薛大昉，北平保定府蠡州人。三甲第八十八名，授平阳府翼城县丞。⑤ 擢监察御史，历官至福建左布政使。⑥

钟霆，字伯震，浙江绍兴府上虞县人。三甲第八十九名，授荆州府江陵县丞。⑦

刘长辅，字孟质，江西吉安府吉水县人。年四十四，登三甲第九十名，授顺德府任县丞。⑧

郑贞仲，字予正，福建福州府闽县人。三甲第九十一名，授大名府浚县丞。⑨

黄钺，字宗武，江西抚州府临川县人。三甲第九十二名，授河南府登封县丞。⑩

何子海，字百川，广东广州府番禺县人。三甲第九十三名，授邳州睢宁县丞。历永康县丞。⑪

袁泰，山西平阳府万泉县人。⑫ 三甲第九十四名，授衡州府酃县丞。历官铅山、罗山县丞。洪武十八年，⑬ 迁试右佥都御史。十九年十一月，转左佥都御史。二十三年闰

---

① [雍正]《畿辅通志》卷六十一《选举》。

② [康熙]《浙江通志》卷二十九《选举・历朝进士》，第 35 页。[雍正]《浙江通志》卷一百三十《选举八》作“新郑县丞”。

③ [康熙]《重修河南通志》卷十七《选举》，清康熙九年(1670)增补顺治本，第 40 页。[雍正]《河南通志》卷四十五《选举二》。

④ [雍正]《浙江通志》卷一百三十《选举八》。[康熙]《浙江通志》卷二十九《选举・历朝进士》于本科未载其名。

⑤ [雍正]《山西通志》卷三十五《学校》。

⑥ [雍正]《畿辅通志》卷六十一《选举》。[雍正]《山西通志》卷九十《名宦八》。[雍正]《福建通志》卷二十一《职官二》载其洪武间任福建左布政使。王世贞《弇山堂别集》卷二十一《史乘考误二》有布政使名薛大昉，当即其人。

⑦ [康熙]《浙江通志》卷二十九《选举・历朝进士》，第 35 页。[雍正]《浙江通志》卷一百三十《选举八》。

⑧ [嘉靖]《江西通志》卷二十七《吉安府・科目》，四库全书存目丛书史部第 183 册，第 353 页。王昂重编：[嘉靖]《吉安府志存》卷十四《人物志・科目三》，嘉靖刻本。[康熙]《江西通志》卷十八《选举・历朝进士》，第 1 页。[雍正]《江西通志》卷五十二《选举四》。

⑨ [万历]《福州府志》卷四十七《选举志三》，下册第 253 页。[雍正]《福建通志》卷三十六《选举四》。

⑩ [嘉靖]《江西通志》卷二十《抚州府・科目》，四库全书存目丛书史部 183 册，第 84 页。[康熙]《江西通志》卷十八《选举・历朝进士》，第 1 页。[雍正]《江西通志》卷五十二《选举四》。

⑪ [雍正]《广东通志》卷三十二《选举志二》、卷四十七《人物志四》、卷五十五《茔墓志》。

⑫ 王世贞《弇山堂别集》卷五十二《都察院左右都御史表》作“山西万全人”。

⑬ 王世贞《弇山堂别集》卷十《异典述五・超迁》作洪武十三年。

四月，迁左副都御史。① 二十四年十二月，拜右都御史。二十五年，以劾去官。同年，卒于家。②

张必泰，字子通，福建福州府福清县人。三甲第九十五名，授凤翔府宝鸡县丞。③

秦亨，直隶亳州人。④ 三甲第九十六名，授登州府黄县县丞。

晋罡，山西潞州人。三甲第九十七名，授抚州府乐安县丞。⑤

郑钧，山东济南府章丘县人。⑥ 三甲第九十八名，授袁州府万载县丞。

赵斗南，河南河南府鞏县人。三甲第九十九名，授金华府东阳县丞。⑦ 历官至寺丞。⑧

赵松，陕西西安府华州渭南县人。三甲第一百名，授九江府德化县丞。⑨

二、洪武十八年(1385)乙丑科

由于本科进士题名碑被仆毁，今存各种题名录出入较大。以至于野史中甚至有这样的记载："洪武乙丑殿试前一日，高皇帝梦三丝堕地。至鸿胪寺唱名，丁显第一，练子宁次之，黄子澄又次之。及发榜，丁已物故，乃以练为第一，黄次之，二甲第一花纶又次之。簪花游宴，姓名旁各有丝，实符夙梦。上甚喜之。故当时有'丁练黄，花练丁'之谣。"⑩黄瑜《双槐岁钞》则云："次年乙丑会试，命翰林待诏朱善、前助教聂铉为考试官，取中式四百七十二人，黄子澄第一，练子宁次之，皆监生也，第三名花纶，乃浙江

---

① 《明史》卷六十八《舆服志·百官印信》，卷一百四十七解缙本传。

② 《明太祖实录》卷二百二十"洪武二十五年八月庚戌朔"条。[成化]《山西通志》卷十《人物·国朝·已仕》，四库全书存目丛书史部第174册，第338页，亦误作庚戌进士。李维桢修：[万历]《山西通志》卷十九《人物中》，《稀见中国地方志汇刊》第4册，中国书店1992年版，第278页。廖道南：《袁泰传》，《国朝献征录》卷五十四，四库全书存目丛书史部第103册，第10页。王世贞：《弇山堂别集》卷五十二《都察院左右都御史表》。刘棨修，孔尚任等纂：[康熙]《平阳府志》卷二十一《选举》，《稀见中国地方志汇刊》第6册，中国书店1992年版，第414页；卷二十三《人物》，第605页。

③ [万历]《福州府志》卷四十七《选举志三》，下册第254页。释如一纂：《福清县志续略》卷六《人物类上·进士》误作宝维县丞，《稀见中国地方志汇刊》第33册，中国书店1992年版，第388页。[雍正]《福建通志》卷三十六《选举四》。

④ 张朝瑞《皇明贡举考》卷二籍贯作"直隶城父县人"。

⑤ 李维桢修：[万历]《山西通志》卷二十三《选举下》，《稀见中国地方志汇刊》第4册，中国书店1992年版，第392页。[雍正]《山西通志》卷六十六《科目二》、卷一百七十二《陵墓一》。

⑥ 陆釴纂修：[嘉靖]《山东通志》卷十七《科目》，四库全书存目丛书史部第188册影明嘉靖刻本，第136页。钱江等：[康熙]《山东通志》卷二十六《选举·进士》，康熙十七年刊本，第8页。[雍正]《山东通志》卷十五之一《选举志》。

⑦ 苏伯衡：《核田记》，《苏平仲文集》卷六，文渊阁《四库全书》本。

⑧ [康熙]《重修河南通志》卷十七《选举》，清康熙九年(1670)增补顺治本，第40页。[雍正]《河南通志》卷四十五《选举二》，文渊阁《四库全书》本。

⑨ [雍正]《陕西通志》卷三十《选举一》，文渊阁《四库全书》本。

⑩ 佚名编：《中丞遗事附录》，《练中丞集》附录，文渊阁《四库全书》本。

新解首。……及殿试，有司奏纶第一，子宁次之，子澄又次之。先一夕，上梦殿前一铁巨钉掇白丝数缕，悠扬日下。觉，以语左右，莫知其为何祥。及拆状元卷，乃花纶也，上嫌其不叶梦，取第二人为首。已而得丁显卷，姓名与梦相符，遂擢为状元。显时年二十八，子宁次之，纶又次之，三人皆拜修撰。而第二甲马京、齐麟为编修，吴文及三甲蔡福南为检讨，子澄抑置三甲，与顾观为翰林庶吉士。久之，子澄亦授修撰云。或传童谣曰：'黄练花，花练黄。'上恶其语，以纶及子澄年少高科，故抑之也。"①因本科会试与殿试所录人数相同，故本科进士名录以俞宪《皇明进士登科考》所载会试录为准。②翰林待诏朱善、前国子助教聂铉为会试考官。

丁显，字彦晖，③ 福建建阳县崇文里人。④ 本科状元，授翰林修撰。⑤ 以言事谪戍广西驯象卫，卒于贬所。⑥

练子宁，名安，以字行，号松月居士，江西新淦县人。本科一甲第二名，授翰林编修。丁母艰，力行古礼。服阕，复官。洪武二十八年，迁工部右侍郎。⑦ 建文初，与方孝孺并见信用。建文元年，改吏部左侍郎。⑧ 二年，为廷试读卷官。⑨ 未几，拜都察院

---

① 黄瑜：《双槐岁钞》卷二《国子魁试》，中华书局 1999 年版，第 25 页。

② 王世贞《弇山堂别集》卷八十一《科试考一》云："俞宪《登科考》名姓次序，俱以会试录为准，然不载杨靖、蹇瑢，其脱略可知矣。"然今存俞宪《皇明进士登科考》，俱载杨靖、蹇瑢。具体考辨，参见龚延明《明洪武十八年进士发覆——兼质疑〈明清进士题名碑录索引〉》(《浙江大学学报》2007 年第 3 期)、邱进春《洪武十八年榜进士考实——几种科举史料的对比研究》(《文献》2008 年第 1 期) 二文。又据今人邱进春考察，《御制大诰》及其续编、三编中所谓"进士"，均不见于洪武四年进士登科录，而《大诰》及续编、三编颁行于洪武十八年十月至洪武十九年十二月间。由此可知，三书中提到的进士均属洪武十八年榜。(见邱氏《洪武十八年榜进士考实——几种科举史料的对比研究》，第 50 页注 3)

③ 黄佐：《翰林记》卷十七《正官题名》，文渊阁《四库全书》本。黄瑜《双槐岁钞》卷二《国子魁试》、凌迪知《万姓统谱》卷五十五、魏时应修、张榜等纂[万历]《建阳县志》卷五、汪森编《粤西文载》卷六十七《迁客传》、郑方坤《全闽诗话》卷六均作"字彦伟"。王偁有《潢州忆丁显》诗云："故人自是龙头客，何似南荒久不归。欲把一觞陈楚些，月江烟雨正霏霏。"(《虚舟集》卷五) 汪森编《粤西文载》卷六十九《人物传》、[康熙]《广西通志》卷二十七《人物》，于本科进士均载魏埙其人。《粤西文载》传云："藤县人。洪武乙丑进士，历兵、刑二部主事，调桂林通判。持身谨厚，和易近民，有善政闻于时。"不见于本科会试录，待考。

④ 魏时应修、张榜等纂：[万历]《建阳县志》卷五《选举志 · 甲科》，《稀见中国地方志汇刊》第 31 册，中国书店 1992 年版，第 714 页。

⑤ 王世贞：《弇山堂别集》卷十八《奇事述三 · 福建大魁无显者》，卷八十一《科试考一》。黄佐：《翰林记》卷三《进士铨注》。廖道南：《殿阁词林记》卷二十一《铨注》，文渊阁《四库全书》本。

⑥ 汪森编：《粤西文载》卷六十七《迁客传》。

⑦ 王世贞：《弇山堂别集》卷五十九《卿贰表 · 工部左右侍郎》。

⑧ 王世贞：《弇山堂别集》卷五十四《卿贰表 · 吏部左右侍郎》。

⑨ 见《明代登科录汇编》第 1 册影印建文二年殿试登科录，台湾学生书局 1969 年影印本，第 2 页。

左副都御史。① 四年，卒于靖难。② 著有《金川玉屑集》。③ 今存《练中丞集》二卷。

黄子澄，名湜，以字行，江西分宜县人。一甲第三名，授翰林编修。进修撰，伴读东宫，累迁太常寺卿。建文即位，命兼翰林学士，与齐泰同参国政。建文四年，卒于靖难。④

马京，字子高，陕西武功县人。二甲第一名，授翰林编修。⑤ 洪武二十八年，署通政使司事。⑥ 已而拜礼部左侍郎。⑦ 洪武三十年，实授通政使司左通政。⑧ 建文二年，以嘉议大夫、大理寺大理卿为会试读卷官。⑨ 永乐元年，由北平按察佥事擢行部左侍郎。⑩ 皇太子守北京，命兼辅导，尽诚翊赞，太子甚重之。赠少傅。⑪ 数为汉王朱高煦所谮，谪戍广西。仍坐前事，逮下狱，卒。⑫ 谥文简。⑬

齐麟，山西五台县人。二甲第二名，授翰林编修。洪武二十八年，升礼部右侍郎。⑭ 二十九年，免职。⑮ 历礼部左侍郎。首辟文运，为理学名臣。⑯

---

① 王世贞：《弇山堂别集》卷六十一《卿贰表·总督漕运兼巡抚凤阳等处都御史》。

② 郑晓：《都御史练公子宁传》，《国朝献征录》卷五十四，四库全书存目丛书史部第 103 册，第 11 页。《明史》卷一百四十一本传。朱睦㮮：《革除逸史》卷一，文渊阁《四库全书》本。[乾隆]《钦定胜朝殉节诸臣录》卷十二，文渊阁《四库全书》本。

③ [嘉靖]《江西通志》卷二十三《临江府·科目》，四库全书存目丛书史部第 183 册，第 205 页。

④ 《明史》卷一百四十一本传。史鉴：《姚善传》，《西村集》卷六，文渊阁《四库全书》本。李梦阳：《浩然堂记》，《空同集》卷四十九，文渊阁《四库全书》本。朱睦㮮：《革除逸史》卷一、卷二，文渊阁《四库全书》本。张朝瑞：《忠节录》卷二《太常寺卿兼翰林院学士黄子澄》，四库全书存目丛书史部第 90 册，第 606 页。或以为一甲第三名为花纶（张朝瑞《皇明贡举考》卷二，第 182 页）。此据俞宪《皇明进士登科考》卷一，屈万里主编《明代史籍汇刊》，台湾学生书局 1986 年再版影印明嘉靖增补本，第 42 页。

⑤ 俞宪《皇明进士登科考》卷二言马京、齐麟二人名次，本诸实录。（第 42 页）《明太祖实录》卷一百七十二"洪武十八年三月丙子"条。黄佐：《翰林记》卷三《进士铨注》，文渊阁《四库全书》本。

⑥ 《明太祖实录》卷二百三十九"洪武二十八年七月癸巳"条。王世贞：《弇山堂别集》卷六十《卿贰表·通政使》。

⑦ 黄佐：《翰林记》卷五《迁转》，文渊阁《四库全书》本。

⑧ 《明太祖实录》卷二四九"洪武三十年春正月癸酉"条。

⑨ 见《明代登科录汇编》第 1 册影印建文二年殿试登科录，台湾学生书局 1969 年影印本，第 3 页。王世贞《弇山堂别集》卷六十《卿贰表·大理寺卿》："二十九年任，建文元年被劾，降肃政按察司副使。"

⑩ 王世贞：《弇山堂别集》卷十《异典述五·超迁》。康海：《武功县志》卷四《人物》，《稀见中国地方志汇刊》第 8 册影万历四十五年许国秀刻本，第 605-606 页。

⑪ 王世贞：《弇山堂别集》卷十二《异典述七·公孤超赠》。

⑫ 《明史》卷一百五十《陈寿传》附。

⑬ 王世贞：《弇山堂别集》卷七十一《谥法二·二字谥》。

⑭ 《明太祖实录》卷二百三十八"洪武二十八年夏四月己巳"条。[成化]《山西通志》卷十《人物·国朝·已仕》，四库全书存目丛书史部第 174 册，第 340 页。黄佐：《翰林记》卷五《迁转》。

⑮ 王世贞：《弇山堂别集》卷五十六《卿贰表·礼部左右侍郎》。俞汝楫编：《礼部志稿》卷四十一《历官表》，文渊阁《四库全书》本。

⑯ 李维桢修：[万历]《山西通志》卷十八《人物上》，《稀见中国地方志汇刊》第 4 册，中国书店 1992 年版，第 248 页。周三进纂修：[康熙]《五台县志》卷六《选举志》，《稀见中国地方志汇刊》第 4 册，中国书店 1992 年版，第 877 页，作二甲第一名。

邓伟奇，字子才，湖广安仁县人。登进士第，任刑部主事。以事得罪，戴罪还职。① 历官翰林编修。②

林达，③ 浙江定海县人。

花纶，字王言，浙江仁和县人。④ 十七年，浙江乡试第一。登进士第，授翰林编修。⑤ 洪武二十一年，在监察御史任上，按治江西。⑥ 宦情薄，与人少往来。遭人诬害卒。⑦

曹仁，浙江海盐县人。历官工部主事。⑧

缪均，浙江温州府平阳县人。历官工部主事。⑨

胡宁，浙江温州府永嘉县人。岁贡，应天乡举。登进士第，任刑部主事。以事得罪，戴罪还职。⑩ 历官盐运司同知⑪、四川布政司参议⑫。

胥恭，江西南昌县人。⑬

叶宗，浙江温州府永嘉县人。历官黄州知府。⑭

---

① 朱元璋：《御制大诰三编·进士监生不悛第二》。

② [康熙]《湖广通志》卷十九《选举·历朝进士》，第37页。[雍正]《湖广通志》卷三十二《选举志》。凌迪知《万姓统谱》卷一百〇九载其名，注云："登洪武乙丑会试第一。高祖皇帝亲制策试，时预试者四百七十二人，擢丁显为第一，伟奇次之，俱授翰林修撰。"

③ [康熙]《浙江通志》卷二十九《选举·历朝进士》、[雍正]《浙江通志》卷一百三十《选举八》作"林逵"。

④ [成化]《杭州府志》卷三十九，四库全书存目丛书史部第175册，第560页。[嘉靖]《仁和县志》卷八《科贡》，光绪十九年武林丁氏刻本，第8页。

⑤ 或以为其登一甲第三名。见[嘉靖]《仁和县志》卷九《人物》，第5页。[康熙]《浙江通志》卷二十九《选举·历朝进士》，第35页。[雍正]《浙江通志》卷一百三十《选举八》载其名，注云："仁和人，探花，御史。"

⑥ 顾炎武：《日知录》卷九"六条之外不察"条引《太祖实录》。

⑦ [嘉靖]《仁和县志》卷九《人物》，第5页。

⑧ [康熙]《浙江通志》卷二十九《选举·历朝进士》，第36页。袁国梓纂修：[康熙]《嘉兴府志》卷十六《选举》，《稀见中国地方志汇刊》第15册，第562页。[雍正]《浙江通志》卷一百三十《选举八》。

⑨ 朱元璋：《御制大诰续编·查踏水灾第八十四》。刘方誉、林继衡等修，王光蕴等纂：[万历]《温州府志》卷十《选举志》，《稀见中国地方志汇刊》第18册，中国书店1992年版，第250页。[康熙]《浙江通志》卷二十九《选举·历朝进士》，第37页。[雍正]《浙江通志》卷一百三十《选举八》。

⑩ 朱元璋：《御制大诰三编·进士监生不悛第二》。

⑪ 刘方誉、林继衡等修，王光蕴等纂：[万历]《温州府志》卷十《选举志》，《稀见中国地方志汇刊》第18册，中国书店1992年版，第250页。[康熙]《浙江通志》卷二十九《选举·历朝进士》，第37页。[雍正]《浙江通志》卷一百三十《选举八》。

⑫ 王叔杲、王应辰纂：[嘉靖]《永嘉县志》卷六《选举志》，《稀见中国地方志汇刊》第18册，中国书店1992年版，第593页。

⑬ [康熙]《江西通志》卷十八《选举·历朝进士》不载其名。

⑭ 王叔杲、王应辰纂：[嘉靖]《永嘉县志》卷六《选举志》，《稀见中国地方志汇刊》第18册，中国书店1992年版，第593页。刘方誉、林继衡等修，王光蕴等纂：[万历]《温州府志》卷十《选举志》，《稀见中国地方志汇刊》第18册，中国书店1992年版，第250页。[雍正]《浙江通志》卷一百三十《选举八》。[康熙]《浙江通志》卷二十九《选举·历朝进士》于本科进士未载其名。

李德遂，浙江临海县人。历官福安县丞。①

秦逵，字文用，直隶宁国府宣城县人。由国学生登进士第，历事都察院，以奉檄清理囚徒，宽严得宜，擢工部右侍郎。② 二十二年，进尚书。③ 明年，改兵部。④ 未几，复改工部。⑤ 二十五年，致仕。⑥

魏安仁，河南祥符县人。登进士第。以过谪为书吏。未几召还。⑦ 历官兵科给事中，严州知府。⑧ 以事得罪，降翁源县典史。⑨

林同，浙江温州府平阳县人。登进士第，任刑部主事。以事得罪，戴罪还职。⑩

陈基，福建福清县人。登进士第，任徽州府推官。以事得罪，戴罪还职。⑪

孙崇，字士谦，福建侯官县人。⑫ 历官御史，改通判。忤旨死。⑬

郑能，一作郑让，浙江温州府平阳县人。历官河南道监察御史。⑭

阳友仁，⑮ 湖广益阳县人。历官御史。

---

① ［雍正］《浙江通志》卷一百三十四《选举十二》于洪武十七年举人有载，［雍正］《浙江通志》卷一百三十《选举八》洪武十八年进士无其名。

② 《明太祖实录》卷一百七十六“洪武十八年十一月甲戌”条。王世贞：《弇山堂别集》卷五十九《卿贰表·工部左右侍郎》。

③ 宋讷：《敕建祠山广惠祠记》、《敕建元卫国忠肃公祠记》，《西隐集》卷五；《敕建历代帝王庙碑》，《西隐集》卷七，文渊阁《四库全书》本。刘三吾：《敕建元卫国忠肃公庙碑》，程敏政编《明文衡》卷六十五，文渊阁《四库全书》本。

④ 王世贞：《弇山堂别集》卷五十《兵部尚书表》。

⑤ 《明史》卷一百三十八《薛祥传》附。

⑥ 雷礼：《工部尚书秦逵传》，《国朝献征录》卷五十，四库全书存目丛书史部第102册，第576页。王世贞：《弇山堂别集》卷五十一《工部尚书表》。

⑦ 《明太祖实录》卷一百七十八“洪武十九年五月乙卯朔”条云：“上谕吏部臣曰：国家人才，非一日所能造就。曩者进士魏安仁等六人，尝以过谪为浙江按察司书吏，使知自新。今已历年，恐为小人所侮，则终身丧志，虽欲改过，不可得矣。其召还用之。”

⑧ 萧彦等：《掖垣人鉴》卷七，四库全书存目丛书史部第259册，第183页。

⑨ 朱元璋：《御制大诰三编·进士监生不悛第二》。［雍正］《河南通志》卷四十五《选举二》，文渊阁《四库全书》本。［雍正］《河南通志》卷六十七《列女上》载：“给谏魏安仁妻时氏，祥符人。安仁举进士，授兵科给事中。谪广东翁源县典史，卒于官。”

⑩ 朱元璋：《御制大诰三编·进士监生不悛第二》。刘方誉、林继衡等修，王光蕴等纂：［万历］《温州府志》卷十《选举志》，《稀见中国地方志汇刊》第18册，中国书店1992年版，第250页。［康熙］《浙江通志》卷二十九《选举·历朝进士》，第37页。［雍正］《浙江通志》卷一百三十《选举八》。

⑪ 朱元璋：《御制大诰三编·进士监生不悛第二》。

⑫ ［雍正］《福建通志》卷三十六《选举四》作“闽县人”。

⑬ ［万历］《福州府志》卷四十七《选举志三》，第254页。

⑭ 王叔杲、王应辰纂：［嘉靖］《永嘉县志》卷六《选举志》，《稀见中国地方志汇刊》第18册，中国书店1992年版，第593页。刘方誉、林继衡等修，王光蕴等纂：［万历］《温州府志》卷十《选举志》，《稀见中国地方志汇刊》第18册，中国书店1992年版，第250页。［康熙］《浙江通志》卷二十九《选举·历朝进士》，第37页。［雍正］《浙江通志》卷一百三十《选举八》。

⑮ ［康熙］《湖广通志》卷十九《选举·历朝进士》（第37页）、［雍正］《湖广通志》卷三十二《选举志》作“杨友仁”。

陈至善，浙江仁和县人。登进士第，任来安县丞。以事得罪。①

郑公质，字孔文，福建福宁州宁德县人。② 举应天乡试。③ 登本年进士第。擢兵部主事，拜监察御史。④

徐旭，字孟昭，江西饶州府乐平县人。登进士第，选为礼科庶吉士，⑤ 授浙江道监察御史。⑥ 迁吏部考功司郎中。⑦ 建文二年，以修史官、知州为会试同考官。⑧ 建文四年十月，重修《太祖实录》，以吏部郎中为纂修官。⑨ 永乐元年，升国子祭酒。二年，被劾。⑩ 调云南参议。改翰林修撰。四年，考试春闱，得疾卒。⑪ 著有《玉堂集》等。⑫

陈宾，字尚志，福建永福县人。历官给事中、江西布政司参政。⑬

方升，直隶怀宁县人。二甲进士，授给事中。⑭

易大年，江西上高县人。历官福宁县丞。⑮ 谪戍驯象卫十五六年，与罗时周、丁显、周禹文、谭翼辈讨论性理，商榷古今，一寓之于诗，更唱迭和。卒于贬所。⑯

张弘，直隶宿松县人。

---

① 朱元璋：《御制大诰三编·进士监生不悛第二》。[成化]《杭州府志》卷三十九，四库全书存目丛书史部第175册，第560页。[嘉靖]《仁和县志》卷八《科贡》，第8页。[康熙]《浙江通志》卷二十九《选举·历朝进士》，第35页。[雍正]《浙江通志》卷一百三十《选举八》。

② [雍正]《福建通志》卷三十六《选举四》。史起钦修、林子燮等纂：[万历]《福宁州志》卷六《选举志·进士》，《稀见中国方志汇刊》第33册，中国书店1992年版，第129页。[弘治]《八闽通志》卷五十五《选举·科第·福宁府》(第26页)于本科进士载翁公质，宁德人，历官监察御史。

③ [雍正]《福建通志》卷三十七《选举五》。

④ 史起钦修、林子燮等纂：[万历]《福宁州志》卷八《人物志》，《稀见中国方志汇刊》第33册，中国书店1992年版，第172页。

⑤ 黄佐：《翰林记》卷三《庶吉士铨法》。

⑥ 萧彦等：《掖垣人鉴》卷三，四库全书存目丛书史部第259册，第131页，以为授官给事中。

⑦ 李贤等：《明一统志》卷五十《饶州府》，文渊阁《四库全书》本。

⑧ 见《明代登科录汇编》第1册影印建文二年会试录，台湾学生书局1969年影印本，第114页。朱睦㮮《革除逸史》卷一言其以吏部郎中为同考试官。

⑨ 朱睦㮮：《革除逸史》卷二，文渊阁《四库全书》本。

⑩ 王世贞：《弇山堂别集》卷六十三《国子祭酒年表》。黄佐：《翰林记》卷十三《修书升赏》。王直：《参政孙公神道碑》，《抑庵文后集》卷二十四，文渊阁《四库全书》本。唐文凤：《文会堂记》，《梧冈集》卷六，文渊阁《四库全书》本。

⑪ 李贤等：《明一统志》卷五十《饶州府》。[康熙]《江西通志》卷十八《选举·历朝进士》，第2页；卷三十一《饶州府·人物》，第41页，以为授浙江道监察御史，入为礼科庶吉士。

⑫ 黄虞稷：《千顷堂书目》卷十八。

⑬ [弘治]《八闽通志》卷四十八《选举·科第·福州府》，第14页。[万历]《福州府志》卷四十七《选举志三》，第255页。[雍正]《福建通志》卷三十六《选举四》。

⑭ 《明太祖实录》卷一百七十四"洪武十八年八月己酉"条。同时授官者凡六十七人，为六科给事中或六部试主事。萧彦等：《掖垣人鉴》卷三，四库全书存目丛书史部第259册，第131页。

⑮ [康熙]《江西通志》卷十八《选举·历朝进士》，第2页。[雍正]《江西通志》卷五十二《选举四》。[雍正]《福建通志》卷二十六《职官七》。

⑯ [雍正]《广西通志》卷八十六《迁客》。汪森编：《粤西文载》卷六十七《迁客传》。

程以善，江西南昌县人。洪武十七年，江西乡试解元。登进士第，任监察御史。以水灾受钞得罪，戴流罪还职。①

戴云，广东连州人。② 历官监察御史、主事。③

沈文真，浙江德清县人。

陈淇，④ 福建政和县人。登进士第，选为翰林院庶吉士。⑤

杨体初，⑥ 福建晋江县人。历官推官。⑦

张岵，字原望，浙江宁海县人。历官监察御史。丁父母忧，庐墓家居。闻建文祚移，自溺死。兄弟五人皆坐方氏党，编发边卫。⑧

徐彦和，江西临川县人。登进士第，任监察御史。以事得罪，处决。⑨

李震，河南洛阳县人。二甲进士，授承敕郎。⑩

陈粹，浙江归安县人。历官给事中。⑪

陈益，福建侯官县人。登进士第，任监察御史。为事得罪，戴徙罪还职。⑫

廖孟瞻，江西临川县人。国子生，洪武十七年应天府乡试解元。⑬ 登进士第，选为翰林庶吉士。⑭

陈思道，字执中，浙江山阴县人。登进士第，授刑部主事。洪武二十年，超拜兵部右侍郎。⑮ 洪武二十一年，任礼部左侍郎。二十三年，乞归养。⑯ 卒于家。⑰

---

① 朱元璋：《御制大诰三编·进士监生不悛第二》，第319页。陆深：《俨山外集》卷十八《豫章漫抄一》，文渊阁《四库全书》本。[康熙]《江西通志》卷十八《选举·历朝进士》，第2页。[雍正]《江西通志》卷五十二《选举四》。

② [雍正]《广东通志》卷三十三《选举志三》于洪武十七年乡试榜录其名，作清远人。

③ [雍正]《广东通志》卷三十二《选举志二》、卷五十五《茔墓志》。

④ [雍正]《福建通志》卷三十六《选举四》作“陈琪”。

⑤ 黄佐：《翰林记》卷三《庶吉士铨法》。[弘治]《八闽通志》卷四十九《选举·科第·建宁府》，第25页。

⑥ [雍正]《福建通志》卷三十六《选举四》于本科进士无其名。

⑦ [雍正]《福建通志》卷三十七《选举五》。

⑧ [雍正]《浙江通志》卷一百六十五《人物二·忠臣三·台州府》引《台州府志》。

⑨ 朱元璋：《御制大诰三编·进士监生不悛第二》。[康熙]《江西通志》卷十八《选举·历朝进士》，第2页。[雍正]《江西通志》卷五十二《选举四》。

⑩ 《明太祖实录》卷一百七十二“洪武十八年三月丙子”条。

⑪ 陆心源等修：[光绪]《归安县志》卷三十一《选举录一》，光绪八年刊本，第7页。[康熙]《浙江通志》卷二十九《选举·历朝进士》，第36页。[雍正]《浙江通志》卷一百三十《选举八》。

⑫ 朱元璋：《御制大诰续编·查踏水灾第八十四》、《御制大诰三编·进士监生不悛第二》。名见[雍正]《福建通志》卷三十七《选举五》。

⑬ 王世贞：《弇山堂别集》卷八十一《科试考一》。

⑭ [康熙]《江西通志》卷十八《选举·历朝进士》，第2页。[雍正]《江西通志》卷五十二《选举四》。

⑮ 王世贞：《弇山堂别集》卷五十七《卿贰表·兵部左右侍郎》。[康熙]《浙江通志》卷二十九《选举·历朝进士》，第36页。

⑯ 王世贞：《弇山堂别集》卷五十六《卿贰表·礼部左右侍郎》。

⑰ 《明史》卷一百三十六《曾鲁传》附。

应孟吕，浙江昌国卫人。登进士第，任兵科给事中。以选武官作弊，处决。①

应宗义,② 字直中，浙江象山县人。登进士第，任户部主事。以事得罪，发云南充军。③ 著有《于于集》。④

徐诚,⑤ 浙江温州府永嘉县人。登进士第，任刑部主事。⑥

张子恭，福建长汀县人。登进士第，授工科给事中。历官谏议大夫。⑦ 以事得罪，卒。⑧

陈广，湖广茶陵县人。二甲进士，授中书舍人。⑨

余子恭，江西金溪县人。历官福建建安知县。⑩

邓祐，直隶江都县人。登进士第，任定襄县丞。以事得罪，戴罪还职。⑪

周宗起，福建漳州府漳浦县人。历官寺丞。靖难兵入北京，父子俱投琴川死。⑫

林逊，广东潮阳县人。师事蔡希仁，受古文《尚书》。登进士第，授闽县丞。⑬ 入觐，赐敕还。著有《尚书经义》。⑭

---

① 朱元璋:《御制大诰三编·进士监生不悛第二》。

② [康熙]《浙江通志》卷二十九《选举·历朝进士》、[雍正]《浙江通志》卷一百三十《选举八》作"应崇义"。

③ 朱元璋:《御制大诰三编·进士监生不悛第二》。[雍正]《浙江通志》卷二百三十七《陵墓三·宁波府·象山县》。

④ 黄虞稷:《千顷堂书目》卷十七。

⑤ 邹缉《博士王君墓志铭》(徐纮《明名臣琬琰录》卷十)有给事中徐诚，不知是否同一人。

⑥ 朱元璋:《御制大诰三编·进士监生不悛第二》。王叔杲、王应辰纂:[嘉靖]《永嘉县志》卷六《选举志》,《稀见中国地方志汇刊》第18册，中国书店1992年版，第593页。刘方誉、林继衡等修，王光蕴等纂:[万历]《温州府志》卷十《选举志》,《稀见中国地方志汇刊》第18册，中国书店1992年版，第250页。[康熙]《浙江通志》卷二十九《选举·历朝进士》，第37页。[雍正]《浙江通志》卷一百三十《选举八》。

⑦ [弘治]《八闽通志》卷五十一《选举·科第·汀州府》，第25页。

⑧ 朱元璋:《御制大诰续编·秦昇等怙终第八十三》，续修四库全书第862册，第302页。[雍正]《福建通志》卷三十六《选举四》。

⑨ 《明太祖实录》卷一百七十二"洪武十八年三月丙子"条。王世贞:《弇山堂别集》卷八十一《科试考一》。[康熙]《湖广通志》卷十九《选举·历朝进士》，第37页。

⑩ [雍正]《福建通志》卷二十五《职官六》、卷三十一《名宦三》。[康熙]《江西通志》卷十八《选举·历朝进士》于本年进士不载其名(第2-3页)。

⑪ 朱元璋:《御制大诰三编·进士监生不悛第二》。[雍正]《江南通志》卷一百二十一《选举志·进士三》，文渊阁《四库全书》本。雷应元纂修:[康熙]《扬州府志》卷十五《人物志上》,《稀见中国地方志汇刊》第12册，中国书店1992年版，第247页。张宁修、陆君弼纂[万历]《江都县志》卷五《选举表》作"邓佑",《稀见中国地方志汇刊》第12册，中国书店1992年版，第792页。

⑫ 《钦定大清一统志》卷三百二十九，文渊阁《四库全书》本。[弘治]《八闽通志》卷五十一《选举·科第·漳州府》，第12页。[雍正]《福建通志》卷四十六《人物四》。蓝鼎元:《上车学宪请补漳浦县乡贤书》,《鹿洲初集》卷一;《壬午忠节略》,《鹿洲初集》卷十五，文渊阁《四库全书》本。

⑬ [雍正]《福建通志》卷二十九《名宦一》。

⑭ [雍正]《广东通志》卷四十六《人物志三》。黄虞稷:《千顷堂书目》卷一。

袁宗弼，山西陵川县人。登进士第，任昌平县丞。以事得罪，戴罪还职。① 历官顺天府尹。②

刘安生，福建安溪县人。历官监察御史。③

邓昙，山西襄陵县人。历官监察御史。④

王本道，江西兴国县人。洪武十七年，举顺天府乡试。登进士第，任刑部主事。以事得罪，处死。⑤

顾禔，直隶华亭县人。登进士第，任工部员外郎。以事得罪，戴罪还职。⑥

范克谨，浙江黄岩县人。历官御史。⑦

谭璧，湖广茶陵县人。历官署丞。⑧

陈绶，广东番禺县人。登进士第，任刑部主事。以事得罪，戴罪还职。⑨

水丘曦，浙江临海县人。⑩

袁钔，浙江奉化县人。⑪

张瑾，山西忻州人。历官泾阳教谕。⑫

---

① 朱元璋：《御制大诰三编·进士监生不悛第二》。

② 李维桢修：[万历]《山西通志》卷二十三《选举下》，《稀见中国地方志汇刊》第4册，中国书店1992年版，第421页。[雍正]《山西通志》卷六十六《科目二》。

③ [弘治]《八闽通志》卷五十《选举·科第·泉州府》，第31页。[雍正]《福建通志》卷三十六《选举四》。

④ 刘棨修，孔尚任等纂：[康熙]《平阳府志》卷二十一《选举》，《稀见中国地方志汇刊》第6册，中国书店1992年版，第414页。[雍正]《山西通志》卷六十六《科目二》。

⑤ 朱元璋：《御制大诰三编·进士监生不悛第二》，续修四库全书第862册，第315页。王直：《先伯祖赣州府学教授王公墓表》，《抑庵文集》卷八，文渊阁《四库全书》本。[康熙]《江西通志》卷十八《选举·历朝进士》，第3页。[雍正]《江西通志》卷五十二《选举四》。

⑥ 朱元璋：《御制大诰续编·查踏水灾第八十四》、《御制大诰三编·进士监生不悛第二》。一作直隶松江人。

⑦ [康熙]《浙江通志》卷二十九《选举·历朝进士》作"范瑾"(第37页)。

⑧ [康熙]《湖广通志》卷十九《选举·历朝进士》(第38页)、[雍正]《湖广通志》卷三十二《选举志》作洪武二十一年戊辰任亨泰榜进士。[雍正]《湖广通志》卷三十四《选举志》于洪武二十年乡举录其名，作"攸县人"。

⑨ 朱元璋：《御制大诰续编·查踏水灾第八十四》、《御制大诰三编·进士监生不悛第二》。[雍正]《广东通志》卷三十二《选举志二》作"南海人"。

⑩ [雍正]《浙江通志》卷一百三十四《选举十二》于洪武十七年乡举载其名，未言登本科进士。凌迪知《万姓统谱》卷一百三十二亦有名水丘曦者，注云："永乐中，浙江举人，台州人。"

⑪ [康熙]《浙江通志》卷二十九《选举·历朝进士》，第36页。[雍正]《浙江通志》卷一百三十《选举八》。

⑫ 李维桢修：[万历]《山西通志》卷二十一《选举上》，《稀见中国地方志汇刊》第4册，中国书店1992年版，第330页，作平定州人。[雍正]《山西通志》卷六十六《科目二》作"平定人"。

蒋应辰，浙江温州府永嘉县人。历官临川县丞。①

陈迪，直隶丹徒县人。②

毛仁，浙江仁和县人。③

高冲，字腾霄，山西翼城人。登进士第，授刑部主事。以事得罪，戴罪还职。④ 历官刑部郎中。卒，赐祭葬。⑤

张愽，直隶泗州人。

严震，浙江上虞县人。登进士第，任监察御史。以巡按失职得罪，戴罪还职。⑥ 历官礼部尚书。⑦

李瑛，浙江钱塘县人。⑧

杨吉，直隶寿州人。登进士第，在大理寺任官。⑨

刘俊，字子奇，⑩ 湖广江陵县人。登进士第，除兵部主事。历官郎中。二十八年，擢右侍郎。三十年，任左侍郎。⑪ 建文时，为侍中。成祖即位，进兵部尚书。⑫ 永乐四年，征安南，参赞军务。未几，简定复叛，再出参赞沐晟军务。永乐六年十二月，晟与

---

① 王叔杲、王应辰纂：[嘉靖]《永嘉县志》卷六《选举志》，《稀见中国地方志汇刊》第18册，中国书店1992年版，第593页。刘方誉、林继衡等修，王光蕴等纂：[万历]《温州府志》卷十《选举志》，《稀见中国地方志汇刊》第18册，中国书店1992年版，第250页。[康熙]《浙江通志》卷二十九《选举·历朝进士》，第37页。[雍正]《浙江通志》卷一百三十《选举八》。

② 朱元璋《御制大诰三编·进士监生不悛第二》载陈迪，历官刑部主事。然本科有三陈迪，除一人事迹可考，其余二人均为直隶人，事迹不详。则《三编》中所载陈迪，不知为丹徒亦或宜兴人。

③ 陈让、夏时正纂修：[成化]《杭州府志》卷三十九，四库全书存目丛书史部第175册，第560页。[嘉靖]《仁和县志》卷八《科贡》，光绪十九年武林丁氏刻本，第8页。[康熙]《浙江通志》卷二十九《选举·历朝进士》，第35页。[雍正]《浙江通志》卷一百三十《选举八》。

④ 朱元璋：《御制大诰三编·进士监生不悛第二》，作"高翀"。李维桢修：[万历]《山西通志》卷十九《人物上》，《稀见中国地方志汇刊》第4册，中国书店1992年版，第278页，作"高翀"。

⑤ [成化]《山西通志》卷十《人物·国朝·已仕》，四库全书存目丛书史部第174册，第340页。刘棨修，孔尚任等纂：[康熙]《平阳府志》卷二十一《选举》，《稀见中国地方志汇刊》第6册，中国书店1992年版，第414页；卷二十三《人物》，第572页。李居颐纂修：[乾隆]《翼城县志》卷十三《选举》，《稀见中国地方志汇刊》第5册，中国书店1992年版，第897页；卷十五《人物》，第940页，作"高翀"。

⑥ 朱元璋：《御制大诰三编·进士监生不悛第二》，第319页。

⑦ [康熙]《浙江通志》卷二十九《选举·历朝进士》，第37页。[雍正]《浙江通志》卷一百三十《选举八》、卷二百三十八《陵墓四》。

⑧ [康熙]《浙江通志》卷二十九《选举·历朝进士》，第35页。[雍正]《浙江通志》卷一百三十《选举八》。

⑨ 朱元璋：《御制大诰续编·查踏水灾第八十四·妄奏官属第三十七》，续修四库全书第862册，第282页。[雍正]《江南通志》卷一百二十一《选举志·进士三》。

⑩ 一作"子士"。

⑪ 王世贞：《弇山堂别集》卷五十七《卿贰表·兵部左右侍郎》。

⑫ 王世贞：《弇山堂别集》卷五十《兵部尚书表》。

简定战生厥江，败绩，为贼所围，自经死。① 洪熙元年，赠太子少傅，谥节愍。②

杨德，湖广安陆州人。③

周尚文，广东香山县人。初从翰林待制黄哲讲艺番山，清苦赅博。洪武十七年，举广东乡试解元。④ 明年，选龙岩丞。召为监察御史，⑤ 未行，坐事谪戍驯象卫。时丁显偕戍，相与唱和，超然自得。⑥

康宁，北平庆都县人。

石岳，字子磐，广西阳翔县人。⑦ 登进士第，官麻城县丞。以事得罪，戴罪还职。⑧ 擢侍御史，察纠弹劾，不避险难。与同年唐彦实齐名，时号峨峨铁冠。⑨

王瞰，⑩ 字从晦，福建福清县人。历官石首县丞⑪、山西屯留知县⑫。

陈顺成，湖广攸县人。登进士第，任监察御史。以事得罪，戴罪还职。⑬

林细，福建怀安县人。⑭

任励，陕西长安县人。登进士第，任刑部主事。以水灾受钞得罪，戴流罪还职。⑮ 永乐十年，任刑部左侍郎。永乐十一年，卒于官。⑯

曹镒，河南洛阳县人。历官监察御史。⑰

---

① 张廷玉等：《明史》卷六《成祖本纪二》。王世贞：《定兴宣平二王世家》，《弇州续稿》卷八十三，文渊阁《四库全书》本。

② 杨士奇：《兵部尚书刘俊传》，四库全书存目丛书史部第 102 册，第 27 页。《明史》卷一百五十四本传。[康熙]《湖广通志》卷十九《选举 · 历朝进士》，第 37 页。

③ [雍正]《湖广通志》卷三十二《选举志》于洪武二十一年进士载杨德，钟祥人。

④ [雍正]《广东通志》卷三十三《选举志三》。

⑤ [雍正]《广东通志》卷三十二《选举志二》。

⑥ [康熙]《广西通志》卷二十九《迁客》作“周禹文”，第 32 页。[雍正]《广东通志》卷四十五《人物志二》。

⑦ [康熙]《广西通志》卷十二《选举志 · 明进士》、[雍正]《广西通志》卷七十《选举》作“阳朔人”。

⑧ 朱元璋：《御制大诰三编 · 进士监生不悛第二》。

⑨ 汪森编：《粤西文载》卷六十九《人物传》，文渊阁《四库全书》本。

⑩ [弘治]《八闽通志》卷四十八《选举 · 科第 · 福州府》、[万历]《福州府志》卷四十七《选举志三》(第 255 页)、[雍正]《福建通志》卷三十六《选举四》均作“王暾”。

⑪ [万历]《福州府志》卷四十七《选举志三》，第 255 页。[雍正]《福建通志》卷三十六《选举四》。

⑫ [雍正]《山西通志》卷三十五《学校》。

⑬ 朱元璋：《御制大诰三编 · 进士监生不悛第二》。[康熙]《湖广通志》卷十九《选举 · 历朝进士》，第 37 页。[雍正]《湖广通志》卷三十二《选举志》。

⑭ [弘治]《八闽通志》卷四十八《选举 · 科第 · 福州府》，第 14 页。[万历]《福州府志》卷四十七《选举志三》，第 254 页。[雍正]《福建通志》卷三十六《选举四》。

⑮ 朱元璋：《御制大诰三编 · 进士监生不悛第二》，第 319 页。

⑯ 王世贞：《弇山堂别集》卷五十八《卿贰表 · 刑部左右侍郎》。

⑰ [雍正]《河南通志》卷四十五《选举二》。

程士箴，湖广武陵县人。登进士第，任监察御史。以具本变乱成法，戴罪还职。①

余士安，浙江桐庐县人。②

徐真，江西南昌县人。③

邵思恭，浙江会稽县人。登进士第，任刑部主事。以具奏变乱成法，戴罪还职。④

王文达，湖广衡阳县人。

陈焕，陈执中子，⑤ 字起文，福建连江县人。历官工部主事。⑥

李烜，⑦ 河南祥符县人。三甲进士，授试刑部主事。⑧ 以事得罪，戴徙罪还职。⑨

涂钦，江西新城县人。任乳源县丞，⑩ 覆舟死。子顺，登甲申进士，官至礼部主事。⑪

胡斌，浙江临安县人。⑫

赵溥，直隶昌平县人。

彭汝器，江西乐平县人。历官礼科给事中。⑬

姚文琪，浙江建德县人。登进士第，任刑部主事。以受钞得罪，戴罪还职。⑭

黄达，浙江温州府平阳县人。⑮

---

① 朱元璋：《御制大诰三编·进士监生不悛第二》。[康熙]《湖广通志》卷十九《选举·历朝进士》，第 38 页。[雍正]《湖广通志》卷三十二《选举志》。

② [康熙]《浙江通志》卷二十九《选举·历朝进士》载金仕安，桐庐人，历官县丞。

③ [康熙]《江西通志》卷十八《选举·历朝进士》于本年进士不载其名页。[雍正]《江西通志》卷五十二《选举四》于洪武十七年乡举载其名，洪武十八年进士不载。

④ 朱元璋：《御制大诰三编·进士监生不悛第二》。[康熙]《浙江通志》卷二十九《选举·历朝进士》，第 36 页。[雍正]《浙江通志》卷一百三十《选举八》。

⑤ [雍正]《福建通志》卷三十七《选举五》。

⑥ [弘治]《八闽通志》卷四十八《选举·科第·福州府》，第 14 页。[万历]《福州府志》卷四十七《选举志三》，第 254 页。[雍正]《福建通志》卷三十六《选举四》。

⑦ [雍正]《河南通志》卷四十六《选举三》载李烜，注云："祥符人，岁贡，仕至主事。"

⑧ 《明太祖实录》卷一百七十六"洪武十八年冬十月乙未"条。同授者凡二十人，为各部试主事及各县丞，均为赐同进士出身。

⑨ 朱元璋：《御制大诰三编·进士监生不悛第二》。

⑩ [康熙]《江西通志》卷十八《选举·历朝进士》，第 2 页。[雍正]《江西通志》卷五十二《选举四》。

⑪ [雍正]《江西通志》卷一百《列女》引《明一统志》。

⑫ [康熙]《浙江通志》卷二十九《选举·历朝进士》，第 35 页。[雍正]《浙江通志》卷一百三十《选举八》。

⑬ 金幼孜：《书彭修撰墓志铭后》，《金文靖集》卷十，文渊阁《四库全书》本。[康熙]《江西通志》卷十八《选举·历朝进士》，第 2 页。[雍正]《江西通志》卷五十二《选举四》。

⑭ 朱元璋：《御制大诰三编·进士监生不悛第二》。戚延裔修，马天选等纂：[康熙]《建德县志》卷六《选举志》，《稀见中国地方志汇刊》第 14 册，中国书店 1992 年版，第 1143 页。[康熙]《浙江通志》卷二十九《选举·历朝进士》，第 37 页。[雍正]《浙江通志》卷一百三十《选举八》。

⑮ 刘方誉、林继衡等修，王光蕴等纂：[万历]《温州府志》卷十《选举志》，《稀见中国地方志汇刊》第 18 册，中国书店 1992 年版，第 250 页。[康熙]《浙江通志》卷二十九《选举·历朝进士》，第 38 页。[雍正]《浙江通志》卷一百三十《选举八》。

陈迪，字保中，广东四会县人。登进士第，任陵江县丞。坐事谪戍辽左。以明经荐为国子助教。① 仁宗在东宫时，召入文渊阁，同修《永乐大典》，居馆职十余年。②

徐谅，直隶华亭县人。登进士第，授试户部度支员外郎。③

萧珪，湖广全州人。洪武十七年，举湖广乡试。④ 会试第九十五名。历官增城知县⑤、监察御史⑥。以与千户乔用交恶，被逮谪戍。⑦

秦良秀，湖广长沙县人。

汪麟，⑧ 浙江仁和县人。历官北平道、广东道监察御史。以事得罪，窜居金齿。⑨

杨靖(1360—1397)，字仲宁，直隶山阳县人。三甲进士，选为吏科庶吉士。⑩ 十八年，擢户部试右侍郎。十九年，实授户部左侍郎。⑪ 二十二年，任户部尚书。⑫ 明年五月，改刑部。洪武二十六年，改都察院。⑬ 二十九年，任左都御史。⑭ 洪武三十年七月，坐为乡人代改诉冤状草，为御史所劾。赐死，年三十八。⑮

江观，福建松溪县人。历官监察御史、县丞。⑯

方伯礼，浙江象山县人。⑰

---

① ［雍正］《广东通志》卷三十二《选举志二》。

② ［雍正］《广东通志》卷四十六《人物志三》。

③ 《明太祖实录》卷一百七十六“洪武十八年十二月乙巳”条。

④ ［雍正］《广西通志》卷七十一《选举》。

⑤ ［雍正］《广东通志》卷二十八《职官志》。

⑥ ［康熙］《广西通志》卷十二《选举志 · 明进士》，第 13 页。［雍正］《广西通志》卷七十《选举》、卷四十四《古迹》。

⑦ 蒋冕：《乡先辈萧珪及窦衙翁陈孟宾科第考》，汪森编《粤西文载》卷五十八，文渊阁《四库全书》本。

⑧ ［雍正］《山西通志》卷六十六《科目二》于本科进士亦载一汪麟(隰州人，御史)，然不见于会试录。刘棨修，孔尚任等纂：［康熙］《平阳府志》卷二十一《选举》，《稀见中国地方志汇刊》第 6 册，中国书店 1992 年版，第 414 页。

⑨ 《御制大诰 · 御史汪麟等不才第六十八》，续修四库全书第 862 册，第 263 页。［康熙］《浙江通志》卷二十九《选举 · 历朝进士》，第 35 页。［雍正］《浙江通志》卷一百三十《选举八》。邱进春《洪武十八年榜进士考实——几种科举史料的对比研究》(《文献》2008 年第 1 期，第 53 页)以为《皇明进士登科考》不载，失于详察。

⑩ 《明太祖实录》卷一百七十二“洪武十八年三月丙子”条。

⑪ 王世贞：《弇山堂别集》卷五十五《卿贰表 · 户部左右侍郎》。

⑫ 王世贞：《弇山堂别集》卷四十八《户部尚书表》。

⑬ 王世贞：《弇山堂别集》卷五十《刑部尚书表》。

⑭ 王世贞：《弇山堂别集》卷五十二《都察院左右都御史表》。

⑮ 《明太祖实录》卷二百五十四“洪武三十年秋七月丁巳”条。《明史》卷一百三十八本传。

⑯ ［弘治］《八闽通志》卷四十九《选举 · 科第 · 建宁府》，第 25 页。［雍正］《福建通志》卷三十六《选举四》。

⑰ ［康熙］《浙江通志》卷二十九《选举 · 历朝进士》，第 36 页。［雍正］《浙江通志》卷一百三十《选举八》。

张和，福建瓯宁县人。登进士第，任监察御史。为水灾受钞，戴徒罪还职。①

杨定周，江西宜春县人。②

李郁，直隶丹徒县人。

张孝本，浙江上虞县人。③ 与钱宰游。④

孙贯，浙江长兴县人。历官主事。⑤

方必寿，湖广巴陵县人。初知宛平，以政绩著。寻擢北平太守，历陕西按察使。子廷玉克、裔孙纯均登进士第。⑥

郑庸，广东吴川县人。

单贵孙，一作单桂孙，⑦ 浙江鄞县人。⑧

高成，福建莆田县人。举应天乡试。⑨ 登进士第，任阳江知县。以事得罪，戴罪还职。⑩ 历官广西马平知县。⑪

徐质，浙江钱塘县人。⑫

戴本，湖广澧州人。⑬

陈瑜，浙江鄞县人。历官刑部侍郎。⑭

---

① 朱元璋：《御制大诰续编·查踏水灾第八十四》、《御制大诰三编·进士监生不悛第二》。[弘治]《八闽通志》卷四十九《选举·科第·建宁府》，第25页。[雍正]《福建通志》卷三十六《选举四》。

② [康熙]《江西通志》卷十八《选举·历朝进士》作"阳定周"，宜春人，历官县丞。

③ [康熙]《浙江通志》卷二十九《选举·历朝进士》，第37页。[雍正]《浙江通志》卷一百三十《选举八》。

④ 钱宰：《陶氏听松轩记》，《临安集》卷四，文渊阁《四库全书》本。

⑤ [康熙]《浙江通志》卷二十九《选举·历朝进士》，第36页。[雍正]《浙江通志》卷一百三十《选举八》。

⑥ 凌迪知：《万姓统谱》卷四十九。[康熙]《湖广通志》卷十九《选举·历朝进士》，第37页。

⑦ [乾隆]《鄞县志》卷九《选举表上》，乾隆五十三年刻本，第37页。

⑧ [康熙]《浙江通志》卷二十九《选举·历朝进士》，第36页。[雍正]《浙江通志》卷一百三十《选举八》。

⑨ [雍正]《福建通志》卷三十七《选举五》。

⑩ 朱元璋：《御制大诰三编·进士监生不悛第二》。

⑪ [弘治]《八闽通志》卷五十四《选举·科第·兴化府》，第16页。[雍正]《福建通志》卷三十六《选举四》。

⑫ 陈让、夏时正纂修：[成化]《杭州府志》卷三十九，四库全书存目丛书史部第175册，第560页。[康熙]《浙江通志》卷二十九《选举·历朝进士》，第35页。[雍正]《浙江通志》卷一百三十《选举八》。

⑬ [康熙]《湖广通志》卷十九《选举·历朝进士》，第37页。

⑭ [乾隆]《鄞县志》卷九《选举表上》，乾隆五十三年刻本，第37页。[雍正]《浙江通志》卷一百三十四《选举十二》仅于洪武十七年乡试榜载陈瑜，鄞县人。王世贞：《弇山堂别集》卷五十五《卿贰表·户部左右侍郎》亦云："陈宗礼，一名瑜，浙江鄞县人。由举人。二十三年，由陕西道御史升左。"二者是否为同一人？待考。

李耀，江西湖口县人。历官大理寺丞。①

王峻用，浙江仙居县人。历官侍郎。②

蔡英，江西南昌县人。历官户部主事。③

胡铉，江西南昌县人。历官户部主事。④

姚傅，浙江仁和县人。登进士第，任监察御史。以受钞等得罪，戴流罪还职。⑤

李绅，湖广善化县人。

潘宗岳，浙江新昌县人。⑥

句端，直隶迁安县人。历官刑科给事中。⑦

梁以孜，浙江青田县人。任永城县丞，有声。以疾致仕，卒，祀乡贤。⑧

周原，直隶繁昌县人。登进士第，授辰州府推官。以受买求宽限钞，戴徙罪还职。⑨ 调吉安。后坐累免。复用荐起为山东蒲台知县，改绍兴新昌知县。升河南磁州同知。永乐二十年，卒于官。⑩

唐宗哲，直隶华亭县人。

钟志道，浙江山阴县人。历官监察御史。⑪

张敏德，直隶蒙城县人。登进士第，任监察御史。为水灾受钞，戴流罪还职。⑫

李增，福建建安县人。历官知县。⑬

---

① ［康熙］《江西通志》卷十八《选举・历朝进士》，第 2 页。［雍正］《江西通志》卷五十二《选举四》。

② ［康熙］《浙江通志》卷二十九《选举・历朝进士》，第 37 页。［雍正］《浙江通志》卷一百三十《选举八》。

③ 朱元璋：《御制大诰三编・进士监生不悛第二》。［康熙］《江西通志》卷十八《选举・历朝进士》，第 1 页。［雍正］《江西通志》卷五十二《选举四》。

④ ［康熙］《江西通志》卷十八《选举・历朝进士》，第 2 页。［雍正］《江西通志》卷五十二《选举四》。

⑤ 朱元璋：《御制大诰三编・进士监生不悛第二》，第 319 页。［康熙］《浙江通志》卷二十九《选举・历朝进士》，第 35 页。［雍正］《浙江通志》卷一百三十《选举八》。

⑥ ［雍正］《浙江通志》卷一百三十《选举八》。［康熙］《浙江通志》卷二十九《选举・历朝进士》作"潘岳"。

⑦ 朱元璋：《御制大诰三编・进士监生不悛第二》，第 317 页。

⑧ ［康熙］《浙江通志》卷二十九《选举・历朝进士》，第 38 页。［雍正］《浙江通志》卷一百三十《选举八》、卷二百四十《陵墓》引《景宁县志》。

⑨ 朱元璋：《御制大诰三编・进士监生不悛第二》。

⑩ 《国朝献征录》卷九十三《磁州同知周原传》，四库全书存目丛书史部第 105 册，第 268 页。

⑪ ［康熙］《浙江通志》卷二十九《选举・历朝进士》，第 36 页。［雍正］《浙江通志》卷一百三十《选举八》。

⑫ 朱元璋：《御制大诰三编・进士监生不悛第二》。［雍正］《江南通志》卷一百二十一《选举志・进士三》。

⑬ ［弘治］《八闽通志》卷四十九《选举・科第・建宁府》，第 25 页。［雍正］《福建通志》卷三十六《选举四》。

周达孙，福建邵武县人。①

薛晟，字则泰，② 福建福宁州人。③

黄维清，一作黄惟清，字源洁，福建晋江县人。弱冠，领甲子乡试解元。登进士第，历职郎署。升任九江知府。为水灾受钞等，戴徙罪还职。卒于官。④

彭庆，江西乐平县人。举应天乡试。⑤ 登进士第，授试工部总部郎中。⑥ 以事得罪，戴罪还职。⑦

毛文，北平唐县人。⑧

陆载，江西赣县人。举顺天府乡试。登进士第。⑨ 历官监察御史。⑩

阎察，山西平定州人。登进士第，除礼科给事中。改监察御史，遇事敢言。曾以事得罪，戴流罪还职。⑪ 转浙江布政司左参议，洪武二十年在任。⑫ 寻擢为左布政使。以议事召还，卒于邸。⑬

葛瑾，山东沂水县人。洪武二十八年，任兵部右侍郎。二十九年，免。⑭

陈权，江西南城县人。登进士第，任奉化县丞。为提人下乡扰民，戴罪还职。⑮

---

① 据[弘治]《八闽通志》卷五十二《选举·科第·邵武府》、[雍正]《福建通志》卷三十六《选举四》，本年邵武进士仅录周文通一人，历官给事中。

② 史起钦修、林子燮等纂：[万历]《福宁州志》卷六《选举志·进士》，《稀见中国地方志汇刊》第33册，中国书店1992年版，第126页。

③ [弘治]《八闽通志》卷五十五《选举·科第·福宁府》作“薛盛”。[雍正]《福建通志》卷三十六《选举四》。

④ 朱元璋：《御制大诰续编·查踏水灾第八十四》、《御制大诰三编·进士监生不悛第二》。[弘治]《八闽通志》卷五十《选举·科第·泉州府》，第30页；卷六十七《人物·泉州府·宦绩》，第27页。[雍正]《福建通志》卷三十六《选举四》。

⑤ [雍正]《江西通志》卷五十二《选举四》。

⑥ 《明太祖实录》卷一百七十六“洪武十八年十二月乙巳”条。[康熙]《江西通志》卷十八《选举·历朝进士》，第2页。

⑦ 朱元璋：《御制大诰续编·查踏水灾第八十四》、《御制大诰三编·进士监生不悛第二》。

⑧ [雍正]《畿辅通志》卷二十八《学校》载洪武末任丘知县有名毛文者，不知是否同一人。

⑨ 王直：《先伯祖赣州府学教授王公墓表》，《抑庵文集》卷八，文渊阁《四库全书》本。

⑩ [康熙]《江西通志》卷十八《选举·历朝进士》，第3页。[雍正]《江西通志》卷五十二《选举四》。

⑪ 朱元璋：《御制大诰三编·进士监生不悛第二》，第319页。

⑫ [雍正]《浙江通志》卷六十三《海塘二·嘉兴府》引[弘治]《嘉兴府志》、卷一百一十八《职官八》。

⑬ 李维桢修：[万历]《山西通志》卷十八《人物上》，《稀见中国地方志汇刊》第4册，中国书店1992年版，第248页。[雍正]《山西通志》卷一百二十七《人物二十七·平定州》，《钦定大清一统志》卷一百一十二《平定州》。

⑭ 王世贞：《弇山堂别集》卷五十七《卿贰表·兵部左右侍郎》。[康熙]《山东通志》卷二十六《选举·进士》以为历官至工部侍郎。

⑮ 朱元璋：《御制大诰三编·进士监生不悛第二》。[康熙]《江西通志》卷十八《选举·历朝进士》，第2页。[雍正]《江西通志》卷五十二《选举四》。

姚观文，广东南海县人。历官监察御史。①

田忠，北平满城县人。登进士第，任兵科给事中。以事得罪，戴罪还职。②

刘辐，北平河间县人。登进士第，任光禄司署丞。以事得罪，卒。③

萧子韶，江西太和县人。历官知县。④

陈孟芳，⑤ 江西新建县人。

胡信，江西德兴县人。历官县丞。⑥

胡应麟，湖广湘潭县人。

周同生，福建晋江县人。历官保昌县丞、京卫知事。⑦

王宪，河南祥符县人。⑧

金惟一，浙江临海县人。登进士第，任监察御史。为水灾受钞，戴徒罪发充书吏。⑨

舒允成，湖广江夏县人。

徐彬，浙江钱塘县人。⑩

秦昇，山西忻县人。登进士第，授给事中。同年，升户部试左侍郎。⑪ 以事得罪，卒。⑫

余玱，福建罗源县人。登进士第，任金华府通判。以事得罪，戴罪还职。⑬

---

① ［雍正］《广东通志》卷三十二《选举志二》。

② 朱元璋：《御制大诰续编·查踏水灾第八十四》、《御制大诰三编·进士监生不悛第二》。［雍正］《畿辅通志》卷六十一《选举》作洪武甲戌科张信榜进士。

③ 朱元璋：《御制大诰续编·查踏水灾第八十四》、《御制大诰三编·进士监生不悛第二》。

④ ［康熙］《江西通志》卷十八《选举·历朝进士》，第 2 页。［雍正］《江西通志》卷五十二《选举四》。

⑤ ［康熙］《江西通志》卷十八《选举·历朝进士》于本年进士不载其名。［雍正］《江西通志》卷五十二《选举四》于本年进士不载其名，仅见于洪武十七年乡试名录。

⑥ ［康熙］《江西通志》卷十八《选举·历朝进士》，第 2 页。［雍正］《江西通志》卷五十二《选举四》。

⑦ ［弘治］《八闽通志》卷五十《选举·科第·泉州府》，第 30 页。［雍正］《福建通志》卷三十六《选举四》。

⑧ 《明太祖实录》卷一百七十八"洪武十九年五月己丑"条载王献，任梧州府兴业县知县，进士出身，或即其人。

⑨ 朱元璋：《御制大诰续编·查踏水灾第八十四》、《御制大诰三编·进士监生不悛第二》。

⑩ ［康熙］《浙江通志》卷二十九《选举·历朝进士》，第 36 页。［雍正］《浙江通志》卷一百三十《选举八》。

⑪ 萧彦等：《掖垣人鉴》卷三，四库全书存目丛书史部第 259 册，第 131 页，作户部试右侍郎。

⑫ 朱元璋：《御制大诰续编·秦昇等怙终第八十三》，续修四库全书第 862 册，第 302 页。《明太祖实录》卷一百七十六"洪武十八年十二月乙巳"条。

⑬ 朱元璋：《御制大诰三编·进士监生不悛第二》。［弘治］《八闽通志》卷四十八《选举·科第·福州府》，第 14 页。［万历］《福州府志》卷四十七《选举志三》，下册第 255 页。［雍正］《福建通志》卷三十六《选举四》。

危瓛，字朝献，素之弟，江西金溪县人。三甲进士，授卫府纪善。① 善行楷。②

余文，应天府六合县人。

徐宗武，字尚文，浙江乌程县人。登进士第，任密县丞。以水灾受钞，戴流罪还职。③ 历官兵部主事。④

庞安，山西曲沃县人。登进士第，任刑部主事。以事得罪，戴罪还职。⑤

钱仕宗，直隶华亭县人。

齐肃，山西汾西县人。⑥ 登进士第，任监察御史。为水灾受钞，戴徒罪还职。⑦

辛民，河南洛阳县人。登进士第，任工部主事。以事得罪，卒。⑧

汪凯，浙江奉化县人。⑨

陆子孟，浙江海宁县人。历官侍郎。⑩

李恪，山西吉州人。

潘侃，浙江温州府平阳县人。历官虞城知县。⑪

姚复，河南恩县人。登进士第，授试工部屯部郎中。以事得罪。⑫

---

① 《明太祖实录》卷一百七十二“洪武十八年三月丙子”条。[康熙]《江西通志》卷十八《选举·历朝进士》于本年进士不载其名。

② 《御定佩文斋书画谱》卷四十《书家传十九》引《书画记》，文渊阁《四库全书》本。倪涛：《六艺之一录》卷三百六十一引《吾学编》，文渊阁《四库全书》本。

③ 朱元璋：《御制大诰三编·进士监生不悛第二》，第 320 页。

④ 刘沂春修，徐守纲、潘士遴纂：[崇祯]《乌程县志》卷六《科第》，《稀见中国地方志汇刊》第 16 册，中国书店 1992 年版，第 937 页。[康熙]《浙江通志》卷二十九《选举·历朝进士》，第 36 页。[雍正]《浙江通志》卷一百三十《选举八》。

⑤ 朱元璋：《御制大诰三编·进士监生不悛第二》，第 317 页。

⑥ 《皇明进士登科考》误作“纷西”。

⑦ 朱元璋：《御制大诰续编·查踏水灾第八十四》、《御制大诰三编·进士监生不悛第二》。

⑧ 朱元璋：《御制大诰续编·查踏水灾第八十四》、《御制大诰三编·进士监生不悛第二》。[雍正]《河南通志》卷四十五《选举二》洪武戊辰科任亨泰榜进士有名辛民者，洛阳人，历官主事。[雍正]《河南通志》卷四十六《选举三》载：甲子科辛民等。注云：“二十九人，失传。”则辛民为洪武十七年乡举第一。

⑨ [康熙]《浙江通志》卷二十九《选举·历朝进士》于本科进士载“江颢”，奉化人，历官知县。

⑩ [康熙]《浙江通志》卷二十九《选举·历朝进士》，第 36 页。[雍正]《浙江通志》卷一百三十《选举八》。

⑪ 刘方誉、林继衡等修，王光蕴等纂：[万历]《温州府志》卷十《选举志》，《稀见中国地方志汇刊》第 18 册，中国书店 1992 年版，第 250 页。[康熙]《浙江通志》卷二十九《选举·历朝进士》，第 38 页。[雍正]《浙江通志》卷一百三十《选举八》。

⑫ 《明太祖实录》卷一百七十六“洪武十八年十二月乙巳”条。朱元璋：《御制大诰三编·进士监生不悛第二》。

陈顺，浙江温州府永嘉县人。登进士第，任顺昌县丞。以事得罪，戴徙罪还职。①

罗士应，江西南昌县人。历官县丞。②

张端，山东历城县人。登进士第。以事得罪，戴罪发充书吏。③

魏惟古，河南新乡县人。登进士第，任吏科给事中。以事得罪，戴罪还职。④

李忠，北平怀柔县人。登进士第，任寿阳知县。以事得罪。⑤

王粹，山西阳城人。登本科进士第。历官山东按察司佥事。卒于官。⑥

吴庠，浙江会稽县人。⑦

郭子和，湖广益阳县人。历官县丞。⑧

陈仲述，江西太和县人。为梁兰姻弟⑨，杨士奇妻兄。⑩ 登进士第，任福建道监察御史，在任十余年。曾以具本变乱成法得罪，戴流罪还职。⑪

孙盛，直隶泗州人。

高起，北平永年县人。登进士第，授试工部屯部员外郎。以事得罪。⑫

胡本，山西和顺县人。登进士第，任宜君县丞。以事得罪，戴流罪还职。⑬

---

① 朱元璋：《御制大诰三编·进士监生不悛第二》。王叔杲、王应辰纂：[嘉靖]《永嘉县志》卷六《选举志》，《稀见中国地方志汇刊》第 18 册，中国书店 1992 年版，第 593 页。刘方誉、林继衡等修，王光蕴等纂：[万历]《温州府志》卷十《选举志》，《稀见中国地方志汇刊》第 18 册，中国书店 1992 年版，第 250 页。[康熙]《浙江通志》卷二十九《选举·历朝进士》，第 38 页。[雍正]《浙江通志》卷一百三十《选举八》。

② [康熙]《江西通志》卷十八《选举·历朝进士》、[雍正]《江西通志》卷五十二《选举四》均作武宁人。

③ 朱元璋：《御制大诰续编·查踏水灾第八十四》、《御制大诰三编·进士监生不悛第二》。

④ 朱元璋：《御制大诰三编·进士监生不悛第二》。

⑤ 朱元璋：《御制大诰三编·进士监生不悛第二》。

⑥ [成化]《山西通志》卷十《人物·国朝·已仕》，四库全书存目丛书史部第 174 册，第 340 页。王世贞：《弇山堂别集》卷八十一《科试考一》。李维桢修：[万历]《山西通志》卷二十三《选举下》，《稀见中国地方志汇刊》第 4 册，中国书店 1992 年版，第 421 页。

⑦ [康熙]《浙江通志》卷二十九《选举·历朝进士》，第 36 页。

⑧ [康熙]《湖广通志》卷十九《选举·历朝进士》，第 37 页。[雍正]《湖广通志》卷三十二《选举志》。

⑨ 梁兰：《赠别姻弟陈仲述》，《畦乐诗集》，文渊阁《四库全书》本。

⑩ 杨士奇：《送蔡孟恺永州教授序》，《东里文集》卷四；《梁用之墓碣铭》，《东里文集》卷十七；《送监察御史曾本清诗序》，《东里续集》卷七；《慈训录》，《东里续集》卷四十八。

⑪ 朱元璋：《御制大诰三编·进士监生不悛第二》。王礼：《送陈仲述赴会试序》，《麟原后集》卷三，文渊阁《四库全书》本；《赠张御史任南京诗序》，《抑庵文后集》卷六。杨士奇：《故奉议大夫广西按察司佥事陈君墓碣铭》，《东里续集》卷四十二。[康熙]《江西通志》卷十八《选举·历朝进士》，第 2 页。[雍正]《江西通志》卷五十二《选举四》。其所作《友石山人遗稿序》自署为“庐陵陈仲述”。

⑫ 《明太祖实录》卷一百七十六“洪武十八年十二月乙巳”条。朱元璋：《御制大诰三编·进士监生不悛第二》。

⑬ 朱元璋：《御制大诰续编·查踏水灾第八十四》、《御制大诰三编·进士监生不悛第二》。[雍正]《山西通志》卷六十六《科目二》。

陈以仁，广西宜山县人。① 历官户科给事中。谪戍云南金齿，卒于戍所。②

黄伯珪，福建光泽县人。历官监察御史。③

刘仲廉，湖广江夏县人。洪武二十四年，任广东布政司左参议。④ 历官处州知府。⑤ 永乐元年，任工部右侍郎。四年，下狱。⑥ 或以为历官至尚书。⑦

丁麟，字彦祥，浙江海盐县人。登进士第，除给事中。改监察御史。⑧ 曾为水灾受钞，戴徙罪还职。⑨ 坐累伏法。⑩

林瑜，字希瑾，福建连江县人。历官江西按察佥事、河南参政。⑪

向宝，一作向琉，⑫ 字克中，一作克忠，⑬ 江西进贤县人。登进士第，授兵部试员外郎。擢通政使，以不善奏对辞，改应天府尹。建文中，谪广西。永乐间，复原官。坐累系狱，左迁两淮运判。宣宗嗣位，召为都御史，兼詹事。旋长南院。以老疾致仕。宣德三年八月卒。著有《疏庵稿》。⑭

---

① ［雍正］《广西通志》卷七十《选举》。

② 《钦定大清一统志》卷三百八十《永昌府》。王恭有《挽梅江陈以仁先辈》(《白云樵唱集》卷三)诗，似即其人。

③ ［弘治］《八闽通志》卷五十二《选举·科第·邵武府》作“黄伯圭”。［雍正］《福建通志》卷三十六《选举四》。

④ ［雍正］《广东通志》卷二十七《职官志二》。

⑤ 周叙：《祝先生墓表》，程敏政编《明文衡》卷九十四，文渊阁《四库全书》本。李贤等：《明一统志》卷四十四《处州府》。［雍正］《浙江通志》卷一百一十九《职官九》。《明一统志》卷五十九仅言其领乡荐。

⑥ 王世贞：《弇山堂别集卷》五十九《卿贰表·工部左右侍郎》，以为其历官至尚书。

⑦ ［嘉靖］《湖广图经志书》卷二《武昌府·人物》，日本藏中国罕见地方志丛刊，书目文献出版社 1991 年版，第 160 页。徐相国等：［康熙］《湖广通志》卷十九《选举·历朝进士》，康熙二十三年刊本，第 37 页。［雍正］《湖广通志》卷三十二《选举志》、卷四十七《乡贤志》。

⑧ 袁国梓纂修：［康熙］《嘉兴府志》卷十六《选举》，《稀见中国地方志汇刊》第 15 册，中国书店 1992 年版，第 562 页。［康熙］《浙江通志》卷二十九《选举·历朝进士》，第 36 页。［雍正］《浙江通志》卷一百三十《选举八》。

⑨ 朱元璋：《御制大诰续编·查踏水灾第八十四》、《御制大诰三编·进士监生不悛第二》。

⑩ 朱彝尊：《明诗综》卷十三。《康熙御选明诗·姓名爵里一》，文渊阁《四库全书》本。

⑪ ［弘治］《八闽通志》卷四十八《选举·科第·福州府》，第 14 页。［万历］《福州府志》卷四十七《选举志三》，第 254 页。［雍正］《福建通志》卷三十六《选举四》。

⑫ ［康熙］《江西通志》卷十八《选举·历朝进士》，第 2 页。［雍正］《江西通志》卷五十二《选举四》。

⑬ 凌迪知：《万姓统谱》卷一百六十。

⑭ 《国朝献征录》卷六十四《实录·南京都察院右都御史兼詹事向宝传》，四库全书存目丛书史部第 103 册，第 512 页。朱元璋：《御制大诰续编·查踏水灾第八十四》、《御制大诰三编·进士监生不悛第二》。［雍正］《江西通志》卷六十八《人物三·南昌府三》引《豫章书》。［康熙］《广西通志》卷二十九《迁客》，第 33 页。

项复，浙江余姚县人。登进士第，任承敕郎。为水灾受钞，戴流罪还职。①

谭翼，字南宿，江西大庾县人。登进士第，授龙溪丞。未仕，以论时政，谪戍驯象，久之，徙奉议，历十余年。建文二年，升龙溪知县。未就道，擢兵部车驾司郎中。与同年黄子澄、练子宁善。靖难兵至，赴火死。②

王牧，山西太谷县人。登进士第，任沙河县丞。以事得罪，戴罪还职。③

郑辅，④ 江西永丰县人。

林龟年，字十朋，福建连江县人。举应天府乡试。⑤ 登进士第，任揭阳县丞。为枉道回家得罪，戴罪还职。⑥

李鸣冈，北平藁城县人。三甲进士，授潭府奉祠正。⑦

吴应隆，湖广京山县人。⑧

杨德礼，⑨ 湖广应城县人。洪武二十年，任工部主事。⑩ 历官参议。⑪

李源深，⑫ 江西贵溪县人。

---

① 朱元璋：《御制大诰三编·进士监生不悛第二》。[康熙]《浙江通志》卷二十九《选举·历朝进士》，第37页。[雍正]《浙江通志》卷一百三十《选举八》。

② [康熙]《江西通志》卷十八《选举·历朝进士》，第3页。《钦定大清一统志》卷二百五十五《南安府》。[雍正]《广西通志》卷八十六《迁客》引旧志。汪森编：《粤西文载》卷六十七《迁客传》。[康熙]《广西通志》卷二十九《迁客》，第33页。谷应泰编：《明史纪事本末》卷十八《壬午殉难》。蓝鼎元：《壬午忠节略》，《鹿洲初集》卷十五，文渊阁《四库全书》本。

③ 朱元璋：《御制大诰三编·进士监生不悛第二》。[雍正]《山西通志》卷六十六《科目二》。高继允修，姚孔硕、涂逢豫纂：[乾隆]《太谷县志》卷三《选举》，《稀见中国地方志汇刊》第4册，中国书店1992年版，第1011页。

④ [弘治]《八闽通志》卷四十九《选举·科第·建宁府》、[雍正]《福建通志》卷三十六《选举四》于本年进士载郑辅，福建瓯宁县人，历官都督府都事。

⑤ [弘治]《八闽通志》卷四十八《选举·科第·福州府》，第13页。[雍正]《福建通志》卷三十七《选举五》。

⑥ 朱元璋：《御制大诰三编·进士监生不悛第二》。[弘治]《八闽通志》卷四十八《选举·科第·福州府》，第14页。[万历]《福州府志》卷四十七《选举志三》，第254页。

⑦ 《明太祖实录》卷一百七十二"洪武十八年三月丙子"条。王世贞：《弇山堂别集》卷八十一《科试考一》。

⑧ [康熙]《湖广通志》卷十九《选举·历朝进士》，第37页。[雍正]《湖广通志》卷三十二《选举志》。

⑨ [康熙]《湖广通志》卷十九《选举·历朝进士》、[雍正]《湖广通志》卷三十二《选举志》作"杨得礼"。

⑩ [雍正]《江南通志》卷五十八《河渠志·运河一》。

⑪ [雍正]《陕西通志》卷二十二《职官三》、[雍正]《广东通志》卷二十七《职官志二》均于"右参议"载杨德礼，不知是否为同一人。

⑫ [康熙]《江西通志》卷十八《选举·历朝进士》于洪武四年科载"李原深"，注云："贵溪人，名造，古田丞。"[雍正]《江西通志》卷五十二《选举四》亦载"李原深"，注云："贵溪人。古田县丞。安志误入上科，今据林志改此。"[康熙]《江西通志》卷十八《选举·历朝进士》于本年进士载"李原野"，贵溪人，历官仁和知县。

陈郁，浙江温州府平阳县人。登进士第，任刑部主事。以事得罪，戴流罪还职。①

韩瑜，山西阳城县人。②

涂郁，③ 福建瓯宁县人。

许性善，④ 浙江义乌县人。以朝参误，除籍。历官宿松主簿。⑤

王能，浙江定海县人。⑥

曹文，福建瓯宁县人。历官吏部主事。⑦

沙顺昌，浙江温州府永嘉县人。⑧

徐应台，浙江象山县人。⑨

胡昱，湖广沅州人。历官主事。⑩

唐朴，浙江金华县人。⑪

聂以大，江西武宁县人。登进士第，任监察御史。以水灾受钞得罪，戴流罪还职。⑫ 历官湖广佥事。⑬

郭昌，江西永丰县人。历官主事。⑭

---

① 朱元璋：《御制大诰三编·进士监生不悛第二》。刘方誉、林继衡等修，王光蕴等纂：[万历]《温州府志》卷十《选举志》，《稀见中国地方志汇刊》第18册，中国书店1992年版，第250页。[康熙]《浙江通志》卷二十九《选举·历朝进士》，第38页。[雍正]《浙江通志》卷一百三十《选举八》。

② 李维桢修：[万历]《山西通志》卷二十三《选举下》，《稀见中国地方志汇刊》第4册，中国书店1992年版，第421页，作"韩愈"。

③ [雍正]《江西通志》卷五十二《选举四》于本年进士载涂郁，江西永丰人，历官知县。

④ [康熙]《浙江通志》卷二十九《选举·历朝进士》作"许惟善"。

⑤ 周士英纂修，熊人霖增修：[崇祯]《义务县志》卷十《选举》，《稀见中国地方志汇刊》第17册，中国书店1992年版，第503页。

⑥ [康熙]《浙江通志》卷二十九《选举·历朝进士》，第36页。

⑦ [弘治]《八闽通志》卷四十九《选举·科第·建宁府》，第25页。[雍正]《福建通志》卷三十六《选举四》。

⑧ 王叔杲、王应辰纂：[嘉靖]《永嘉县志》卷六《选举志》，《稀见中国地方志汇刊》第18册，中国书店1992年版，第593页。刘方誉、林继衡等修，王光蕴等纂：[万历]《温州府志》卷十《选举志》，《稀见中国地方志汇刊》第18册，中国书店1992年版，第250页。[康熙]《浙江通志》卷二十九《选举·历朝进士》，第38页。[雍正]《浙江通志》卷一百三十《选举八》。

⑨ [康熙]《浙江通志》卷二十九《选举·历朝进士》，第36页。[雍正]《浙江通志》卷一百三十《选举八》。

⑩ [康熙]《湖广通志》卷十九《选举·历朝进士》，第38页。[雍正]《湖广通志》卷三十二《选举志》。《千顷堂书目》卷七载有其所撰《浦城县志》。

⑪ [康熙]《浙江通志》卷二十九《选举·历朝进士》，第37页。[雍正]《浙江通志》卷一百三十《选举八》。

⑫ 朱元璋：《御制大诰三编·进士监生不悛第二》。

⑬ [康熙]《江西通志》卷十八《选举·历朝进士》于本年进士不载其名。[雍正]《江西通志》卷五十二《选举四》于洪武十七年乡试载其名，十八年进士未见。

⑭ [康熙]《江西通志》卷十八《选举·历朝进士》，第2页。[雍正]《江西通志》卷五十二《选举四》。

齐鲁，河南河南府嵩县人。登进士第，授监察御史。鲠介敢言，尝因事进谏，击落二齿。洪武二十年，以浙广道监察御史署山西按察司事。① 累官至都御史。②

于子仁，湖广武冈州人。历官山东昌乐县丞，为政廉能。升本县知县。后坐诬累，民复赴京诉理。升登州知府。③

胡肃，江西新淦县人。历官给事中。④

李亨，山西泽州人。⑤

张士恺，江西吉水县人。⑥

朱聪，字敏仲，福建永福县人。历官县丞。⑦

李文善，广东高要县人。历官主事。⑧

李哲，河南新安县人。登进士第，任监察御史。以事得罪，戴罪还职。⑨

蒋义，河南洛阳县人。历官户科给事中。⑩

庞守文，山西榆次县人。登进士第，任刑部主事。⑪

周从善，江西吉水县人。登进士第，任监察御史。历官吴江县丞。以事得罪，戴罪还职。⑫

戴成，浙江丽水县人。⑬

---

① 李侃、胡谧纂修：[成化]《山西通志》卷八，四库全书存目丛书史部第174册影民国二十二年影钞明成化十一年刻本，第256页。

② [康熙]《重修河南通志》卷二十七《人物三》，第23页。

③ 李贤等：《明一统志》卷二十四，文渊阁《四库全书》本。陆釴纂修：[嘉靖]《山东通志》卷二十七《名宦下》，四库全书存目丛书史部第188册，第273页。[雍正]《山东通志》卷二十七《宦绩志》。[康熙]《湖广通志》卷十九《选举·历朝进士》，第37页。

④ [康熙]《江西通志》卷十八《选举·历朝进士》于本科进士不载其名。[雍正]《江西通志》卷五十二《选举四》作新喻人。

⑤ [雍正]《山西通志》卷六十六《科目二》于洪武二十九年丙子科乡试载李亨，历官宁波府通判。

⑥ [康熙]《江西通志》卷十八《选举·历朝进士》，第2页。[雍正]《江西通志》卷五十二《选举四》。

⑦ [弘治]《八闽通志》卷四十八《选举·科第·福州府》，第14页。[万历]《福州府志》卷四十七《选举志三》，第255页。[雍正]《福建通志》卷三十六《选举四》。

⑧ [雍正]《广东通志》卷三十二《选举志二》。

⑨ 朱元璋：《御制大诰续编·查踏水灾第八十四》、《御制大诰三编·进士监生不悛第二》。

⑩ 萧彦等：《掖垣人鉴》卷五，四库全书存目丛书史部第259册，第154页，作"蒋仪"。[雍正]《河南通志》卷四十五《选举二》。

⑪ 朱元璋：《御制大诰三编·进士监生不悛第二》。

⑫ 朱元璋：《御制大诰续编·查踏水灾第八十四》、《御制大诰三编·进士监生不悛第二》。[康熙]《江西通志》卷十八《选举·历朝进士》，第2页。[雍正]《江西通志》卷五十二《选举四》。

⑬ 彭润章等纂修：[同治]《丽水县志》卷九《选举·进士》，同治十三年刻本。[康熙]《浙江通志》卷二十九《选举·历朝进士》，第38页。[雍正]《浙江通志》卷一百三十《选举八》。

俞璟，浙江钱塘县人。①

鲁瞻，浙江淳安县人。登进士第，任工部主事。以事得罪，戴罪还职。②

陈立，江西南丰县人。历官县丞。③

陈逢震，湖广蓝山县人。

厉宗义，浙江东阳县人。登进士第，任刑部主事。以事得罪，戴流罪还职。④

刘文贵，湖广孝感县人。登本科进士第。为水灾受钞得罪，戴流罪还职。⑤

黄子平，广东茂名县人。历官御史。⑥ 洪武十八年，以山东道监察御史升山西都转运盐使司判官。⑦

牛麟，河南修武县人。

彭修，浙江温州府平阳县人。历官监察御史。⑧

黄性初，福建莆田县人。历官吏科给事中、广东惠州府推官。⑨

陆镃，直隶吴县人。历官建阳县丞、福州通判。⑩

许晋，应天府句容县人。

郭弘，河南祥符县人。

周弼，福建莆田县人。登进士第，任监察御史。为监支军粮受钞，戴流罪还职。⑪

---

① ［康熙］《浙江通志》卷二十九《选举·历朝进士》，第 36 页。［雍正］《浙江通志》卷一百三十《选举八》。陈让、夏时正纂修：［成化］《杭州府志》卷三十九，四库全书存目丛书史部第 175 册，第 560 页，作“俞景”。

② 朱元璋：《御制大诰三编·进士监生不悛第二》。［康熙］《浙江通志》卷二十九《选举·历朝进士》，第 37 页。［雍正］《浙江通志》卷一百三十《选举八》。

③ ［康熙］《江西通志》卷十八《选举·历朝进士》，第 2 页。［雍正］《江西通志》卷五十二《选举四》。

④ 朱元璋：《御制大诰三编·进士监生不悛第二》。［康熙］《浙江通志》卷二十九《选举·历朝进士》，第 37 页。［雍正］《浙江通志》卷一百三十四《选举十二》作金华人。

⑤ 朱元璋：《御制大诰三编·进士监生不悛第二》。［康熙］《湖广通志》卷十九《选举·历朝进士》，第 37 页。［雍正］《湖广通志》卷三十二《选举志》。

⑥ ［雍正］《广东通志》卷三十二《选举志二》、卷五十五《茔墓志》。《钦定大清一统志》卷三百四十七《高州府》。

⑦ 李侃、胡谧纂修：［成化］《山西通志》卷八，四库全书存目丛书史部第 174 册，第 259 页。

⑧ 王叔杲、王应辰纂：［嘉靖］《永嘉县志》卷六《选举志》，《稀见中国地方志汇刊》第 18 册，中国书店 1992 年版，第 593 页。刘方誉、林继衡等修，王光蕴等纂：［万历］《温州府志》卷十《选举志》，《稀见中国地方志汇刊》第 18 册，中国书店 1992 年版，第 250 页。［康熙］《浙江通志》卷二十九《选举·历朝进士》，第 38 页。［雍正］《浙江通志》卷一百三十《选举八》。

⑨ ［弘治］《八闽通志》卷五十四《选举·科第·兴化府》，第 16 页。［雍正］《福建通志》卷三十六《选举四》。

⑩ ［雍正］《福建通志》卷三十一《名宦三》。王世贞：《弇山堂别集》卷十三《异典述八·敕奖郡邑下僚》。

⑪ 朱元璋：《御制大诰三编·进士监生不悛第二》。

历官刑科给事中，改御史。①

王福，福建怀安县人。历官御史。②

唐俊民，直隶武进县人。③ 历官光州知州。④

许恒，江西赣县人。⑤ 历官行人。⑥

陈杰，直隶高邮州人。历官凤翔府推官。⑦

叶规，福建建安县人。历官杭州府通判。⑧

姚侃，浙江桐庐县人。历官主事。⑨

赵勉，湖广夷陵州人。刘三吾婿。⑩ 由国子生登进士第，历事工部审刑司左详议。十九年，试大理寺左寺丞，升大理寺卿。⑪ 洪武二十一年，任刑部右侍郎。⑫ 二十二年，升任刑部尚书。⑬ 二十三年，任户部尚书。二十四年，以户部尚书署礼部事。⑭ 二十六年，坐赃死。⑮

---

① ［弘治］《八闽通志》卷五十四《选举·科第·兴化府》，第16页。［雍正］《福建通志》卷三十六《选举四》。

② ［弘治］《八闽通志》卷四十八《选举·科第·福州府》，第14页。［万历］《福州府志》卷四十七《选举志三》，第254页。

③ ［雍正］《江南通志》卷一百二十一《选举志·进士三》。［雍正］《江南通志》卷一百二十五《选举志·举人一》作丹徒人。

④ 王祖肃、杨宜仑修，虞鸣球、董潮纂：［乾隆］《武进县志》卷七《选举》，《稀见中国地方志汇刊》第12册，中国书店1992年版，第507页。

⑤ 王直：《先伯祖赣州府学教授王公墓表》，《抑庵文集》卷八，文渊阁《四库全书》本。［雍正］《江西通志》卷五十二《选举四》于洪武十七年、二十年乡试均载其名，以为其登洪武二十四年辛未许观榜，并注云："赣县人。安志误入上科，今依林志改此。"

⑥ ［康熙］《江西通志》卷十八《选举·历朝进士》，第3页。

⑦ 雷应元纂修：［康熙］《扬州府志》卷十五《人物志上》，《稀见中国地方志汇刊》第12册，中国书店1992年版，第247页。［雍正］《江南通志》卷一百二十一《选举志·进士三》。

⑧ ［弘治］《八闽通志》卷四十九《选举·科第·建宁府》，第25页。［雍正］《福建通志》卷三十六《选举四》。

⑨ ［康熙］《浙江通志》卷二十九《选举·历朝进士》，第37页。［雍正］《浙江通志》卷一百三十《选举八》。

⑩ 王世贞：《弇山堂别集》卷二《盛事述二·妇翁与婿同在大位》。

⑪ 王世贞：《弇山堂别集》卷六十《卿贰表·大理寺卿》。

⑫ 王世贞：《弇山堂别集》卷五十八《卿贰表·刑部左右侍郎》。

⑬ 王世贞：《弇山堂别集》卷五十《刑部尚书表》。《明太祖实录》卷一百九十五"洪武二十二年二月癸卯"条。廖道南《户部尚书赵勉传》以为拜户部尚书，《国朝献征录》卷二十八，四库全书存目丛书史部第101册，第408页。王世贞《弇山堂别集》卷五十七《卿贰表·兵部左右侍郎》则以为其曾以刑部右侍郎试兵部左侍郎。

⑭ 王世贞：《弇山堂别集》卷四十九《礼部尚书表》。俞汝楫编：《礼部志稿》卷四十一《历官表》，文渊阁《四库全书》本。［康熙］《湖广通志》卷十九《选举·历朝进士》，第37页。

⑮ 王世贞：《弇山堂别集》卷四十八《户部尚书表》。《明史》卷一百三十七刘三吾本传。黄佐：《翰林记》五《宥过》，文渊阁《四库全书》本。

王瓛，湖广蕲州人。登进士第，任容县丞。以事得罪，戴徙罪还职。① 历官知县、知州。②

高振，湖广沔阳州人。

王恪，陕西伏羌县人。登进士第，任繁峙县丞。为水灾受钞，戴罪还职。③

魏思敬，浙江余姚县人。④

何玄晔，广东海康县人。

王蒙，浙江黄岩县人。历官御史。⑤ 曾以踏水灾具奏不实，戴徙罪发充书吏。⑥

鲁望，浙江仁和县人。⑦

刘宗海，湖广浏阳县人。登进士第，任监察御史。为水灾受钞，戴徙罪还职。⑧

朱瞻，山东沂水县人。登进士第，任承敕郎。为水灾受钞，戴流罪还职。⑨ 历官至参政。⑩

胡昌龄，直隶歙县人。⑪ 登本科二甲进士第，授监察御史或推官。⑫

丁永保，福建沙县人。甲子举人。历官浙江道监察御史。⑬

曹铭，陕西巩昌府会宁县(今属甘肃)人。⑭ 登进士第，十九年，除兵科给事中。⑮

---

① 朱元璋：《御制大诰三编·进士监生不悛第二》。

② [康熙]《湖广通志》卷十九《选举·历朝进士》，第37页。[雍正]《湖广通志》卷三十二《选举志》。

③ 朱元璋：《御制大诰三编·进士监生不悛第二》，第317页。

④ [康熙]《浙江通志》卷二十九《选举·历朝进士》，第37页。[雍正]《浙江通志》卷一百三十《选举八》。胡翰《书常九成事》(《胡仲子集》卷三)记有魏思敏，不知是否同一人。

⑤ [康熙]《浙江通志》卷二十九《选举·历朝进士》，第37页。[雍正]《浙江通志》卷一百三十《选举八》。

⑥ 朱元璋：《御制大诰续编·查踏水灾第八十四》、《御制大诰三编·进士监生不悛第二》。

⑦ 朱元璋：《御制大诰三编·进士监生不悛第二》。[康熙]《浙江通志》卷二十九《选举·历朝进士》，第36页。[雍正]《浙江通志》卷一百三十《选举八》。

⑧ 朱元璋：《御制大诰三编·进士监生不悛第二》。[康熙]《湖广通志》卷十九《选举·历朝进士》，第37页。[雍正]《湖广通志》卷三十二《选举志》。

⑨ 朱元璋：《御制大诰三编·进士监生不悛第二》。

⑩ [康熙]《山东通志》卷二十六《选举·进士》，康熙十七年刊本，第8页。[雍正]《山东通志》卷十五之一《选举志》。

⑪ [雍正]《江南通志》卷一百二十一《选举志·进士三》。

⑫ 《明太祖实录》卷一百七十六“洪武十八年冬十月乙未”条。同授者十人，均为赐进士出身。

⑬ [弘治]《八闽通志》卷五十二《选举·科第·延平府》，第14页。[雍正]《福建通志》卷三十六《选举四》。叶联芳纂修：[嘉靖]《沙县志》卷六《选举·进士》，《稀见中国地方志汇刊》第33册，中国书店1992年版，第888页。

⑭ 《皇明进士登科考》误作山西会宁。[雍正]《甘肃通志》卷二十五《陵墓》、卷三十三《选举》、卷三十四《人物》。

⑮ 李贤等：《明一统志》卷三十五《巩昌府》。

二十一年，改大理寺左评事。① 累迁左副都御史。洪武二十七年，累官至都察院左都御史。二十八年，免官。②

郑珇，字孟文，福建福清县人。③ 登进士第，授监察御史。洪武二十一年，坐事忤旨，改吴县知县。廉勤能干，吏民畏服。④ 复为御史，巡按广西。⑤

王良弼，江西贵溪县人。⑥

王朴，陕西同州人。登进士第，任工科给事中。以事得罪，戴绞罪还职。历官监察御史，处决。⑦

彭仁俊，江西万安县人。登进士第，任户部主事。为水灾受钞，戴流罪还职。⑧

顾观，浙江萧山县人。三甲进士，授翰林庶吉士。⑨ 历官大理寺评事。⑩

叶复，福建建安县人。历官增城知县。⑪

翁榎，浙江龙游县人。⑫

蒋奎，湖广沅州人。历官刑科给事中。⑬

侯庸，字景中，山东胶水县人。⑭ 生七岁，父坐事谪闽南。⑮ 登进士第，为吏科给

---

① 萧彦等：《掖垣人鉴》卷七，四库全书存目丛书史部第259册，第183页。

② 《明太祖实录》卷二百三十四"洪武二十七年八月"条。王世贞：《弇山堂别集》卷五十二《都察院左右都御史表·左都御史》作左都御史。

③ [弘治]《八闽通志》卷四十八《选举·科第·福州府》，第14页。[万历]《福州府志》卷四十七《选举志三》，第255页。

④ 王鏊：《姑苏志》卷四十一《宦迹五》，文渊阁《四库全书》本。[雍正]《福建通志》卷三十六《选举四》。李贤等：《明一统志》卷八《苏州府》。

⑤ [雍正]《广西通志》卷五十三《秩官》，文渊阁《四库全书》本。

⑥ [康熙]《江西通志》卷十八《选举·历朝进士》，第2页。[雍正]《江西通志》卷五十二《选举四》于洪武五年乡举载其名，登本科进士。

⑦ 朱元璋：《御制大诰续编·秦昇等怙终第八十三》，续修四库全书第862册，第302页。朱元璋：《御制大诰三编·进士监生不悛第二》，第316页。

⑧ 朱元璋：《御制大诰续编·查踏水灾第八十四》、《御制大诰三编·进士监生不悛第二》。[康熙]《江西通志》卷十八《选举·历朝进士》，第3页。[雍正]《江西通志》卷五十二《选举四》。

⑨ 黄瑜：《双槐岁钞》卷二《国子魁试》，第25页。

⑩ [康熙]《浙江通志》卷二十九《选举·历朝进士》，第37页。[雍正]《浙江通志》卷一百三十《选举八》。

⑪ [弘治]《八闽通志》卷四十九《选举·科第·建宁府》，第25页。[雍正]《福建通志》卷三十六《选举四》。

⑫ [康熙]《浙江通志》卷二十九《选举·历朝进士》作"翁梗"（第37页）。

⑬ [康熙]《湖广通志》卷十九《选举·历朝进士》，第38页。[雍正]《湖广通志》卷三十二《选举志》。《钦定大清一统志》卷二百八十五《沅州府》。

⑭ 李贤等：《明一统志》卷二十五《莱州府》，作平度州人。陆釴纂修：[嘉靖]《山东通志》卷三十三，四库全书存目丛书史部第188册，第365页。

⑮ 凌迪知：《万姓统谱》卷六十三。《钦定大清一统志》卷一百三十八《莱州府》。

事中，署吏部事。① 洪武二十二年，任吏部右侍郎。②

李翥，河南磁州人。

刘凤，③ 或作刘奉，一名刘麟，字仲辉，江西乐平县人。历官贵县丞。④

黄德安，江西金溪县人。历官监察御史。⑤ 以受赃戴流罪还职。⑥

吴渊，江西建昌县人。任庶吉士。以诈传旨意，处决。⑦

罗师贡，福建长乐县人。登进士第，任监察御史。以事得罪，处死。⑧

吴中，湖广随州人。

陈宗礼，江西奉新县人。登进士第，任监察御史。以事得罪，戴罪还职。⑨ 历官至户部左侍郎。⑩

张敏，北平晋州人。登进士第，历官监察御史。以水灾受钞得罪，戴流罪还职。⑪

李性善，湖广沔阳州人。⑫

樊士信，湖广应城县人。登进士第，任兵部主事。以事得罪，戴罪还职。⑬ 靖难兵

---

① 《明太祖实录》卷一百七十七“洪武十九年春正月”条。

② 《明太祖实录》卷一百九十五“洪武二十二年二月癸卯”条。萧彦等：《掖垣人鉴》卷四，四库全书存目丛书史部第259册，第144页。[康熙]《山东通志》卷二十六《选举·进士》，康熙十七年刊本，第8页。王世贞：《弇山堂别集》卷五十四《卿贰表·吏部左右侍郎》作左侍郎。解缙《亡友六君子传赞》云：“廖持，字敬已，敬存弟也。幼爽朗不群，特与予善。刑部公元禄称其志操。及为隰州同知，考满，至吏部，侍郎侯庸方好谀佞，敬已入谒不拜，庸寻他事罪之，下狱卒。”(《文毅集》卷十一)

③ 《皇明进士登科考》卷二作“刘凤奉”。此据张朝瑞《皇明贡举考》卷二。

④ [正德]《饶州府志》卷二《学校·附科贡征辟·乐平兴学·进士》，《天一阁藏明代方志选刊续编》第44册，上海书店1990年版，第249页。

⑤ [嘉靖]《东乡县志》，《天一阁藏明代方志选刊》第40册，上海书店1982年版，第9页。[雍正]《江西通志》卷五十二《选举四》于洪武十七年乡试榜载其名，十八年进士榜失载，历官御史。吴伯宗有《送进士黄德安还乡》(《荣进集》卷三)诗。

⑥ 朱元璋：《御制大诰三编·进士监生不悛第二》，第319页。

⑦ 朱元璋：《御制大诰三编·进士监生不悛第二》。[康熙]《江西通志》卷十八《选举·历朝进士》于本年进士榜不载其名。

⑧ 朱元璋：《御制大诰三编·进士监生不悛第二》，续修四库全书第862册，第315页。[弘治]《八闽通志》卷四十八《选举·科第·福州府》作“罗知”，注云：“县志无。”[万历]《福州府志》卷四十七《选举志三》作“罗知”，字思贡。[雍正]《福建通志》卷三十六《选举四》亦作“罗知”。

⑨ 朱元璋：《御制大诰三编·进士监生不悛第二》。

⑩ [康熙]《江西通志》卷十八《选举·历朝进士》，第2页。[雍正]《江西通志》卷五十二《选举四》。

⑪ 朱元璋：《御制大诰三编·进士监生不悛第二》。[雍正]《畿辅通志》卷六十一《选举》。

⑫ [雍正]《湖广通志》卷三十四《选举志》于十七年乡试榜载其名，历官主事，卷三十二《选举志》于本年进士榜失载。

⑬ 朱元璋：《御制大诰三编·进士监生不悛第二》。

起，往督淮饷。建文四年正月，靖难兵渡淮，下泗水、盱眙，死之。①

李昌，陕西同州人。历官御史。②

王觐，直隶华亭县人。③

范朗，福建政和县人。历官县丞。④

谭子英，湖广攸县人。登进士第，任工部主事。为水灾受钞，戴徙罪还职。⑤ 历官知府。⑥

凌辂，应天府句容县人。登进士第，任汉阳府知府。以事得罪，戴罪还职。⑦

唐辉，字彦实，广西阳朔人。登进士第，授刑部主事，主政端方勤慎。拜湖广监察御史。⑧

张瓛，北平宛平县人。

唐晟，直隶华亭县人。⑨

孙仁，直隶寿州人。登进士第，任吏科给事中。为直入宫殿中门，戴徙罪还职。⑩

刘观，北平雄县人。登进士第，授太谷县丞。以事得罪，戴罪还职。⑪ 以荐擢监察御史。三十年，迁署左佥都御史。坐事下狱，寻释，出为嘉兴知府。丁父忧去。永乐元年，擢云南按察使。未行，拜户部右侍郎。二年，调左副都御史。六年，擢礼部尚书。八年，都督佥事费瓛讨凉州永昌叛，命观赞军事。还，坐事谪本部吏。十三年，还职，改左都御史。十五年，督浚河漕。十九年，命巡抚陕西。仁宗嗣位，兼太子宾客，旋加太子少保。宣德三年，以贪被劾，下锦衣卫狱。明年，谪其子辐戍辽东，命观随往。客死戍所。⑫

---

① 《明史》卷四《恭闵帝本纪》；卷一百四十二《陈性善传》附。凌迪知：《万姓统谱》卷二十三。[康熙]《湖广通志》卷十九《选举·历朝进士》，第 37 页。

② [雍正]《陕西通志》卷三十《选举一》。

③ [雍正]《江南通志》卷一百二十一《选举志·进士三》。

④ [弘治]《八闽通志》卷四十九《选举·科第·建宁府》，第 25 页。[雍正]《福建通志》卷三十六《选举四》。

⑤ 朱元璋：《御制大诰续编·查踏水灾第八十四》、《御制大诰三编·进士监生不悛第二》。

⑥ [康熙]《湖广通志》卷十九《选举·历朝进士》，第 37 页。[雍正]《湖广通志》卷三十四《选举志》。

⑦ 朱元璋：《御制大诰续编·查踏水灾第八十四》、《御制大诰三编·进士监生不悛第二》。[雍正]《江南通志》卷一百二十一《选举志·进士三》。

⑧ [康熙]《广西通志》卷十二《选举志·明进士》，第 13 页。[雍正]《广西通志》卷七十《选举》。汪森编：《粤西文载》卷六十九《人物传》。

⑨ 朱元璋：《御制大诰续编·查踏水灾第八十四·安奏官属第三十七》，续修四库全书第 862 册，第 282 页，作"唐盛"。

⑩ 朱元璋：《御制大诰三编·进士监生不悛第二》。

⑪ 朱元璋：《御制大诰续编·查踏水灾第八十四》、《御制大诰三编·进士监生不悛第二》。

⑫ 雷礼：《都御史刘观传》，《国朝献征录》卷五十四，四库全书存目丛书史部第 103 册，第 13 页。《明史》卷一百五十一本传。

董薛，浙江新昌县人。登进士第，任兵部主事。以事得罪，戴罪还职。① 历官御史。②

孙达，山西猗氏县人。乡试第一。登进士第。与黄子澄、练子宁善。靖难兵起，黄、练被杀，达痛哭，入山长往不返。③

杨居正，浙江归安县人。登进士第，任监察御史。以事得罪，戴罪还职。④

周月华，浙江松阳县人。登进士第，任灵宝县丞。为水灾受钞、父结交官吏等事，发楚雄充军。⑤

刘贞，湖广均州人。⑥

马谦，直隶沙河县人。

马璘，福建松溪县人。

刘愚，山东任城县人。

李濬，广东吴川县人。登进士第，任兰溪知县。以受钞得罪，戴流罪还职。⑦

张莹，浙江临海县人。登进士第，任贺县丞。为水灾受钞，戴徒罪还职。⑧ 历官户科给事中。⑨

魏进，⑩ 山东昌邑县人。

马谅，⑪ 山东东平州人。

---

① 朱元璋：《御制大诰三编·进士监生不悛第二》。

② [康熙]《浙江通志》卷二十九《选举·历朝进士》，第 37 页。[雍正]《浙江通志》卷一百三十《选举八》。

③ 李维桢修：[万历]《山西通志》卷二十二《选举中》，《稀见中国地方志汇刊》第 4 册，中国书店 1992 年版，第 358 页。刘棨修，孔尚任等纂：[康熙]《平阳府志》卷二十一《选举》，《稀见中国地方志汇刊》第 6 册，中国书店 1992 年版，第 414 页；卷二十三《人物》，第 597 页。[雍正]《山西通志》卷六十六《科目二》、卷一百四十六《隐逸》。

④ 朱元璋：《御制大诰三编·进士监生不悛第二》。[康熙]《浙江通志》卷二十九《选举·历朝进士》，第 36 页。[雍正]《浙江通志》卷一百三十《选举八》。[光绪]《归安县志》卷三十一《选举录一》，光绪八年刊本，第 8 页。据《明史》一百五十八《顾佐传》载，宣德三年(1428)，顾佐出任右都御史，奏黜不称职的御史，其中严暟、杨居正等二十人谪辽东各卫为吏。然其时距洪武十八年(1385)已四十余年，不知是否为同一人，或只是同名？

⑤ 朱元璋：《御制大诰三编·进士监生不悛第二》。[康熙]《浙江通志》卷二十九《选举·历朝进士》，第 38 页。[雍正]《浙江通志》卷一百三十《选举八》。

⑥ [康熙]《湖广通志》卷十九《选举·历朝进士》作襄阳人，历官县丞。

⑦ 朱元璋：《御制大诰三编·进士监生不悛第二》，第 320 页。[弘治]《八闽通志》卷四十九《选举·科第·建宁府》于本科进士载李濬。[弘治]《八闽通志》卷六十四《人物·建宁府·良吏》传云："李濬，字彦深，松溪人。洪武中登进士，拜兰溪知县。历任六年，有惠爱于民。"当即其人。

⑧ 朱元璋：《御制大诰续编·查踏水灾第八十四》、《御制大诰三编·进士监生不悛第二》。

⑨ 萧彦等：《掖垣人鉴》卷五，四库全书存目丛书史部第 259 册，第 154 页。[康熙]《浙江通志》卷二十九《选举·历朝进士》，第 37 页。[雍正]《浙江通志》卷一百三十《选举八》。

⑩ [雍正]《山东通志》卷十五之一《选举志》仅于十七年乡试榜载其名。

⑪ [雍正]《山东通志》卷十五之一《选举志》仅于十七年乡试榜载其名，历官按察都事。

邓志学，湖广常德县人。历官主事。①

解敏，河南开封府阳武县人。登进士第，授监察御史。② 出署浙江按察司事。洪武二十四年，在浙江按察司佥事任。③ 后升副都御史。洪武二十六年，由都察院右副都御史转江西按察使。④

萧聪，⑤ 湖广衡阳县人。

曾玉，湖广零陵县人。登进士第，任兴业县丞。以解课受钞得罪，戴流罪还职。⑥

张翥，河南原武县人。登进士第，任吴江知县。以事得罪，戴罪还职。⑦

高铎，字鸣道，山西绛州人。乡试第一。⑧ 洪武十八年，任刑部左侍郎。⑨ 二十一年，调右佥都御史。⑩ 卒，赠尚书。⑪

王顺德，浙江新城县人。登进士第，任光禄司署丞。以水灾受钞得罪，戴流罪还职。⑫ 历官光禄卿。⑬

---

① [康熙]《湖广通志》卷十九《选举·历朝进士》，第37页。[雍正]《湖广通志》卷三十二《选举志》作“沅江人”。

② 《钦定大清一统志》卷二百一十五《浙江省》。

③ 俞汝楫编：《礼部志稿》卷六十四《章服备考·杂流冠服·未入流官用公服》，文渊阁《四库全书》本。

④ 《明太祖实录》卷二百二十四“洪武二十六年春正月甲寅”条。李贤等《明一统志》卷二十七《开封府下》、[康熙]《重修河南府志》卷二十五《人物一》均以为历官浙江按察使。于成龙等[康熙]《江西通志》卷十三《职官上》于洪武间江西按察使载其名。王世贞《弇山堂别集》卷五十二《都察院左右都御史表·右都御史》载其升迁云：“二十六年，超拜右都御史，同理院事。二十八年，免官。”

⑤ [雍正]《湖广通志》卷三十四《选举志》于洪武十七年乡试榜载其名，卷三十二《选举志》于本年进士榜不载。

⑥ 朱元璋：《御制大诰三编·进士监生不悛第二》。[雍正]《湖广通志》卷三十二《选举志》。《明太祖实录》卷一百七十八“洪武十九年五月己丑”条载曾玉容，任梧州府兴业县丞，由进士出身，当即其人。

⑦ 朱元璋：《御制大诰续编·查踏水灾第八十四》、《御制大诰三编·进士监生不悛第二》。

⑧ [成化]《山西通志》卷十《人物·国朝·已仕》以为“中洪武甲子解元，登甲戌(二十七年)进士第”。

⑨ 《明太祖实录》卷一百七十六“洪武十八年十一月丁卯”条。王世贞：《弇山堂别集》卷五十八《卿贰表·刑部左右侍郎》以为在洪武二十年。李维桢修：[万历]《山西通志》卷十九《人物中》，《稀见中国地方志汇刊》第4册，中国书店1992年版，第278页。

⑩ 《弇山堂别集》卷六十二《卿贰表·都察院左右佥都御史》载：“高铎，山西绛州人。由进士，历刑部右。二十一年，以失职被劾，降右。二十二年，免。”与上注所载亦有出入。

⑪ 《钦定大清一统志》卷一百一十九《绛州二》。刘棨修，孔尚任等纂：[康熙]《平阳府志》卷二十一《选举》，《稀见中国地方志汇刊》第6册，中国书店1992年版，第414页。附于洪武四年辛亥科之下，注云：“绛州人，进士，官侍郎。旧志并州志俱为甲子解元，甲戌进士。按李彦英传，洪武初，门人高铎荐授本州、平阳两学训导。二十七年甲戌，始中进士。是洪武末矣。铎之乡会，必在甲子、乙丑之前，故附于辛亥之后。”又见同书卷二十三《人物》，第636页，作甲戌进士。

⑫ 朱元璋：《御制大诰三编·进士监生不悛第二》，第319页。

⑬ [康熙]《浙江通志》卷二十九《选举·历朝进士》，第36页。[雍正]《浙江通志》卷一百三十《选举八》。

谢思义，① 湖广衡山县人。登进士第，任监察御史。以受钞等得罪，戴流罪还职。②

郑泽，浙江开化县人。③

李子清，福建连城县人。登进士第，任吉水县丞。以事得罪，戴流罪还职。④

郑赐，字彦嘉，福建瓯宁县人。登进士第，授监察御史。迁湖广布政司参议，以母丧去。服除，改北平参议。事成祖甚谨，复坐累谪戍安东屯。建文帝即位，召为工部尚书。建文二年，以特进荣禄大夫、工部尚书为廷试读卷官。⑤ 成祖即位，授刑部尚书。三年秋，代李至刚为礼部尚书。永乐六年六月，忧悸而卒。⑥ 洪熙元年，赠太子少保，谥文安。⑦

程颙，山西潞州人。登进士第，任开城县丞。为水灾受钞，戴徙罪还职。⑧

马通，河南祥符县人。登进士第，任监察御史。以故出人死罪，戴流罪还职。⑨

姚恕，⑩ 直隶建平县人。

吴文，字尚质，广西临桂县人。二甲进士，授翰林检讨。⑪ 历官湖广布政司右参议，以政声闻。⑫

---

① ［雍正］《河南通志》卷三百一十一《职官二》载洪武间河南按察使司按察使有谢思义，［雍正］《湖广通志》卷三十七《选举志》于洪武间贡生亦有谢思义，历官御史，不知是否同一人？

② 朱元璋：《御制大诰三编·进士监生不悛第二》。

③ ［康熙］《浙江通志》卷二十九《选举·历朝进士》，第 37 页。［雍正］《浙江通志》卷一百三十《选举八》。

④ 朱元璋：《御制大诰三编·进士监生不悛第二》。［弘治］《八闽通志》卷五十一《选举·科第·汀州府》，第 25 页。［雍正］《福建通志》卷三十六《选举四》。

⑤ 见《明代登科录汇编》第 1 册影印建文二年殿试登科录，台湾学生书局 1969 年影印本，第 2 页。

⑥ 杨士奇：《圣谕录上》，《东里别集》卷二。

⑦ 胡俨：《资政大夫礼部尚书郑公赐神道碑铭》，《国朝献征录》卷三十三，四库全书存目丛书史部第 101 册，第 597 页。《明史》卷一百五十一本传。［弘治］《八闽通志》卷六十四《人物·建宁府·名臣》，第 15-16 页。

⑧ 朱元璋：《御制大诰三编·进士监生不悛第二》，第 320 页。［雍正］《山西通志》卷六十六《科目二》。一作“程禺”。

⑨ 朱元璋：《御制大诰三编·进士监生不悛第二》。［雍正］《河南通志》卷四十五《选举二》。

⑩ ［雍正］《江南通志》卷一百五十《人物志·宦绩》云：“明姚恕，建平人，洪武甲子举人。任杞县令，性介才达，绰有政誉。擢御史，所至振肃。官至江西按察使。靖难兵起，宣城陈尚书迪不屈死。恕，陈壻也，亦被戮。”未言其登进士第。

⑪ 《明太祖实录》卷一百七十二“洪武十八年三月丙子”条。

⑫ 林富、黄佐纂修：［嘉靖］《广西通志》卷四十六，四库全书存目丛书史部第 187 册影明嘉靖刻蓝印本，第 548 页。［康熙］《广西通志》卷十二《选举志·明进士》，第 13 页；卷二十七《人物》，第 43 页。汪森编：《粤西文载》卷六十九《人物传》。杨士奇《送陈彝训赴湖广参议》诗注云：“洪武中，吴文、郑赐同为参议，至今民思之。”(《东里续集》卷五十九)

张礼，直隶华亭县人。①

程善，直隶婺源县人。②

李善，湖广安陆州人。

陈用行，江西临川县人。历官县丞。③

黄畊，④ 山东济阳县人。三甲进士，授承敕郎。⑤ 历官县丞。⑥

王达，山西九皋县人。历官四川新繁县丞。⑦

王子真，浙江会稽县人。⑧

张驯，河南获嘉县人。

牛曾，山东禹城县人。历官监察御史。⑨

潘善，浙江温州府永嘉县人。历官石城县丞。⑩

许灵，字至善，直隶无锡县人。登进士第，任延津县丞。以事得罪，戴流罪还职。⑪历官户科给事中。后降桂平县丞，卒于官。⑫

---

① [雍正]《江南通志》卷一百二十一《选举志·进士三》作"松江人"，卷一百二十五《选举志·举人一》作"华亭人"。

② [雍正]《江南通志》卷一百二十一《选举志·进士三》。

③ [康熙]《江西通志》卷十八《选举·历朝进士》，第 2 页。[雍正]《江西通志》卷五十二《选举四》。

④ 《明太祖实录》卷一百七十二"洪武十八年三月丙子"条作"黄耕"。

⑤ 《明太祖实录》卷一百七十二"洪武十八年三月丙子"条。王世贞：《弇山堂别集》卷八十一《科试考一》。

⑥ 陆钎纂修：[嘉靖]《山东通志》卷十七《科目》，四库全书存目丛书史部第 188 册，第 136 页，以为仕至承直郎。[康熙]《山东通志》卷二十六《选举·进士》，康熙十七年刊本，第 8 页。[雍正]《山东通志》卷十五之一《选举志》。

⑦ 李维桢修：[万历]《山西通志》卷二十二《选举中》，《稀见中国地方志汇刊》第 4 册，中国书店 1992 年版，第 358 页，作绛州人。刘棨修，孔尚任等纂：[康熙]《平阳府志》卷二十一《选举》，《稀见中国地方志汇刊》第 6 册，中国书店 1992 年版，第 414 页。[雍正]《山西通志》卷六十六《科目二》。

⑧ [雍正]《浙江通志》卷一百三十《选举八》。[康熙]《浙江通志》卷二十九《选举·历朝进士》作"王子贞"(第 36 页)。

⑨ [嘉靖]《山东通志》卷十七《科目》作洪武二十七年张信榜进士，四库全书存目丛书史部第 188 册影明嘉靖刻本，第 136 页。[雍正]《山东通志》卷十五之一《选举志》作洪武二十七年张信榜进士，历官御史。

⑩ 王叔杲、王应辰纂：[嘉靖]《永嘉县志》卷六《选举志》，《稀见中国地方志汇刊》第 18 册，中国书店 1992 年版，第 593 页。刘方誉、林继衡等修，王光蕴等纂：[万历]《温州府志》卷十《选举志》，《稀见中国地方志汇刊》第 18 册，中国书店 1992 年版，第 250 页。[雍正]《浙江通志》卷一百三十《选举八》。

⑪ 朱元璋：《御制大诰三编·进士监生不悛第二》。[雍正]《江南通志》卷一百二十一《选举志·进士三》。

⑫ 萧彦等：《掖垣人鉴》卷五，四库全书存目丛书史部第 259 册，第 154 页。王祖肃、杨宜仑修，虞鸣球、董潮纂：[乾隆]《武进县志》卷七《选举》，《稀见中国地方志汇刊》第 12 册，中国书店 1992 年版，第 507 页。

周璿，河南洛阳县人。①

徐子权，字用中，江西新淦县人。② 历官刑部山西司主事。③ 靖难兵起，上疏论李景隆误国，不报。闻子宁死，从容赋诗，自缢死。④

冯原智，直隶吴县人。⑤

丁志方，⑥ 山东聊城县人。历官吴桥知县。⑦ 建文时，擢为监察御史。靖难兵至，不屈，死。⑧

邢晃，河南新乡县人。

蔡福男，广东海阳县人。三甲进士，授翰林检讨。⑨

张善同，浙江温州府永嘉县人。登进士第，任茶陵县丞。以事得罪，戴罪还职。⑩

郭资，字存性，河南彰德府武安县人。登进士第，历官户部主事。洪武三十年，迁都察院佥都御史。⑪ 历官北平左布政使。成祖起兵，附于成祖。靖难兵南下，属其居守。成祖，迁户部尚书，掌北平布政司。北京建，改行部尚书。旋改户部。仁宗即位，以旧劳兼太子宾客，寻以老病加太子太师，赐敕致事。宣德四年，复起户部尚书。八年十二月卒，年七十三。赠汤阴伯，谥忠襄。⑫

张公宣，江西德兴县人。登进士第，任监察御史。以酒醉直行东安门正道，戴罪还职。⑬ 历官工科给事中。⑭

---

① [雍正]《河南通志》卷四十五《选举二·进士》。

② 凌迪知《万姓统谱》卷七、[康熙]《江西通志》卷十八《选举·历朝进士》作“峡江人”。

③ [康熙]《江西通志》卷十八《选举·历朝进士》作“工部主事”。

④ 张朝瑞：《忠节录》卷二《刑部主事徐子权》，四库全书存目丛书史部第90册，第621页。凌迪知：《万姓统谱》卷七。蓝鼎元：《壬午忠节略》，《鹿洲初集》卷十五，文渊阁《四库全书》本。《明史》卷一百四十一《练子宁传》。练子宁有《早朝和友徐子权韵》(《中丞集》卷下)诗。

⑤ [雍正]《江南通志》卷一百二十一《选举志·进士三》。

⑥ [康熙]《山东通志》卷二十六《选举·进士》、[雍正]《山东通志》卷十五之一《选举志》作“丁志芳”。

⑦ [雍正]《山东通志》卷二十八之三《人物三》。

⑧ 《明史》卷一百四十一《王度传》附。谷应泰编：《明史纪事本末》卷十八《壬午殉难》。张朝瑞：《忠节录》卷二《监察御史丁志方》，四库全书存目丛书史部第90册，第618页。

⑨ 黄瑜：《双槐岁钞》卷二《国子魁试》，第25页，作“蔡福南”。

⑩ 朱元璋：《御制大诰三编·进士监生不悛第二》。王叔杲、王应辰纂：[嘉靖]《永嘉县志》卷六《选举志》，《稀见中国地方志汇刊》第18册，中国书店1992年版，第593页。刘方誉、林继衡等修，王光蕴等纂：[万历]《温州府志》卷十《选举志》，《稀见中国地方志汇刊》第18册，中国书店1992年版，第250页。[康熙]《浙江通志》卷二十九《选举·历朝进士》，第38页。[雍正]《浙江通志》卷一百三十《选举八》。

⑪ 《明太祖实录》卷二百五十四“洪武三十年秋七月乙丑”条。

⑫ 《明史》卷一百五十一本传。[康熙]《重修河南通志》卷二十六《人物二》，第13页。

⑬ 朱元璋：《御制大诰三编·进士监生不悛第二》，第324页。

⑭ [康熙]《江西通志》卷十八《选举·历朝进士》，第3页。[雍正]《江西通志》卷五十二《选举四》。

叶茂，① 广东琼山县人。

范原，陕西耀州人。历官监察御史。②

蔡英，山东禹城县人。登本科进士第，任户部主事。以受钞得罪，戴流罪还职。③仕至知县。④

李端，北平北平府人。

沈志远，浙江余姚县人。登进士第，任江西道监察御史。为水灾受钞，戴流罪还职。⑤

翟良，河南郑州人。

张忠，直隶开州人。⑥ 历官工科给事中。⑦ 洪武二十三年，任兵部右侍郎。⑧ 永乐十一年，任刑部右侍郎。十二年，转刑部左侍郎。十七年，卒。⑨

潘仁显，浙江浦江县人。⑩

黄俊，福建莆田县人。历官广东乐会县丞，终兴化府学训导。⑪

朱华庆，广东南海县人。历官主事。⑫

邹仲实，江西乐平县人。三甲进士，授国子监助教。⑬

---

① [雍正]《广东通志》卷三十三《选举志三·举人》于洪武十七年乡试榜载其名，历官教谕。

② [雍正]《陕西通志》卷三十《选举一》。[雍正]《陕西通志》卷三十一《选举二·举人》作"耀州籍，三原人"。

③ 朱元璋：《御制大诰三编·进士监生不悛第二》，第320页，作"蔡瑛"。

④ 陆釴纂修：[嘉靖]《山东通志》卷十七《科目》，四库全书存目丛书史部第188册，第136页，亦作"蔡瑛"。于成龙等[康熙]《江西通志》于江西巡按监察御史载"蔡瑛，舒城任，由进士"。（卷十三《职官上》，第22页）

⑤ 朱元璋：《御制大诰三编·进士监生不悛第二》。[康熙]《浙江通志》卷二十九《选举·历朝进士》，第37页。[雍正]《浙江通志》卷一百三十《选举八》。

⑥ [雍正]《畿辅通志》卷六十一《选举》。

⑦ 李辂修，赵本、吴骥纂：[正统]《大名府志》卷六《人物》，《稀见中国地方志汇刊》第3册，中国书店1992年版，第754页。

⑧ 王世贞：《弇山堂别集》卷五十七《卿贰表·兵部左右侍郎》。

⑨ 王世贞：《弇山堂别集》卷五十八《卿贰表·刑部左右侍郎》。

⑩ [雍正]《浙江通志》卷一百三十《选举八》。

⑪ [弘治]《八闽通志》卷五十四《选举·科第·兴化府》，第16页。[雍正]《福建通志》卷三十六《选举四》。

⑫ [雍正]《广东通志》卷三十二《选举志二》。《广东通志》卷三十三《选举志三》于洪武十七年乡试榜载其名，作顺德人。

⑬ 《明太祖实录》卷一百七十二"洪武十八年三月丙子"条。[康熙]《江西通志》卷十八《选举·历朝进士》，第3页。

何鲁，湖广京山县人。登进士第，任监察御史。以巡按失职，戴罪还职。①

王春，北平良乡县人。

刘资，山西清源县人。

甘友信，广东保昌县人。登本科进士第。为踏水灾受钞得罪，发云南安置。② 历官端州训导。③

万质，湖广沔阳州人。登进士第，任监察御史。以事得罪，戴罪还职。④

魏卓，江西广昌县人。登进士第，任监察御史，巡按河南。因言事忤旨死。⑤

廖时雨，湖广黔阳县人。⑥

陈洵仁，陈仲完弟，字思永(一作思允)⑦，福建长乐县人。登进士第，授中书舍人。擢刑科给事中。曾以水灾受钞等，戴流罪还职。⑧ 廉介英果，不随时俯仰。⑨

聂敏，⑩ 河南武陟县人。

葛桓，⑪ 直隶无锡县人。

郭迪，山西河津县人。⑫

叶耀，⑬ 广东徐闻县人。⑭ 登进士第。以事得罪，降充浙江书吏。⑮

---

① 朱元璋：《御制大诰三编·进士监生不悛第二》。[雍正]《湖广通志》卷三十二《选举志》作安陆人。

② 朱元璋：《御制大诰续编·查踏水灾第八十四》、《御制大诰三编·进士监生不悛第二》。

③ [雍正]《广东通志》卷三十二《选举志二》、卷四十六《人物志三》。

④ 朱元璋：《御制大诰三编·进士监生不悛第二》。[雍正]《湖广通志》卷三十四《选举志·明举人》。

⑤ 凌迪知：《万姓统谱》卷九十四。[康熙]《江西通志》卷十八《选举·历朝进士》，第 2 页。[雍正]《江西通志》卷八十四《人物十九·建昌府二》。据《江西通志》卷一百一十《邱墓》载："其墓在南城六台山后，练子宁志铭，见于练氏所撰《金川玉屑集》。"

⑥ [康熙]《湖广通志》卷十九《选举·历朝进士》，第 38 页。[雍正]《湖广通志》卷三十二《选举志》。

⑦ 凌迪知：《万姓统谱》卷十八。[弘治]《八闽通志》卷四十八《选举·科第·福州府》于本科进士载陈仲完，然卷六十二《人物·福州府》仅言其洪武中领乡荐。

⑧ 朱元璋：《御制大诰续编·查踏水灾第八十四》、《御制大诰三编·进士监生不悛第二》。

⑨ [弘治]《八闽通志》卷四十八《选举·科第·福州府》，第 14 页。[万历]《福州府志》卷四十七《选举志三》，第 254 页。[雍正]《福建通志》卷三十六《选举四》。

⑩ [雍正]《河南通志》卷四十五《选举二·进士》于建文庚辰科载其名，历官县丞。今存建文二年进士题名录未见其名。

⑪ [雍正]《江南通志》卷一百二十一《选举志·进士三》载其名于洪武四年吴伯宗榜。

⑫ [雍正]《山西通志》卷六十六《科目二》于洪武十七年乡试载其名。

⑬ [弘治]《八闽通志》卷四十九《选举·科第·建宁府》、[雍正]《福建通志》卷三十六《选举四》于本科进士载叶耀，建安县人，历官监察御史。

⑭ 《皇明进士登科考》误作"徐开"。

⑮ 朱元璋：《御制大诰续编·查踏水灾第八十四》、《御制大诰三编·进士监生不悛第二》。

吴懋，福建仙游县人。举应天府乡试。① 历官广东合浦县丞。②

林宗溥，广东徐闻县人。③

王恒，山西绛州人。登进士第，任监察御史。为水灾受钞，戴徙罪还职。④

倪炯，福建福州府闽县人。⑤

陈敬宗，直隶贵池县人。历官刑科（一作工科）给事中。靖难后，有诏授敬宗官。敬宗上书请成祖退位，被腰斩于市。⑥

王镇，直隶滁州人。

谭彦方，广东高要县人。历官御史。⑦

严鹗，江西云都（一作雩都）县人。监生，举顺天府乡试。登进士第，⑧ 历官广东廉州府石康知县。⑨

杨新，直隶合肥县人。⑩

邓文鉴，⑪ 福建延平沙县人。登进士第，知高州茂名县。以考最，升户部主事。逾年，改刑部。洪武二十九年，以刑部主事署都察院事。⑫ 洪武三十年，任都察院右佥都

---

① ［雍正］《福建通志》卷三十七《选举五》。

② ［弘治］《八闽通志》卷五十四《选举·科第·兴化府》，第16页。［雍正］《福建通志》卷三十六《选举四》。

③ ［雍正］《广东通志》卷三十三《选举志三·举人》。《皇明进士登科考》误作“徐开”。

④ 朱元璋：《御制大诰三编·进士监生不悛第二》。

⑤ ［弘治］《八闽通志》卷四十八《选举·科第·福州府》，第14页。［万历］《福州府志》卷四十七《选举志三》，下册第254页。［雍正］《福建通志》卷三十六《选举四》。王褒有《雨中斋居寄倪炯》（《闽中十子诗》卷二十八）诗。

⑥ 《钦定大清一统志》卷八十三《池州府二》。［雍正］《江南通志》卷四十一《舆地志·坛庙五（祠墓附）·安庆府》。萧彦等《掖垣人鉴》卷九以为永乐九年以言事降浙江鄞县县丞，四库全书存目丛书史部第259册，第211页。

⑦ 朱元璋：《御制大诰续编·查踏水灾第八十四》。［雍正］《广东通志》卷三十二《选举志二》。

⑧ 王直：《先伯祖赣州府学教授王公墓表》，《抑庵文集》卷八，文渊阁《四库全书》本。

⑨ ［康熙］《江西通志》卷十八《选举·历朝进士》，第3页。［雍正］《江西通志》卷五十二《选举四》。［雍正］《广东通志》卷二十八《职官志》。

⑩ 朱元璋：《御制大诰三编》。［雍正］《江南通志》卷一百二十五《选举志·举人一》于洪武十七年乡试榜载其名。

⑪ ［弘治］《八闽通志》卷五十二《选举·科第·延平府》（第14页）作“邓文铿”，注云：“原沙县任，后属永安。”叶联芳纂修［嘉靖］《沙县志》卷六《选举·进士》（《稀见中国地方志汇刊》第33册，中国书店1992年版，第888页）作“邓文铿”。《钦定大清一统志》卷三百三十载一邓文鉴，传云：“字德声，永安人。洪武进士。知茂名县。治最内擢，历都御史。风裁凛凛，不畏强御。出往四川、陕西巡茶，贵戚犯禁者，劾置之法。”据《明史》卷八十《食货四》记载，洪武三十年，因私茶“贩鬻之禁，不可不严，以故遣佥都御史邓文鉴等察川、陕私茶，驸马都尉欧阳伦以私茶坐死”。则二者所记，当为同一人。

⑫ 《明太祖实录》卷二百八十四“洪武二十九年十一月壬申”条。

御史。后以事出知武昌府，改德安府，终苑马寺少卿。① 宣德元年致仕。②

陈善生，浙江丽水县人。登进士第，任光禄司监事。以事得罪，戴罪还职。③

郝恒，河南宜阳县人。

郭炳，山西壶关县人。④

张义，湖广孝感县人。登进士第，任光禄司监事。为水灾受钞得罪，戴罪发充监生。⑤

刘中，河南祥符县人。

周成，陕西韩城县人。登进士第，任监察御史。以水灾受钞得罪，戴流罪还职。⑥

王暹，北平宛平县人。

沈溍，字尚贤，浙江钱塘县人。登进士第，改庶吉士。⑦ 历官工部屯田司主事，⑧ 擢试兵部左侍郎，掌部事。二十二年，任兵部尚书。⑨ 二十三年，改工部。寻复旧任，以事免。⑩ 与解缙素不合。⑪

徐敏，浙江归安县人。登进士第。任万宁县丞。以事得罪，戴罪还职。⑫ 历官刑科给事中。⑬

---

① 王世贞：《弇山堂别集》卷六十二《卿贰表·都察院左右佥都御史》。

② 叶联芳纂修：[嘉靖]《沙县志》卷八《人物·仕迹》，《稀见中国地方志汇刊》第33册，中国书店1992年版，第918页。末注云："诸邓籍地，今分隶永安县，其初皆沙人发身。"

③ 朱元璋：《御制大诰续编·查踏水灾第八十四》、《御制大诰三编·进士监生不悛第二》。彭润章等纂修：[同治]《丽水县志》卷九《选举·进士》，同治十三年刻本。[康熙]《浙江通志》卷二十九《选举·历朝进士》，第38页。[雍正]《浙江通志》卷一百三十《选举八》。

④ 李维桢修：[万历]《山西通志》卷二十三《选举下》，《稀见中国地方志汇刊》第4册，中国书店1992年版，第392页。[雍正]《山西通志》卷六十六《科目二》。

⑤ 朱元璋：《御制大诰续编·查踏水灾第八十四》、《御制大诰三编·进士监生不悛第二》。[雍正]《湖广通志》卷三十四《选举志·明举人》于洪武二十年丁卯乡试榜载张义，孝感人。

⑥ 朱元璋：《御制大诰三编·进士监生不悛第二》，第319页。

⑦ 王世贞：《弇山堂别集》卷十二《异典述七·更定旧官》。

⑧ 王世贞：《弇山堂别集》卷十《异典述五·超迁》。

⑨ 《明太祖实录》卷一百九十五"洪武二十二年二月癸卯"条。[成化]《杭州府志》卷四十三《人物·宦绩》，四库全书存目丛书史部第175册，第612页。

⑩ 王世贞：《弇山堂别集》卷五十《兵部尚书表》，卷五十一《工部尚书表》，卷五十七《卿贰表·兵部左右侍郎》。《明史》卷一百三十八《唐铎传》附。

⑪ 杨士奇：《前朝列大夫交阯布政司右参议解公墓碣铭》，《东里文集》卷十七。

⑫ 朱元璋：《御制大诰三编·进士监生不悛第二》。

⑬ 陈让、夏时正纂修：[成化]《杭州府志》卷三十九，四库全书存目丛书史部175册，第560页。[康熙]《浙江通志》卷二十九《选举·历朝进士》，第36页。[雍正]《浙江通志》卷一百三十《选举八》。陆文焕纂修、张顾恒增修[康熙]《归安县志》卷五《选举志》小传云："幼颖异，性抗直，任刑科给事中，遇事敢言，直声震朝野。当路不能容，左迁广东万宁丞。以劲气不下。卒于官。"(《稀见中国地方志汇刊》第14册，第770页)

李仲冲，江西永丰县人。①

潘存性，一作潘存礼，浙江余姚县人。历官兵科给事中。②

卫善初，广东四会县人。登进士第。曾以踏水灾具奏不实，戴徙罪发充书吏。③ 历官知府。④

徐复，江西鄱阳县人。登进士第，任刑部主事。以具本变乱成法得罪，戴流罪还职。⑤

韩永，山西淳山县人。⑥

毕贵，北平任丘县人。历官知府。⑦

段约，山西淳山县人。

刘养恕，北平邢台县人。

赵朗，山西垣曲县人。登进士第，授浙江道监察御史。⑧

朱隆，浙江缙云县人。历官龙泉县丞。⑨

叶文德，江西上饶县人。历官县丞。⑩

桑茂，河南获嘉县人。

---

① 朱元璋：《御制大诰续编·查踏水灾第八十四》，《御制大诰三编·进士监生不悛第二》，称“李伯冲”为进士，任旌德县主簿。[康熙]《江西通志》卷十八《选举·历朝进士》(第2页)于本科进士亦载“李伯冲”。[雍正]《江西通志》卷五十二《选举四》于洪武十七年乡试榜载其名，十八年进士榜载李伯冲，历官监察御史。

② 萧彦等：《掖垣人鉴》卷七，四库全书存目丛书史部第259册，第183页。[康熙]《浙江通志》卷二十九《选举·历朝进士》，第37页。[雍正]《浙江通志》卷一百三十《选举八》。

③ 朱元璋：《御制大诰续编·查踏水灾第八十四》、《御制大诰三编·进士监生不悛第二》。

④ [雍正]《广东通志》卷三十二《选举志二·进士》。

⑤ 朱元璋：《御制大诰三编·进士监生不悛第二》，第319页。[康熙]《江西通志》卷十八《选举·历朝进士》，第2页。[雍正]《江西通志》卷五十二《选举四》。

⑥ [雍正]《山西通志》卷一百一十一《人物十一》载韩永：“浮山人。建文时，为户科给事中。状貌魁梧，音吐洪亮，每慷慨论兵事。金川门不守，召欲官之，不屈死。”《陕西通志》卷六十一《人物七·忠节》引《续藏书》：“韩永，陕西西安人，或曰浮山人。丰躯美髯，音吐宏朗。官户科给事中，慷慨论兵，建文喜之。靖难后，杜门不出。召入见，不屈死。”查明代山西方志，无淳山，当是浮山之误。

⑦ 郜相修，樊深纂：[嘉靖]《河间府志》卷二十六《选举》，《天一阁藏明代方志选刊》第2册影嘉靖十九年刻本，上海书店1961年版。[雍正]《畿辅通志》卷六十一《选举》。杜应芳修，陈士彦、张文德纂：[万历]《河间府志》卷十二《选举志·科贡》，《稀见中国地方志汇刊》第3册，第371页。

⑧ 李维桢修：[万历]《山西通志》卷十九《人物中》，《稀见中国地方志汇刊》第4册，中国书店1992年版，第278-279页；卷二十二《选举中》，第358页。刘棨修，孔尚任等纂：[康熙]《平阳府志》卷二十一《选举》，《稀见中国地方志汇刊》第6册，第414页；卷二十三《人物》，第649页。[雍正]《山西通志》卷六十六《科目二》、卷一百三十四《人物三十四》、卷一百七十四《陵墓三》。

⑨ [康熙]《浙江通志》卷二十九《选举·历朝进士》，第38页。[雍正]《浙江通志》卷一百三十《选举八》。

⑩ [康熙]《江西通志》卷十八《选举·历朝进士》，第2页。[雍正]《江西通志》卷五十二《选举四》。

王溥，字士渊，广西临桂县人。登进士第，以郎中升广东右参议。① 为胥吏所诬，被逮赴京。比至，已知其诬，遂还治。以疾卒于官，年三十六。②

张肃，山西壶关县人。③

金敏文，江西永丰县人。历官大理寺丞。④

聂镇，山东长山县人。登进士第，授试户部总部员外郎。升本部左侍郎。⑤

崔敬，陕西鄠县人。登进士第，授太康知县。⑥

宋辅，河南汤阴县人。⑦

王肃，浙江会稽县人。登进士第，授户部主事。以事得罪，发云南金齿充军。⑧

蹇瑢，字宜之，后改名蹇义，四川巴县人。三甲进士，授中书舍人。⑨ 建文帝即位，超擢吏部右侍郎。成祖立，迁左侍郎，数月进尚书。永乐二年，兼太子詹事。七年，成祖巡北京，命辅皇太子监国。十七年，以父丧归，成祖及太子皆遣官赐祭，诏起复。二十年，成祖北征还，以太子曲宥吕震婿主事张鹏朝参失仪，罪蹇义不匡正，逮系锦衣卫狱。又明年春，得释。仁宗即位，进少保，历进少师。宣宗即位，委寄益重。征乐安，与原吉及诸学士皆从，预军中机务。七年，诏有司为其营新第于文明门内。英宗即位，斋宿得疾，遂卒，年七十三。赠太师，谥忠定。⑩

卓闰，⑪ 福建怀安县人。登进士第，以事得罪，发金齿充军。⑫ 历官训导。⑬

---

① 林富、黄佐纂修：[嘉靖]《广西通志》卷四十四，四库全书存目丛书史部第 187 册影明嘉靖刻蓝印本，第 534 页。[雍正]《广西通志》卷七十《选举》。

② 汪森编：《粤西文载》卷六十九《人物传》。黄元骥等：[康熙]《广西通志》卷十二《选举志·明进士》，康熙二十二年刊本，第 13 页；卷二十七《人物》，第 43 页。

③ 李维桢修：[万历]《山西通志》卷二十三《选举下》，《稀见中国地方志汇刊》第 4 册，中国书店 1992 年版，第 392 页。[雍正]《山西通志》卷六十六《科目二》。

④ [康熙]《江西通志》卷十八《选举·历朝进士》，第 3 页。[雍正]《江西通志》卷五十二《选举四》。

⑤ 《明太祖实录》卷一百七十六“洪武十八年十二月乙巳”条，作“聂震”。陆钛纂修：[嘉靖]《山东通志》卷十七《科目》、卷二十九《人物二》，四库全书存目丛书史部 188 册，第 136、300 页，亦作“聂震”。[康熙]《山东通志》卷二十六《选举·进士》，康熙十七年刊本，第 8 页。

⑥ 康如琏修，康弘祥等纂：[康熙]《鄠县志》卷六《选举》，《稀见中国地方志汇刊》第 8 册，第 68 页；卷七《人物》，第 85 页。[雍正]《陕西通志》卷三十《选举一》。

⑦ [雍正]《河南通志》卷四十五《选举二·进士》。

⑧ 朱元璋：《御制大诰》、《御制大诰三编·进士监生不悛第二》。[康熙]《浙江通志》卷二十九《选举·历朝进士》，第 36 页。

⑨ 《明太祖实录》卷一百七十二“洪武十八年三月丙子”条。

⑩ 杨士奇：《故少师吏部尚书赠特进光禄大夫太师谥忠定蹇公义墓志铭》，《国朝献征录》卷三十四，四库全书存目丛书史部第 101 册，第 216 页。《明史》卷一百四十九本传。

⑪ [万历]《福州府志》卷四十七《选举志三》作“卓润”。(第 254 页)

⑫ 朱元璋：《御制大诰续编·查踏水灾第八十四》、《御制大诰三编·进士监生不悛第二》。

⑬ [弘治]《八闽通志》卷四十八《选举·科第·福州府》，第 14 页。[雍正]《福建通志》卷三十六《选举四》。

韩毅，山西曲沃县人。举应天府乡试 。登进士第，任平山县丞。为水灾受钞，戴徒罪还职。①

刘庸，北平藁城县人。②

桂满，直隶临淮县人。③

夏止善，字复初，浙江杭州府余杭县人。④ 登进士第，试政署监察御史，迁湖广松滋县丞。以公正廉能，荐升礼部郎中。⑤ 洪武三十一年，敕修太祖实录，为纂修官。⑥ 建文二年，以奉议大夫、礼部郎中为会试、殿试提调官。⑦ 成祖即位，奉使交阯。⑧

孙翥，山东济河县人。登进士第，任嘉定县丞。以事得罪。⑨

张晃，湖广江夏县人。

邢矩，河南阳武县人。历官知县。⑩

高景材，福建侯官县人。历官南康县丞。⑪

张翚，浙江钱塘县人。登进士第，任监察御史。以事得罪，戴罪还职。⑫

邵永善，浙江仁和县人。洪武二十一年，任刑部右侍郎。二十二年，转刑部左侍郎。⑬

---

① 朱元璋：《御制大诰续编·查踏水灾第八十四》、《御制大诰三编·进士监生不悛第二》。李维桢修：[万历]《山西通志》卷二十二《选举中》，《稀见中国地方志汇刊》第 4 册，中国书店 1992 年版，第 358 页。刘棨修，孔尚任等纂：[康熙]《平阳府志》卷二十一《选举》，《稀见中国地方志汇刊》第 6 册，第 414 页。[雍正]《山西通志》卷六十六《科目二》。

② 朱元璋：《御制大诰续编·查踏水灾第八十四》。

③ 王世贞《弇山堂别集》卷六十二《卿贰表·都察院左右佥都御史》云："桂满，直隶临淮人。由乡举。二十二年任左，本年免。"李贤等撰《明一统志》卷七《凤阳府》云："桂满，临淮人。由乡举，历官才能过人，累升都察院左佥都御史。"[雍正]《江南通志》卷一百二十五《选举志·举人一》于洪武十七年乡试榜载其名。然郑真《荥阳外史集》卷九十一有《弋阳主簿林敬伯出示会试录，而吾临淮学生桂满预焉。谂知已登高甲，授官随朝，喜而成咏》诗，与俞宪所说据会试录相合。

④ 陈让、夏时正纂修：[成化]《杭州府志》卷三十九、卷四十三，四库全书存目丛书史部第 175 册，第 560、611 页。[康熙]《浙江通志》卷二十九《选举·历朝进士》，第 36 页。

⑤ 凌迪知：《万姓统谱》卷八十五。

⑥ 黄佐：《翰林记》卷十二《纂修》，文渊阁《四库全书》本。

⑦ 见《明代登科录汇编》第 1 册影印建文二年会试录，台湾学生书局 1969 年影印本，第 5、115 页。

⑧ 《明史》卷三百二十一《外国传二》。

⑨ 朱元璋：《御制大诰续编·查踏水灾第八十四》、《御制大诰三编·进士监生不悛第二》。

⑩ [雍正]《河南通志》卷四十五《选举二·进士》。

⑪ [弘治]《八闽通志》卷四十八《选举·科第·福州府》，第 14 页。[万历]《福州府志》卷四十七《选举志三》，第 254 页。[雍正]《福建通志》卷三十六《选举四》。

⑫ 朱元璋：《御制大诰三编·进士监生不悛第二》。[康熙]《浙江通志》卷二十九《选举·历朝进士》，第 36 页。[雍正]《浙江通志》卷一百三十《选举八》。

⑬ 《明太祖实录》卷一百九十五"洪武二十二年二月癸卯"条。王世贞：《弇山堂别集》卷五十八《卿贰表·刑部左右侍郎》。

二十三年，任兵部右侍郎。① 二十五年，任工部左侍郎。二十七年，免官。②

马魁，河南武陟县人。历官按察司经历。③

刘义，北平宛平县人。

徐淳，北平成安县人。历官主事。④

彭寿，湖广江夏县人。

蔡玄，浙江钱塘县人。登进士第，任给事中。以事得罪，谪两淮盐仓副使。⑤

高安，浙江淳安县人。⑥

张翀，山西辽州榆社县人。⑦

任琛，浙江定海县人。⑧

惠中，直隶合肥县人。

梁德远，湖广邵阳县人。三甲进士，授给事中。⑨

劳士宽，广东南海县人。历官主事。⑩

李选，河南武阳县人。⑪

卫俊民，一作卫俊明，山西榆次县人。登本科进士第，授广西道监察御史。⑫ 以水灾受钞得罪，发金齿充军。⑬

---

① 王世贞：《弇山堂别集》卷五十七《卿贰表·兵部左右侍郎》。

② 王世贞：《弇山堂别集》卷五十九《卿贰表·工部左右侍郎》。[康熙]《浙江通志》卷二十九《选举·历朝进士》，第36页。

③ [雍正]《河南通志》卷四十五《选举二·进士》。

④ [雍正]《畿辅通志》卷六十一《选举》。

⑤ 朱元璋：《御制大诰续编·查踏水灾第八十四》、《御制大诰三编·进士监生不悛第二》。陈让、夏时正纂修：[成化]《杭州府志》卷三十九，四库全书存目丛书史部第175册，第560页。[康熙]《浙江通志》卷二十九《选举·历朝进士》，第36页。[雍正]《浙江通志》卷一百三十《选举八》。

⑥ [康熙]《浙江通志》卷二十九《选举·历朝进士》，第37页。[雍正]《浙江通志》卷一百三十《选举八》。

⑦ 朱元璋：《御制大诰三编》。李维桢修：[万历]《山西通志》卷二十三《选举下》，《稀见中国地方志汇刊》第4册，中国书店1992年版，第433页，作"张冲"，丁丑科进士。

⑧ [康熙]《浙江通志》卷二十九《选举·历朝进士》，第36页。[雍正]《浙江通志》卷一百三十《选举八》。

⑨ 《明太祖实录》卷一百七十四"洪武十八年八月己酉"条。同时授官者凡六十七人，为六科给事中或六部试主事。[康熙]《湖广通志》卷十九《选举·历朝进士》，第37页。[雍正]《湖广通志》卷三十二《选举志》。萧彦等：《掖垣人鉴》卷三，四库全书存目丛书史部第259册，第131页，作湖广兴化县人。

⑩ [雍正]《广东通志》卷三十二《选举志二·进士》。

⑪ 朱元璋：《御制大诰三编》，作河南舞阳人。

⑫ [成化]《山西通志》卷十《人物·国朝·已仕》，四库全书存目丛书史部第174册，第340页。[雍正]《山西通志》卷六十六《科目二》于洪武三年乡试榜载其名，历官湖广道监察御史。凌迪知《万姓统谱》卷九十六作"卫俊"，传云："榆次人。洪武乙丑进士，任御史。"

⑬ 朱元璋：《御制大诰续编·查踏水灾第八十四》、《御制大诰三编·进士监生不悛第二》。

罗暹，浙江慈溪县人。历官县丞。①

王昱，陕西耀州人。② 登进士第，授兵科给事中。累迁吏科都给事中，仕至通政司左参议。③

郭林，陕西华州人。历官工部主事。④

庞清，山西武乡县人。登本科进士第，授广东道监察御史。以水灾受赃，戴徙罪降充书吏。历官扬州府试知府。以事得罪，戴罪还职。卒于官。⑤

王麟，北平青州人。⑥

林昶，广东化州人。历官署正。⑦

张凝，山西陵川县人。历官监察御史。⑧

宋点，山东鱼台县人。登进士第，任监察御史。为受赃故出人死罪，戴流罪还职。⑨

李义，湖广沔阳州人。登进士第，任刑部主事。以具本变乱成法得罪，戴流罪还职。⑩

田原，陕西凤翔县人。历官按察司副使。⑪

乔杲，山西岳阳县人。

赵泰，河南胙城县人。登进士第，任县丞。以事得罪。⑫

钱巽，江西新昌县人。登进士第，任电白县丞。以事得罪，戴罪还职。⑬

---

① ［康熙］《浙江通志》卷二十九《选举·历朝进士》，第36页。［雍正］《浙江通志》卷一百三十《选举八》。

② ［雍正］《陕西通志》卷三十一《选举二·举人》作耀州籍、三原人。

③ 萧彦等：《掖垣人鉴》卷四，四库全书存目丛书史部第259册影明人文集丛刊影印明万历十二年序刻本，第140页。［雍正］《陕西通志》卷三十《选举一》。

④ ［雍正］《陕西通志》卷三十《选举一》作蒲城人。

⑤ 朱元璋：《御制大诰续编·查踏水灾第八十四》、《御制大诰三编·进士监生不悛第二》。［成化］《山西通志》卷十《人物·国朝·已仕》，四库全书存目丛书史部第174册，第340页。同书又载其"中洪武癸酉乡举，登甲戌进士第"（第344页）。李维桢修：［万历］《山西通志》卷二十《人物下》，《稀见中国地方志汇刊》第4册，中国书店1992年版，第321页。［雍正］《山西通志》卷六十六《科目二》。

⑥ ［康熙］《江西通志》卷十三《职官上》（第57页）于洪武间江西按察副使载王麟，不知是否同一人？

⑦ ［雍正］《广东通志》卷三十二《选举志二·进士》作吴川人。

⑧ 李维桢修：［万历］《山西通志》卷二十三《选举下》，《稀见中国地方志汇刊》第4册，中国书店1992年版，第421页。［雍正］《山西通志》卷六十六《科目二》。

⑨ 朱元璋：《御制大诰三编·进士监生不悛第二》，第319页。

⑩ 朱元璋：《御制大诰三编·进士监生不悛第二》，第318页。

⑪ ［雍正］《陕西通志》卷三十《选举一》作凤县人。

⑫ 朱元璋：《御制大诰续编·查踏水灾第八十四》、《御制大诰三编·进士监生不悛第二》。

⑬ 朱元璋：《御制大诰三编·进士监生不悛第二》。［康熙］《江西通志》卷十八《选举·历朝进士》作"钱逊"（第2页）。

丁坤，字可贞，福建连江县人。历官浮梁县丞。①

刘宣，北平永清县人。②

金润，湖广澧州人。历官郎中。③

黄仁义，福建南靖县人。历官余干县丞。④

郭祥，山西临晋县人。运司籍。历官监察御史。⑤

张廷兰，湖广澧州人。授审刑司详议。十八年，任通政使。⑥ 二十一年，任大理寺卿。⑦ 累官至左都御史。⑧

杨志铭，浙江鄞县人。⑨ 清介有守。举应天府乡试。⑩ 登本科进士，任户部主事。以水灾受钞得罪，发金齿充军。⑪ 以荐知怀庆府。为人所劾，降建宁府同知，改交阯按察司佥事，未上卒。⑫

仇益，山西汾西县人。⑬ 登进士第，任监察御史。以事得罪，戴流罪还职。⑭ 历官凤翔知府，⑮ 累官至浙江按察使。⑯

---

① ［弘治］《八闽通志》卷四十八《选举·科第·福州府》，第 14 页。［万历］《福州府志》卷四十七《选举志三》，第 254 页。［雍正］《福建通志》卷三十六《选举四》。

② ［雍正］《畿辅通志》卷六十一《选举》。

③ ［康熙］《湖广通志》卷十九《选举·历朝进士》（第 37 页）、［雍正］《湖广通志》卷三十二《选举志》作安乡人。

④ ［弘治］《八闽通志》卷五十一《选举·科第·漳州府》，第 12 页。［雍正］《福建通志》卷三十六《选举四》。

⑤ 李维桢修：［万历］《山西通志》卷二十二《选举中》，《稀见中国地方志汇刊》第 4 册，中国书店 1992 年版，第 358 页。刘棨修，孔尚任等纂：［康熙］《平阳府志》卷二十一《选举》，《稀见中国地方志汇刊》第 6 册，第 414 页。［雍正］《山西通志》卷六十六《科目二》十七年乡试榜、十八年进士榜。

⑥ 王世贞：《弇山堂别集》卷六十《卿贰表·通政使》。

⑦ 王世贞：《弇山堂别集》卷六十《卿贰表·大理寺卿》。

⑧ ［康熙］《湖广通志》卷十九《选举·历朝进士》，第 37 页。［雍正］《湖广通志》卷三十二《选举志》。［雍正］《湖广通志》卷五十六《人物志》引《明一统志》。

⑨ ［康熙］《浙江通志》卷二十九《选举·历朝进士》，第 36 页。［乾隆］《鄞县志》卷九《选举表上》，乾隆五十三年刻本，第 37 页。

⑩ ［雍正］《浙江通志》卷一百三十四《选举十二》。

⑪ 朱元璋：《御制大诰续编·查踏水灾第八十四》、《御制大诰三编·进士监生不悛第二》。

⑫ ［乾隆］《鄞县志》卷十四《人物》，乾隆五十三年刻本，第 14 页。

⑬ 《皇明进士登科考》误作“纷西人”。

⑭ 朱元璋：《御制大诰三编·进士监生不悛第二》。

⑮ ［雍正］《陕西通志》卷二十二《职官三》。

⑯ 李维桢修：［万历］《山西通志》卷十九《人物中》，《稀见中国地方志汇刊》第 4 册，中国书店 1992 年版，第 278 页；卷二十二《选举中》，第 358 页。刘棨修，孔尚任等纂：［康熙］《平阳府志》卷二十一《选举》，《稀见中国地方志汇刊》第 6 册，第 414 页；卷二十三《人物》，第 578 页。［雍正］《山西通志》卷六十六《科目二》、卷一百七十二《陵墓一》。

张山，陕西耀州人。登进士第，任监察御史。以事得罪，降充书吏。①

熊正隆，湖广湘潭县人。登进士第，任宁化县丞。以水灾受钞得罪，戴流罪还职。② 历官主事。③

甘泉，江西萍乡县人。历官监察御史。④

易聪，湖广安陆州人。以奸宿军妇论罪。⑤

马骧，⑥ 直隶武进县人。⑦

张士安，湖广蕲州人。

曹大平，浙江武义县人。⑧

李谦，湖广江陵县人。

王进，山西襄陵县人。登进士第，任刑部主事。以事得罪，戴罪还职。⑨ 历官按察司经历。⑩

宋仁桂，湖广桂阳县人。登本科进士第。以踏水灾受钞，发金齿充军。⑪

任清，福建建阳县人。登进士第，任刑部主事。以妄奏不实，戴徙罪还职。⑫

赵刚，山西解州人。登进士第，任华亭县丞。为水灾受钞得罪，戴流罪还职。⑬

夏伸，字允嘉，福建福清县人。登进士第，授石首县丞。升知绛县，有惠政。考最，为天下第一。晋刑部员外郎。迁都察院左都御史，在院仅五十七日，复以直谏忤

---

① 朱元璋：《御制大诰续编·查踏水灾第八十四》、《御制大诰三编·进士监生不悛第二》。[雍正]《陕西通志》卷三十《选举一》作“耀州籍，三原人”。

② 朱元璋：《御制大诰续编·查踏水灾第八十四》、《御制大诰三编·进士监生不悛第二》(第319页)，作“熊政隆”。

③ [雍正]《湖广通志》卷三十二《选举志》。

④ [康熙]《江西通志》卷十八《选举·历朝进士》，第3页。[雍正]《江西通志》卷五十二《选举四》。

⑤ 朱元璋：《御制大诰续编·奸宿军妇第六十四》，续修四库全书第862册，第295页。[雍正]《湖广通志》卷三十二《选举志》载其名于永乐四年丙戌林环榜，安陆人，历官御史。

⑥ 《明一统志》卷三十四载名马骧者，“洪武末洋县知县，学问该博，有守有为，吏民畏服”。不知是否同一人？

⑦ 王祖肃、杨宜仑修，虞鸣球、董潮纂：[乾隆]《武进县志》卷七《选举》，《稀见中国地方志汇刊》第12册，第507页。[雍正]《江南通志》卷一百二十五《选举志·举人一》于洪武十七年乡试榜载其名，作“丹徒人”。

⑧ [雍正]《浙江通志》卷一百三十《选举八》。

⑨ 朱元璋：《御制大诰三编·进士监生不悛第二》。[雍正]《山西通志》卷六十六《科目二》。

⑩ 李维桢修：[万历]《山西通志》卷二十二《选举中》，《稀见中国地方志汇刊》第4册，中国书店1992年版，第358页。刘棨修，孔尚任等纂：[康熙]《平阳府志》卷二十一《选举》，《稀见中国地方志汇刊》第6册，第414页。

⑪ 朱元璋：《御制大诰续编·查踏水灾第八十四》、《御制大诰三编·进士监生不悛第二》。[康熙]《湖广通志》卷十九《选举·历朝进士》作“宋仁贵”(第38页)。

⑫ 朱元璋：《御制大诰三编·进士监生不悛第二》，第320页，作“任靖”。

⑬ 朱元璋：《御制大诰续编·查踏水灾第八十四》、《御制大诰三编·进士监生不悛第二》。

旨，左迁广西按察司佥事。①

杨克绍，江西丰城县人。登进士第，任刑科给事中。以事得罪，处决。②

王复善，北平北平府人。

张钪，陕西宝鸡县人。登进士第，任湖广道监察御史。调户部主事。以水灾受钞得罪，戴流罪还职。③

张文贞，福建瓯宁县人。历官刑部主事。④

谢志，陕西长安县人。⑤

蔡用强，浙江新昌县人。历官御史。⑥

王逊，直隶昆山县人。登进士第，任上岛县丞。为水灾受钞，戴徙罪还职。⑦

双贵，山西解州人。

陈迪，直隶宜兴县人。⑧

姜辅，山西壶关县人。⑨

王寄生，浙江嵊县人。⑩

刘震，山东宾州人。

王文英，浙江鄞县人。⑪

---

① ［弘治］《八闽通志》卷四十八《选举·科第·福州府》，第14页。［万历］《福州府志》卷四十七《选举志三》，第255页。［雍正］《福建通志》卷四十三《人物一》。释如一纂：《福清县志续略》卷六《人物类上·进士》作夏仲，《稀见中国地方志汇刊》第33册，中国书店1992年版，第388页。

② 朱元璋：《御制大诰三编·进士监生不悛第二》。［康熙］《江西通志》卷十八《选举·历朝进士》于本科进士不载其名。

③ 朱元璋：《御制大诰续编·查踏水灾第八十四》、《御制大诰三编·进士监生不悛第二》。许起凤修，高登科等纂：［乾隆］《宝鸡县志》卷八《选举》，《稀见中国地方志汇刊》第8册，第459页。

④ ［弘治］《八闽通志》卷四十九《选举·科第·建宁府》作"张文真"（第25页）。［雍正］《福建通志》卷三十六《选举四》。

⑤ 朱元璋《御制大诰三编·进士监生不悛第二》于本年进士载谢谦，任益都县丞。

⑥ ［康熙］《浙江通志》卷二十九《选举·历朝进士》，第37页。［雍正］《浙江通志》卷一百三十《选举八》。管时敏《蚓窍集》卷三有《题蔡用强石城山房》诗，《古今禅藻集》卷二十四有永彝撰《为蔡用强题石城山房》诗，不知是否其人？

⑦ 朱元璋：《御制大诰三编·进士监生不悛第二》。［雍正］《江南通志》卷一百二十一《选举志·进士三》。

⑧ 朱元璋：《御制大诰三编》。［雍正］《江南通志》卷一百二十一《选举志·进士三》。王祖肃、杨宜仑修，虞鸣球、董潮纂［乾隆］《武进县志》卷七《选举》（《稀见中国地方志汇刊》第12册，第507页）于本年进士载"陈迪"，历官刑部主事，未署籍贯，不知为宜兴还是丹徒人？

⑨ 李维桢修：［万历］《山西通志》卷二十三《选举下》，《稀见中国地方志汇刊》第4册，中国书店1992年版，第392页。［雍正］《山西通志》卷六十六《科目二》。

⑩ ［康熙］《浙江通志》卷二十九《选举·历朝进士》（第37页）作"王继生"，历官布政。

⑪ ［乾隆］《鄞县志》卷九《选举表上》，乾隆五十三年刻本，第37页。［康熙］《浙江通志》卷二十九《选举·历朝进士》，第36页。［雍正］《浙江通志》卷一百三十《选举八》。

黄敬中，广东曲江县人。登进士第，任龙泉县丞。为城砖事受钞得罪，戴流罪还职。① 历官御史。②

柏英，直隶高邮州人。③

施勖，江西南城县人。④

文敏，广西兴安县人。⑤

海永清，陕西陇西县人。登进士第。以事得罪，发金齿充军。⑥

李林，字士荣，福建连江县人。历官琼山知县。⑦

张衡，字子平，江西万安县人。登进士第，授礼科给事中。转试礼部右侍郎。洪武二十二年，迁礼部左侍郎，奏正洪武礼仪定式。⑧ 太祖屡嘉其清慎，呼为瘦张而不名。⑨

李熙，广西苍梧县人。历官户部郎中。⑩

郝知微，陕西鄜州人。登进士第，任诸城县丞。以水灾受钞得罪，戴流罪还职。⑪ 历官监察御史。⑫

张玒，山西稷山县人。历官香河馆陶教谕，⑬ 升河南彰德府林县知县。⑭

黄健，福建龙溪县人。登进士第，任户部主事。⑮

---

① 朱元璋：《御制大诰三编·进士监生不悛第二》。

② ［雍正］《广东通志》卷三十二《选举志二·进士》。

③ 雷应元纂修［康熙］《扬州府志》卷十五《人物志上》于本年进士载“柏龄”，高邮人，历官泾阳县丞，《稀见中国地方志汇刊》第 12 册，第 247 页。

④ ［雍正］《江西通志》卷五十二《选举四》。元代遗民盱江人胡布《元音遗响》卷二有《施勖仲勉赴会试》诗，或即其人。

⑤ ［康熙］《广西通志》卷十二《选举志·明进士》，第 13 页。［雍正］《广西通志》卷七十《选举》。

⑥ 朱元璋：《御制大诰续编·查踏水灾第八十四》、《御制大诰三编·进士监生不悛第二》。

⑦ ［弘治］《八闽通志》卷四十八《选举·科第·福州府》，第 14 页。［万历］《福州府志》卷四十七《选举志三》，第 254 页。［雍正］《福建通志》卷三十六《选举四》。

⑧ 《明太祖实录》卷一百九十五“洪武二十二年二月癸卯”条。萧彦等：《掖垣人鉴》卷六，四库全书存目丛书史部第 259 册，第 166 页。

⑨ ［康熙］《江西通志》卷十八《选举·历朝进士》，第 3 页。［雍正］《江西通志》卷五十二《选举四》、卷七十七《人物十二》引林志。

⑩ ［雍正］《广西通志》卷七十《选举》。

⑪ 朱元璋：《御制大诰三编·进士监生不悛第二》，第 319 页。

⑫ 顾耿臣修，任于峤纂：［康熙］《鄜州志》卷五《人物志·甲科》，《稀见中国地方志汇刊》第 8 册，第 794 页。［雍正］《陕西通志》卷三十《选举一》。

⑬ 刘棨修、孔尚任等纂：［康熙］《平阳府志》卷二十三《人物》，《稀见中国地方志汇刊》第 6 册，第 644 页。

⑭ 李维桢修：［万历］《山西通志》卷二十二《选举中》，《稀见中国地方志汇刊》第 4 册，中国书店 1992 年版，第 358 页。刘棨修，孔尚任等纂：［康熙］《平阳府志》卷二十一《选举》，《稀见中国地方志汇刊》第 6 册，第 414 页。［雍正］《山西通志》卷六十六《科目二》。［雍正］《河南通志》卷三十四《职官五》。

⑮ 朱元璋：《御制大诰续编·查踏水灾第八十四》、《御制大诰三编·进士监生不悛第二》。

黄敬，河南汝州人。

王泽，山西太原县人。①

严胜，四川邛县人。

陈九思，广东海康县人。

王惟道，广西融县人。② 登进士第，任黄冈知县。政事廉明，为政六年，庶务毕举。仕至参政。请告家居。③

胡汝楫，湖广沔阳州人。

吕演，④ 河南延津县人。

刘荣，江西余干县人。历官御史。⑤

待考一人：

李巽，登进士第，任工部主事。或为上述进士中的某一人。⑥

三、洪武二十一年(1388)戊辰科

本科参加廷试 99 人，⑦ 录取进士 97 人。⑧ 会试以前翰林院编修苏伯衡、翰林院编修李叔荆为主考官。⑨ 三月殿试，命户部右侍郎沈士荣、翰林学士刘三吾等为读卷官。⑩

---

① 《天一阁藏明代方志选刊》本《嘉靖太原县志》卷二于明代进士不载其名。

② [雍正]《广西通志》卷七十《选举》作“容县人”。

③ 汪森编：《粤西文载》卷六十九《人物传》。[雍正]《广西通志》卷七十七《乡贤》。

④ [雍正]《河南通志》卷四十五《选举二》于二十四年许观榜进士载吕演，延津人，历官主事。

⑤ [雍正]《江西通志》卷五十二《选举四》。

⑥ 朱元璋：《御制大诰三编·进士监生不悛第二》，续修四库全书第 862 册，第 315 页。

⑦ 俞宪《皇明进士登科考》卷二：“时挺贵之士九十九人，擢任亨泰第一，罢对策不称旨者二人。”(第 67 页)张朝瑞《皇明贡举考》卷二所载同此。然《明太祖实录》卷一百八十九“洪武二十一年三月乙卯朔”条云：“时廷对者九十七人，擢任亨泰为第一。”

⑧ 据俞宪《皇明进士登科考》卷二所说：“一甲卢原质，二甲卓敬，及三甲沈玄、卢义、李范之下各一人，永乐中皆坐事磨去其名，题名记止存九十二人。”(第 67 页)其所载进士，一甲 3 名，二甲 15 名，三甲 76 名，总计 94 名。又王世贞《弇山堂别集》卷八十一《科试考一》云：“题名记：卢原质、卓敬以死难，磨去不存。”张朝瑞《皇明贡举考》卷二于本科载进士一甲 3 名，二甲 14 名，三甲 78 名，总计 95 名。《翰林记》卷十四“考会试”条以为本科录进士 95 人。俞汝楫编《礼部志稿》卷五十一《尚书李原名》，以为本科取进士 97 人。明李维樾、林增志同编《忠贞录》卷二《参考》引薛应旂《宪章录》，以为本科录取进士 99 人。又云：“按山阴陈公汝元浙士登科考，洪武二十一年戊辰科，瑞安三人：林挺三甲，卓敬榜眼，郭真二甲。自洪武戊辰科至万历戊戌科，榜眼共十八人，首卓敬。陈汝元曰：元查王世贞《科试考》，是科第二人卓敬，而俞宪《登科考》乃以唐震为榜眼，并遗卓敬姓名。今从《科试考》改正。”今存俞宪《登科考》所载有卓敬之名。

⑨ 黄瑜：《双槐岁钞》卷二《圣旨立功》，第 26 页。张朝瑞：《皇明贡举考》卷二，续修四库全书第 828 册，第 186 页。

⑩ 俞汝楫编：《礼部志稿》卷五十一《尚书李原名》，文渊阁《四库全书》本。

任亨泰，字古雍，湖广襄阳县人。本科状元，授翰林修撰。洪武二十五年，升詹事府少詹事兼翰林院修撰。洪武二十七年，迁礼部尚书。洪武二十八年，奉使安南。① 二十九年还，以在安南私市蛮人为仆，降为监察御史。② 后以事免。著有《任状元遗稿》。③

唐震，字士亨，福建闽县人。一甲第二名，授翰林编修。④ 洪武二十四年十月，卒于四川。⑤

卢原质，方孝孺姑子，字希鲁，浙江宁海县人。一甲第三名，⑥ 授翰林编修。洪武二十八年，升太常寺少卿。死于靖难。⑦

卓敬，⑧ 字惟恭，浙江瑞安县人。二甲第一名，授户科给事中。迁户科都调宗人府经历。三十一年，任户部左侍郎。⑨ 建文初，上疏请徙燕王封于南昌，不报。成祖即位，被执系狱，不屈死。⑩

吴观玄，江西吉安永丰县人。二甲第二名。历官监察御史。⑪

吴谦，河南许州人。二甲第三名。历官按察使。⑫

---

① 《明史》卷一百三十七《吴伯宗传》，卷三百一十九《广西土司传三 · 龙州》，卷三百二十一《外国传二 · 安南》。

② 黄瑜：《双槐岁钞》卷二《圣旨立功》，第 26 页。王世贞：《弇山堂别集》卷四十九《礼部尚书表》。

③ 生平仕履参见《明太祖实录》、俞汝楫编《礼部志稿》卷五十一《尚书任亨泰》等记载。

④ [弘治]《八闽通志》卷四十八《选举 · 科第 · 福州府》，第 14 页。[万历]《福州府志》卷四十七《选举志三》，第 255 页。黄佐《翰林记》卷三“进士铨注”、卷十七“正官题名”，文渊阁《四库全书》本。

⑤ 黄佐：《翰林记》卷五“恤典”。

⑥ 《忠节录 · 太常寺少卿卢原质》以为举进士第二人，《国朝献征录》卷七十，四库全书存目丛书史部第 104 册，第 12 页。

⑦ 张朝瑞：《忠节录》卷二《太常寺少卿卢原质》，四库全书存目丛书史部第 90 册，第 609 页。张朝瑞：《皇明贡举考》卷二，第 187 页。黄佐：《翰林记》卷十七“正官题名”。《明史》卷一百四十一《方孝孺传》附。方孝孺《逊志斋集》卷二十四有《闻卢原质表兄廷试探花郎授编修喜而寄之》诗。

⑧ 袁袠：《户部右侍郎瑞安卓公敬传》，《国朝献征录》卷三十，四库全书存目丛书本。《明史 · 卓敬传》。张朝瑞《皇明贡举考》卷二于本科无其名。王世贞《弇山堂别集》卷八十一《科试考一》以其为一甲第二名。从其所授官职来看，应该不是一甲进士。

⑨ 王世贞：《弇山堂别集》卷五十五《卿贰表 · 户部左右侍郎》，作“遂安人”。萧彦等：《掖垣人鉴》卷五，四库全书存目丛书史部第 259 册，第 151 页。

⑩ 袁袠：《户部右侍郎瑞安卓公敬传》，焦竑：《明卓忠贞公庙碑》(《澹园集》)，《国朝献征录》卷三十，四库全书存目丛书史部第 101 册，第 469 页。《明史》卷一百四十一本传。刘方誉、林继衡等修，王光蕴等纂：[万历]《温州府志》卷十《选举志》，《稀见中国地方志汇刊》第 18 册，中国书店 1992 年版，第 250 页；卷十二《人物志二》，第 334 页。

⑪ [康熙]《江西通志》卷十八《选举 · 历朝进士》，第 3 页。[雍正]《江西通志》卷五十二《选举四》。

⑫ [嘉靖]《许州志》卷五《官纪志 · 选举》，天一阁藏明代方志选刊第 47 册，第 61 页。[雍正]《河南通志》卷四十五《选举二 · 进士》。

翁华，浙江慈溪县人。二甲第四名。①

艾旭，江西宁县人。二甲第五名。赐名凤仪。历官郎中。②

俞士贤，浙江诸暨县人。二甲第六名。③

金公允，浙江临海县人。二甲第七名。历官刑部主事。④

郭真，浙江温州府瑞安县人。丁卯举人。二甲第八名。⑤

陈讷，字汝常，浙江温州府平阳县人。二甲第九名。历官监察御史、⑥ 刑部主事。⑦

施显，本姓桑，⑧ 字孟微，直隶常熟县人。乡试、会试均第一，登进士二甲第十名。选庶吉士，改前军都督府断事官，又署北平按察司事。坐累谪远州。逾年，乞留中自效，拜江西道监察御史。卒于官。其文名《两魁遗稿》。⑨

冯伏，福建怀安县人。二甲第十一名。历官都督府断事官。⑩

陈时举，浙江上虞县人。二甲第十二名。历官员外郎。⑪

范敬先，字思祖，江西南昌府新建县人。二甲第十三名，授监察御史。指陈阙失，言甚激切，有旨命磔之于市。临刑，以诗献，遂释之，除赵府长史。赵府败，以尝切谏免罪。困乏而终。⑫ 建文二年，尝以奉议大夫、刑部郎中为会试受卷官。⑬

---

① ［康熙］《浙江通志》卷二十九《选举 · 历朝进士》，第 38 页。［雍正］《浙江通志》卷一百三十《选举八》。

② ［康熙］《江西通志》卷十八《选举 · 历朝进士》，第 3 页。［雍正］《江西通志》卷五十二《选举四》。

③ ［康熙］《浙江通志》卷二十九《选举 · 历朝进士》，第 38 页。［雍正］《浙江通志》卷一百三十《选举八》。

④ ［康熙］《浙江通志》卷二十九《选举 · 历朝进士》，第 38 页。［雍正］《浙江通志》卷一百三十《选举八》。

⑤ 李维樾、林增志编：《忠贞录》卷二，文渊阁《四库全书》本。刘方誉、林继衡等修，王光蕴等纂：［万历］《温州府志》卷十《选举志》，《稀见中国地方志汇刊》第 18 册，中国书店 1992 年版，第 250 页。［康熙］《浙江通志》卷二十九《选举 · 历朝进士》，第 38 页。

⑥ 王直：《陈处士墓志铭》，《抑庵文后集》卷二十九，文渊阁《四库全书》本。

⑦ 刘方誉、林继衡等修，王光蕴等纂：［万历］《温州府志》卷十《选举志》，《稀见中国地方志汇刊》第 18 册，中国书店 1992 年版，第 250 页。［康熙］《浙江通志》卷二十九《选举 · 历朝进士》，第 38 页。［雍正］《浙江通志》卷一百三十《选举八》。

⑧ ［雍正］《江南通志》卷一百二十五《选举志 · 举人一》。

⑨ 王鏊：《姑苏志》卷五十二《人物十 · 名臣》。

⑩ ［弘治］《八闽通志》卷四十八《选举 · 科第 · 福州府》，第 14 页。［万历］《福州府志》卷四十七《选举志三》，第 255 页。［雍正］《福建通志》卷三十六《选举四》。周玄有《温陵旅次怀冯伏林谨二上舍兼简王褒秀才》(《闽中十子诗》卷二十九)诗。

⑪ ［康熙］《浙江通志》卷二十九《选举 · 历朝进士》，第 38 页。［雍正］《浙江通志》卷一百三十《选举八》。

⑫ 凌迪知：《万姓统谱》卷九十。［康熙］《江西通志》卷十八《选举 · 历朝进士》，第 3 页；卷三十《人物》，第 1 页。［雍正］《江西通志》卷五十二《选举四》。

⑬ 见《明代登科录汇编》第 1 册影印建文二年会试录，台湾学生书局 1969 年影印本，第 115 页。

马志远，① 北平沧州人。二甲第十四名。历官监察御史。②

唐奉先，湖广京山县人。③ 二甲第十五名，为监察御史。父本忠坐事系诏狱，愿代父刑。迁前军都督府经历。④

吴鉴，江西新昌县人。三甲第一名。历官礼科给事中。⑤

胡龙，⑥ 福建闽县人。三甲第二名。历官星子知县、监察御史。⑦

沈霖，浙江钱塘县人。三甲第三名。⑧

王辛，字孔勤，⑨ 号姑龙子，玄范侄，⑩ 福建福清县人。三甲第四名。历官山东道监察御史。⑪

董幼颖，福建长泰县人。三甲第五名。历官监察御史。⑫

杨熺，浙江缙云县人。三甲第六名。历官监察御史。⑬

萧敏，⑭ 直隶合肥县人。三甲第七名。

丁恒，山东临淄县人。三甲第八名。⑮

---

① 据俞宪《皇明进士登科考》卷二，《南雍志》载本科进士名录，二甲无马志远，而于吴观玄下载齐德，溧阳人。(第67页)

② 杜应芳修，陈士彦、张文德纂[万历]《河间府志》卷十二《选举志·科贡》作“马致远”，《稀见中国地方志汇刊》第3册，第371页。

③ [康熙]《湖广通志》卷十九《选举·历朝进士》，第38页。[雍正]《湖广通志》卷三十二《选举志》。

④ 凌迪知：《万姓统谱》卷四十八。《明太祖实录》卷二百二十一“洪武二十五年九月戊子”条载：“刑部尚书杨靖奏：左军都督府经历唐奉先，以事请托通政使叶瓛，于法当杖。上以奉先进士，命纪其过。”

⑤ [康熙]《江西通志》卷十八《选举·历朝进士》，第3页。[雍正]《江西通志》卷五十二《选举四》。金幼孜《金文靖集》卷三有《赠太仆寺丞吴鉴复任滁阳》诗，不知是否同一人？

⑥ 张朝瑞《皇明贡举考》卷二作“胡隆”(第187页)。

⑦ [弘治]《八闽通志》卷四十八《选举·科第·福州府》，第14页。[万历]《福州府志》卷四十七《选举志三》，第255页。李贤等：《明一统志》卷五十二，文渊阁《四库全书》本。[雍正]《江西通志》卷六十四《名宦八》引林志。[雍正]《福建通志》卷三十六《选举四》。

⑧ [康熙]《浙江通志》卷二十九《选举·历朝进士》，第38页。[雍正]《浙江通志》卷一百三十《选举八》。

⑨ [万历]《福州府志》卷四十七《选举志三》，第255页。

⑩ 释如一纂：《福清县志续略》卷六《人物类上·进士》，《稀见中国地方志汇刊》第33册，中国书店1992年版，第388页。

⑪ [弘治]《八闽通志》卷四十八《选举·科第·福州府》，第14页。[雍正]《福建通志》卷三十六《选举四》。

⑫ [弘治]《八闽通志》卷五十一《选举·科第·漳州府》，第12页。[雍正]《福建通志》卷三十六《选举四》。

⑬ [康熙]《浙江通志》卷二十九《选举·历朝进士》，第38页。[雍正]《浙江通志》卷一百三十《选举八》。

⑭ [雍正]《江南通志》卷一百二十一《选举志三·进士》载其名于洪武十八年进士榜。

⑮ [雍正]《山东通志》卷十五之一《选举志》。

沈玄，浙江钱塘县人。三甲第九名。①

（阙）

解缙，字大绅，江西吉水县人。三甲第十一名，授中书庶吉士。甚为太祖所重。改御史。遣归进学。以太祖崩至京，授翰林待诏。建文二年，为廷试受卷官。② 成祖即位，擢侍读，命直文渊阁，预机务。寻进侍读学士，奉命总裁《太祖实录》及《列女传》。永乐二年，皇太子立，进翰林学士兼右春坊大学士。五年，坐廷试读卷不公，谪广西布政司参议。既行，为礼部郎中李至刚所劾，改交阯，命督饷化州。永乐八年，以奏事入京，为汉王所劾，下诏狱。永乐十三年，卒，年四十七。③

郑义，福建闽清县人。三甲第十二名。历官秦府纪善。④

孔敏，浙江黄岩县人。三甲第十三名。⑤

王翼，一作李翼，⑥ 山东鱼台县人。三甲第十四名。历官侍郎。⑦

曾克伟，江西泰和县人。三甲第十五名，授刑部主事。同御史按治福建，政肃民安，特被奖赉。进山东佥事，分巡辽东。⑧ 历官按察司副使。⑨

陈昂，一作陈昴，⑩ 字伯举，福建连江县人。三甲第十六名。历官御史、云南参政。⑪

邢润，山东诸城县人。三甲第十七名，授给事中。⑫

---

① 陈让、夏时正纂修：[成化]《杭州府志》卷三十九，四库全书存目丛书史部第175册，第560页。[康熙]《浙江通志》卷二十九《选举·历朝进士》，第38页。[雍正]《浙江通志》卷一百三十《选举八》。

② 见《明代登科录汇编》第1册影印建文二年殿试登科录，台湾学生书局1969年影印本，第3页。

③ 佚名：《学士解公缙传》，《国朝献征录》卷十二，四库全书存目丛书史部第100册，第392页。《明史》卷一百四十七本传。[康熙]《广西通志》卷二十九《迁客》，第32页。

④ [弘治]《八闽通志》卷四十八《选举·科第·福州府》，第14页。[万历]《福州府志》卷四十七《选举志三》，第255页。[雍正]《福建通志》卷三十六《选举四》。

⑤ [康熙]《浙江通志》卷二十九《选举·历朝进士》，第38页。[雍正]《浙江通志》卷一百三十《选举八》。

⑥ 张朝瑞：《皇明贡举考》卷二，第187页。

⑦ [雍正]《山东通志》卷十五之一《选举志》。

⑧ [雍正]《江西通志》卷七十七《人物十二·吉安府三》。

⑨ [康熙]《江西通志》卷十八《选举·历朝进士》，第3页。[雍正]《江西通志》卷五十二《选举四》。

⑩ 张朝瑞《皇明贡举考》卷二作“李翼”，第187页。

⑪ [弘治]《八闽通志》卷四十八《选举·科第·福州府》，第14页。[万历]《福州府志》卷四十七《选举志三》，第255页。[雍正]《福建通志》卷三十六《选举四》。

⑫ 萧彦等：《掖垣人鉴》卷三，四库全书存目丛书史部第259册，第132页。[雍正]《山东通志》卷十五之一《选举志》。

任皞，山西介休县人。三甲第十八名。①

李盛，湖广江夏县人。三甲第十九名。②

安仁，山东高密县人。三甲第二十名。历官御史。③

赵义，陕西商县人。三甲第二十一名。历官中军都督府经历。死于靖难。④

刘学英，江西吉安永丰县人。三甲第二十二名。历官参政。⑤

缪煜，⑥ 字季光，直隶江阴县人。三甲第二十三名。历官吏部员外郎。⑦

夏铭善，字复初，湖广溆浦县人。三甲第二十四名，授监察御史。善论事，守正不阿。后坐事死。⑧

李继祖，湖广善化县人。三甲第二十五名。⑨

米稚，⑩ 一作朱稚，⑪ 广东清远县人。三甲第二十六名。历官奉祠正。⑫

吴安生，福建晋江县人。三甲第二十七名。⑬

林京，福建福清县人。三甲第二十八名。⑭

喻世英，江西新喻县人。三甲第二十九名。历官员外郎。⑮

郕鹏，⑯ 北平唐县人。三甲第三十名，授监察御史。廉直敢言，坐法籍其家，止木

---

① 李维桢修：[万历]《山西通志》卷二十三《选举下》，《稀见中国地方志汇刊》第4册，中国书店1992年版，第402页。

② [雍正]《湖广通志》卷三十二《选举志》。

③ [雍正]《山东通志》卷十五之一《选举志》。

④ [雍正]《陕西通志》卷六十一《人物七·忠节》。

⑤ [康熙]《江西通志》卷十八《选举·历朝进士》，第3页。[雍正]《江西通志》卷五十二《选举四》。

⑥ [雍正]《江南通志》卷一百二十一《选举志》。

⑦ 凌迪知：《万姓统谱》卷一百一十。

⑧ 《钦定大清一统志》卷二百八十四。[雍正]《湖广通志》卷三十二《选举志》、卷五十六《人物志》引《楚纪》。[康熙]《湖广通志》卷十九《选举·历朝进士》作"夏绍善"(第38页)。

⑨ [康熙]《湖广通志》卷十九《选举·历朝进士》，第38页。[雍正]《湖广通志》卷三十二《选举志》。

⑩ 凌迪知：《万姓统谱》卷七十九。

⑪ 张朝瑞：《皇明贡举考》卷二，第188页。[雍正]《广东通志》卷三十二《选举志二》。

⑫ [雍正]《广东通志》卷三十二《选举志二》。

⑬ [弘治]《八闽通志》卷五十《选举·科第·泉州府》，第31页。[雍正]《福建通志》卷三十六《选举四》。

⑭ [弘治]《八闽通志》卷四十八《选举·科第·福州府》，第14页。[万历]《福州府志》卷四十七《选举志三》，第255页。[雍正]《福建通志》卷三十六《选举四》。释如一纂：《福清县志续略》卷六《人物类上·进士》，《稀见中国地方志汇刊》第33册，中国书店1992年版，第388页。

⑮ [康熙]《江西通志》卷十八《选举·历朝进士》，第3页。[雍正]《江西通志》卷五十二《选举四》。

⑯ 张朝瑞《皇明贡举考》卷二(第188页)、《钦定大清一统志》卷十二《保定府三》、《万姓统谱》卷七十九，隆庆刻、万历增修《保定府志》卷十《选举表上》均作"邸鹏"。

匙二、木箚五，故乡物也，复擢广东宪台。①

何奎，江西南昌县人。三甲第三十一名。②

彭贡，字用芳，福建永福县人。三甲第三十二名。历官吏部主事。③

求颖，浙江富阳县人。④ 三甲第三十三名。历官主事。⑤

吴庆，浙江会稽县人。三甲第三十四名。历官主事。⑥

游义生，字伯方，福建连江县人。三甲第三十五名，选庶吉士，擢山东道御史。以太祖撤孟子亚圣配享上疏忤旨，下狱，卒，年仅二十七。⑦

徐昇，浙江寿昌县人。三甲第三十六名，授监察御史。⑧

冯亮，福建晋江县人。三甲第三十七名。⑨

王观达，浙江新昌县人。三甲第三十八名。历官工部主事。⑩

潘善应，福建怀安县人。三甲第三十九名。⑪ 洪武二十八年，任礼部员外郎。⑫

姚与成，江西泰和县人。三甲第四十名。⑬ 历官主事。⑭

---

① 《钦定大清一统志》卷十二《保定府三》。王政修，张珽、陈瑺纂：[康熙]《唐县新志》卷十六《人物志·廉介》，《稀见中国地方志汇刊》第2册，第1282页。

② [康熙]《江西通志》卷十八《选举·历朝进士》，第3页。[雍正]《江西通志》卷五十二《选举四》。

③ [弘治]《八闽通志》卷四十八《选举·科第·福州府》，第14页。[万历]《福州府志》卷四十七《选举志三》，第255页。[雍正]《福建通志》卷三十六《选举四》作"刑部主事"。

④ 徐伯龄：《蟫精雋》卷十三"杭士甲第"，文渊阁《四库全书》本。《万姓统谱》卷六十三有求颖，富阳人，洪武二十五年贡士。

⑤ 陈让、夏时正纂修：[成化]《杭州府志》卷三十九，四库全书存目丛书史部第175册，第560页。[康熙]《浙江通志》卷二十九《选举·历朝进士》，第38页。

⑥ [康熙]《浙江通志》卷二十九《选举·历朝进士》，第38页。[雍正]《浙江通志》卷一百三十《选举八》。

⑦ [弘治]《八闽通志》卷四十八《选举·科第·福州府》，第14页。[万历]《福州府志》卷四十七《选举志三》，第255页。[雍正]《福建通志》卷四十三《人物一》。李清馥：《闽中理学渊源考》卷四十一《御史游伯方先生义生》引《道南源委》，文渊阁《四库全书》本。

⑧ [康熙]《浙江通志》卷二十九《选举·历朝进士》，第38页。曾华盖修，洪如琅等纂：[康熙]《新修寿昌县志》卷五《科第表》，《稀见中国地方志汇刊》第15册，第76页；卷七《仕宦》，第87页。[雍正]《浙江通志》卷一百三十《选举八》。

⑨ [弘治]《八闽通志》卷五十《选举·科第·泉州府》，第31页。[雍正]《福建通志》卷三十六《选举四》。

⑩ [康熙]《浙江通志》卷二十九《选举·历朝进士》，第38页。[雍正]《浙江通志》卷一百三十《选举八》。

⑪ 张朝瑞《皇明贡举考》卷二作三甲第五十六名(第188页)。

⑫ [弘治]《八闽通志》卷四十八《选举·科第·福州府》，第14页。[万历]《福州府志》卷四十七《选举志三》，第255页。俞汝楫编：《礼部志稿》卷四十一《历官表》。然据《钦定续文献通考》卷七十九《群祀考》记载："[洪武]二十六年七月，遣礼部员外郎潘善应等往庐山祠周颠仙。"则其于洪武二十六年已在礼部员外郎任上。

⑬ 张朝瑞《皇明贡举考》卷二作三甲第五十五名。

⑭ [康熙]《江西通志》卷十八《选举·历朝进士》，第3页。[雍正]《江西通志》卷五十二《选举四》。王直有《姚与成父子像赞》(《抑庵文后集》卷三十七)。

程士，福建莆田县人。三甲第四十一名。① 历官吏科给事中。②

李子容，江西庐陵县人。三甲第四十二名。历官员外郎。③

卢敬贤，浙江温州府永嘉县人。三甲第四十三名。历官秦府奉祠正。④

菅谷奇，一作管谷奇，⑤ 湖广沅江县人。三甲第四十四名。⑥ 历官御史。⑦

林珽，浙江温州府瑞安县人。三甲第四十五名。历官县丞。⑧

陈坚，字孔亭，福建福清县人。三甲第四十六名。历官河南道监察御史。以言事谪广西桃源县丞，卒于官。⑨

黄金华，解缙妹婿，江西吉水县人。年十八，三甲第四十七名，选为中书庶吉士。历官中书舍人。先解缙卒。⑩

高瞻，河南洛阳县人。三甲第四十八名。历官员外郎。⑪

黄弘，江西新城县人。三甲第四十九名。历官知府。⑫

吴辅，浙江会稽县人。三甲第五十名。⑬ 洪武二十六年，任山西按察司佥事。⑭

---

① 张朝瑞《皇明贡举考》卷二作三甲第三十八名。由程士至李克逊，名次均提前两名。

② ［弘治］《八闽通志》卷五十四《选举·科第·兴化府》，第 17 页。［雍正］《福建通志》卷三十六《选举四》。

③ ［康熙］《江西通志》卷十八《选举·历朝进士》，第 3 页。［雍正］《江西通志》卷五十二《选举四》。

④ 王叔杲、王应辰纂：［嘉靖］《永嘉县志》卷六《选举志》，《稀见中国地方志汇刊》第 18 册，中国书店 1992 年版，第 593 页。刘方誉、林继衡等修，王光蕴等纂：［万历］《温州府志》卷十《选举志》，《稀见中国地方志汇刊》第 18 册，中国书店 1992 年版，第 250 页。［康熙］《浙江通志》卷二十九《选举·历朝进士》，第 38 页。［雍正］《浙江通志》卷一百三十《选举八》。

⑤ 张朝瑞：《皇明贡举考》卷二，第 188 页。［雍正］《湖广通志》卷三十二《选举志》。

⑥ 凌迪知：《万姓统谱》卷二十六。

⑦ ［康熙］《湖广通志》卷十九《选举·历朝进士》，第 38 页。［雍正］《湖广通志》卷三十二《选举志》。

⑧ 刘方誉、林继衡等修，王光蕴等纂［万历］《温州府志》卷十《选举志》(《稀见中国地方志汇刊》第 18 册，中国书店 1992 年版，第 250 页)、［康熙］《浙江通志》卷二十九《选举·历朝进士》、［雍正］《浙江通志》卷一百三十《选举八》均作“林挺”。王叔杲、王应辰纂：［嘉靖］《永嘉县志》卷六《选举志》，《稀见中国地方志汇刊》第 18 册，中国书店 1992 年版，第 593 页，作“林珽”，丁卯举人。

⑨ ［弘治］《八闽通志》卷四十八《选举·科第·福州府》，第 14 页。［万历］《福州府志》卷四十七《选举志三》，第 256 页。［雍正］《福建通志》卷三十六《选举四》。释如一纂：《福清县志续略》卷六《人物类上·进士》，《稀见中国地方志汇刊》第 33 册，中国书店 1992 年版，第 388 页。

⑩ 《翰林记》卷三《庶吉士铨法》。［康熙］《江西通志》卷十八《选举·历朝进士》，第 3 页。［雍正］《江西通志》卷五十二《选举四》。

⑪ ［雍正］《河南通志》卷四十五《选举二》。

⑫ ［康熙］《江西通志》卷十八《选举·历朝进士》，第 3 页。［雍正］《江西通志》卷五十二《选举四》。

⑬ ［康熙］《浙江通志》卷二十九《选举·历朝进士》，第 38 页。［雍正］《浙江通志》卷一百三十《选举八》。

⑭ 李侃、胡谧纂修：［成化］《山西通志》卷八，四库全书存目丛书史部第 174 册影民国二十二年影钞明成化十一年刻本，第 256 页。

饶增，一作饶智，① 江西新城县人。三甲第五十一名。历官刑部主事。②

王佐，山东宁阳县人。三甲第五十二名。③

祝渊，直隶舒城县人。三甲第五十三名。④

张宪，山东临朐县人。三甲第五十四名。⑤

周思政，浙江青田县人。三甲第五十五名。历官监察御史。⑥

陈文铭，直隶临淮县人。三甲第五十六名。⑦

李克逊，湖广宁远县人。三甲第五十七名。历官监察御史。⑧

李迪，广西临桂县人。三甲第五十八名。⑨

陈泰，湖广衡阳县人。三甲第五十九名。历官给事中。⑩

郑云，福建莆田县人。三甲第六十名。建文二年，任山西按察司佥事。⑪ 历官监察御史、湖广按察司佥事、广东按察司参议。能诗。⑫

王希曾，⑬ 山西静乐县人。三甲第六十一名。⑭ 历官都察院右副都御史。⑮

卢义，字希正，浙江严州府淳安县人。三甲第六十二名。建文二年，以奉直大夫、吏部员外郎为会试弥封官。⑯ 累官刑部郎中，出知建昌府。九载秩满，以疾辞归。⑰

---

① 张朝瑞：《皇明贡举考》卷二，第 188 页。

② [康熙]《江西通志》卷十八《选举·历朝进士》，第 3 页。[雍正]《江西通志》卷五十二《选举四》。

③ [雍正]《山东通志》卷十五之一《选举志》。

④ [雍正]《江南通志》卷一百二十一《选举志·进士三》。

⑤ [雍正]《山东通志》卷十五之一《选举志》。

⑥ [康熙]《浙江通志》卷二十九《选举·历朝进士》，第 39 页。[雍正]《浙江通志》卷一百三十《选举八》。

⑦ [雍正]《江南通志》卷一百二十一《选举志·进士三》。

⑧ [康熙]《湖广通志》卷十九《选举·历朝进士》，第 38 页。[雍正]《湖广通志》卷三十二《选举志》。

⑨ [康熙]《广西通志》卷十二《选举志·明进士》，第 13 页。[雍正]《广西通志》卷七十《选举》。

⑩ [康熙]《湖广通志》卷十九《选举·历朝进士》，第 38 页。[雍正]《湖广通志》卷三十二《选举志》。

⑪ 李侃、胡谧纂修：[成化]《山西通志》卷八，四库全书存目丛书史部第 174 册，第 256 页。

⑫ [弘治]《八闽通志》卷五十四《选举·科第·兴化府》，第 17 页。[雍正]《福建通志》卷三十六《选举四》。

⑬ 张朝瑞《皇明贡举考》卷二作“王希增”。

⑭ 《明太祖实录》卷一百九十九“洪武二十三年春正月庚辰”条云：“进士王希曾言其母任氏之丧，以改嫁服止期年，愿终三年之制。上命礼部议之。尚书李原名奏曰：‘不丧出母，古之制也。希曾之母既已失节，难与定制。’诏从其议。”

⑮ 李维桢修：[万历]《山西通志》卷二十一《选举上》，《稀见中国地方志汇刊》第 4 册，中国书店 1992 年版，第 330 页。[雍正]《山西通志》卷六十六《科目二》、卷一百二十七《人物二十七》、卷一百七十四《陵墓三》。

⑯ 见《明代登科录汇编》第 1 册影印建文二年会试录，台湾学生书局 1969 年影印本，第 116 页。

⑰ [康熙]《浙江通志》卷二十九《选举·历朝进士》，第 38 页。[雍正]《浙江通志》卷一百三十《选举八》、卷一百九十一《人物九》引《严陵志》。

（阙）

殷诚，一作殷成，① 浙江会稽县人。三甲第六十四名。

朱懋，河南安阳县人。三甲第六十五名。历官礼科给事中。②

翁德，福建瓯宁县人。三甲第六十六名。历官承务郎。③

刘海，福建龙溪县人。三甲第六十七名。历官监察御史。④

杨克俭，一作杨克伦，⑤ 浙江天台县人。三甲第六十八名。建文间，历官兴化知府。⑥

解纶，字大经，解缙兄，号沧江，江西吉水县人。⑦ 三甲第六十九名，授福建道监察御史。洪武二十二年，任礼部主事。⑧ 寻除侍郎，不果拜。出为应天府学教授。永乐九年卒，年六十九。⑨

李范，江西新喻县人。⑩ 三甲第七十名。

（阙）

章荣，浙江缙云县人。三甲第七十二名。历官监察御史。⑪

张熺，直隶英山县人。三甲第七十三名。

聂任，江西南城县人。三甲第七十四名。历官监察御史。⑫

王广，福建侯官县人。三甲第七十五名。⑬

---

① ［康熙］《浙江通志》卷二十九《选举·历朝进士》，第38页。［雍正］《浙江通志》卷一百三十《选举八》。

② 萧彦等：《掖垣人鉴》卷六，四库全书存目丛书史部第259册，第167页。［雍正］《河南通志》卷四十五《选举二·进士》。

③ ［弘治］《八闽通志》卷四十九《选举·科第·建宁府》，第25页。［雍正］《福建通志》卷三十六《选举四》。

④ ［弘治］《八闽通志》卷五十一《选举·科第·漳州府》，第12页。［雍正］《福建通志》卷三十六《选举四》。

⑤ 张朝瑞：《皇明贡举考》卷二，第188页。

⑥ ［康熙］《浙江通志》卷二十九《选举·历朝进士》，第38页。［雍正］《浙江通志》卷一百三十《选举八》。［雍正］《福建通志》卷二十三《职官四》。

⑦ 凌迪知：《万姓统谱》卷七十九。葛万里：《别号录》卷三，文渊阁《四库全书》本。

⑧ ［康熙］《江西通志》卷十八《选举·历朝进士》，第3页。［雍正］《江西通志》卷五十二《选举四》。俞汝楫编：《礼部志稿》卷四十一《历官表》。

⑨ 解缙：《先兄沧江先生行状》，《文毅集》卷十一，文渊阁《四库全书》本。黄瑜《双槐岁钞》卷三《解氏兄弟》（第60页）以为其于洪武二十七年坐罪诛死，误。

⑩ ［康熙］《江西通志》卷十八《选举·历朝进士》、［雍正］《江西通志》卷五十二《选举四》作“新淦人”。

⑪ ［康熙］《浙江通志》卷二十九《选举·历朝进士》，第39页。［雍正］《浙江通志》卷一百三十《选举八》。

⑫ ［康熙］《江西通志》卷十八《选举·历朝进士》，第3页。［雍正］《江西通志》卷五十二《选举四》。

⑬ ［弘治］《八闽通志》卷四十八《选举·科第·福州府》，第14页。［万历］《福州府志》卷四十七《选举志三》，第255页。［雍正］《福建通志》卷三十六《选举四》。

曾寅，福建宁德县人。三甲第七十六名。历官工部主事。①

陈炯，福建龙溪县人。三甲第七十七名。历官兵部主事。②

王无将，江西吉水县人。三甲第七十八名。历官主事。③

魏敏，④ 字好学，河南河南府巩县人。三甲第七十九名，授吏科给事中。以母病谒告归省，未至而母卒，庐墓三年，乡里称其孝。洪武二十五年，旌表其门。⑤

齐泰，初名德，南直隶溧阳人。⑥ 洪武二十年乡贡，举本科进士，赐名泰。⑦ 历官礼部、兵部主事。⑧ 洪武三十年，升兵部左侍郎。洪武三十一年，任兵部尚书。建文四年，卒于靖难。⑨

以下几人，今存明人文献载其登本科进士，姑存疑待考：

陈逢辰，湖广茶陵县人。⑩

谭登，湖广茶陵县人。⑪

张显，山西武乡县人。历官吏科给事中，卒于官。⑫

阎瓒，山西平阳府蒲州荣河县人。戊辰进士，除山东临淄县教谕。⑬

---

① [弘治]《八闽通志》卷五十五《选举·科第·福宁府》，第 27 页。[弘治]《八闽通志》卷五十五《选举·科第·福宁府》、史起钦修、林子燮等纂[万历]《福宁州志》卷六《选举志·进士》(《稀见中国方志汇刊》第 33 册，第 126 页)于本年进士尚载吴廷进，字尚礼，福宁人，历官兵部主事。[雍正]《福建通志》卷三十六《选举四》。

② [弘治]《八闽通志》卷五十一《选举·科第·漳州府》，第 12 页。[雍正]《福建通志》卷三十六《选举四》。梁兆阳修、蔡国祯等纂[崇祯]《海澄县志》卷八《人物志·国朝进士》载其名，小传云："六七都人。兵部主事。有开河功。里人为之立碑。"(《稀见中国地方志汇刊》第 33 册，中国书店 1992 年版，第 510 页)

③ [康熙]《江西通志》卷十八《选举·历朝进士》，第 3 页。[雍正]《江西通志》卷五十二《选举四》。

④ 其名见于洪武三十年春榜会试录(俞宪《皇明进士登科录》卷二，第 84 页)，误。

⑤ 《明太祖实录》卷二百二十二"洪武二十五年冬十月"条。[康熙]《重修河南通志》卷二十九《孝义·河南府》，清康熙九年(1670)增补顺治本，第 15 页。

⑥ 《南雍志》于本科录其名。见俞宪《皇明进士登科考》卷二，第 67 页。

⑦ 黄瑜：《双槐岁钞》卷二《海定波宁》，第 28 页。

⑧ 佚名：《兵部尚书齐泰传》，《国朝献征录》卷三十八，四库全书存目丛书史部第 102 册，第 25 页。

⑨ 张朝瑞：《忠节录》卷二《兵部尚书齐太》，四库全书存目丛书史部第 90 册，第 595 页。王世贞：《弇山堂别集》卷五十《兵部尚书表》。汪宗伊、程嗣功修，陈舜仁等纂：[万历]《应天府志》卷二十八《人物三》，《稀见中国地方志汇刊》第 10 册，第 421-422 页。

⑩ 不见于俞宪《皇明进士登科考》，张朝瑞《皇明贡举考》卷二载其名。

⑪ 不见于俞宪《皇明进士登科考》，张朝瑞《皇明贡举考》卷二载其名。

⑫ 萧彦等：《掖垣人鉴》卷四，四库全书存目丛书史部第 259 册，第 145 页。

⑬ 宋纲纂：[嘉靖]《荣河县志》卷一《人品志·进士》，《稀见中国地方志汇刊》第 7 册，第 935 页。进士一般不授教谕，恐误。

四、洪武二十四年(1391)辛未科

本科参加会试650人，录取进士31名。①

许观，本姓黄，从外家姓许，登第后乃改，字伯澜，一字尚宾，直隶池州府贵池县人。国子监盛，治《尚书》。年二十八，登本科状元第。② 洪武二十九年，任礼部右侍郎。③ 建文二年，以资善大夫、礼部右侍郎同知贡举事。④ 寻擢礼部右侍中。四年，闻建文帝避位，投水死，年三十九。⑤

张显宗，字名远，福建宁化县人。⑥ 一甲第二名。历官太常寺丞。洪武三十年，署国子监祭酒事。⑦ 建文二年，以朝列大夫、国子祭酒为廷试读卷官。⑧ 寻擢工部右侍郎。靖难后，既已归附，寻以尝募兵江西，谪戍兴州。永乐五年，起为交阯左布政使。七年，卒于官。⑨

吴言信，福建邵武县人。一甲第三名，授翰林编修。历官抄钞局副使。⑩

---

① 张朝瑞《皇明贡举考》卷二云："会试录有胡泰、林惟和、李容、李仪、黄濬、陈观、贾闵、王观八名，而登科录无；登科录有相振、敖得、刘文、黄仲声、杨安仁、柴子远、樊镇、陈宠八名，而会试录无。不知何故？"(第189页)今考俞宪《皇明进士登科考》卷二，本科进士名录据会试录所载，确如张氏所言。张氏所录进士姓名，据俞振才本登科录。今依《皇明贡举考》录之。会试中试诸人姓名，又见黄瑜《双槐岁钞》卷二《两魁天下》，第26页。

② 王世贞：《弇山堂别集》卷八十一《科试考一》。张朝瑞《皇明贡举考》卷二以为登第时年三十三(第190页)。

③ 王世贞：《弇山堂别集》卷五十六《卿贰表·礼部左右侍郎》。

④ 见《明代登科录汇编》第1册影印建文二年会试录，台湾学生书局1969年影印本，第5、113页。[雍正]《福建通志》卷四十三《人物一》夏伸传云："伸长于藻鉴，贵池许观为布衣时，有同里人携观制义以示伸，伸曰：'此人当大魁天下，异日必端方台阁也。'后观联捷三元，历礼部右侍郎。靖难兵起，抗节死。果符所言云。"

⑤ 《太学志·礼部侍中黄观》，《国朝献征录》卷三十五，四库全书存目丛书史部第101册，第653页。《明史》卷一四三《黄观传》。朱睦㮮：《革除逸史》卷一、卷二。张朝瑞：《忠节录》卷二《礼部侍中掌尚宝司事黄观》，四库全书存目丛书史部第90册，第600页。张朝瑞：《皇明贡举考》卷二，第190页。俞汝楫编：《礼部志稿》卷五十五《侍郎黄观》。

⑥ 《明代登科录汇编》第1册影印建文二年殿试登科录作"汀州安化人"。(第2页)

⑦ 《明太祖实录》卷二百五十四"洪武三十年秋七月甲子"条。

⑧ 见《明代登科录汇编》第1册影印建文二年殿试登科录，台湾学生书局1969年影印本，第3页。

⑨ 郑方坤：《全闽诗话》卷六"张显宗"条引《闽书》，文渊阁《四库全书》本。[弘治]《八闽通志》卷五十一《选举·科第·汀州府》(第26页)以为登二十一年进士第二名，又见卷六十九《人物·汀州府·名臣》，第1-2页。

⑩ [弘治]《八闽通志》卷五十二《选举·科第·邵武府》，第26页。[雍正]《福建通志》卷四十八《人物六》。孙承泽：《春明梦余录》卷四十一《礼部三》，文渊阁《四库全书》本。

王羽，字仪之，浙江仁和县人。① 年十九，举乡试第一。登二甲进士第一名。与修《四书大全》、《五经大全》、《性理大全》。历官礼部仪制郎中，升太常少卿。上疏乞归，改余杭县学教谕。②

张徽，山西绛州人。③ 监生，治《易》。④ 二甲第二名。

龙子钧，江西泰和县人。二甲第三名。历官监察御史。⑤

赵良，河南淇县人。二甲第四名。⑥

相振，浙江金华县人。⑦ 二甲第五名。洪武三十年，由行人司副迁河南左参议。⑧

丘秬，又作邱秬，江西余干县人。二甲第六名。历官盐运使。⑨

董恭礼，浙江鄞县人。二甲第七名。⑩

敖得，河南光山县人。二甲第八名。

陈伯颜，浙江西安县人。⑪ 二甲第九名。历官御史。⑫

刘文，江西龙泉县人。二甲第十名。历官照磨。⑬

何测，广东文昌县人。二甲第十一名。历官知县。⑭ 曾为翰林官。⑮

蔡祯，四川嘉定州人。监生，治《诗》。⑯ 二甲第十二名。历官参政。⑰

---

① [嘉靖]《仁和县志》卷八《科贡》，光绪十九年武林丁氏刻本，第 8 页。[康熙]《浙江通志》卷二十九《选举・历朝进士》，第 39 页。

② [成化]《杭州府志》卷三十九、卷四十三，四库全书存目丛书史部第 175 册，第 560、609 页。[嘉靖]《仁和县志》卷九《人物》，第 5 页。

③ 俞宪《皇明进士登科考》卷二作"直隶贵池县人"。(第 74 页)

④ 黄瑜：《双槐岁钞》卷二《两魁天下》，中华书局 1999 年版，第 26 页。

⑤ [康熙]《江西通志》卷十八《选举・历朝进士》，第 4 页。[雍正]《江西通志》卷五十二《选举四》。

⑥ [雍正]《河南通志》卷四十五《选举二・进士》。

⑦ [雍正]《浙江通志》卷一百三十《选举八》于洪武三十年丁丑科陈郊榜进士载其名。

⑧ 《明太祖实录》卷二百五十四"洪武三十年秋七月己未"条。

⑨ [康熙]《江西通志》卷十八《选举・历朝进士》，第 4 页。[雍正]《江西通志》卷五十二《选举四》。

⑩ [乾隆]《鄞县志》卷九《选举表上》，乾隆五十三年刻本，第 38 页。[康熙]《浙江通志》卷二十九《选举・历朝进士》，第 39 页。[雍正]《浙江通志》卷一百三十《选举八》

⑪ 俞宪《皇明进士登科考》卷二(第 75 页)、[雍正]《浙江通志》卷一百三十《选举八》作浙江常山县人。

⑫ [康熙]《浙江通志》卷二十九《选举・历朝进士》，第 39 页。[雍正]《浙江通志》卷一百三十《选举八》。

⑬ [康熙]《江西通志》卷十八《选举・历朝进士》，第 4 页。[雍正]《江西通志》卷五十二《选举四》。

⑭ [雍正]《广东通志》卷三十二《选举志二》。

⑮ [雍正]《广东通志》卷五十五《茔墓志》。

⑯ 黄瑜：《双槐岁钞》卷二《两魁天下》，第 26 页。

⑰ [雍正]《四川通志》卷三十四《选举・进士》。

黄仲声，江西萍乡县人。三甲第一名。①

徐逊，浙江钱塘县人。三甲第二名。历官雩都知县。②

陈裕，③ 名裕，字宗问，以字行，浙江鄞县人。④ 三甲第三名。⑤ 历官吏部主事，升河南布政司参议。从驾北巡，还，授吏部考功司郎中。出守武昌，卒于官。⑥

杨安仁，河南商水县人。三甲第四名。⑦

张广扬，广东德庆州人。⑧ 三甲第五名。历官经历。⑨

丁仁，山东东平州人。三甲第六名。历官侍郎。⑩

李谦，山东滋阳县人。三甲第七名。

叶林，浙江萧山县人。三甲第八名。历官副都御史。⑪

柴子远，江西龙泉县人。三甲第九名。历官经历。⑫

杨璧，广东海阳县人。三甲第十名。历官郎中。⑬

贺守真，⑭ 湖广攸县人。三甲第十一名。

李本，北平宁晋县人。⑮ 三甲第十二名。

樊镇，河南归德府考城县人。三甲第十三名，授监察御史。升山西按察司副使，转

---

① ［康熙］《江西通志》卷十八《选举・历朝进士》于本科进士不载其名。

② 陈让、夏时正纂修：［成化］《杭州府志》卷三十九，四库全书存目丛书史部第 175 册，第 560 页。［康熙］《浙江通志》卷二十九《选举・历朝进士》，第 39 页。［雍正］《浙江通志》卷一百三十《选举八》。

③ 《明代登科录汇编》第 1 册影印建文二年会试录，本年会试收掌试卷管有奉政大夫、户部郎中陈宗问，为宁波府鄞县人，辛未进士。（台湾学生书局 1969 年影印本，第 115 页）即其人。

④ ［乾隆］《鄞县志》卷十四《人物》，乾隆五十三年刻本，第 14 页。

⑤ ［乾隆］《鄞县志》卷九《选举表上》，第 38 页。

⑥ ［乾隆］《鄞县志》卷十四《人物》，第 14 页。

⑦ ［雍正］《河南通志》卷四十五《选举二・进士》。

⑧ 俞宪《皇明进士登科考》卷二作广东泷水县人。（第 75 页）

⑨ ［雍正］《广东通志》卷三十二《选举志二》，作罗定人。

⑩ ［康熙］《山东通志》卷二十六《选举・进士》，康熙十七年刊本，第 8 页。［雍正］《山东通志》卷十五之一《选举志》于洪武三十年丁丑科进士载其名。

⑪ ［康熙］《浙江通志》卷二十九《选举・历朝进士》，第 39 页。［雍正］《浙江通志》卷一百三十《选举八》。

⑫ ［康熙］《江西通志》卷十八《选举・历朝进士》作“柴于远”（第 4 页）。［雍正］《江西通志》卷五十二《选举四》。

⑬ ［雍正］《广东通志》卷三十二《选举志二》

⑭ ［康熙］《湖广通志》卷十九《选举・历朝进士》（第 38 页）、［雍正］《湖广通志》卷三十二《选举志》于洪武二十七年甲戌张信榜进士载贺守贞，攸县人，历官御史。于二十四年进士所载为杨正恒，绥远（雍正志作绥宁）人。

⑮ ［雍正］《畿辅通志》卷六十一《选举》于洪武戊辰科任亨泰榜进士载其名，宁晋人，历官主事。许观榜进士所载为张彝（涞水人，长史）、张凤（晋州人，佥事）、武定（宁晋人，主事）、蔡彧（巨鹿人，检讨）四人。

浙江左参政，复升山西右布政使。①

陈宠，浙江平阳县人。三甲第十四名。历官房山知县。②

林义，福建莆田县人。三甲第十五名。历官工部郎中。③

李士昌，北平定州人。④ 三甲第十六名。

五、洪武二十七年(1394)甲戌科

本科录取进士100人。⑤ 刘三吾为会试考官。⑥

张信，浙江定海县人。本科状元，授翰林修撰。⑦ 洪武三十年，升翰林侍读，为会试同考官。⑧ 坐考试事诛。⑨

耿清，榜名景清，⑩ 山西贞宁县人。⑪ 一甲第二名，授编修，改御史。三十年，命署左佥都御史，以奏疏字误下狱，寻宥之，除金华知府。建文初，为北平参议，迁御史大夫。成祖即位，欲怀刃刺之，磔死。⑫

戴德彝，奉命改名彝，以字行，⑬ 浙江奉化县人。一甲第三名。洪武三十年，以翰

---

① 李贤等：《明一统志》卷二十七。[康熙]《重修河南通志》卷二十五《人物一》，第78页。

② [雍正]《浙江通志》卷一百三十四《选举十二》。[雍正]《浙江通志》卷一百三十《选举八》于洪武二十四年辛未科许观榜进士不载其名。

③ [弘治]《八闽通志》卷五十四《选举·科第·兴化府》，第17页。[雍正]《福建通志》卷三十六《选举四》，所载同安县李容(御史)、瓯宁县林安(吏科给事中)、陈观(刑部主事)等三人，均不见于本科题名录。

④ 俞宪《皇明进士登科考》卷二作“直隶定州人”。

⑤ 俞宪《皇明进士登科考》卷二载一甲3名，二甲30名，三甲66名，总99名。(第76页)张朝瑞《皇明贡举考》卷二载一甲3名，二甲31名，三甲66名，总100名。然其注又云：“[彭]德，廷试更名泰，官至侍读。俞振才本二甲末又增彭德名，而缺其贯，或同名，或重出，未详。”(第191页)所增“彭德”，与彭泰实为同一人。

⑥ 黄瑜：《双槐岁钞》卷二《海定波宁》，第28页。

⑦ 黄瑜：《双槐岁钞》卷二《海定波宁》，第28页。

⑧ 张朝瑞：《皇明贡举考》卷二，第191页。王世贞：《弇山堂别集》卷八《异典述三·同考官尊于主考》。

⑨ 王世贞：《弇山堂别集》卷八十一《科试考一》。

⑩ 见张朝瑞《皇明贡举考》卷二，第191页。

⑪ 《明史》卷一百四十一《景清传》作真宁人。

⑫ 郑晓：《都御史景公清传》，《国朝献征录》卷五十四，四库全书存目丛书史部第103册，第12页。《明史》卷一百四十一《景清传》。张朝瑞：《忠节录》卷二《御史大夫景清》，四库全书存目丛书史部第90册，第604页。梁明翰修、傅学礼纂：[嘉靖]《庆阳府志》卷十二《科目》，《稀见中国地方志汇刊》第9册，第455页，历官都察院右副都御史；又见卷十四《乡贤》，第471页。

⑬ 黄瑜：《双槐岁钞》卷二《海定波宁》，第28页。一作字邦伦。见《钦定大清一统志》二百二十五《宁波府二》。

林侍讲为会试同考官。① 改监察御史。建文元年，改文林郎、左拾遗。② 二年，为廷试收掌试卷官。③ 成祖即位，召见，不屈，死之。④

胡嗣宗，浙江萧山县人。二甲第一名。历官知县。⑤

吴仲贤，一作吴仲延，⑥ 浙江鄞县人。二甲第二名。⑦

胡成，一作胡诚，⑧ 江西新喻县人。二甲第三名。

陈滋，浙江温州府永嘉县人。二甲第四名。洪武二十八年，除寿阳知县。⑨

王耆，福建南平县人。二甲第五名。历官江西龙泉知县。⑩

石允常，字恒德，浙江宁海县人。二甲第六名。历官河南按察司佥事。廉介有声，人称石清潭。坐事谪常州同知。靖难兵起，弃官归。后因追录废周藩事系狱。永乐二年，谪戍中屯卫。⑪ 著有《遇安轩集》。⑫

唐泰，字亨仲，福建侯官县人。⑬ 二甲第七名，授行人。擢浙江按察司佥事。永乐中，升陕西按察司副使。闽中十才子之一。⑭ 著有《善鸣集》十卷。⑮

---

① 王世贞：《弇山堂别集》卷八《异典述三·同考官尊于主考》。

② 朱睦㮮：《革除逸史》卷一。[康熙]《浙江通志》卷二十九《选举·历朝进士》，第 39 页。

③ 见《明代登科录汇编》第 1 册影印建文二年殿试登科录，台湾学生书局 1969 年影印本，第 4 页。

④ 《明史》卷一百四十一《王度传》附。张朝瑞：《皇明贡举考》卷二，第 191 页。张朝瑞：《忠节录》卷二《左拾遗戴德彝》，四库全书存目丛书史部第 90 册，第 610 页。

⑤ [康熙]《浙江通志》卷二十九《选举·历朝进士》，第 39 页。[雍正]《浙江通志》卷一百三十《选举八》。

⑥ [乾隆]《鄞县志》卷九《选举表上》，第 39 页。

⑦ [雍正]《浙江通志》卷一百三十《选举八》。[康熙]《浙江通志》卷二十九《选举·历朝进士》（第 39 页）于本科进士未载其名。

⑧ [康熙]《江西通志》卷十八《选举·历朝进士》，第 4 页。[雍正]《江西通志》卷五十二《选举四》。

⑨ 李侃、胡谧纂修：[成化]《山西通志》卷八，四库全书存目丛书史部第 174 册，第 266 页。王叔杲、王应辰纂：[嘉靖]《永嘉县志》卷六《选举志》，《稀见中国地方志汇刊》第 18 册，中国书店 1992 年版，第 593 页。刘方誉、林继衡等修，王光蕴等纂：[万历]《温州府志》卷十《选举志》，《稀见中国地方志汇刊》第 18 册，中国书店 1992 年版，第 250 页。[康熙]《浙江通志》卷二十九《选举·历朝进士》，第 40 页。[雍正]《浙江通志》卷一百三十《选举八》。

⑩ [弘治]《八闽通志》卷五十二《选举·科第·延平府》作“王苟”（第 14 页）。[雍正]《福建通志》卷三十六《选举四》。

⑪ 《明史》卷一四三《程通传》附。[康熙]《浙江通志》卷二十九《选举·历朝进士》，第 39 页。《国朝献征录》卷八十三《常州府同知石允常传》，四库全书存目丛书史部第 104 册，第 489 页。

⑫ 《千顷堂书目》卷十八。所系小传云：“字恒德，宁海人。河南佥事。谪常州同知。永乐初，授御史，不受。过金陵，痛哭，不食卒。”

⑬ 一作福州闽县人。见《明诗综》卷十一。

⑭ [弘治]《八闽通志》卷四十八《选举·科第·福州府》，第 15 页；卷六十二《人物·福州府·文苑》，第 21 页。[万历]《福州府志》卷四十七《选举志三》，第 256 页。[雍正]《福建通志》卷五十一《文苑》。

⑮ 《千顷堂书目》卷十七。

施谊，浙江仁和县人。① 洪武二十六年解元。② 登进士二甲第八名。③

项询，浙江鄞县人。举应天府乡试。二甲第九名。④

蒋资，广东化州人。二甲第十名。历官郎中。成祖时以谏下狱，谪口外军。寻召还为济宁知州。⑤

彭泰，陕西凤翔县人。会元，榜名彭德，⑥ 登进士二甲第十一名。历官侍讲。⑦ 后坐事除名。⑧

李思聪，湖广桂阳县人。二甲第十二名，授行人。二十九年，缅甸遣使来诉百蛮侵轶其境，奉诏往谕。还，擢江西右参议。⑨

彭汝舟，⑩ 江西安福县人。二甲第十三名。历官知县。⑪

刘本仁，⑫ 湖广石首县人。二甲第十四名。

任勉，直隶华亭县人。二甲第十五名，授鄱阳知县。升知泸州，调饶州府同知。⑬ 累官福建参政。⑭ 著有《薇庵集》。⑮

黄绍烈，名克，以字行，⑯ 江西临川县人。二甲第十六名。历官瑞安知县。免归，

---

① 陈让、夏时正纂修：[成化]《杭州府志》卷三十九，四库全书存目丛书史部第 175 册，第 560 页。[嘉靖]《仁和县志》卷八《科贡》，光绪十九年武林丁氏刻本，第 8 页。

② 田汝成：《西湖游览志余》卷二十二《委巷丛谈》，文渊阁《四库全书》本。

③ [康熙]《浙江通志》卷二十九《选举·历朝进士》，第 39 页。[雍正]《浙江通志》卷一百三十《选举八》、卷一百三十四《选举十二》。《蟫精隽》卷十三《杭士甲第》作洪武三十年进士。

④ [雍正]《浙江通志》卷一百三十《选举八》、卷一百三十四《选举十二》。[康熙]《浙江通志》卷二十九《选举·历朝进士》(第 40 页)以为其登洪武三十年进士。[乾隆]《鄞县志》卷九《选举表上》，第 39 页。[乾隆]《鄞县志》卷九《选举表上》于本年鄞县进士尚录“叶宗可”，注云：“题名录无。”又见卷十四《人物》言其登进士，署刑部侍郎。(第 9 页)是否进士，待考。

⑤ 凌迪知：《万姓统谱》卷八十六。《钦定大清一统志》卷三百四十七。[雍正]《广东通志》卷四十六《人物志三》。

⑥ 黄瑜：《双槐岁钞》卷二《海定波宁》，第 28 页。

⑦ [雍正]《陕西通志》卷三十《选举一》。《万姓统谱》卷五十四作“字凤翔”。

⑧ 王世贞：《弇山堂别集》卷八十一《科试考一》。

⑨ [康熙]《湖广通志》卷十九《选举·历朝进士》，第 38 页。[雍正]《湖广通志》卷三十二《选举志》、卷五十五《人物志》。杨士奇：《三乐斋记》，《东里续集》卷三。《明史》卷三一五《云南土司三·缅甸》。[康熙]《江西通志》卷十三《职官上》于洪武间江西左参议载其名。(第 41 页)

⑩ 或作彭汝用。见张朝瑞《皇明贡举考》卷二，第 192 页。

⑪ [康熙]《江西通志》卷十八《选举·历朝进士》，第 4 页。[雍正]《江西通志》卷五十二《选举四》。胡俨：《安福县儒学贡举题名记》，《明文海》卷三百七十五。

⑫ [成化]《山西通志》卷八载刘本彝，湖广石首人，由进士，洪武间任晋府右长史，癸未克考山西乡试。(四库全书存目丛书史部第 174 册，第 272 页)不知是否为同一人？[康熙]《湖广通志》卷十九《选举·历朝进士》所载亦为刘本彝。(第 38 页)

⑬ 李贤等：《明一统志》卷五十。王直：《屈氏二亲墓表》，《抑庵文后集》卷二十五。

⑭ 李贤等：《明一统志》卷九。解缙有《赠参政任勉之闽中》(《文毅集》卷五)诗。

⑮ 《千顷堂书目》卷十八。

⑯ 《千顷堂书目》卷十八。

教授生徒。① 著有《书经主意》、《归田类稿》。②

郑隆，字德隆，江西浮梁县人。二甲第十七名，授行人。出使，有能声。还，擢广东佥事。迁山西参议，改广西。乞归。③

王中，福建晋江县人。二甲第十八名。洪武三十年，以监察御史同署都察院事。④ 历官知县。⑤

张宗政，广西柳城县人。二甲第十九名。历官郎中。⑥

高泽，福建闽县人。举应天府乡试。⑦ 登进士二甲第二十名。历官主事。⑧

康彦民，⑨ 江西泰和县人。二甲第二十一名。历官青田知县，调仪真，后历巴陵、天台，并著名绩。永乐初，罢归。洪熙元年，御史巡按至天台，民乞以康彦民还天台。御史以闻。用为江宁县丞。⑩

钟亮，湖广宜城县人。二甲第二十二名。历官定陶知县。秩满，升通政司经历。民诣阙奏留，遣还，仍知县事，历任十八年。升河南府同知。⑪ 历官副使。⑫

沈良，浙江仁和县人。⑬ 二甲第二十三名。历官刑部主事。建文元年，谪戍大同应州，以春秋授徒。⑭

杨振，⑮ 河南郏县人。二甲第二十四名。历官佥事。⑯

---

① 李贤等：《明一统志》卷五十四。王直：《毛处士墓表》，《抑庵文后集》卷二十八。[康熙]《江西通志》卷十八《选举·历朝进士》，第 4 页。

② 《千顷堂书目》卷一、卷十八。

③ [康熙]《江西通志》卷十八《选举·历朝进士》，第 4 页；卷三十一《饶州府·人物》，第 41 页。[雍正]《江西通志》卷五十二《选举四》、卷八十九《人物二十四》。

④ 《明太祖实录》卷二百五十四"洪武三十年秋七月癸丑"条。

⑤ [弘治]《八闽通志》卷五十《选举·科第·泉州府》(第 31 页)、[雍正]《福建通志》卷三十六《选举四》作同安县人。

⑥ [雍正]《广西通志》卷七十《选举》，作"张宗正"，马平人。

⑦ [雍正]《福建通志》卷三十七《选举五》。

⑧ [弘治]《八闽通志》卷四十八《选举·科第·福州府》，第 15 页。[万历]《福州府志》卷四十七《选举志三》，第 256 页。[雍正]《福建通志》卷三十六《选举四》。

⑨ 张朝瑞《皇明贡举考》卷二(第 192 页)作"夏彦民"。[康熙]《江西通志》卷十八《选举·历朝进士》(第 4 页)作"康彦明"。

⑩ 《明史》卷二百八十一《循吏·高斗南传》附。

⑪ 《钦定大清一统志》卷一四五《曹州府二》。

⑫ [康熙]《湖广通志》卷十九《选举·历朝进士》，第 38 页。[雍正]《湖广通志》卷三十二《选举志》。

⑬ [成化]《杭州府志》卷三十九，四库全书存目丛书史部第 175 册，第 560 页。[嘉靖]《仁和县志》卷八《科贡》，第 8 页。[康熙]《浙江通志》卷二十九《选举·历朝进士》，第 39 页。《蟫精隽》卷十三《杭士甲第》作洪武三十年进士。

⑭ 《钦定大清一统志》卷一百一十《大同府二》。

⑮ 张朝瑞《皇明贡举考》卷二作"汤震"(第 192 页)。

⑯ [雍正]《河南通志》卷四十五《选举二·进士》。

周钧，陕西乾州人。二甲第二十五名。洪武三十年，由行人司正迁河南参政。① 历官湖广布政使。②

金桓，浙江金华县人。二甲第二十六名。历官大理寺少卿。③

夏遂禄，字克受，浙江温州府永嘉县人。癸酉举人。二甲第二十七名。历官嘉鱼县知县④、云南参政⑤。

张真，浙江萧山县人。二甲第二十八名。历官知县。⑥

万文昭，江西南昌县人。二甲第二十九名。⑦

李广祐，福建侯官县人。二甲第三十名。⑧

戚存心，浙江临海县人。⑨ 三甲第一名，擢行人，以才行见称。⑩ 洪武三十年，由行人迁陕西布政司右参政。⑪ 建文四年，任礼部左侍郎。永乐五年，伏诛。⑫

谭源，⑬ 广东番禺县人。三甲第二名。历官知县。⑭

郎彧，⑮ 直隶蒙城县人。三甲第三名。⑯

---

① 《明太祖实录》卷二百五十四"洪武三十年秋七月己未"条。

② [雍正]《陕西通志》卷三十《选举一》。

③ [康熙]《浙江通志》卷二十九《选举·历朝进士》，第39页。[雍正]《浙江通志》卷一百三十《选举八》。

④ 王叔杲、王应辰纂：[嘉靖]《永嘉县志》卷六《选举志》，《稀见中国地方志汇刊》第18册，中国书店1992年版，第593页。

⑤ 刘方誉、林继衡等修，王光蕴等纂：[万历]《温州府志》卷十《选举志》，《稀见中国地方志汇刊》第18册，中国书店1992年版，第250页；卷十一《人物志一》，第314页。[康熙]《浙江通志》卷二十九《选举·历朝进士》，第40页。[雍正]《浙江通志》卷一百三十《选举八》。

⑥ [康熙]《浙江通志》卷二十九《选举·历朝进士》、[雍正]《浙江通志》卷一百三十《选举八》作"张贞"。

⑦ [康熙]《江西通志》卷十八《选举·历朝进士》，第4页。[雍正]《江西通志》卷五十二《选举四》。

⑧ [弘治]《八闽通志》卷四十八《选举·科第·福州府》作"李广佑"(第15页)。[万历]《福州府志》卷四十七《选举志三》，第256页。[雍正]《福建通志》卷三十六《选举四》。

⑨ [康熙]《浙江通志》卷二十九《选举·历朝进士》，第39页。或作浙江黄岩人。见王世贞《弇山堂别集》卷五十六《卿贰表·礼部左右侍郎》、李贤等《明一统志》卷四十七。

⑩ 李贤等：《明一统志》卷四十七。

⑪ 《明太祖实录》卷二百五十四"洪武三十年秋七月丙辰"条。

⑫ 王世贞：《弇山堂别集》卷五十六《卿贰表·礼部左右侍郎》。俞汝楫编《礼部志稿》卷四十一《历官表》："戚存心，浙江黄岩人。洪武甲戌进士。永乐二年，任左侍郎。五年，除工部营缮司主事。历北京太仆寺卿兼苑马寺卿，卒于家。"何者所记为准，待考。

⑬ 一作谈源。见张朝瑞《皇明贡举考》卷二，第192页。

⑭ [雍正]《广东通志》卷三十三《选举志三》作"谭源"，[雍正]《广东通志》卷三十二《选举志二》作"谈源"。

⑮ 张朝瑞《皇明贡举考》卷二(第192页)作"郭彧"。

⑯ [雍正]《江南通志》卷一百二十一《选举志·进士三》。

刘本，北平玉田县人。三甲第四名，授行人。洪武三十年七月，由行人迁陕西左布政使。① 以直获罪，降交阯参政，莅事十余年。升山东按察使。著有《云泉集》。②

高祯，一作高稹，③ 福建闽县人。三甲第五名。

叶颙，浙江金华县人。三甲第六名。历官副行人。④

周铨，一作周诠，⑤ 字士选，⑥ 江西清江县人。三甲第七名。历官知县。

尚肃，山东齐河县人。三甲第八名。历官知县。⑦

周绶，浙江於潜县人。三甲第九名。历官行人。⑧

喻良，四川高县人。三甲第十名。历官云南按察使。⑨

喻居善，广西宜山县人。三甲第十一名。历官副使。⑩

郭文昌，福建晋江县人。三甲第十二名。历官知县。⑪

崔裕，陕西华州人。三甲第十三名。⑫

张贵，福建瓯宁县人。三甲第十四名。历官户部员外郎、刑部郎中。⑬

李彬，直隶当涂县人。⑭ 三甲第十五名。历官山西布政使司经历。洪武三十年，迁右参议。⑮

魏翀，一作芮翀，⑯ 字子翔，河南开封府郾城县人。三甲第十六名，授昆山知县。

---

① 《明太祖实录》卷二百五十四“洪武三十年秋七月丙辰”条。

② 《钦定大清一统志》卷二十九。

③ [弘治]《八闽通志》卷四十八《选举·科第·福州府》，第 15 页。[雍正]《福建通志》卷三十六《选举四》。

④ [康熙]《浙江通志》卷二十九《选举·历朝进士》，第 39 页。[雍正]《浙江通志》卷一百三十《选举八》。

⑤ [康熙]《江西通志》卷十八《选举·历朝进士》，第 4 页。[雍正]《江西通志》卷五十二《选举四》。

⑥ 胡行简：《周氏子字说》，《樗隐集》卷五，文渊阁《四库全书》本。

⑦ [嘉靖]《山东通志》卷十七《科目》，四库全书存目丛书史部第 188 册影明嘉靖刻本，第 136 页。[雍正]《山东通志》卷十五之一《选举志》。

⑧ 陈让、夏时正纂修：[成化]《杭州府志》卷三十九，四库全书存目丛书史部第 175 册，第 560 页。[康熙]《浙江通志》卷二十九《选举·历朝进士》，第 39 页。[雍正]《浙江通志》卷一百三十《选举八》。《蟫精隽》卷十三《杭士甲第》作洪武三十年进士。

⑨ [雍正]《四川通志》卷八《人物》。[雍正]《四川通志》卷三十四《选举·进士》作辛未科进士。

⑩ [雍正]《广西通志》卷七十《选举》。

⑪ [弘治]《八闽通志》卷五十《选举·科第·泉州府》，第 31 页。[雍正]《福建通志》卷三十六《选举四》。

⑫ [雍正]《陕西通志》卷三十《选举一》。

⑬ [弘治]《八闽通志》卷四十九《选举·科第·建宁府》，第 26 页。[雍正]《福建通志》卷三十六《选举四》。

⑭ [雍正]《江南通志》卷一百二十一《选举志·进士三》作芜湖人。

⑮ 《明太祖实录》卷二百五十四“洪武三十年秋七月甲子”条。

⑯ [康熙]《重修河南通志》卷二十五《人物一》，第 58 页。[雍正]《河南通志》卷四十五《选举二·进士》。

历垫江、金坛。永乐初，坐事去。数千人伏阙恳留，诏驰传还任。寻擢监察御史。① 宣德初，丁忧服阙，改知清丰县。宣德五年，以疾终于官。②

刘谦，山西浑源县人。三甲第十七名。③

王斌，浙江会稽县人。三甲第十八名。历官知县。④

林保童，字子成，福建福宁州宁德县人。三甲第十九名。历官绥宁知县。著有《成斋稿》。⑤

周恩，浙江临海县人。三甲第二十名。历官知县。⑥

张靦，河南兰阳县人。三甲第二十一名。历官知县。⑦

顾恒，直隶华亭县人。⑧ 三甲第二十二名。

周祖政，广西柳城县人。三甲第二十三名。历官奉政大夫。⑨

刘季篪，名韶，以字行，浙江余姚县人。三甲第二十四名，除行人司行人。使朝鲜，却其馈赆。洪武三十年，由行人迁陕西布政司左参政。⑩ 建文四年，召为刑部左侍郎。⑪ 永乐三年，纂修《永乐大典》，命与姚广孝、郑赐总其事。八年，坐失出罪人，左迁两淮盐运副使。未行，复留。十五年，改工部营缮主事。十六年正月卒，年六十一。⑫

李璨，字廷圭，广东化州人。进士三甲第二十五名，授永嘉知县。⑬ 历官同知⑭、

---

① ［康熙］《重修河南通志》卷二十五《人物一》，第 58 页。［雍正］《河南通志》卷六十《人物四》。凌迪知：《万姓统谱》卷九十六。

② 李辂修，赵本、吴骥纂：［正统］《大名府志》卷五《宦迹》，《稀见中国地方志汇刊》第 3 册，第 723 页。

③ 李维桢修：［万历］《山西通志》卷二十三《选举下》，《稀见中国地方志汇刊》第 4 册，中国书店 1992 年版，第 411 页，作“刘谥”。［雍正］《山西通志》卷六十六《科目二》。

④ ［康熙］《浙江通志》卷二十九《选举 · 历朝进士》，第 39 页。［雍正］《浙江通志》卷一百三十《选举八》。

⑤ ［弘治］《八闽通志》卷五十五《选举 · 科第 · 福宁府》，第 27 页。史起钦修、林子燮等纂：［万历］《福宁州志》卷六《选举志 · 进士》，《稀见中国方志汇刊》第 33 册，第 129 页；卷八《人物志 · 文苑》，第 185 页。［雍正］《福建通志》卷五十一《文苑》。

⑥ ［康熙］《浙江通志》卷二十九《选举 · 历朝进士》，第 39 页。［雍正］《浙江通志》卷一百三十《选举八》。

⑦ ［雍正］《河南通志》卷四十五《选举二 · 进士》。

⑧ ［雍正］《江南通志》卷一百二十一《选举志 · 进士三》作松江人。

⑨ ［雍正］《广西通志》卷七十《选举》作马平人，一作横州人（《广西通志》卷七十一《选举》）。

⑩ 《明太祖实录》卷二百五十四“洪武三十年秋七月丙辰”条。

⑪ 王世贞：《弇山堂别集》卷五十八《卿贰表 · 刑部左右侍郎》。

⑫ 《明史》卷一百五十本传。杨士奇：《故工部营缮司主事刘君墓志铭》，《东里文集》卷二十。［康熙］《浙江通志》卷二十九《选举 · 历朝进士》，第 39 页。

⑬ ［雍正］《浙江通志》卷一百五十《名宦十一》引［万历］《温州府志》。

⑭ ［雍正］《广东通志》卷三十二《选举志二》。

柳州通判①。

文道光，四川彭山县人。三甲第二十六名。②

周伯康，江西玉山县人。三甲第二十七名。历官定海知县。③

孔延，福建怀安县人。三甲第二十八名。④

李镃，江西南昌县人。三甲第二十九名。⑤

李俊，山东寿张县人。三甲第三十名。⑥

董凤，江西鄱阳县人。三甲第三十一名。永乐元年，由行人升山西按察司佥事。⑦历官浙江副使。⑧

匡显，江西乐平县人。三甲第三十二名。洪武三十年，以行人署国子监助教事。⑨历官福建按察司佥事。⑩

辛民，河南汲县人。三甲第三十三名。历官行人司行人。⑪

路确，字志坚，河南怀庆府河内县人。三甲第三十四名。建文二年，以迪功郎、行人司行人为会是会誊录官。⑫ 历官按察司佥事。⑬

骆士廉，浙江山阴县人。三甲第三十五名。历官知县。⑭

钱古训，浙江余姚县人。三甲第三十六名，授行人。与李思聪出使缅甸。历官漳州

---

① [雍正]《广东通志》卷四十六《人物志三》。

② [雍正]《四川通志》卷三十四《选举·进士》作辛未科进士，眉州人。[雍正]《四川通志》卷三十五《选举·举人》作彭山县人。

③ [康熙]《江西通志》卷十八《选举·历朝进士》作"贵溪人"(第4页)。[雍正]《江西通志》卷五十二《选举四》于洪武二十年丁卯乡试载其名，作玉山人；于洪武二十七年甲戌张信榜载其名，作贵溪人，历官定海知县。

④ [弘治]《八闽通志》卷四十八《选举·科第·福州府》，第15页。[万历]《福州府志》卷四十七《选举志三》，第256页。[雍正]《福建通志》卷三十六《选举四》。

⑤ [康熙]《江西通志》卷十八《选举·历朝进士》，第4页。[雍正]《江西通志》卷五十二《选举四》。

⑥ [雍正]《山东通志》卷十五之一《选举志》。

⑦ [成化]《山西通志》卷八，四库全书存目丛书史部第174册，第257页。

⑧ [康熙]《江西通志》卷十八《选举·历朝进士》，第4页。[雍正]《江西通志》卷五十二《选举四》。

⑨ 《明太祖实录》卷二百五十四"洪武三十年秋七月甲子"条。

⑩ [康熙]《江西通志》卷十八《选举·历朝进士》，第4页。[雍正]《江西通志》卷五十二《选举四》。

⑪ [雍正]《河南通志》卷四十五《选举二·进士》。

⑫ 见《明代登科录汇编》第1册影印建文二年会试录，台湾学生书局1969年影印本，第116页。

⑬ [雍正]《河南通志》卷四十五《选举二·进士》。

⑭ [康熙]《浙江通志》卷二十九《选举·历朝进士》，第39页。[雍正]《浙江通志》卷一百三十《选举八》。

知府、湖广右参议。① 著有《百夷传》一卷。②

张添祐，湖广江夏县人。三甲第三十七名。③

胡玄，浙江西安县人。三甲第三十八名。④

应承完，浙江奉化县人。⑤ 三甲第三十九名，授吉安泰和县令。⑥

梁熙，广东新兴县人。三甲第四十名。

吕让，⑦ 字克逊，山东即墨县人。三甲第四十一名，授行人。二十九年，与陈诚同使安南。⑧ 后擢监察御史，终陕西按察司佥事。⑨

徐孟恕，江西金溪县人。三甲第四十二名。历官富阳知县。⑩

刘㧑谦，山东德州人。⑪ 三甲第四十三名。洪武末，任河南归德府鹿邑知县。⑫ 永乐元年，任礼部祠祭司员外郎。⑬ 宣德二年，任四川保宁知府。⑭

武信，直隶滁州人。⑮ 三甲第四十四名，授山西介休知县。⑯ 擢陕西按察司佥

---

① ［康熙］《浙江通志》卷二十九《选举·历朝进士》，第 39 页。［雍正］《浙江通志》卷一百三十《选举八》、卷一百七十三《人物四》引［万历］《绍兴府志》。

② 《四库全书总目》卷七十八《百夷传》提要。《千顷堂书目》卷八、《明史》卷九十七《艺文二》以为李思聪作，误。

③ ［嘉靖］《湖广图经志书》卷二《武昌府·人物》，日本藏中国罕见地方志丛刊，书目文献出版社 1991 年版，第 164 页。［康熙］《湖广通志》卷十九《选举·历朝进士》，第 38 页。

④ ［康熙］《浙江通志》卷二十九《选举·历朝进士》，第 39 页。［雍正］《浙江通志》卷一百三十《选举八》。

⑤ ［雍正］《浙江通志》卷一百三十《选举八》。［康熙］《浙江通志》卷二十九《选举·历朝进士》作洪武三十年进士。

⑥ 凌迪知：《万姓统谱》卷五十七。梁潜：《义马传》，《泊庵集》卷十二，文渊阁《四库全书》本。

⑦ 张朝瑞《皇明贡举考》卷二作“吴让”（第 192 页）。

⑧ 《明史》卷三百一十八《广西土司二·思明传》。

⑨ 凌迪知：《万姓统谱》卷七十五。［嘉靖］《山东通志》卷三十三，四库全书存目丛书史部第 188 册，第 365 页，作平度州任。

⑩ ［康熙］《江西通志》卷十八《选举·历朝进士》，第 4 页。［雍正］《江西通志》卷五十二《选举四》。

⑪ 田雯：《雁塔题名碑记》，《古欢堂集》卷三十，文渊阁《四库全书》本。

⑫ ［康熙］《重修河南通志》卷二十三《名宦中》，第 3-4 页。［雍正］《河南通志》卷五十五《名宦中》。

⑬ 俞汝楫编：《礼部志稿》卷四十一《历官表》。

⑭ ［嘉靖］《山东通志》卷十七《科目》，四库全书存目丛书史部第 188 册影明嘉靖刻本，第 136 页。［雍正］《山东通志》卷十五之一《选举志》。《钦定大清一统志》二百九十八《保宁府二》。［雍正］《四川通志》卷六《名宦》。

⑮ ［雍正］《江南通志》卷一百二十一《选举志·进士三》作乙丑科丁显榜进士。

⑯ ［雍正］《山西通志》卷三十五《学校》。

事。① 历官福建佥事。②

张守约，陕西同州人。三甲第四十五名。历官知县。③

杨砥，字大用，山西泽州人。三甲第四十六名，授行人司右司副。历官湖广布政司参议。以父丧归。成祖即位，起鸿胪寺卿，乞终制。服阕。永乐二年，任礼部左侍郎。④ 坐视河渠失职，降工部主事。改礼部。永乐十年，迁北京行太仆寺卿。明年，兼苑马寺卿。十六年，母丧，哀毁，未至家卒。⑤

魏珪，河南中牟县人。三甲第四十七名。历官行人。⑥

李忠，云南昆明县人。三甲第四十八名。历官知县。⑦

刘复，福建建安县人。三甲第四十九名。历官归安知县。⑧

吕祥，直隶华亭县人。三甲第五十名。⑨

杨琏，山东浦台县人。三甲第五十一名。洪武三十年，由行人迁陕西右布政使。⑩

刘瑜，江西南昌县人。举应天府乡试。三甲第五十二名。历官怀庆知府。⑪

沈暹，直隶华亭县人。⑫ 三甲第五十三名。

陈贯，河南睢州人。三甲第五十四名。历官知县。⑬

林英，字孟华，福建连江县人。三甲第五十五名。历官浙江按察司佥事。⑭

陈福山，福建同安县人。三甲第五十六名。历官零陵知县。⑮

---

① 李侃、胡谧纂修：[成化]《山西通志》卷八，四库全书存目丛书史部第174册，第266页。

② [雍正]《福建通志》卷二十一《职官二》。[雍正]《山西通志》卷九十二《名宦十》。

③ [雍正]《陕西通志》卷三十《选举一》。

④ 王世贞：《弇山堂别集》卷五十六《卿贰表·礼部左右侍郎》。

⑤ 《明史》卷一百五十本传。俞汝楫编：《礼部志稿》卷五十五《侍郎杨砥》。金幼孜有《为太仆卿杨砥赋春牧图》(《金文靖集》卷四)诗。李维桢修：[万历]《山西通志》卷二十三《选举下》，《稀见中国地方志汇刊》第4册，中国书店1992年版，第421页。

⑥ [雍正]《河南通志》卷四十五《选举二·进士》。

⑦ 范承勋等：《明续纂云南通志》卷十七《选举》，康熙三十年刻本，第2页。[雍正]《云南通志》卷二十上《选举》。

⑧ [弘治]《八闽通志》卷四十九《选举·科第·建宁府》，第26页。[雍正]《福建通志》卷三十六《选举四》作刘福，卷三十七作刘复。

⑨ [雍正]《江南通志》卷一百二十一《选举志·进士三》。

⑩ 《明太祖实录》卷二百五十四“洪武三十年秋七月丙辰”条。陆钺纂修：[嘉靖]《山东通志》卷十七《科目》，四库全书存目丛书史部188册影明嘉靖刻本，第136页。

⑪ [雍正]《江西通志》卷五十二《选举四》。

⑫ [雍正]《江南通志》卷一百二十一《选举志·进士三》作辛未科许观榜进士。

⑬ [雍正]《河南通志》卷四十五《选举二·进士》。

⑭ [弘治]《八闽通志》卷四十八《选举·科第·福州府》，第15页。[万历]《福州府志》卷四十七《选举志三》，第256页。[雍正]《福建通志》卷三十六《选举四》。

⑮ [弘治]《八闽通志》卷五十《选举·科第·泉州府》，第31页。[雍正]《湖广通志》卷四十五《名宦志》引《明一统志》。[雍正]《福建通志》卷三十六《选举四》。

俞允，字嘉言，直隶江宁县人。更名永。① 以《春秋》登三甲第五十七名。②

林曾，福建莆田县人。三甲第五十八名。历官行人司行人、广东按察司佥事。③

卢显，广西平乐县人。三甲第五十九名。历官参政。④

夏云，山东沂水县人。三甲第六十名。历官监察御史。⑤

林保，浙江龙游县人。⑥ 三甲第六十一名。

王文贵，四川中江县人。三甲第六十二名。永乐二年，以刑科给事中为右春坊右司直郎。⑦ 累迁太仆寺右少卿。⑧

陈诚，字子鲁，江西吉水县人。⑨ 三甲第六十三名，授行人。二十九年，出使安南。复命，升翰林院检讨。⑩ 建文二年，以从仕郎、翰林检讨为廷试收掌试卷官。⑪ 出为广东参议。永乐初，谪居抚州。逾年，起为吏部主事，晋员外郎。⑫ 升本司郎中。累官布政使司参政。凡三使西番，皆不辱命。洪熙中，以老告归。著有《竹山集》。⑬

许遇生，赐名谦，福建莆田县人。三甲第六十四名，授行人司行人。寻乞养亲，左迁吉水县学教谕，改汾水。⑭

---

① 唐开陶纂修：[康熙]《上元县志》卷六《科贡表》，《稀见中国地方志汇刊》第 11 册，第 494 页。

② 汪宗伊、程嗣功修，陈舜仁等纂：[万历]《应天府志》卷十《科贡表上》，《稀见中国地方志汇刊》第 10 册，第 140 页。佟世燕修，戴务楠纂：[康熙]《江宁县志》卷九《人物志上・科贡表》，《稀见《中国地方志汇刊》第 10 册，第 714 页。[雍正]《江南通志》卷一百二十一《选举志・进士三》作江宁籍，华亭人。

③ [弘治]《八闽通志》卷五十四《选举・科第・兴化府》，第 17 页。[雍正]《福建通志》卷三十六《选举四》。

④ [雍正]《广西通志》卷七十《选举》。汪森编《粤西文载》卷六十九《人物传》载刘渊，广西临桂人，洪武甲戌进士。任监察御史，能贞百度。官至湖广左布政使。又见林富、黄佐纂修[嘉靖]《广西通志》卷四十六，四库全书存目丛书史部 187 册影明嘉靖刻蓝印本，第 548 页；[康熙]《广西通志》卷十二《选举志・明进士》，第 14 页。《明一统志》卷八十三载其人，传云："临桂人，洪武中领乡荐，拜监察御史。激扬有声，迁湖广按察司副使。"

⑤ [雍正]《山东通志》卷十五之一《选举志》。

⑥ [康熙]《浙江通志》卷二十九《选举・历朝进士》、[雍正]《浙江通志》卷一百三十《选举八》作西安人。

⑦ 俞汝楫编：《礼部志稿》卷六十七《圣学备考》。黄佐：《翰林记》卷十八。

⑧ 李贤等：《明一统志》卷七十一。[雍正]《四川通志》卷三十四《选举・进士》作辛未科进士。

⑨ 王世贞《弇山堂别集》卷八十一《科试考一》以为其登洪武三十年春榜，授官翰林检讨。

⑩ 《明太祖实录》卷二百五十三"洪武三十年五月乙酉"条。

⑪ 见《明代登科录汇编》第 1 册影印建文二年殿试登科录，台湾学生书局 1969 年影印本，第 4 页。

⑫ 李贤等：《明一统志》卷八十九《外夷》。

⑬ [康熙]《江西通志》卷十八《选举・历朝进士》，第 4 页。[雍正]《江西通志》卷七十七《人物十二・吉安府三》引《竹山自记》。解缙有《赋得字水成文送陈子鲁》(《文毅集》卷四)诗。

⑭ [弘治]《八闽通志》卷五十四《选举・科第・兴化府》，第 17 页。[雍正]《福建通志》卷三十六《选举四》。

陈生，浙江常山县人。三甲第六十五名。历官知县。①

童英，字士杰，福建崇安县四隅里人。② 三甲第六十六名。历官博平知县。③

六、洪武三十年(1397)丁丑科春榜

本科录取进士 51 人。④ 刘三吾、白信蹈为会试考官。⑤

陈䢿，福建闽县人。举应天府乡试。登本科状元。以下第诸生上疏劾告，太祖命重试。遂被安置威虏。四月，恩宥取回，为鸿胪寺司宾司仪署丞。已而御史劾奏，复杀之。⑥

尹昌隆，字彦谦，江西泰和县人。一甲第二名，授翰林修撰。改监察御史。建文初，以地震上言，谪福宁知县。永乐二年，擢左春坊左中允。旋改礼部主事。为尚书吕震诬构，置极刑死。⑦

刘谔，⑧ 浙江山阴县人。一甲第三名。以下第诸生上疏劾告，太祖命重试。遂被安置威虏。后取回为司宾司仪署丞，以御史劾奏，复杀之。⑨

---

① ［康熙］《浙江通志》卷二十九《选举·历朝进士》，第 40 页。［雍正］《浙江通志》卷一百三十《选举八》。

② 管声骏：［康熙］《崇安县志》卷七《人材志卷上·甲科》，《稀见中国地方志汇刊》第 32 册，中国书店 1992 年版，第 1037 页。

③ ［弘治］《八闽通志》卷四十九《选举·科第·建宁府》，第 26 页。［雍正］《福建通志》卷三十六《选举四》。

④ 俞宪《皇明进士登科考》卷二云："时廷对之士宋琮等五十三人，擢陈䢿第一。既而北方举人下第者言取士不公。上阅所取多南士，亦疑之，乃诏考官刘三吾及䢿等一甲三人皆下狱。命翰林儒臣重阅落卷，得六十一人，皆山东、山西、北平、河南、陕西、四川士也。于是有覆试之令。是榜部本、湖本俱缺。今以会试名次补之，然止三十六人，其全不可考矣。"(第 82 页)张朝瑞《皇明贡举考》卷二则云："时会试之士□□□□□□，取宋琮等五十二人，刻程文□□篇，北方之士皆黜落。"又云："时廷对之士五十一人，赐陈䢿等进士及第、出身有差。……部本、湖本俱缺，俞振才本详。"(第 194 页)王世贞《弇山堂别集·科试考一》以为会试取五十一人。(第 1546 页)今存俞宪《皇明进士登科考》于该榜录进士 37 人，其中吴盛、李祥、张寿、魏敏、董克昌为北人，又有浙江金华人相振、云南太和人杨庆、直隶高邮州人顾彬，均不见于《皇明贡举考》。其中"相振"见于洪武二十四年，是否缘于俞宪、张朝瑞所说"湖本虽存，误充辛未榜缺"(第 85、195 页)，尚待考证。《皇明贡举考》录进士 51 人，本文以其所载为据。

⑤ 黄瑜：《双槐岁钞》卷二《丁丑再试》，第 29 页。

⑥ 黄瑜：《双槐岁钞》卷二《丁丑再试》，第 30 页。王世贞：《弇山堂别集》卷八十一《科试考一》。

⑦ 《明史》卷一百六十二本传。［康熙］《江西通志》卷十八《选举·历朝进士》，第 4 页。

⑧ 王世贞《弇山堂别集》卷八《异典述三·一岁两状元》、卷十八《奇事述三·癸丑壬戌三及第之异》作"刘锷"，卷八十一《科试考一》则作"刘谔"。［康熙］《浙江通志》卷二十九《选举·历朝进士》(第 40 页)作"刘仕谔"。

⑨ 王世贞：《弇山堂别集》卷八十一《科试考一》。

芮善，籍江西南城县，寓居直隶。二甲第一名。历官侍书。① 永乐十二年，在司经局洗马任，以事下狱。② 历官襄府左长史。③

王洪，字希范，号毅斋，浙江钱塘县人。④ 年十八，登二甲进士第二名，授行人。升吏科给事中，转翰林检讨。与修《永乐大典》，充副总裁，升翰林侍讲。三典会试文衡，公于取士。改礼部主事，署部事。卒，年四十二。著有《毅斋诗文集》。⑤

邬修，字存诚，江西南昌人。登进士二甲第三名，授行人。⑥ 永乐元年，任广西太平知府。⑦ 历官广东佥事⑧、广西结伦州知州⑨。

盛敬，直隶当涂县人。⑩ 二甲第四名。

黄淮，字宗豫，浙江永嘉县人。二甲第五名，授中书舍人。建文二年，以从仕郎、中书舍人为殿试弥封官。⑪ 成祖即位，召对称旨，与解缙等直文渊阁。改翰林编修，进侍读。太子立，迁左庶子兼侍读。永乐五年，进右春坊大学士。十二年，以太子遣使迎驾缓，下诏狱，皆坐系十年。仁宗即位，复官，寻擢为通政使兼武英殿大学士。丁母忧，乞终制，不许。明年，进少保户部尚书兼大学士。宣德二年，以疾乞休，许之。正统十四年六月卒，年八十三，谥文简。著有《介庵集》、《归田稿》、《省愆集》等。⑫

宋琮，字万钟，江西泰和县人。会元，二甲第六名，擢御史。出为教官，入为给事

---

① 黄佐：《翰林记》卷十七《正官题名》。

② 《明史》卷七《成祖本纪三》。谷应泰编：《明史纪事本末》卷二十六《太子监国》。《万姓统谱》卷九十六："芮善，字性存，武进人。明《易》、《春秋》，性淳厚，无疾言遽色。洪武间登进士第，历官中书舍人、司经洗马，襄府右长史致仕。"从其历官来看，当为同一人，然所言籍贯不同。[康熙]《江西通志》卷十八《选举·历朝进士》(第4页)于本年进士不载其名。

③ 王祖肃、杨宜仑修，虞鸣球、董潮纂：[乾隆]《武进县志》卷七《选举》，《稀见中国地方志汇刊》第12册，第507页。

④ [成化]《杭州府志》卷三十九、卷四十三，四库全书存目丛书史部第175册，第560、610页。[嘉靖]《仁和县志》卷八《科贡》于本年进士录其名，而无"顾晟"。(光绪十九年武林丁氏刻本，第8页)卷九《人物》作"仁和人"。(第4页)[康熙]《浙江通志》卷二十九《选举·历朝进士》(第40页)亦作"仁和人"。

⑤ 《明史》卷二百八十六《文苑二》。胡俨：《礼部主事王洪墓志铭》，《国朝献征录》卷三十五，四库全书存目丛书史部第101册，第690页。[嘉靖]《仁和县志》卷九《人物》。

⑥ [万历]《新修南昌府志》卷十九《人物传》，日本藏中国罕见地方志丛刊，书目文献出版社1990年版，第398页。[雍正]《江西通志》卷五十二《选举四》。其名又见于《御选明诗姓名爵里一》。

⑦ [康熙]《江西通志》卷十八《选举·历朝进士》，第4页。[雍正]《广西通志》卷五十六《秩官》。

⑧ 凌迪知：《万姓统谱》卷七十八。

⑨ 佚名：《土官底簿》卷下，文渊阁《四库全书》本。

⑩ [雍正]《江南通志》卷一百二十一《选举志·进士三》作建文二年进士。

⑪ 见《明代登科录汇编》第1册影印建文二年殿试登科录，台湾学生书局1969年影印本，第3页。

⑫ 陈敬宗：《荣禄大夫少保户部尚书兼武英殿大学士谥文简黄公淮墓志铭》，《国朝献征录》卷十二，四库全书存目丛书史部第100册，第393页。《明史》卷一百四十七本传。

中、刑部检校。以明《周易》，同考会试，擢南京国子助教。九年考满，升翰林检讨，仍行助教事，改任北监。前后四十余年。正统五年(1440)九月致仕，年七十五。后数年卒。①

姚友直，浙江萧山县人。二甲第七名。永乐二年，由中书舍人迁司经局洗马。出为滕府长史，进左参政，仍掌长史事。宣德六年，任太常寺卿。②

毛胤宗，浙江鄞县人。二甲第八名。历官学士。③

胡泰，④ 江西南昌县人。二甲第九名。历官大理评事。⑤

林惟和，⑥ 福建晋江县人。二甲第十名。

邹进，江西吉安府万安县人。二甲第十一名。建文二年，以从仕郎、中书舍人为会试受卷官。⑦ 永乐初，任翰林编修。⑧ 历官侍书⑨、澧州知州⑩。

洪堪，字子舆，浙江淳安县人。二甲第十二名，授监察御史。以年少辞归，永乐初召入。⑪

曾凤韶，江西庐陵县人。二甲第十三名。历官监察御史。成祖即位，自缢死，年二十九。⑫

---

① 黄瑜：《双槐岁钞》卷二《丁丑再试》，第 30 页。王直：《一经堂记》，《抑庵文后集》卷三；《赠宋先生致仕序》，《抑庵文后集》卷二十三。李贤：《资善大夫刑部尚书刘公墓志铭》，《古穰集》卷十七，文渊阁《四库全书》本。[康熙]《江西通志》卷十八《选举·历朝进士》，第 4 页。

② 佚名：《太常续考》卷七，文渊阁《四库全书》本。杨士奇：《西巡扈从纪行录》，《东里续集》卷四十八。[康熙]《浙江通志》卷二十九《选举·历朝进士》，第 40 页。杨士奇有《正月六日偕邹汝舟庶子金用诚司直张伯原司谏过姚友直洗马饮》(《东里诗集》卷一)诗。

③ [乾隆]《鄞县志》卷九《选举表上》，乾隆五十三年刻本，第 39 页。[康熙]《浙江通志》卷二十九《选举·历朝进士》，第 40 页。[雍正]《浙江通志》卷一百三十《选举八》。[乾隆]《鄞县志》卷九《选举表上》于本科录鄞县进士尚有“毕德延”，注云：“题名录无此人，成化志亦无。”

④ 其名见于洪武二十四年会试录。见俞宪《皇明进士登科考》卷二，第 74 页。

⑤ [康熙]《江西通志》卷十八《选举·历朝进士》，第 4 页。[雍正]《江西通志》卷五十二《选举四》。

⑥ 其名见于洪武二十四年会试录。见俞宪《皇明进士登科考》卷二，第 74 页。[弘治]《八闽通志》卷五十《选举·科第·泉州府》于洪武二十七年进士题名后注云：“旧志是年有林惟和，而祭科录不载，志盖误也。”(第 31 页)

⑦ 见《明代登科录汇编》第 1 册影印建文二年会试录，台湾学生书局 1969 年影印本，第 116 页。

⑧ 黄佐：《翰林记》卷十七。

⑨ 黄佐：《翰林记》卷十七。

⑩ [康熙]《江西通志》卷十八《选举·历朝进士》，第 4 页。[雍正]《江西通志》卷五十二《选举四》。王直：《郭处士墓表》，《抑庵文后集》卷二十五。

⑪ 凌迪知：《万姓统谱》卷一。[康熙]《浙江通志》卷二十九《选举·历朝进士》，第 40 页。[雍正]《浙江通志》卷一百三十《选举八》、卷一百九十一《人物九》引《淳安县志》。

⑫ 张朝瑞：《皇明贡举考》卷二，第 194 页。朱睦㮮：《革除逸史》卷一、卷二。张朝瑞：《忠节录》卷二《监察御史曾凤韶》，四库全书存目丛书史部第 90 册，第 618 页。《钦定大清一统志》卷二百五十《吉安府二》。[康熙]《江西通志》卷十八《选举·历朝进士》，第 4 页。

郭子卢，江西泰和县人。三甲第一名，授行人。同年七月，迁行人司正。① 历官按察司佥事。②

陈性善，名复初，以字行，浙江山阴县人。三甲第二名，授行人司副。五月，迁翰林检讨。③ 建文帝即位，擢为礼部侍郎。靖难兵起，改副都御史，监诸军灵璧。战败，与大理丞彭与明、钦天监副刘伯完等皆被执，已悉纵还。自觉辱命，跃马入于河以死。④

黄宗载，一名垕，字厚夫，江西丰城人。登本科三甲第三名，授行人。累迁司正。永乐初，以荐为湖广按察司佥事。征诣文渊阁修《永乐大典》。书成，受赐还任。车驾北征，征兵湖广，使者贪暴失期，坐不举劾，谪杨青驿驿夫。寻起御史，出按交阯。丁祖母忧，起复，改詹事府丞。洪熙元年，擢行在吏部左侍郎。宣德元年，奉命清军浙江。三年，督采木湖湘。以事为御史所劾，下狱。未几得释，迁南京吏部尚书，居九年乞休。九年七月，卒于家，年七十九。⑤

许子谟，⑥ 江西庐陵县人。三甲第四名。洪武三十年，以行人署国子监助教事。⑦ 永乐十九年，任国子博士。⑧ 历官翰林检讨。⑨

黄濬，⑩ 福建瓯宁县人。三甲第五名。

顾晟，浙江仁和县人。三甲第六名。⑪

---

① 《明太祖实录》卷二百五十四“洪武三十年秋七月己未”条。梁兰有《送郭子卢岁贡》(《畦乐诗集》)诗。

② ［康熙］《江西通志》卷十八《选举·历朝进士》作“郭子泸”(第4页)。

③ 《明太祖实录》卷二百五十三“洪武三十年五月乙酉”条。

④ 张朝瑞：《忠节录》卷二《副都御史陈性善》，四库全书存目丛书史部第90册，第605页。《明史》卷一百四十二本传。张朝瑞：《皇明贡举考》卷二，第194页。［康熙］《浙江通志》卷二十九《选举·历朝进士》，第40页。

⑤ 王直：《资政大夫南京吏部尚书丰城黄公宗载神道碑》，《国朝献征录》卷二十七，四库全书存目丛书史部第101册，第373页。《明太祖实录》卷二百五十四“洪武三十年秋七月己未”条。《明史》卷一百五十八本传。［万历］《新修南昌府志》卷十九《人物传》，日本藏中国罕见地方志丛刊，第398页。［康熙］《江西通志》卷十八《选举·历朝进士》，第4页；卷三十《南昌府·人物》，第3页，以为名厚，以字行。

⑥ ［康熙］《江西通志》卷十八《选举·历朝进士》作“许子模”(第4页)。

⑦ 《明太祖实录》卷二百五十四“洪武三十年秋七月甲子”条。

⑧ 杨士奇：《故太宜人杨氏墓碣铭》，《东里续集》卷四十二。［乾隆］《钦定国子监》卷三十一《官师四》引《学典》。杨士奇有《送许子谟博士归北京》(《东里续集》卷五十九)诗，金幼孜有《赠许子谟博士还北京胄监》(《金文靖集》卷三)诗。

⑨ 杨士奇：《国子助教邵先生墓志铭》，《东里续集》卷三十七。

⑩ 其名见于洪武二十四年会试录。见俞宪《皇明进士登科考》卷二，第75页。

⑪ ［康熙］《浙江通志》卷二十九《选举·历朝进士》，第40页。［雍正］《浙江通志》卷一百三十《选举八》。《明史》卷一百一十八《诸王传三·赵王高燧》载永乐七年诛赵简王长史顾晟，不知是否为同一人？

周铎，字师教，江西临江府清江县人。① 三甲第七名。洪武三十年，以行人署国子监助教事。② 建文二年，以迪功郎、行人司行人为会试弥封官。③ 历官监察御史。④

朱思平，字廷准，浙江台州府天台县人。三甲第八名，授中书舍人。建文二年，以从仕郎、中书舍人为会试对读官。⑤ 历官翰林侍书。⑥ 以亲老乞归。靖难时在籍，闻变，饮药而卒。⑦ 著有《孝思集》、《玉堂吟》。⑧

王礼，浙江海盐县人。应天中式。三甲第九名。洪武三十年，以行人署国子监助教事。⑨

唐恕，江西浮梁县人。三甲第十名。历官监察御史。⑩

郑华，浙江临海县人。三甲第十一名。由行人贬东平吏目。靖难兵至，力战而死。⑪

吕尹旻，浙江会稽县人。三甲第十二名。⑫

---

① [康熙]《江西通志》卷十八《选举·历朝进士》作“新喻人”(第4页)。

② 《明太祖实录》卷二百五十四“洪武三十年秋七月甲子”条。

③ 见《明代登科录汇编》第1册影印建文二年会试录，台湾学生书局1969年影印本，第116页。

④ [雍正]《江西通志》卷五十二《选举四》，作新喻人。

⑤ 见《明代登科录汇编》第1册影印建文二年会试录，台湾学生书局1969年影印本，第116页。

⑥ [康熙]《浙江通志》卷二十九《选举·历朝进士》，第40页。[雍正]《浙江通志》卷一百三十《选举八》。

⑦ [雍正]《浙江通志》卷一百六十五《人物二·忠臣三》引《天台县志》。王绅有《送朱思平侍书归省》(《继志斋集》卷三)诗。

⑧ 黄虞稷：《千顷堂书目》卷十八。

⑨ 《明太祖实录》卷二百五十四“洪武三十年秋七月甲子”条。袁国梓纂修：[康熙]《嘉兴府志》卷十六《选举》，《稀见中国地方志汇刊》第15册，第562页。[康熙]《浙江通志》卷二十九《选举·历朝进士》，第40页。[雍正]《浙江通志》卷一百三十《选举八》。

⑩ [康熙]《江西通志》卷十八《选举·历朝进士》，第4页。[雍正]《江西通志》卷五十二《选举四》。

⑪ 《明史》卷一百四十二《颜伯玮传》附。张朝瑞：《皇明贡举考》卷二，第194页。[康熙]《浙江通志》卷二十九《选举·历朝进士》，第40页。《明一统志》卷四十七引省志云：“郑华，临海人。洪武末，由贡士任行人，谪东平州通判。将赴任，闻靖难师起，驰至东平，力疾战死。”《万姓统谱》卷一百九传云：“郑华，临海人。洪武二十九年贡士，任行人，谪东平州通判。将赴任，闻北平师起，时乡人赵次进为无锡县丞，华以妻寄之，驰至东平，力疾战死。”《明史》亦未言其登进士第。《钦定大清一统志》卷二百三十传云：“郑华，字思孝，临海人。洪武进士，授行人。奉使有声。坐诖误，贬东平州吏目。燕兵至州，长贰尽弃城走，华谓妻萧曰：吾义必死。萧泣曰：君不负国，妾敢负君？华曰：足矣。率吏民凭城固守，力疾战，城破，不食五日死。福王时，赠太仆少卿，谥贞庄。本朝乾隆四十一年，赐谥节愍。”

⑫ [雍正]《浙江通志》卷一百三十《选举八》。[康熙]《浙江通志》卷二十九《选举·历朝进士》作“山阴人”(第40页)。

贾闵，① 浙江崇德县人。庚午科举人。三甲第十三名。历官郎中。②

曾纯，江西吉安永丰县人。三甲第十四名。历官员外郎。③

陈善方，江西泰和县人。三甲第十五名。④

王观，⑤ 浙江钱塘县人。三甲第十六名。

陈绍平，⑥ 湖广蓝山县人。三甲第十七名。

张显，浙江仁和县人。三甲第十八名。⑦

程赐，福建建安县人。三甲第十九名。历官监察御史。⑧ 宣德元年，为饶州府学教授。⑨

李祥，四川泸州人。三甲第二十名。

林荣，福建仙游县人。三甲第二十一名。历官行人。⑩

阳庆，云南昆明县人。三甲第二十二名。

钱炳，浙江归安县人。三甲第二十三名。⑪

戴安，江西鄱阳县人。三甲第二十四名。历官兵部员外郎。⑫

刘履节，江西庐陵县人。三甲第二十五名。历官检查御史。⑬ 永乐六年，在太常博

---

① 其名见于洪武二十四年会试录。见俞宪《皇明进士登科考》卷二，第 75 页。[康熙]《浙江通志》卷二十九《选举・历朝进士》(第 40 页)载其名，作石门人，历官郎中。

② 袁国梓纂修：[康熙]《嘉兴府志》卷十六《选举》，《稀见中国地方志汇刊》第 15 册，第 562 页，作石门人。

③ [康熙]《江西通志》卷十八《选举・历朝进士》，第 4 页。[雍正]《江西通志》卷五十二《选举四》。

④ [康熙]《江西通志》卷十八《选举・历朝进士》、[雍正]《江西通志》卷五十二《选举四》均作洪武二十四年辛未许观榜进士。

⑤ 其名见于洪武二十四年会试录。见俞宪《皇明进士登科考》卷二，第 75 页。[康熙]《浙江通志》卷二十九《选举・历朝进士》于洪武二十四年榜载其名。

⑥ 《钦定大清一统志》卷一百九十传云："陈绍平，蓝山人。洪武举人，知睢州。廉谨自饬，均赋役，赈饥民，全活甚众。累官参政。致仕归，笥箧萧然，惟图书数卷而已。"[雍正]《湖广通志》卷三十四《选举志》于洪武二十三年庚午乡试榜载其名。

⑦ [成化]《杭州府志》卷三十九，四库全书存目丛书史部 175 册，第 560 页。[康熙]《浙江通志》卷二十九《选举・历朝进士》，第 40 页。[雍正]《浙江通志》卷一百三十《选举八》。

⑧ [弘治]《八闽通志》卷四十九《选举・科第・建宁府》，第 26 页。[雍正]《福建通志》卷三十六《选举四》。

⑨ 杨荣：《移建饶州府学碑》，[雍正]《江西通志》卷一百二十一《艺文》。

⑩ [弘治]《八闽通志》卷五十四《选举・科第・兴化府》，第 18 页。[雍正]《福建通志》卷三十六《选举四》。

⑪ [康熙]《浙江通志》卷二十九《选举・历朝进士》、[雍正]《浙江通志》卷一百三十《选举八》、[光绪]《归安县志》卷三十一《选举录一》(第 8 页)作洪武二十四年辛未许观榜进士，历官主事。

⑫ [康熙]《江西通志》卷十八《选举・历朝进士》，第 4 页。[雍正]《江西通志》卷五十二《选举四》。

⑬ 《明史》卷一百五十八《魏骥传》。

士任上。①

符铭，广东琼山县人。三甲第二十六名。历官中书舍人。②

庄谦才，福建晋江县人。举应天府乡试。③ 三甲第二十七名。历官湖广右参议④、山西右参议⑤。

李文巽，浙江丽水县人。三甲第二十八名。历官御史。⑥

郭士道，⑦ 江西万安县人。三甲第二十九名。永乐二年，为顺天知府。⑧

朱复亨，江西南城县人。三甲第三十名。历官御史。⑨

陈观，⑩ 福建永福县人。三甲第三十一名。⑪

段树，⑫ 云南昆明县人。三甲第三十二名。

蔡添祥，四川大足县人。三甲第三十三名。

林安，福建瓯宁县人。三甲第三十四名。⑬

李容，⑭ 福建同安县人。三甲第三十五名。⑮

以下备考：

张寿，字永昌，河南陈州项城县人。丁丑进士。建文二年，以迪功郎、行人司行人

---

① 佚名：《太常续考》卷六。杨士奇：《文丞相祠重修记》，《东里文集》卷二。[康熙]《江西通志》卷十八《选举·历朝进士》，第4页。

② [雍正]《广东通志》卷三十二《选举志二·进士》。凌迪知：《万姓统谱》卷十三。

③ [雍正]《福建通志》卷三十七《选举五》。

④ [雍正]《福建通志》卷三十六《选举四》。[雍正]《湖广通志》卷二十八《职官志》。

⑤ [雍正]《山西通志》卷七十八《职官六》。[弘治]《八闽通志》卷五十《选举·科第·泉州府》(第31页)载其历官左参议。

⑥ [康熙]《浙江通志》卷二十九《选举·历朝进士》，第40页。[雍正]《浙江通志》卷一百三十《选举八》。彭润章等纂修：[同治]《丽水县志》卷九《选举·进士》，同治十三年刻本。《丽水县志》同卷录刘道福，注云："河南佥事，碑录无。"

⑦ 俞宪《皇明进士登科考》卷二(第84页)作"郭仕道"。

⑧ 杨士奇：《工部屯田主事郭君墓表》，《东里文集》卷十五。杨士奇：《送郭知府序》，《东里续集》卷八。[雍正]《江西通志》卷五十二《选举四》。[康熙]《江西通志》卷十八《选举·历朝进士》，第4页。

⑨ [康熙]《江西通志》卷十八《选举·历朝进士》，第4页。[雍正]《江西通志》卷五十二《选举四》。

⑩ 其名见于洪武二十四年会试录。见俞宪《皇明进士登科考》卷二，第75页。

⑪ [弘治]《八闽通志》卷四十九《选举·科第·建宁府》(第25页)、[雍正]《福建通志》卷三十六《选举四》于洪武二十四年进士榜载其名，作瓯宁县人，历官刑部主事。

⑫ 俞宪《皇明进士登科考》卷二(第83页)作"段澎"。

⑬ [弘治]《八闽通志》卷四十九《选举·科第·建宁府》(第25页)、[雍正]《福建通志》卷三十六《选举四》于洪武二十四年进士榜载其名，历官吏科给事中。

⑭ 其名见于洪武二十四年会试录。见俞宪《皇明进士登科考》卷二，第74页。

⑮ [弘治]《八闽通志》卷五十《选举·科第·泉州府》(第31页)、[雍正]《福建通志》卷三十六《选举四》于洪武二十四年进士榜载其名，历官御史。

为会试对读官。① 俞宪《皇明进士登科考》卷二据本年会试录载进士三十余人，有张寿其人。② 据此则张寿应为本科春榜进士。似不当以张朝瑞《皇明贡举考》为据。若这一记载可信，则洪武三十年春榜并非完全没有北籍进士，只是人数较少而已。

七、洪武三十年(1397)丁丑科夏榜

录取进士 61 人。其考选方式，史有二说：或作命题覆试，或作重阅落卷。③

韩克忠，字守信，山东武城县人。本科状元，授翰林修撰。同年七月，署国子监司业事。④ 建文二年，升河南按察司佥事。未几卒。⑤

王恕，山东长清县人。一甲第二名，授翰林编修。⑥ 历官知府。⑦

焦胜，山西乐平县人。一甲第三名，授翰林编修。⑧ 历官御史。⑨

蔡或，北平巨鹿县人。二甲第一名。

施礼，北平东安县人。二甲第二名。洪武三十年，由行人司副迁河南右参议。⑩ 宣德元年，任刑部右侍郎。⑪ 宣德五年，任南京刑部尚书。正统七年致仕。⑫

冉通，四川万县人。二甲第三名。历官兵科都给事中。⑬

---

① 见《明代登科录汇编》第 1 册影印建文二年会试录，台湾学生书局 1969 年影印本，第 117 页。

② 俞宪《皇明进士登科考》卷二，第 84 页。

③ 张朝瑞：《皇明贡举考》卷二，第 195 页。

④ 《明太祖实录》卷二百五十四“洪武三十年秋七月甲子”条。

⑤ 李贤等：《明一统志》卷二十三。凌迪知：《万姓统谱》卷二十七。于慎行：《翰林院修撰韩公克忠传》，《国朝献征录》卷二十一，四库全书存目丛书史部第 101 册，第 81 页。陆钛纂修：[嘉靖]《山东通志》卷三十《人物三》，四库全书存目丛书史部 188 册，第 331 页。[康熙]《重修河南通志》卷二十二《名宦》，第 17 页。

⑥ 《明太祖实录》卷二百五十三“洪武三十年五月乙酉”条。王世贞《弇山堂别集》卷八十一《科试考一》作行人司副，或系误读《实录》所致。

⑦ 陆钛纂修：[嘉靖]《山东通志》卷十七《科目》，四库全书存目丛书史部第 188 册影明嘉靖刻本，第 136 页。

⑧ 《明太祖实录》卷二百五十三“洪武三十年五月乙酉”条。王世贞：《弇山堂别集》卷八十一《科试考一》。《翰林记》卷十四《覆试》以为授官翰林编修，卷十七《正官题名》于编修载其名。

⑨ 李维桢修：[万历]《山西通志》卷二十一《选举上》，《稀见中国地方志汇刊》第 4 册，中国书店 1992 年版，第 330 页。

⑩ 《明太祖实录》卷二百五十四“洪武三十年秋七月己未”条。

⑪ 王世贞：《弇山堂别集》卷五十八《卿贰表·刑部左右侍郎》。杨士奇：《西巡扈从纪行录》，《东里续集》卷四十八。

⑫ 王世贞：《弇山堂别集》卷五十一《南京刑部尚书表》。杨荣有《送刑部尚书施礼之南京》(《文敏集》卷三)诗。

⑬ 凌迪知：《万姓统谱》卷八十九。[雍正]《四川通志》卷八《人物》。[雍正]《四川通志》卷三十四《选举·进士》作甲戌二十七年进士。

李质，山东临淄县人。二甲第四名。①

王择善，北平深州人。二甲第五名。历官知县。②

张靦，山东济宁州人。二甲第六名。历官左司谏。③

卫志，山西曲沃县人。二甲第七名。④ 历官知县、知州。⑤

苗微，⑥ 山东临邑县人。二甲第八名，授通政使司右参议。⑦ 历官至按察使。⑧

张朝贵，四川长寿县人。二甲第九名。历官翰林院检讨。⑨

王靖，山东博兴县人。二甲第十名。⑩

李弼，河南祥符县人。二甲第十一名。⑪

常进，北平元城县人。二甲第十二名。⑫

杨睿，河南归德府柘城县人。二甲第十三名。永乐初，官平阳知府。致仕归。⑬

柴本，北平井陉县人。二甲第十四名。历官御史。⑭

罗英，河南临颍县人。二甲第十五名。历官知县。⑮

张俊，山东益都县人。二甲第十六名。历官卫辉府汲县知县。⑯

李遵义，北平衡水县人。二甲第十七名。永乐九年，官河南新郑知县。⑰ 历官知

---

① ［雍正］《山东通志》卷十五之一《选举志》作益都人，历官知县。

② ［雍正］《畿辅通志》卷六十一《选举》。

③ ［雍正］《山东通志》卷十五之一《选举志》。

④ ［雍正］《山西通志》卷六十六《科目二》作洪武二十四年进士。

⑤ 李维桢修：［万历］《山西通志》卷二十二《选举中》，《稀见中国地方志汇刊》第 4 册，中国书店 1992 年版，第 358 页。作甲戌科进士。刘棨修，孔尚任等纂：［康熙］《平阳府志》卷二十一《选举》，《稀见中国地方志汇刊》第 6 册，第 414 页。

⑥ 《万姓统谱》卷三十、［雍正］《山东通志》卷十五之一《选举志》作"苗溦"，历官按察使。

⑦ 《明太祖实录》卷二百五十三"洪武三十年五月丙戌"条。

⑧ ［嘉靖］《山东通志》卷十七《科目》，四库全书存目丛书史部第 188 册影明嘉靖刻本，第 136 页，作"苗溦"。

⑨ ［雍正］《四川通志》卷三十四《选举·进士》作洪武二十七年甲戌进士。

⑩ ［雍正］《山东通志》卷十五之一《选举志》作洪武二十四年进士。

⑪ ［雍正］《河南通志》卷四十五《选举二·进士》。

⑫ ［雍正］《畿辅通志》卷六十一《选举》。

⑬ 李贤等：《明一统志》卷二十《平阳府》、卷二十七《归德府》。［康熙］《重修河南通志》卷二十五《人物一》，第 78 页。以为其洪武初举进士，误。［雍正］《河南通志》卷四十五《选举二·进士》、卷五十八《人物二·归德府》。

⑭ ［雍正］《畿辅通志》卷六十一《选举》。

⑮ ［雍正］《河南通志》卷四十五《选举二·进士》作"罗瑛"。

⑯ ［康熙］《重修河南通志》卷二十三《名宦中》，第 18 页。［雍正］《山东通志》卷十五之一《选举志》，同时作二十四年、三十年进士。

⑰ ［康熙］《重修河南通志》卷二十三《名宦中》，第 42 页。李贤等：《明一统志》卷二十六。［雍正］《河南通志》卷三十三《职官四》、卷五十六《名宦下》。

府。① 永乐六年，以同知升任山西按察司佥事。②

冯忠，四川仪陇县人。二甲第十八名。

梁城，山西稷山县人。二甲第十九名。历官淳化知县。③

焦禋，陕西华州人。二甲第二十名。历官长葛知县④、禹城知县⑤。

樊敬，字守一，山东郓城县人。二甲第二十一名，授春坊司谏。改行人司副，升鸿胪寺丞。永乐中，升鸿胪寺少卿，转正卿。历左通政。永乐二十二年，任刑部左侍郎。⑥

牛斗，河南修武县人。二甲第二十二名。历官行人司副。⑦ 永乐初，任茌平知县。⑧

宁威，山西盩厔县人。二甲第二十三名。

胡泉，山东汶上县人。二甲第二十四名。⑨

王逊，北平高阳县人。二甲第二十五名。⑩ 历官知县。⑪

范恕，河南安阳县人。二甲第二十六名。历官知县。⑫

杨益，山东滕县人。二甲第二十七名。⑬

王理，陕西同州人。二甲第二十八名。

伏伯安,⑭ 河南归德州人。二甲第二十九名。历官侍郎。⑮

苏文，山东恩县人。三甲第一名。历官知县。⑯

---

① [雍正]《畿辅通志》卷六十一《选举》。

② 李侃、胡谧纂修：[成化]《山西通志》卷八，四库全书存目丛书史部第174册，第257页。

③ 李维桢修：[万历]《山西通志》卷二十二《选举中》，《稀见中国地方志汇刊》第4册，中国书店1992年版，第358页。刘棨修，孔尚任等纂：[康熙]《平阳府志》卷二十一《选举》，《稀见中国地方志汇刊》第6册，第414页。[雍正]《山西通志》卷六十六《科目二》。均作"梁诚"。

④ [雍正]《河南通志》卷三十三《职官四》。

⑤ [雍正]《陕西通志》卷三十《选举一》。

⑥ 凌迪知：《万姓统谱》卷二十三。王世贞：《弇山堂别集》卷五十八《卿贰表·刑部左右侍郎》。陆钺纂修：[嘉靖]《山东通志》卷三十《人物三》，四库全书存目丛书史部第188册，第331页。[雍正]《山东通志》卷十五之一《选举志》。

⑦ [雍正]《河南通志》卷四十五《选举二·进士》。

⑧ 陆钺纂修：[嘉靖]《山东通志》卷二十六《名宦中》，四库全书存目丛书史部第188册影明嘉靖刻本，第268页。

⑨ [雍正]《山东通志》卷十五之一《选举志》作洪武二十四年进士，历官知县。

⑩ [雍正]《畿辅通志》卷六十一《选举》作建文二年进士，历官知县。今存建文二年进士录无其名。

⑪ 贾淇、章时鸾修，冯惟敏纂，王国桢增修，王政熙补纂：《保定府志》卷十《选举表上》，《稀见中国地方志汇刊》第2册，第694页。

⑫ [雍正]《河南通志》卷四十五《选举二·进士》作"苑恕"。

⑬ [雍正]《山东通志》卷十五之一《选举志》作"杨溢"，洪武二十四年进士。

⑭ 一作"任伯安"。

⑮ [雍正]《河南通志》卷四十五《选举二·进士》。

⑯ [雍正]《山东通志》卷十五之一《选举志》。

张麟，山西垣曲县人。三甲第二名。① 历官知县。②

王原，四川阆中县人。三甲第三名。③

曾博，河南洛阳县人。三甲第四名。历官知府。④

李泰，河南鹿邑县人。三甲第五名。历官县丞。⑤

王赍，山西屯留县人。三甲第六名，授定兴知县。历官虞城知县。⑥ 历官怀庆府温县知县。⑦

杨焕，山东历城县人。三甲第七名。⑧

陈丕，河南新蔡县人。三甲第八名。历官知县。⑨

张斌，山东汶上县人。三甲第九名。⑩

张瑞，河南信阳县人。三甲第十名。历官知县。⑪

刘芳，山东长清县人。三甲第十一名。历官知县。⑫

张敏，山东益都县人。三甲第十二名。历官知县。⑬

林德，河南光山县人。三甲第十三名。历官知县。⑭

赵玉，河南巩县人。三甲第十四名。历官御史。⑮

李庸，北平真定县人。三甲第十五名。历官侍郎。⑯

屈怡，陕西郃阳县人。三甲第十六名。历官台州府同知。⑰

---

① [雍正]《山西通志》卷六十六《科目二》作洪武二十四年进士，历官知县。

② 李维桢修：[万历]《山西通志》卷二十二《选举中》，《稀见中国地方志汇刊》第4册，中国书店1992年版，第358页。

③ [雍正]《四川通志》卷三十四《选举·进士》作保宁府人，甲戌二十七年进士。

④ [雍正]《河南通志》卷四十五《选举二·进士》作“曹博”。

⑤ [雍正]《河南通志》卷四十五《选举二·进士》。

⑥ 屠直纂修：[康熙]《屯留县志》卷二《人物·进士》，《稀见中国地方志汇刊》第5册，第516页。[雍正]《山西通志》卷六十六《科目二》。

⑦ [康熙]《重修河南通志》卷二十三《名宦中》，第24页。

⑧ [嘉靖]《山东通志》卷十七《科目》，四库全书存目丛书史部第188册影明嘉靖刻本，第136页。[雍正]《山东通志》卷十五之一《选举志》作洪武二十四年进士，历官给事中。

⑨ [雍正]《河南通志》卷四十五《选举二·进士》。

⑩ [雍正]《山东通志》卷十五之一《选举志》作洪武二十四年进士，历官御史。

⑪ [雍正]《河南通志》卷四十五《选举二·进士》作“张端”。

⑫ [嘉靖]《山东通志》卷十七《科目》，四库全书存目丛书史部第188册影明嘉靖刻本，第136页。[雍正]《山东通志》卷十五之一《选举志》。

⑬ [雍正]《山东通志》卷十五之一《选举志》。

⑭ [雍正]《河南通志》卷四十五《选举二·进士》作光州人。

⑮ [雍正]《河南通志》卷四十五《选举二·进士》。

⑯ [雍正]《畿辅通志》卷六十一《选举》。

⑰ (明)叶梦熊纂，(清)庄曾明、叶子循等续纂：[顺治]《重修郃阳县志》卷六《人物志》，《稀见中国地方志汇刊》第8册，第290页。[雍正]《陕西通志》卷三十《选举一》。

陈鉴，四川资县人。三甲第十七名。①

党理，字邦仁，陕西真宁县人。三甲第十八名。任宜阳县丞。历官河南府宜阳知县。② 永乐初，升太仆寺少卿。③

杜恒，北平永宁县人。三甲第十九名。历官知县。④

田恭，北平交河县人。三甲第二十名。历官登封知县。⑤

庞嵩，山东博平县人。⑥ 三甲第二十一名。⑦

张玺，四川江安县人。三甲第二十二名。⑧

吴尚，北平景州人。三甲第二十三名。⑨

方规，山东济阳县人。三甲第二十四名。历官知县。⑩

何润，陕西宁州人。三甲第二十五名，授监察御史。历官知府。⑪

陈礼，山东济阳县人。三甲第二十六名。历官彰德府汤阴知县。⑫ 历官同知。⑬

马俊，北平丰润县人。三甲第二十七名。

---

① ［雍正］《四川通志》卷三十四《选举·进士》作陈铿，资州人，甲戌二十七年进士。

② 李贤等：《明一统志》卷二十九。

③ 梁明翰修、傅学礼纂：［嘉靖］《庆阳府志》卷十二《科目》，《稀见中国地方志汇刊》第 9 册，第 455 页；卷十四《乡贤》，第 470 页。［康熙］《重修河南通志》卷二十四《名宦下》，第 10 页。［雍正］《河南通志》卷五十六《名宦下》。［雍正］《甘肃通志》卷三十三《选举》。李贤等《明一统志》卷三十六、凌迪知《万姓统谱》卷八十六言其二十九年以进士为知县。

④ ［雍正］《畿辅通志》卷六十一《选举》作永年人。

⑤ 郜相修，樊深纂：［嘉靖］《河间府志》卷二十六《选举》，《天一阁藏明代方志选刊》第 2 册影嘉靖十九年刻本，上海书店 1961 年版。杜应芳修，陈士彦、张文德纂：［万历］《河间府志》卷十二《选举志·科贡》，《稀见中国地方志汇刊》第 3 册，第 371 页。［雍正］《畿辅通志》卷六十一《选举》。

⑥ 张朝瑞《皇明贡举考》卷二作“山东博山县人”（第 196 页）。

⑦ ［雍正］《山东通志》卷十五之一《选举志》作洪武二十四年进士，历官知县。

⑧ ［雍正］《四川通志》卷三十四《选举·进士》作泸州人，甲戌二十七年进士。

⑨ 郜相修，樊深纂：［嘉靖］《河间府志》卷二十六《选举》，《天一阁藏明代方志选刊》第 2 册影嘉靖十九年刻本，上海书店 1961 年版，作“吴盛”。杜应芳修，陈士彦、张文德纂：［万历］《河间府志》卷十二《选举志·科贡》，《稀见中国地方志汇刊》第 3 册，第 371 页。［雍正］《畿辅通志》卷六十一《选举》。张一魁纂修［康熙］《纂修景州志》卷三（《稀见中国地方志汇刊》第 3 册，第 580 页）于本年进士载“吴盛”。

⑩ ［嘉靖］《山东通志》卷十七《科目》，四库全书存目丛书史部 188 册影明嘉靖刻本，第 136 页，作“方规”。

⑪ ［雍正］《甘肃通志》卷三十三《选举》。［雍正］《陕西通志》卷三十一《选举二·举人》于洪武二十三年乡试榜载其名，历官长史。梁明翰修、傅学礼纂［嘉靖］《庆阳府志》卷十二《科目》载“贺润”，宁州人，进士，历官监察御史，《稀见中国地方志汇刊》第 9 册，第 454 页；又见卷十四《乡贤》，第 471 页。

⑫ ［康熙］《重修河南通志》卷二十三《名宦中》，第 12 页。

⑬ ［嘉靖］《山东通志》卷十七《科目》，四库全书存目丛书史部第 188 册影明嘉靖刻本，第 136 页。［雍正］《山东通志》卷十五之一《选举志》。

张迪，陕西凤翔县人。三甲第二十八名。①

郜忠，② 北平行唐县人。③ 三甲第二十九名。历官彰德府临漳知县。④

---

① [雍正]《陕西通志》卷三十《选举一》作洪武二十四年进士，历官御史。

② 张朝瑞《皇明贡举考》卷二作"邵忠"（第196页）。

③ [雍正]《畿辅通志》卷六十一《选举》作曲阳人，卷六十四《举人》作行唐人 。

④ 李贤等《明一统志》卷二十八、《万姓统谱》卷一百二十二、《重修河南通志》卷二十三《名宦中》（第12页）作"郤忠"。

下　编

柒、翰林制度渊源论略

“翰林”一词，较早见于扬雄《长杨赋》：“聊因笔墨之成文章，故藉翰林以为主人。”①原意为“文翰之林”，指文翰荟萃之地，亦作拟人之用，初不用以名官。唐代始置翰林官署，以后历代沿袭，成为中国古代一项重要的文官制度。对于历代翰林制度的沿革，《钦定历代职官表》有简要概述：“若夫翰林之名，则其初专为制诰而设。盖自周官内史掌策命，外史掌外令，已为珥笔权舆。汉魏以来，职在尚书、中书。至唐特建翰林院于禁中，置学士以专司内命，而翰林之官始重。沿袭至今，称为华选。然唐宋所谓翰林学士者，其职在于参受密命，发演丝纶，乃如今军机大臣之承旨书宣，而于他事固无所预，故其时国史著作之官，仍以文史著述，各守职司，别为一署，不相统摄。自明代改定官制，举历代所为国史著作之属，悉废不置，独并其所掌于翰林院。于是翰林遂为职事官，虽沿用唐宋学士院旧名，其实即历代国史著作之任，与唐宋之典内庭书诏者迥不相同矣。”②翰林院从最初的掌管文书、应诏撰写制策，发展到广泛参与国家社会经济文化政策的制定、实施，在一千多年的历史进程中，翰林制度日趋成熟、完善，在中国古代政治、文化发展演变中扮演着重要角色。

一

尽管以翰林名官至唐代以后才出现，但早在汉代以前就有与之功能职责类似的职位。周代的内、外史之分，在政职分工上为后来的翰林制度提供了先则。西汉出现的“待诏”，在某种程度上承担了后来翰林的部分职责，其中唐代以后的“翰林待诏”一职，便沿用了汉代的职名。所谓“待诏”，指以各类才技应诏但未被授予正官，仍须等待皇帝诏命之士。如《汉书》卷十一《哀帝纪》记载，建平二年，“待诏夏贺良等言赤精子之谶”。颜师古注引应劭的解释说：“诸以材技征召，未有正官，故曰待诏。”汉代待诏名目繁多，有待诏公车、待诏黄门、待诏金马门等，待诏的人物也各色各样，有经生、文

---

① 萧统编，李善注：《文选》卷九，中华书局1977年版，第136页。

② 永瑢等：《钦定历代职官表》卷二十三《翰林院·历代建置》，文渊阁《四库全书》第601册，第441页。

士、善格五者、知音善鼓琴者、相工、医师、方技等。①

根据诸家文献记载，唐代设立翰林院是在玄宗初年。如宋王溥《唐会要》卷五十七《翰林院》云："(翰林院)开元初置。……其院置左右银台门内。驾在兴庆宫，制在金明门内。驾在大内，制在明福门内。翰林院者，东在银台门内，麟德殿西厢重廊之后，盖天下以艺能技术见召者之所处也。"《资治通鉴》卷二百一十七"玄宗天宝十三载"云："上(即玄宗)即位，始置翰林院，密迩禁廷，延文章之士，下至僧、道、书、画、琴、棋、数术之工皆处之，谓之待诏。"宋人叶梦得《石林燕语》卷一亦云："明皇置翰林院，延文章数术之士皆处之，谓之待诏。"

唐玄宗设立翰林院的目的，主要是为了搜罗各类特殊之才，以便应诏，因而最初设置的职位也都是"翰林待诏"、"翰林供奉"一类的虚衔，并无实际职事。"唐制，中书、门下二省皆供奉外官，随朝士入见，谓之内供奉，随翰林院班者，谓之翰林供奉。"②翰林院中所网罗的人才，并不以"文学"一技为限，而是广涉三教九流，但凡有一技之长，都在征召之列。因此，韦执谊《翰林院故事》开篇概括翰林院设立的缘起说："翰林院者，在银台门内麟德殿西重廊之后，盖天下以艺能伎术见召者之所处也。"③据《旧唐书》卷四十三《职官二》记载：天子在大明宫、兴庆宫、西内、东都、华清宫等处皆有待诏之所，"其待诏者，有词学，经术，合炼，僧道，卜祝，术艺，书奕，各别院以廪之，日晚而退。其所重者词学。……玄宗即位，张说、陆坚、张九龄、徐安贞、张垍等召入禁中，谓之翰林待诏。"《新唐书》卷四十六《百官一》也说："唐制，乘舆所在，必有文词、经学之士，下至卜、医、伎术之流，皆直于别院，以备宴见。"所谓"待诏"，"供奉"，都属于蓄士、养士的行为，目的是为皇帝提供各类知识的咨询。翰林待诏的职责主要包括两个方面：第一，替皇帝草拟诏令文书，对全国各地奏上的表章、疏文予以答复；第二，与皇帝、王大臣以诗文相互唱和应酬。其后为了分担中书省日益繁剧的文字工作，又增设"翰林供奉"一职，与集贤院学士一起负责撰拟制诏书敕。

要考察唐代翰林制度的变迁，须辨明南北翰林院的区别。北翰林院，即玄宗初年设立的翰林待诏和翰林供奉任职之所；南翰林院，即开元二十六年所置学士院，位于翰林院之南。据清人徐松《唐两京城坊考》说："翰林院，在麟德殿西重廊之后，以其在银台门之北，故草制其间者，因名'北门学士'。开元二十六年，于院南别置学士院，户皆东向。学士院南厅五间，翰林院北厅五间，中隔花砖道。"④玄宗即位之初，设立的供奉之所名乾元院。开元六年，改乾元院为丽正修书院。开元十三年，又改丽正修书院为集贤殿书院，五品以上为学士，六品以下为直学士，以宰相一人为学士，知院事。至开元二十六年，在翰林院之南设学士院，由翰林学士代替弘文馆学士、集贤学士行"专掌内

---

① 参见杨鸿年：《汉魏制度丛考》，武汉大学出版社 1985 年版，第 124-129 页。

② 于慎行：《谷山笔麈》卷九《官制》，中华书局 1984 年版，第 101 页。

③ 韦执谊：《翰林院故事》，《翰苑群书》卷四，文渊阁《四库全书》第 595 册，第 353 页。

④ 徐松：《唐两京城坊考》卷一《西京·大明宫》，中华书局 1985 年版。

命”之责。据韦执谊《翰林院故事》记载：“至二十六年，始以翰林供奉改称学士，由是遂建学士，俾专内命，太常少卿张垍、起居舍人刘光谦等首居之，而集贤所掌，于是罢息。自后给事中张埱，中书舍人张渐、窦华等，相继而入焉。其外有韩翃、阎伯玙、孟匡朝、陈兼、蒋镇、李白等，在旧翰林中，但假其名而无所职。至德以后，军国务殷，其入直者并以文词共掌诰敕，自此北翰林院始无学士之名。其后又置东翰林院于金銮殿之西，随上所在而迁，取其便稳。”①李肇《翰林志》也有类似记载：“开元二十六年，刘光谦、张垍乃为学士，始别建学士院于翰林院之南。又有韩纮、阎伯玙、孟匡朝、陈兼、李白、蒋镇在旧翰林院，虽有其名，不职其事。至德宗已后，翰林始兼学士之名。代宗初，李泌为学士，而今壁记不列名氏，盖以不职事之故也。”②由此可见，在唐代中后期政治中扮演重要角色的，并非玄宗初年设置的翰林院，而是开元二十六年设置的学士院。前者“虽有其名，不职其事”，仍属供奉、待诏之流；后者“俾专内命”，参与国家重大政治军事政策的制定。二者的职能，随着政治需求的不同而逐步分化，在唐代中后期形成巨大差异。

对于唐代翰林院与学士院二者的差别，叶梦得曾参照宋制，予以明确区分：

> 唐翰林院，本内供奉艺能技术杂居之所，以词臣侍书诏其间，乃艺能之一尔。开元以前，犹未有学士之称，或曰翰林待诏，或曰翰林供奉，如李太白犹称供奉。自张垍为学士，始别建学士院于翰林院之南，则与翰林院分而为二，然犹冒翰林之名。盖唐有弘文馆学士、丽正殿学士，故此特以翰林别之，其后遂以名官，讫不可改。然院名至今但云学士，而不冠以翰林，则亦自唐以来沿袭之旧也。③

唐代被称作“翰林”的，包括两个群体：一是玄宗朝以后由翰林院进入学士院的词学待诏，逐步发展成中唐以后具有重要地位的翰林学士、翰林承旨学士等；二是供职于翰林院的各类伎艺杂流，如书待诏、棋待诏、画待诏、医待诏等。

因未对翰林院和学士院加以区别，后人论及唐代翰林制度的演变，多是将翰林院与学士院合而言之。如马端临《文献通考》引胡寅之说云：

> 国家陟降多士，当出于中书。中书有私徇，小则诘责，大则黜削可也，不当疑其专而分其权。翰林初置，人才与杂流并处，其后杂流不入，职清而地禁，专以处忠贤文章之士。然有天子私人之目，内相之称，则非王政设官之体矣。王者无私，岂云私人？相无不统，岂云内相？是与大臣自设形迹为异同也。进退辅弼，既与之

① 洪遵：《翰苑群书》卷四，文渊阁《四库全书》第595册，第353页。

② 李肇：《翰林志》，文渊阁《四库全书》第595册，第297页。

③ 叶梦得：《石林燕语》卷七，文渊阁《四库全书》第863册，第594页。

谋，安知无请托之嫌。小人处之，附下罔上，安知无卖主之事？故君道公而已矣。①

此处所谓“翰林”职权的变化，实是由玄宗初年翰林院向开元二十六年以后学士院的过渡。李肇《翰林志》记载元和时学士院的职掌说：“元和初，置书诏印，学士院主之。凡赦书、德音、立后、建储、大诛讨、免三公宰相、命将，曰制，并用白麻纸，不用印。”中唐以后，翰林学士承旨的权力一度超过宰相：“自唐中叶以后，学士之权重于宰相，如陆贽之在奉天，郑絪(细)之在贞元，裴垍、李绛在元和之初，皆以帷幄密谋决军国大计，用人行政，惟所献替。及其为相，宠遇反不若焉，即有所建白，视在北门亦若少减。地之亲疏不同也。汉所谓不任三公，政归台阁，政如此。”②而旧称翰林院中的官员，多是“待诏”、“供奉”的各类杂流之士。

唐代学士院设在皇城内，由翰林学士、学士承旨、学士院使、院吏等人员组成，主要行使“掌诏命”、“备顾问”等职责。据韦执谊《翰林院故事》、李肇《翰林志》所说，翰林学士并无固定的额员，从一二人到五六人不等，以他官兼任，并不固设。唐德宗以后，翰林学士有“内相”之称。据《旧唐书》卷一百三十九《陆贽传》记载：“贽初入翰林，特承德宗异顾，歌诗戏狎，朝夕陪游。及出居艰阻之中，虽有宰臣，而谋猷参决，多出于贽，故当时目为‘内相’。”③又如洪迈《容斋随笔》卷四“翰苑亲近”条载：“唐世宫禁与外廷不至相隔绝，故杜子美诗：‘户外昭容紫袖垂，双瞻御座引朝仪。’又云：‘舍人退食收封事，宫女开函近御筵。’而学士独称内相。至于与命妇分庭，见贵主冠服，内人黛妆，假仙倡以佐酒，他司无比也。”④和平时期相与游幸，危难时期因为亲近而受到重用，“内相”之称一方面显示了唐代翰林学士的崇高地位，同时也表明其地位的获得主要源于皇帝的宠信，而非政治体制的规定。

学士承旨，《翰林志》称为“院长”，唐宪宗初年始设，由翰林学士中选择“年深德重者”充任，位在诸学士上，“凡大诰令，大废置，丞相之密画，内外之密奏，上之所甚注意者，莫不专对，他人无得而参。非自异也，法不当言”。⑤ 因为与皇帝之间关系亲近，只要相处得宜，翰林学士自然比其他臣下更容易得到升迁的机会。“贞元已后，为学士承旨者，多至宰相焉。”⑥自永贞元年(805)唐宪宗任命郑絪为翰林学士承旨以后十七年间，先后出任该官的十一人当中，“九参大政”⑦。如《旧唐书》卷一百七十八《郑畋

---

① 马端临：《文献通考》卷五十四《职官考八·学士院》，中华书局1986年版，第489页。
② 于慎行：《谷山笔麈》卷九《官制》，中华书局1984年版，第101页。
③ 刘昫等：《旧唐书》，中华书局1975年版，第3817页。
④ 洪迈：《容斋随笔》卷四，文渊阁《四库全书》第851册，第301页。
⑤ 元稹：《翰林承旨学士记》，《元稹集》卷五十一，中华书局1982年版，第559页。
⑥ 刘昫等：《旧唐书》卷四十三《职官二》，中华书局1975年版，第1854页。
⑦ 元稹：《翰林承旨学士记》，《元稹集》卷五十一，第560页。

传》载："畋以德望先达，沦滞久之。既冠禁庭，当为宰辅，因谢承旨，自陈曰：'禁林素号清严，承旨尤称峻重。偏膺顾问，首冠英贤。今之宰辅四人，三以此官腾跃，其为盛美，更异寻常。岂谓凡流，继兹芳躅，臣所以忧不称承旨之任也。至若继刘瞻之慎密，守保衡之规程，沥恳事君，披肝翊圣，以贞方为介胄，用忠信作藩篱。丹青帝文，金玉王度，臣亦不敢让承旨之职。'"①从郑畋所谓"忧不称"与"不敢让"中可以看出，翰林学士承旨在唐代中后期政治格局中具有重要地位，已经成为宰相理所当然的继任者。

学士院使，由内廷宦官充任，一般为二人，"于内朝选端肃敏裕、迈乎等伦者为之使，有二员，进则承睿旨而宣于下，退则受嘉谟而达于上，军国之重事，古今之大体，庶政之损益，众情之异同，悉以关揽"。② 主要是起着沟通皇帝与大臣的作用。其具体事宜，"每日晚执事于思政殿，退而传旨"。③ 看似简单，实是关乎国家大政施行的效率。

院吏又称小使，通常为十人，其主要职责为"更番守曹"、主管"二库书"及负责供给纸笔、保管文书等④。

此外，晚唐穆宗至文宗朝，尚有翰林侍讲学士、翰林侍书学士等官。翰林侍书学士之职责，与书待诏近似，且多以他官充任。如《旧唐书》卷一百六十五《柳公绰传》附载柳公权传云："穆宗即位，入奏事，帝召见，谓公权曰：'我于佛寺见卿笔迹，思之久矣。'即日拜右拾遗，充翰林侍书学士，迁右补阙、司封员外郎。穆宗政僻，尝问公权笔何尽善，对曰：'用笔在心，心正则笔正。'上改容，知其笔谏也。历穆、敬、文三朝，侍书中禁。"⑤翰林侍讲学士的主要职责，是为皇帝疏解经史，多是以他官充任，并非固设官职。如《新唐书》卷二百《儒学下》载：许康佐"以中书舍人为翰林侍讲学士，与王起皆为文宗宠礼。帝读《春秋》至'阍弑吴子余祭'，问：'阍何人邪？'康佐以中官方强，不敢对，帝嘻笑罢。"⑥

能够被选为翰林学士，首要条件是"慎密淳贞"，不将自己在宫廷内的所见所闻宣之于外。"若非谨恪而有立，秉贞而通理，俾乂枢要，简于帝心，言不及温树之名，慎不遗辕马之数，处是职者，不亦难乎？至于强学修词，刀笔应用，或久洽通儒之望，或早升文墨之科，虽必有之，乃余事也。"⑦作为皇帝倚重的"密勿之臣"，翰林学士必须

---

① 刘昫等：《旧唐书》，中华书局 1975 年版，第 4631-4632 页。

② 杜元颖：《翰林院使壁记》，《文苑英华》卷七百九十七，文渊阁《四库全书》第 1340 册，第 735 页。

③ 李肇：《翰林志》，文渊阁《四库全书》第 595 册，第 301 页。

④ 具体论述，可参见李肇《翰林志》相关记载，文渊阁《四库全书》第 595 册，第 301 页。

⑤ 刘昫等：《旧唐书》卷一百六十五，中华书局 1975 年版，第 4310 页。

⑥ 欧阳修、宋祁：《新唐书》，中华书局 1975 年版，第 5722 页。

⑦ 韦执谊：《翰林院故事》，《翰苑群书》卷四，文渊阁《四库全书》第 595 册，第 354 页。

是性格长厚、慎言稳重之人。这一条件，在此后历朝翰林学士选拔中都是至关重要的因素。① 其次，要承担撰写制敕的职责，文词优通自然也必不可少。如王谠《唐语林》卷三“赏誉”条载：“宣宗舅郑仆射光镇河中，封其妾为夫人，不受。表曰：‘白屋同愁，已失凤鸣之侣；朱门自乐，难容乌合之人。’上大喜，问左右曰：‘谁教阿舅作此好语？’对曰：‘光多任一判官田询者掌书记。’上曰：‘表语尤佳，便好作翰林官。’论者以为不由进士，又寒士，无引援，遂止。”②作为为皇帝起草诏书的侍从官员，除了能对自己的所见所闻谨守不外泄之外，“能否出佳语”亦是进入翰林的必备条件。而对于其入官前的品级，则并无严格的要求，“下自校书郎，上及诸曹尚书，皆为之”③。在中国古代，通过正常途径的铨选，均需遵循一定的规程；而皇帝直接任用臣下，则可以不受选官机制的限制，唐代翰林学士的任用即是如此。

尽管唐代翰林学士不像明清两代，大多由进士出身，但至中唐以后，出身进士的翰林学士要比非进士出身的翰林学士为多。翰林学士的选拔，需经过一定的程序，按照李肇的说法，“凡初迁者，中书、门下召令右银台门候旨。其日入院，试制书答共三首，诗一首。自张仲素后加赋一首。试毕封进，可者翌日受宣，乃定，事下中书、门下，于麟德殿候对”。④ 所试的内容，与翰林学士应当履行的职责是一致的。

唐代予衔翰林学士的虽然主要是五品以下官员，但其地位却非同一般。对此，韦执谊用“密之至”、“恩之厚”、“职之重”三语予以概括：“况此院之置，尤为近切，左接寝殿，右瞻彤楼，晨趋琐闼，夕宿严卫，密之至也。骖镳得御厩之骏，出入有内使之导，丰肴洁膳取给大官，衾裯服御资于中库，恩之厚也。备待顾问，辨驳是非，典持缣牍，受遣群务，凡一得失，动为臧否，职之重也。”⑤李肇则借翰林学士授职以后赏赐的多少、朝廷宴会时座次的先后，来显示其地位的重要：“本院赐宴，营幕使宿设帐幕图褥，尚食供馔，酒坊使供美酒，是为敕设序立。拜恩讫，候就宴，又赐衣一副，绢三十匹，飞龙司借马一匹。旬日，又进文一轴，内库给青绮锦被、青绮方褡、青绫单帕、漆通中枕、铜镜、漆奁、象篦、大小象梳、漆箱、铜挲罗、铜掮椀、紫丝履、白布手巾、画木架、床炉、铜案、席、毡、褥之类，毕备。内诸司供膳饮之物，主膳四人掌之。内园官一户三人以供使令，其所乘马送迎于掷仗门内，横门之西。度支月给手力资四人，人钱三千五百，四品已上加一人。每岁内赐春服物三十匹，暑服三十匹，绵七屯，寒食节料物三十匹，酒饴、杏酪、粥屑肉馂，清明火二社蒸怀，端午衣一副，金花银器一

① 如孔平仲《续世说》卷三“方正”条云：“蜀主以李昊领武信节度使，右补阙李起上言：‘故事宰相无领方镇者。’蜀主曰：‘昊家多冗费，厚禄优之尔。’起性悻直，李昊尝语之曰：‘以子之才，苟能谨默，当为翰林学士。’起曰：‘俟无舌乃不言尔。’”由此可见，择选翰林学士，在“才识”与“谨默”二者之间，“谨默”更为重要。

② 王谠：《唐语林》，中华书局 1987 年版，第 282 页。又见赵德麟《侯鲭录》卷六。

③ 李肇：《翰林志》，文渊阁《四库全书》第 595 册，第 299 页。

④ 李肇：《翰林志》，文渊阁《四库全书》第 595 册，第 299 页。

⑤ 韦执谊：《翰林院故事》，《翰苑群书》卷四，文渊阁《四库全书》第 595 册，第 299-300 页。

事，百索一轴，青团镂竹大扇一柄，角粽三服粆蜜，重阳酒糖、粉糕，冬至岁酒兔野鸡，其余时果新茗瓜新历，是为经制。直日就班授，下直就第赐之。凡内宴坐次宰相，坐居一品班之上，别赐酒食珍果与宰相同，赐帛二十匹，金花银器一事。”①赏赐的多少，与地位的高低是成正比的，唐代中后期翰林学士地位之高，从生活待遇上亦可见一斑。

二

经过五代短暂的低落，翰林制度在宋代获得了长足的发展，机构和机制都发生了巨大的变化。对此，沈括概述说：

> 唐翰林院在禁中，乃人主燕居之所，玉堂、承明、金銮殿皆在其间。应供奉之人，自学士已下，工伎群官司隶籍其间者，皆称翰林，如今之翰林医官、翰林待诏之类是也。唯翰林茶酒司止称翰林司，盖相承阙文。
>
> 唐制，自宰相而下，初命皆无宣召之礼，惟学士宣召。盖学士院在禁中，非内臣宣召，无因得入，故院门别设复门，亦以其通禁庭也。又学士院北扉者，为其在浴堂之南，便于应召。今学士初拜，自东华门入，至左承天门下马；待诏、院吏自左承天门双引至阁门，此亦用唐故事也。唐宣召学士，自东门入者，彼时学士院在西掖，故自翰林院东门赴召，非若今之东华门也。至如挽铃故事，亦缘其在禁中，虽学士院吏，亦止于玉堂门外，则其严密可知。如今学士院在外，与诸司无异，亦设铃索，悉皆文具故事而已。②

宋代翰林院在机构设置上沿袭唐代某些做法的同时，又作了更明确的区分：一为翰林院，隶属于内侍省，分设书艺、图画、天文、医官四局，系各种艺能之士的待诏之所；二为翰林学士院，为独立的政府机构。

宋代史家论及唐宋翰林制度的沿革，多注意到两朝翰林学士院在体制方面的变化：唐代翰林学士院没有固定建置，翰林学士多以他职兼任；宋代前期虽然部分沿袭了唐代的做法，但自中期以后，逐步从体制上确立了翰林学士院在政府机构中的独立地位。如《文献通考》记载：

> 唐之所谓翰林学士，只取文学之人，随其官之崇卑，入院者皆为学士。延覲之际，则各随其元官立班，而所谓学士，未尝有一定之品秩也。故其尊贵亲遇者号称

---

① 李肇：《翰林志》，文渊阁《四库全书》第595册。又如洪遵《翰苑遗事》云：“唐制，翰林学士初入院，赐设并衣服，中和节赐红牙银寸尺，上巳、重阳并赐宴曲江。清明赐新火，夏赐冰，腊日赐口脂及红雪澡豆，岁前赐历。日有所修撰，则赐茶果酒脯。策试程文，则赐设并匹帛。社日赐酒、蒸饼、馃饼等。事见唐人文集。”（《翰苑群书》卷十二）

② 沈括著，胡道静校注：《新校正梦溪笔谈》卷一，中华书局1957年版，第22页。

内相，可以朝夕召对，参议政事，或一迁而为宰相；而其孤远新进者，或起自初阶，或元无出身，至试令草麻制，甚者或试以诗赋，如试进士之法。其人皆呼学士，自唐至五代皆然。至宋则始定制，资浅者为直院，暂行者为权直，于是真为翰林学士者，职始显贵，可以比肩台长，举武政路矣。①

关于唐代翰林学士立朝班次，李肇《翰林志》、韦执谊《翰林院故事》、《旧唐书·德宗本纪》均有记载，兴元元年（784）或贞元元年（785），朝廷颁布诏敕，令翰林学士朝服序班，“宜准诸司官知制诰例”。然而在大多数重要场合，翰林学士仍需以原官列班。据李肇《翰林志》说：“凡郊庙大礼，乘舆行幸，皆设幕次于御幄之侧，侍从亲近，人臣第一。御含元殿、丹凤楼，则二人于宫中乘马，引驾出殿门，徐出就班。大庆贺则俱出就班。”②并没有形成固定的品级。而宋代则不同，宋代翰林学士院为正式的政府机构，内部组织严密，官员设置从高到低依次为承旨、学士、直院、权直等，其选任、降黜、俸禄等也有严格的规定，形成了完备的体制。

宋代翰林学士院设有翰林学士承旨、翰林学士、直学士院、学士院权直、翰林权直及待诏等官。其主要职责包括：

其一，草拟诏命，“掌制、诰、诏、令撰述之事”③，宫禁所用文词也归其掌管④。翰林学士需根据应用对象的差异，拟撰各种不同类型的文书，“凡立后妃，封亲王，拜宰相、枢密使、三公、三少，除开府仪同三司、节度使，加封，加检校官，并用制；赐大臣大中大夫、观察使以上，用批答及诏书；余官用敕书；布大号令用御札，戒励百官、晓谕军民用敕榜；遣使劳问臣下，口宣。凡降大赦、曲赦、德音，则先进草；大诏命及外国书，则具本取旨，得画亦如之”。⑤ 对于文书的体类，杨亿《杨文公谈苑》作了细致罗列：“学士之职，所草文辞，名目浸广。拜免公王将相妃主曰制，赐恩宥曰赦书、曰德音，处分公事曰敕，榜文号令曰御札，赐五品以上曰诏，六品以下曰敕书，批群臣表奏曰批答，赐外国曰蕃书，道醮曰青词，释门曰斋文，教坊宴会曰白语，土木兴建曰上梁文，宣劳锡赐曰口宣。此外更有祝文、祭文、诸王布政、榜号、薄队、名赞、佛文、疏语，复有别受诏旨作铭、碑、墓志、乐章、奏议之属。此外文表歌颂应制之作。”⑥要应对如此繁多的文字撰写工作，宋代翰林院与明代以后所谓“闲曹”颇不相同。

---

① 马端临：《文献通考》卷五十四《职官考八·学士院·翰林学士》，中华书局 1986 年版，第 491 页。

② 李肇：《翰林志》，文渊阁《四库全书》第 595 册，第 300 页。

③ 脱脱等：《宋史》卷一百六十二《职官二》，中华书局 1977 年版，第 3811 页。

④ 如《宋会要辑稿·职官》六之五十引《神宗正史·职官志》云：“学士院，掌制、诰、赦、敕、国书及宫禁所用之文词。”《宋史·职官二》：“凡宫禁所用文词皆掌之。”

⑤ 脱脱等：《宋史》卷一百六十二《职官二》，中华书局 1977 年版，第 3811 页。

⑥ 杨亿：《杨文公谈苑·学士草文》，上海古籍出版社 1993 年版，第 7 页。

其二，侍从顾问，“乘舆行幸，则侍从以备顾问，有献纳则请对”①。如《续资治通鉴长编》卷五十六记载，景德元年七月，“先是，上召翰林学士梁灏夜对，询及当世台阁人物，灏曰：‘晁迥笃于词学，盛元敏于吏事。’上不答，徐问曰：‘文行兼著如赵安仁者有几？’灏曰：‘安仁材识兼茂，体裁凝远，求之具美，未见其比也。’既而灏卒。乙酉，以知制诰赵安仁为翰林学士。”②官高言重，翰林学士对朝中政治、人物的评价，在某种程度上已成为朝廷迁擢官员的重要参考意见。

其三，充当考官。主持、协同主持省级或全国科举、制举考试，即所谓“知贡举”、“权知贡举”及“同知贡举”、“权同知贡举”，是宋代翰林学士院官的又一重要职责：“科举之设，实用人材之根本，而省试最为重事，必于六曹尚书、翰林学士中择知贡举。”③唐代开元以前，主持科举考试的为考功郎中，开元以后则为礼部侍郎；宋代开国以后，南方各省科举考试多用翰林学士为主考官。

其四，主持、参与编纂图书。宋代编书颇丰，其中不少是由翰林学士院官主持、参与编纂的，如欧阳修编纂《新五代史》，宋白主持编纂《续通典》，李昉主持编纂《太平广记》、《太平御览》等。

其五，充当各种形式的使臣。如《词林典故》载：“宋与辽岁通使问，正副使二人，仁宗以后多用翰林学士一人，如胡宿、欧阳修、刘敞、苏颂，并以学士出使。又辽使至，亦以翰林及他官一人为馆伴使，如苏轼为学士而馆伴辽使是已。”④又如宋太宗至道元年(995)八月丁酉，“以翰林学士承旨宋白为册皇太子礼仪使”⑤。

翰林学士承旨，又称“翰长”，宋代并非常设官，“以学士久次者为之”⑥。

翰林学士，为学士院正官，据孙逢吉《职官分纪》卷十五载：“元祐官品，令翰林学士承旨、翰林学士正三品。”关于宋代翰林学士的员额，情形与唐代相似，存在两种说法：一说为六人，如洪迈《容斋三笔》卷十二“侍从两制”条云：“翰林本以六员为额。”章如愚《群书考索》后集卷四“总论国初元丰官制”云：“翰林学士袭唐制，以六员为额。”《宋会要辑稿·职官》六之四九云：“〔至和元年〕九月，翰林学士杨察为承旨，知制诰，吕溱、王洙并为翰林学士。故事，学士六员，今洙为第七员，盖宰相过除也。”⑦一说无固定人数，如《文献通考》卷五十四“职官考八·学士院”云：“宋翰林学士，无定员。”钱大昕《廿二史考异》卷七十一“宋史·职官志二”条根据《容斋三笔》等文献，考证唐至宋翰林学士的员额，认为：“《新唐志》虽云学士无定员，然白居易诗有‘同时六学士，五相一渔翁’之句，则唐时学士亦六员矣。《五代会要》载开运元年敕，翰林学士与

---

① 脱脱等：《宋史》卷一百六十二《职官二》，中华书局1977年版，第3812页。
② 李焘：《续资治通鉴长编》，文渊阁《四库全书》第314册，第764页。
③ 徐松：《宋会要辑稿·选举》二十之三，中华书局1957年版，第4576页。
④ 鄂尔泰、张廷玉：《词林典故》卷三《职掌》，文渊阁《四库全书》第599册，第474页。
⑤ 李焘：《续资治通鉴长编》卷三十八，文渊阁《四库全书》第314册，第512页。
⑥ 脱脱等：《宋史》卷一百六十二《职官二》，中华书局1977年版，第3812页。
⑦ 徐松：《宋会要辑稿》，中华书局1957年版，第2521页。

中书舍人，旧分为两制，各置六员，是五代亦六员也。南渡后，学士不轻授，常以它官直院，然亦不过二员。间有三员者，则周必大所记绍兴八年承旨孙近、直院曾开、勾龙如渊，三十一年学士何溥、直院虞允文、刘珙，隆兴初承旨洪遵、学士史浩、直院刘珙是也。(见《淳熙玉堂杂记》)”①唐、宋翰林学士的员额，按照规定为六人，然而不同朝代又会根据各自时代政治发展的需要，调整具体的人数，因而才会出现了一二人到五六人不等的情况，产生定额和不定额两种说法。

翰林学士衔内带知制诰称内制，中书舍人衔内带知制诰称外制，即所谓“两制”。“两制”之名，正式定立是在后晋出帝开运元年(944)。《五代会要》卷十三“翰林院”条云：“开运元年六月敕，翰林学士与中书舍人，旧分为两制，各置六员，偶自近年，权停内署。况司诏命，必在深严，将使从宜，却仍旧贯，宜复置翰林学士院。至三年正月，赐翰林学士院诏书金印一面。”②宋代沿用“两制”之制，“至唐置翰林学士，以文章侍从。本朝因之，翰林学士司麻制批答等为内制，中书舍人六员分房行词为外制”。③又有宋初与神宗元丰改制之别：“国朝未改官制之前，翰林学士带知制诰者，乃其为内制之职；而他官带知制诰者，为外制之职。若不带知制诰，而但为翰林、中书者，是特寄禄官之称。官制既行，则翰学、中书自为职官，不复带知制诰之衔。”④徐度《却扫编》亦云：“翰林学士，祖宗时多有别领他官，如开封府、三司使之类者，不复归院供视草之职。故衔内必带知制诰，则掌诏命者也。官制后，虽不领他职，然犹带知制诰，如故遇阙，则以侍郎、给舍兼直学士院。近岁有以尚书兼权翰林学士者，而不带知制诰，议者谓不若止称直学士院。”⑤钱大昕据以考证说：“元丰以前，两制皆称知制诰，学士而知制诰者，掌内制也；但称知制诰者，掌外制也。学士而不掌制，则衔内不云知制诰。”⑥至于翰林学士应诏写制程序，郑真说：“翰林书诏付门下者为内制，而以中书行词者为外制。凡大册，命锁院，则命内侍于学士私第传旨，执事者异常服，呼喏以俟，劳以酒馔，然后上马，传呼夹道，行者辟易。既至，宦者迓以入。制成，翌日黎明，捧金盘进，御以金刷印可。既宣读，乃谢恩受赐而归。”⑦

直学士院、学士院权直，“凡他官入院未除学士，谓之直院；学士俱阙，他官暂行院中文书，谓之权直”。⑧ 沈括《梦溪笔谈》卷二云：“唐制，官序未至而以他官权摄者，为直官，如许敬宗为直记室是也。国朝学士、舍人皆置直院。熙宁中，复置直舍人、学士院，但以资浅者为之，其实正官也。熙宁六年，舍人皆迁罢，阁下无人，乃以章子平

---

① 钱大昕：《廿二史考异》，上海古籍出版社 2004 年版，第 995 页。
② 王溥：《五代会要》，中华书局 1998 年版，第 175 页。
③ 赵彦卫：《云麓漫钞》卷五，文渊阁《四库全书》第 864 册，第 310 页。
④ 林駉：《古今源流至论》后集卷二《两制》，文渊阁《四库全书》第 942 册，第 192 页。
⑤ 徐度：《却扫编》下，文渊阁《四库全书》第 863 册，第 791 页。
⑥ 钱大昕：《廿二史考异》卷七十一《宋史・职官志二》，上海古籍出版社 2004 年版，第 995 页。
⑦ 郑真：《读玉堂类稿》，《荥阳外史集》卷三十六，文渊阁《四库全书》第 1234 册，第 197 页。
⑧ 脱脱等：《宋史》卷一百六十二《职官二》，中华书局 1977 年版，第 3812 页。

权知制诰，而不除直院者，以其暂摄也。”①直学士院，始自开宝二年(969)卢多逊、李昉②；权直学士院，始自开宝六年(973)张澹，又有学士院权直，始自淳熙五年(1178)崔敦诗。③ 一般情况下，权直官多以从官兼任，但也有少数例外：“国朝故事，率以从官兼直院，若左右史、少卿、监之类，则止称权直院焉。近岁崔大雅以枢密院编修官、赵大本以校书郎、陈内翰宗召以著作佐郎兼直，盖特命也。绍兴末，高宗视师建康时，何内翰(溥)属疾不能从，而直院虞并父使两淮，乃命唐立夫以起居郎兼行宫直院，车驾还复省。”④

翰林权直，《宋史·职官志》列于“翰林学士院”下，据周必大《玉堂杂记》记载，“乾道癸巳(1173)，曾丞相怀、郑参政闻、张枢密说在二府，或荐新改官正字崔大雅敦诗入内庭，以其资浅，乃创翰林权直之名，月俸减学士直院三之一，(自学士承旨至庶官兼权直院者，俸给一等。)院中餐钱不减。明年冬，以父忧去，寻丁母忧。戊戌秋，服阕，复召为密院编修官。史丞相浩当国，下史院订论，兼职名称遂改为学士院权直。盖以翰林乃内诸司总名，难专指学士院也”。⑤《宋史·职官志》也说：“乾道九年，崔敦诗初以秘书省正字兼翰林权直。淳熙五年，敦诗再入院，议者以翰林乃应奉之所，非专掌制诰之地，更为学士院权直。后复称翰林权直，然亦互除不废，权、正或至三人。”从实际职属来看，翰林权直例应归入翰林学士院，然而需予以区分。

关于宋代翰林学士院各官资阶高低，王应麟咸淳、德祐间的经历具有代表性：“咸淳元年正月，臣应麟以著作佐郎暂摄。闰五月，兼翰林权直。二年正月，为军器少监，升学士院权直。三年三月，以将作监升权直学士院。德祐元年三月，除中书舍人，兼直学士院，四月入院。前后再入北门凡四年，咸淳元二间及德祐之元，多独直云。”⑥虽多以他官兼领，然而翰林各官本身亦有高低之分，大致来说，兼领各官由低至高分别为翰林权直、学士院权直、权直学士院、直学士院、翰林学士及翰林学士承旨。

翰林学士院之外，宋代还设有翰林院，隶属于内侍省。宋代翰林院所蓄人才的层次极为丰富，琴棋书画、天文、卜筮、医道等各色人物供奉其中，主要承担皇家生活所需的休闲娱乐、医疗保健等功能。据《宋会要辑稿·职官》卷三十六之九十五云：“翰林院，在宣祐门内东廊，掌供奉国画、弈棋、琴玩之事，以执技事上。待诏、艺学、装画、捏塑，无定员。……《神宗正史·职官志》：翰林院勾当官一人，以内省押班、都

---

① 沈括著，胡道静校注：《新校正梦溪笔谈》，中华书局1957年版，第34页。

② 李焘《续资治通鉴长编》卷十载，开宝二年十一月戊辰，“诏中书舍人李昉，兵部员外郎、知制诰卢多逊分直学士院。直学士院，自昉及多逊始也”。

③ 李心传：《建炎杂记》甲集卷十《官制一·直学士院》，文渊阁《四库全书》第608册，第314页。

④ 李心传：《建炎杂记》甲集卷十《官制一·直学士院》，文渊阁《四库全书》第608册，第314-315页。

⑤ 周必大：《玉堂杂记》卷下，文渊阁《四库全书》第595册，第567页。

⑥ 王应麟：《〈曾参孔伋配食大成乐章〉后识》，《四明文献集》卷四，文渊阁《四库全书》第1187册，第247页。

知充，掌艺学供奉之事，总天文、书艺、图画、医官四局。”又如《朝野类要》卷二“院体”条云：“唐以来，翰林院诸色皆有，后遂效之，即学官样之谓也，如京师有书艺局、医官局、天文局、御书院之类是也。即今画家称十三科，亦是京师翰林子局，如德寿宫置省智堂，故有李从训之徒。”①翰林院设勾当官一员，总领四局，各局下设待诏、使、副使等官，人数没有固定限制，“凡执伎以事上者皆在焉”②。

除翰林学士院、翰林院各官外，以“翰林”作为官名的还有翰林侍读学士、翰林侍讲学士、翰林司等。

翰林侍读学士、翰林侍讲学士，或以为乃学士院官属，如《宋会要辑稿·职官》六之四十六引《两朝国史志》云：“学士院：翰林学士承旨、翰林学士，翰林侍读、侍讲学士。”然而据《宋史·职官志》，翰林侍读学士、翰林侍讲学士并未被列入翰林学士院，而是作为单独的职名。对于宋代翰林试读学士、翰林侍讲学士的兴废变迁，《宋史·职官志》有详细叙述：

> 太宗初，以著作佐郎吕文仲为侍读。真宗咸平二年，以杨徽之、夏侯峤并为翰林侍读学士，始建学士之职。其后冯元为翰林侍读，不带学士；又以高若讷为侍读，不加别名，但供职而已。天禧三年，张知白为刑部侍郎，充翰林侍读学士、知天雄军府，侍读学士外使自知白始。元丰官制，废翰林侍读、侍讲学士不置，但以为兼官。然必侍从以上乃得兼之，其秩卑资浅则为说书。岁春二月至端午日，秋八月至长至日，遇只日入侍迩英阁，轮官讲读。元祐七年，复增学士之号，元符元年省去。建炎元年，诏可特差侍从官四员充讲读官，遇万机之暇，令三省取旨，就内殿讲读。③

侍读学士、侍讲学士乃是一种职任，多以侍从官兼任，而其中以秩高资深的翰林学士院官兼者，称作翰林侍读学士、翰林侍讲学士，位于翰林学士之下。如《续资治通鉴长编》卷一百八十载，仁宗至和二年六月己亥，“三司使尚书左丞王拱辰为宣徽北院使判并州，翰林学士承旨、端明殿学士、翰林侍读学士、户部侍郎杨察罢职，以本官为三司使给事中，权御史中丞孙抃为翰林学士承旨兼侍读学士”。又如《东都事略》卷七十一《孙抃传》载，孙氏于仁宗时“改翰林学士承旨兼侍读学士，迁礼部侍郎”。《东都事略》卷九十三《苏轼传》载，“轼治杭，有德于民，民为立祠。召为翰林学士承旨兼侍读”。

翰林司，南唐时已有其名，宋代为光禄寺下属机构，又称“茶酒局”，掌管“供果实及茶茗汤药”④。宋祁《杨太尉墓志铭》亦云：“国朝翰林司，掌汤液、果酝之奉。”⑤《宋

---

① 赵升：《朝野类要》，文渊阁《四库全书》第854册，第113-114页。
② 脱脱等：《宋史》卷一百六十六《职官六》，中华书局1977年版，第3941页。
③ 脱脱等：《宋史》卷一百六十二《职官二》，第3813页。
④ 脱脱等：《宋史》卷一百六十四《职官四》，第3892页。
⑤ 宋祁：《景文集》卷六十，文渊阁《四库全书》第1088册，第579页。

会要辑稿·职官》卷二十一之八“翰林司”条记载尤详：“翰林司在大宁门内，掌供御酒、茗、汤、果，及游幸、宴会内外筵设，兼掌翰林院执役者之名籍而奏其番宿。勾当官四员，以诸司使、副使及内侍充，兵校三百人，药童十一人。”

与唐代相比，宋代翰林制度的另一明显变化，是在择取标准方面有了更多限制。宋代翰林学士的选拔，大致需符合两个标准：其一，进士科或制科出身。如徽宗崇宁五年(1106)二月庚午，曾下令：“翰林学士、两省官及馆阁，自今并除进士出身人。”①其二，有在地方任官的经历。如王鏊《震泽长语》卷上“官制”条云：“宋时两制，皆文学名天下者，始应其选，虽一甲三人，亦出知外任，然后召试，欲其知民事也。其余应试，率皆一时赫然有名中外，所谓制科是也。故文学之士，不至遗弃，又通知民间利病，以其曾试于外也。”②而其入院途径，则有皇帝简擢、大臣论荐等。

宋代翰林制度与科举之间确立了密切的关系，翰林学士大多需由进士出身。这一规定，在崇尚科举制度的宋代，极大地提升了翰林学士院的地位，后来为明清两代所效仿，成为影响中国古代政治发展的重要举措。

三

辽、金、元虽为少数民族政权，但都通过推行各种文人选拔和任用机制，以吸引更多的汉族知识分子参与政治，翰林院的设置就是其中之一。

辽代与宋并峙，所行官制，“分北南院”，“以国制治契丹，以汉制待汉人”。③ 前期未行汉制以前，“掌文翰之事”的为大林牙院，属官有北面都林牙、北面都林牙承旨、北面林牙、左林牙、右林牙等；推行汉制以后，翰林院建置大体沿袭唐制，“掌天子文翰之事”的机构为翰林院，属官有翰林都林牙、南面林牙、翰林学士承旨、翰林学士、翰林祭酒、知制诰、翰林应奉文字以及总知翰林院事等。此外，翰林画院有翰林画院待诏，翰林医院有翰林医官等④。

相比而言，金代翰林制度虽“大率皆循辽、宋之旧”，却较前代有更多创制。金代对于翰林制度的推进主要体现在以下几个方面：

其一，设翰林院官为专职，并为之定立品级。据《金史》卷五十五《百官一》记载，翰林学士院下设官属有：翰林学士承旨，为正三品官，“掌制撰词命，凡应奉文字，衔内带知制诰”，贞祐三年(1215)，升从二品；翰林学士，为正三品官，翰林侍读学士、翰林侍讲学士，均为从三品官，翰林直学士，为从四品官，与翰林学士承旨职掌相同；翰林待制，为正五品官，“分掌词命文字，分判院事，衔内不带知制诰”；翰林修撰，

① 脱脱等：《宋史》卷二十《徽宗二》，中华书局1977年版，第367页。

② 王鏊：《震泽长语》，文渊阁《四库全书》第867册，第203页。

③ 脱脱等：《辽史》卷四十五《百官一》，中华书局1974年版，第685页。

④ 参见《辽史》卷四十七《百官三》。又见《钦定续文献通考》卷五十四“职官考八·学士院”条。

为从六品官，职掌与待制相同；应奉翰林文字，为从七品官。①

其二，按照不同种族，分配翰林侍读学士以下至应奉翰林文字等官的名额。据《金史·百官一》记载："天德三年(1151)，命翰林学士院自侍读学士至应奉文字，通设汉人十员，女直、契丹各七员。"元明清等朝都沿用这一做法。

其三，设立翰林修撰一职。修撰本为史馆职名，唐代有集贤院修撰，宋代有集英殿修撰、右文殿修撰、秘阁修撰、实录院修撰、国史院修撰等职，均隶他署，与翰林无涉。金代至迟至海陵王天德年间，已设有翰林修撰一职，此后元明清三朝均设此职。

金代选授翰林学士院官，需符合一定的条件，并遵循一定的程序。据《金史·选举一》记载："大定二十八年，敕设科取士为学士院官。礼部下太常，按唐典，初入学士院例先试，今若于进士已仕者，以随朝六品、外路五品职事官荐，试制、诏、诰等文字三道，取文理优者充应奉。由是翰苑之选为精。"②从总体上看，金代入选翰林学士院的官员，也与宋代一样，多数是由进士出身。其中，如金代科举考试中的汉人进士第一名，照例会被授为应奉翰林文字。

在金代翰林学士院的职任中，有一项内容对后来翰林制度的发展有重要影响，即编修实录、正史。这一做法，在辽、西夏都曾得到施行。据《宋史》卷四百六十八《夏国传下》记载："〔绍兴〕三十一年，立翰林学士院，以焦景颜、王佥等为学士，俾修实录。"元代遵循其制，并以其作为翰林学士院的重要职任："旧例，史院有监修，宰相为之；同修，翰长至直学士兼之。"③宋代翰林院虽也参与编书，但修正史、实录、会要、日历等职，都另设机构(均隶属于秘书省)。而到了元明清三朝，纂修实录、正史才逐步发展成翰林院执掌的重要内容。

元代在翰林制度方面的一个重大变化，是将翰林院与国史院合二为一，正式定名"翰林国史院"。黄溍《翰林国史院题名记》叙其沿革说：

> 世祖皇帝中统元年，初设翰林学士承旨，官止三品。至元元年，乃建翰林国史院，而备学士等官。八年，院升从二品。成宗皇帝大德九年，院升正二品。仁宗皇帝亲揽御笔点定，置立学士承旨六员，学士、侍读学士、侍讲学士、直学士各二员。皇庆元年，院升从一品，迄今遵为永制。先是，蒙古新字及伊斯提费并教习于本院，翰林国史、集贤两院合为一，仍兼起居注、领会同馆、知秘书监，而国子学以待制兼司业，兴文署以待制兼令，编修官兼丞，俱来隶焉。其后新字既析置翰林院，而复立集贤院如故。今兴文署已废，本院于起居注、会同馆、秘书监、国子学之事，悉无所预。回回学士亦省，而伊斯提费以待制兼掌之。今上皇帝建宣文阁而不设学士，诏以经筵、崇文监皆归于本院，崇文监言其非便而止。惟于学士、承旨

① 脱脱等：《金史》卷五十五，中华书局1975年版，第1246页。

② 脱脱等：《金史》卷五十一，中华书局1975年版，第1152页。

③ 元好问编：《中州集》卷十"李讲议汾"，中华书局1959年版，第490页。

而下，摘官判署经筵之文移。顷因纂修后妃、功臣传，又以执政兼学士、承旨等官，而无常员。此建置沿革之大略也。①

元代在设立翰林国史院之前，就已开始授翰林官。如中统元年三月，元世祖即位，征召窦默为翰林侍讲学士②。同年四月丁未，以翰林侍读学士郝经为国信使，翰林待制何源、礼部郎中刘人杰为副使，出使南宋③。七月癸酉，仍命王鹗为翰林学士承旨兼修国史。中统二年(1261)七月，王鹗提出设立翰林国史院的建议，得到了元世祖的许可④。二十七日，正式下诏立院，仍命王鹗为翰林学士承旨兼修国史，翰林侍读学士郝经差充国信使，翰林侍讲学士李昶兼同议东平路军民事，李治为翰林学士、知制诰、同修国史，王恽、雷膺二人为翰林修撰、同知制诰兼国史院编修官⑤。拟授官职而未到任的有：王磐为翰林直学士，徒单公履为翰林待制，孟攀麟为翰林待制，宋思诚翰林修撰，胡祗遹为应奉翰林文字。诸人均先后到任。中统二年初设翰林国史院后，又于至元元年正式完成翰林国史院建置。所设官属，既有原属翰林学士院的翰林学士承旨、翰林学士、翰林侍读学士、翰林侍讲学士、翰林直学士、翰林待制、翰林修撰、应奉翰林文字等官，又有辽、金等朝隶属国史院的编修、检阅、典籍、经历、都事等官，此外，还有掾史、译史、通事、知印、典吏、典书、书写等吏员。至元十八年，并集贤院入翰林国史院，改称翰林国史集贤院，署官遂以翰林集贤为名⑥。二十二年，又分立集贤、翰林国史为两院。其后职属不一，代有变更。延祐以后定制，设承旨 6 人，从一品，学士 2 人，正二品，侍读学士、侍讲学士各 2 人，从二品，直学士 2 人，从三品，待制 5 人，正五品，经历 1 人，从五品，修撰 3 人，从六品，应奉翰林文字 5 人，从七品，都事 1 人，从七品，编修 10 人，正八品，检阅 4 人，正八品，典籍 2 人，正八品；并设吏属：掾史 4 人，译史、通事、知印各 2 人，蒙古书写 5 人，书写 10 人，接手书写 10 人，典

---

① 黄溍：《金华黄先生文集》卷八，四部丛刊初编本。

② 宋濂等：《元史》卷一百五十八《窦默传》，中华书局 1976 年版，第 3731 页。

③ 《元史》卷四《世祖一》云："癸亥，初立翰林国史院。王鹗请修辽、金二史。又言：'唐太宗置弘文馆，宋太宗设内外学士院。今宜除拜学士院官，作养人才。乞以右丞相史天泽监修国史，左丞相耶律铸、平章政事王文统监修辽、金史，仍采访遗事。'并从之。"王恽《玉堂嘉话序》云："中统建元之明年辛酉夏五月，诏立翰林院于上都，故状元文康王公授翰林学士承旨。已而公谓不肖恽曰：'翰苑载言之职，莫国史为重。'遂复以建立本院为言，允焉，仍命公兼领其事。"王恽《中堂事记》下云："是日(即 7 月 27 日)有诏照会立翰林国史院，道与翰林承旨王鹗，据保奏翰林官修国史事准奏收拾者，在这里底先与职名者外，未到人员候来时定夺。"(《秋涧先生大全集》卷八十二)

④ 宋濂等：《元史》卷四《世祖一》，中华书局 1976 年版，第 71-72 页。

⑤ 据王恽《中堂事记》下、《玉堂嘉话》及《元史·雷膺传》等文献，王、雷二人被保举在七月十八日，二十七日正式任命。

⑥ 《元史》卷八十七《百官三》载其事于至元二十年。此据王士点《秘书监志》卷一"设司徒府"："至元十八年十一月二十五日，奉司徒府札付十月二十日奏准，翰林国史院、领会同馆、集贤院都并做一个衙门，笔且齐、色埒默为头儿。"

吏3人，典书2人。

元代翰林制度较前代的又一重大变化，是设立蒙古翰林院。至元八年，因翻译、书写蒙文诏书的需要，开始在翰林国史院设立蒙古翰林学士。至元十二年，应王磐、窦默之请，在翰林国史院之外另立蒙古翰林院，为从二品衙门，官职设置与翰林国史院相同，“掌译写一切文字，及颁降玺书，并用蒙古新字，仍各以其国字副之”①。至元十八年，也曾随集贤院一起并入翰林国史院，后复另设②。延祐以后定制，设承旨7人，学士2人，侍读学士2人，侍讲学士2人，直学士2人，待制4人，修撰2人，应奉5人，经历1人，都事1人；并设吏属：承发架阁库管勾1人，正九品，必阇赤14人，掾史3人，通事1人，译史1人，知印2人，书写1人，典吏3人。

元代翰林国史院承担的职任，主要包括：第一，代言草诏，“代言以施命于四方”；第二，纂修国史，“载事以传信于万世”；第三，经筵侍讲，“天子出御经筵，则劝讲进读，启沃圣心”；第四，熟参经史，以备顾问，“退则紬绎前闻，以待访问”。③ 此后明清两代，翰林院的主要职责也与此类似。

元代翰林国史院因承担了修史之任，地位也得到进一步提高，如元仁宗在给省臣的诏谕中说：“翰林、集贤儒臣，朕自选用，汝等毋辄拟进。人言御史台任重，朕谓国史院尤重；御史台是一时公论，国史院实万世公论。”④重其事进而崇其任，实属情理中事。然而，元代翰林国史院官品秩虽高，却属闲散衙门。如元成宗大德四年五月，“帝谕集贤大学士阿鲁浑撒里等曰：‘集贤、翰林，乃养老之地，自今诸老满秩者升之，勿令辄去。或有去者，罪将及汝。其谕中书知之。’”⑤又《元史》卷一百八十五《汪泽民传》载，至正五年，汪泽民以修辽、金、宋三史成授大中大夫、集贤直学士，不足两月即告老还乡，“大学士和尚曰：‘集贤、翰林，实养老尊贤之地，先生何为遽去？愿少留以副上意。’泽民曰：‘以布衣叨荣三品，志愿足矣。’”⑥品秩逐渐提高，实际的政治权力却逐渐下降，是元代以后翰林制度发展的总体趋势。

四

明清两代的翰林制度，在前代的基础上又有所创制，逐步走向成熟和完善。

---

① 宋濂等：《元史》卷八十七《百官三》，中华书局1976年版，第2190页。

② 王士点《秘书监志》卷一“设司徒府”：“蒙古翰林院，是写蒙古字圣旨，这勾当大有并在汉儿翰林院里，不宜一般。如今依旧翰林院，交托里察罕为头儿。秘书监、大史院、司天台人也多有，俸钱也多有，都并做一个衙门，交张平章，不妨枢密院勾当，兼管着做头儿。”

③ 黄溍：《上都翰林国史院题名记》，《金华黄先生文集》卷八，四部丛刊初编本。

④ 宋濂等：《元史》卷二十四《仁宗一》，中华书局1976年版，第549页。

⑤ 宋濂等：《元史》卷二十《成宗三》，中华书局1976年版，第431页。

⑥ 宋濂等：《元史》卷一百八十五《汪泽民传》，中华书局1976年版，第4253页。

明代翰林院又称“词林”①、“馆阁”②，初设在吴元年(1367)，具体时间大致存在二说：其一，五月己亥建院并定官制。如《明太祖实录》卷二十三云：“〔五月〕己亥，初置翰林院：学士，正三品；侍讲学士，正四品；直学士，正五品；修撰、典簿，正七品；编修，正八品。召知饶州府陶安为学士。”《明史》等亦持此说。《明会要》所载略有不同，《会要》据《弇山堂别集》、《春明梦余录》等文献，认为吴元年五月设立的是翰林国史院，洪武元年改为翰林院。③ 其二，八月建翰林国史院，十月定官制。如周应宾《旧京词林志》卷一《纪事》上：“(丁未)吴元年八月，建翰林国史院，以陶安为学士，潘庭坚为侍讲学士，范常为直学士。……十月，定本院官制。正官：学士，秩正三品；侍讲学士，正四品；直学士，正五品。首领官：典簿，从五品。属官：待制，从五品；修撰，正七品；编修，正八品。”④洪武二年，更定翰林院官制，在学士之上设学士承旨，秩正三品，而改学士为从三品。此后，明代翰林院职属屡经更易，逐步形成了以学士、侍读学士、侍讲学士、侍读、侍讲、修撰、编修、检讨、五经博士、典籍、侍书、待诏、孔目为官属层层递级的官制系统⑤。

与前代相比，明代翰林院在体制上有两大变化：

其一，实行两京两院制。永乐七年，以顺天府为北京，所设官署均在前加“行在”，遂立行在翰林院。永乐十八年(1421)九月，明成祖下诏自永乐十九年起，改京师为南京，以北京为京师，革“行在”之称，迁都北京，但仍保持两京建置。自此以后至明亡，始终是南北翰林院并存的格局。尽管在官职品秩上南、北翰林并无差别，然而从实际政治地位上来说，南京翰林院远较北京翰林院低，职任也更为清闲。丘濬《送侍读学士徐先生掌南京翰林院序》云：

> 宋人有言，宰相有任责之忧，神仙无爵位之宠，既都荣显，又享清闲，惟学士然也。学士之职，在前代为荣选，然所掌者，大封拜、大诏令、大制作之外，下至

---

① 据周应宾《旧京词林志》卷一所说，翰林院悬“词林”榜额，在洪武三年十一月。

② 如罗玘《馆阁寿诗序》云：“今言馆，合翰林、詹事、二春坊、司经局，皆馆也，非必谓史馆也。今言阁，东阁也，凡馆之官，晨必会于斯，故亦曰阁也，非必谓内阁也。然内阁之官，亦必由馆阁入，故人亦蒙冒，概目之曰馆阁云。”

③ 龙文彬：《明会要》卷三十五《职官七 · 翰林院上》，中华书局1956年版，第616页。

④ 周应宾：《旧京词林志》卷一，四库全书存目丛书史部第259册，第1页。

⑤ 明代翰林官制沿革及各官职掌，可参见《明史》卷七十三《职官二》及《明会典》卷一百七十四关于翰林院的论述。又章潢《图书编》卷八十四“六部总论”云：“皇朝吴元年，初置翰林国史院。洪武十四年，令翰林编修、检讨、典籍，春坊司直郎、正字、赞读，考驳诸司奏启，平允则列名封上，署曰‘翰林院兼平驳诸司文章某官某’。十八年，革所置秘书监、弘文馆及起居注等，定翰林官制：学士一人，掌词翰、礼、文章、诏敕，备顾问，正图书，考议制度，凡经筵日讲，修书之士，皆承受而统领焉；侍读学士、侍讲学士各一人，职专讲读经史；五经博士五人，专讲经义，以佐学士讲读；典籍二人，勾辑图书以时什，袭而藏之；侍书二人，以字书侍上；待诏二人，应对；孔目一人，典文移出入；史官修撰三人，编修三人，检讨四人，掌修国史，凡诸大政，上所下诏敕书檄、批答王言，皆谨籍而记之，以备实录。”可见其一般情形。

于青词、斋文、口宣、致语之类无大关系者，皆俾为之，殆无虚日。荣则荣矣，然谓之清闲则恐未也。较之他曹局，稍为优尔。我朝之制，制诰、诏敕之外，编纂、讲读之余，一切屏去浮文，凡前代所谓祷祈、宴会之事，恒希有焉，其职务尤为清以闲也。……南京虽曰根本之地，然自文庙迁都之后，百官众职，咸随以北。凡诸司留务，比旧为简，而翰林殆甚焉。①

类似论述，在明代颇为普遍。如冯梦祯《旧京词林志序》云："翰林职亲地近，世人艳慕以为神仙。至南掌院，无朝参侍从之劳，兼山水文酒之乐，又仙中之尊且逸者。居之者，或以养望，或以藏拙。"王维桢《赠别驾梁君之延平序》云："今南都诸省，皆称闲曹，而翰林尤甚。"所谓"闲曹"，包含两层含义：第一，职事简单；第二，清贫窘困。据何良俊《四友斋丛说》记述："南京各衙门，唯翰林院最清苦，既无职掌，亦无夫役。如公堂酒之类，是自家出银，令家人买办。乙卯年摆瀛洲会，亦是自备银十两，央东城罗兵马设席。"②连同僚之间的聚会都要自己掏腰包，可见其清贫寒碜已到了何种地步。正因为职清事简，南京翰林院在官员设置上也颇为简约，有时甚至以编修、检讨等官执掌院事③。而明代许多在政治斗争中失意的中央政府官员，往往会被外放为南京衙署官员，也从另一个侧面反映了南京翰林院地位的没落。

其二，采取庶吉士考选制。庶吉士之选，始于洪武十八年，但并不限于翰林院。其年三月，选授进士官职，"其诸进士，上以其未更事，欲优待之，俾之观政于诸司，给以所出身禄米，俟其谙练政体，然后擢任之。其在翰林院、承敕监等近侍衙门者，采《书经》'庶常吉士'之义，俱称为庶吉士。其在六部及诸司者，仍称进士"。④ 其中，黄子澄、顾观分别以三甲和二甲进士选为翰林院庶吉士。洪武二十一年二月，黄子澄授官翰林修撰⑤。庶吉士授翰林院官，自黄子澄始。

---

① 丘濬：《重编琼台稿》卷十一，文渊阁《四库全书》第1248册，第211页。

② 何良俊：《四友斋丛说》卷十二，中华书局1959年版，第100页。

③ 如张元忭《馆阁漫录》卷三载，景泰五年(1454)八月庚子，"命南京翰林院检讨王稌署本院事。稌，少傅直子也，先以检讨掌国子监丞事，至是本院缺官，故命稌署事"。沈德符《万历野获编》以"五异"概括王稌以检讨署院事的不同寻常："王稌者，江西泰和县人，吏部尚书王文端(直)次子也。以布衣荐授本县训导，升南京国子博士，再升翰林检讨，署监丞事。三年考满入京，适南京翰林学士邢宽卒，吏部奏以稌旧职掌南院。又三年丁母忧，卒于家。以布衣入翰林，一异也；以检讨从七品史馆而握词林篆，二异也；邢起家状元，而稌布衣继之，三异也；其推掌院印时，文端公方为冢宰在事，而子膺异数，不一引嫌，四异也；天顺改元，旧臣诛逐殆尽，文端亦革少傅致仁，时稌在南院，亦无人指摘之，五异也。盖文端重望，非有私于子，而时犹淳朴，言事者亦未尝有穿鉴搜抉之习，遂无物色及之者。"尽管王稌以翰林院检讨署掌南京翰林院事只是个别例子，但这种情况也只会出现在地位不受重视的南京翰林院。

④ 《明太祖实录》卷一百七十二。

⑤ 周应宾：《旧京词林志》卷一《纪事上》，四库全书存目丛书史部第259册，第22页。黄佐《翰林记》卷三"庶吉士铨注"记其选云："是科本院庶吉士则陈淇等，吏科则杨靖等，户科则郭资等，礼科则徐旭等，然其详则不可考矣。"

庶吉士专隶翰林院，始于永乐二年。其时，先选庶吉士60人，后补入1人，总共61人。据《旧京词林志》记载，永乐二年三月，“仍命于二甲、三甲中择能文杨相、宋子环、王训、王直、秦政学、徐安、吾绅、彭汝器、周忱、刘子钦、周文、李宁、张御、章朴、欧阳俊、卢翰、梁任、熊直、王道、曹景辉、陆孟良、萧省身、刘孟铎、柴广敬、张宗琏、田忠、曾与贤、洪锺、洪顺、余学夔、陈满、萧清、刘绍、林凤、张宪、殷尋、严光祖、涂顺、段民、李贞、江铁、章敞、倪维哲、许瑢、陈敬宗、王仲寿、李迪、袁添禄、李时勉、杨椠，能书汤流、王英、孙奉、余鼎、李永年、袁迩、周远、锺旭、彭礼、戴弘演，俱为翰林院庶吉士，俾内府读书习字，命学士解缙莅之。已而户部办事进士李衡自陈年未三十，政事生疏，愿赴翰林院读书，以图前进。补报，许之，仍照例改为庶吉士”。① 同年四月、五月，又先后以内府修书之需，选进士沈升等20人、诸司办事能书进士曾慎等29人为庶吉士，既而只留沈升等15人。永乐三年正月，又命左庶子黄淮、右庶子胡广于进士中选曾棨等28人就学文渊阁，复以周忱自陈，增入为29人，其中除曾棨为修撰，周述、周孟简为编修之外，其余26人均为翰林院庶吉士。

庶吉士的考选，称作“馆选”。其选拔机制，在明代前期并无一定标准：“惟庶吉士之选，自永乐二十年以来，或间科一选，或连科累选，或数科一选，或合三科同选，初无定限。每科选用，或内阁自选，或礼部选送，或会吏部同选，或限年岁，或拘地方，或采誉望，或就廷试卷中查取，或别出题出试，亦无定制。”②弘治六年(1493)四月，以给事中涂旦建议选庶吉士，遂定制：“一次一开，一次选用。待新进士分拨各衙门办事之后，偶其中有志学古者，各录其平日所作文字，如论、策、诗、赋、序、记之类，限十五篇以上，于一月之内，赴礼部呈献。礼部阅试讫，编号封送翰林院考订。其中词藻文理有可取者，按号行取，本部仍将各人试卷记号，糊名封送，照例于东阁前出题考试。其所试之卷，与所投之文相称，即收以预选。若其词意钩棘而诡僻者，不在取例。中间有年二十五以下，果有过人资质，虽无宿构文字，能于此一月之间，有新作五篇以上，亦许投试。若果笔路颇通，其学可进，亦在备选之数。每科不必多选，所选不过二十人。每选不必多留，所留不过三五辈。”③至此，翰林院庶吉士均由内阁会同礼部、吏部一起考选，所取多是年纪较轻、文词优长的进士。④

---

① 周应宾：《旧京词林志》卷一《纪事上》，四库全书存目丛书史部第259册，第34-35页。

② 徐溥：《奏为考选庶吉士事》，《谦斋文录》卷一，文渊阁《四库全书》第1248册，第536页。又见丘濬《重编琼台稿》卷七，题作《乞储养贤才奏》。二文略有不同，应为礼部奏稿，丘濬撰稿，徐溥改定。

③ 此据俞汝楫编《礼部志稿》卷七十二、《明孝宗实录》卷七十四。《明史》卷七十《选举二》系于弘治四年(1491)。

④ 沈德符《万历野获编》卷十《词林·馆选定制》述嘉靖十三年以后庶吉士馆选变迁说：“自嘉靖十三年乙未馆选后，遇丑、未则选，遇辰、戌则停，终世宗之朝三十余年，遂为故事。其后丙辰、己未、壬戌，连三科不选，至乙丑始复考耳。而穆宗御极二年为戊辰，以龙飞首科，特选三十人。至万历二年，虽首科亦不选矣，此后庚辰亦如之。至丙戌而次揆王太仓建议，谓：‘每科必有佳士，安见丑、未盛而辰、戌衰？’于是奏准，但会试之后，俱行馆选，而木天济济，光前绝后矣。自张永嘉丙戌摧残以来，至是恰周天，盖运会固然，不第圣主之宽严异也。”

庶吉士入馆以后，按照惯例，会推举一位年长的为馆长，“总挈诸务”①。庶吉士在馆学习时间一般为三年，通常由翰林院或詹事府资深官员教习。平日定期考试，第一名称作“馆元”。三年期满考试，按成绩优劣作为授官标准，谓之“散馆”，“其留者，二甲授编修，三甲授检讨；不得留者，则为给事中、御史，或出为州县官”。② 张位《词林典故》概述庶吉士从“馆选”至“散馆”的历程说：“凡庶吉士，内阁会同吏、礼二部考选，送院读书。题请詹、翰等官二员为馆师，教习日课，所读书三种。每日穿堂公会毕，后堂掣签背书，馆长免背。每月馆课，馆师披阅，送内阁看过。春秋二季朔望，内阁考试，先以学士宫坊讲读官二员看卷拟序，送中堂裁定，发馆师拆卷，次日诣内阁谢序。俟有成绩，内阁题请，送吏部铨注，本院并除各衙门职衔。”③

明代翰林院官的进用途径，在明前期并无严格限制，以科举、荐举等多途并进，诸如归附、征聘、辟举、荐达、陈言、召试、修书、撰文、授经、办事、习字、习译等。按照周应宾《旧京词林志》的统计，明代翰林院官的出身资格包括④：第一，进士。明代进士授翰林院官，始于洪武十八年(1385)。《明会要》卷三十五《职官七》载：“定进士一甲授修撰，二甲以下授编修、检讨。……是年廷试，擢一甲进士丁显等为翰林院修撰，二甲马京等为编修，吴文为检讨。进士之入翰林，自此始也。”丁显之外，授修撰的还有练子宁和花纶，授编修的还有齐麟，授检讨的还有三甲进士蔡福南。洪武二十一年(1388)三月，第一甲进士任亨泰授翰林院修撰，唐震、卢原质授翰林院编修。此后形成定例，一般情况下，只有第一甲进士才会被直接授为翰林院官⑤。第二，庶吉士。庶吉士制度为明代首创，后文另作讨论。第三，举人。主要见于明初，如洪武六年，举人张唯、王琏等人以荐举授翰林院编修。第四，读书举人。如永乐四年三月丙午，“上虑礼部下第举人中，或有遗才，复亲试之。得文学优等二十一人，各赐冠带，简周翰、蓝勖进学于翰林院”。⑥ 周翰后以与修《永乐大典》，于永乐七年授行在翰林院典籍，永乐十七年升翰林院检讨。蓝勖为江西吉水人，授翰林典籍。第五，监生。如永乐时孔目徐通、检讨潘畿，均由监生入院。第六，儒士。主要出现在明初，如潘庭坚、王达、刘

---

① 如王樵《与仲男肯堂书》云：“馆中事宜，闻馆长最劳，非有材力者不能为之。”(《方麓集》卷九)

② 张廷玉等：《明史》卷七十三《职官二》，中华书局1974年版，第1788页。王樵《与仲男肯堂书》详叙庶吉士“散馆”之仪云：“庶吉士读书已经三年，学有成效，例该内阁查平日考校先后名次，重加考试，取文理优长及文理亦顺者，分上中卷封进御览，裁定发下吏部，照例上卷二甲授编修，三甲授检讨，中卷授科道、部属，照原定次序，各本题请，此定例也。”(《方麓集》卷九)

③ 张位：《词林典故·庶吉士馆规》，四库全书存目丛书史部第258册。

④ 周应宾：《旧京词林志》卷三《纪典上·除授》，四库全书存目丛书史部第259册，第5页。

⑤ 亦有少数例外。如洪武三十年(1387)六月覆试西北士人，行人司副陈诚、行人陈性善授官检讨。建文二年(1400)，第一甲进士胡靖、王艮、李贯等三人同授修撰，二甲进士吴溥、刘现、杨子荣、杨溥等四人授官编修。

⑥ 《明太宗实录》卷五十二。

三吾等人，均由儒士征召为翰林官。又洪武十九年下诏：“举经明行修、练达时务之士。年六十以上者，置翰林备顾问。”第七，任子。即以父荫授官翰林者。如胡穜，胡广之子，永乐十七年，以荫授翰林检讨。第八，前朝故官。如危素、张以宁等，在元朝为学士官，入明以后，均授翰林学士。第九，闲良官。如王佐、王时，在元朝曾任翰林官，后因事闲废，入明以后，起授翰林官。第十，归化人。即其他民族归顺明朝者。如蒙古人火源洁为翰林侍读。

明英宗天顺二年(1458)前后，英宗命李贤等重修《寰宇通志》，并下令说：“此书工夫不多，惟欲加精尔，可择进士出身者修之。”①虽然其时也参用非进士出身官员，但在天顺三年五月，翰林院编修马昇、检讨傅宗、五经博士鲍相，典籍李鉴、吴衡、徐佖，孔目宋敏等人均以非进士出身，调任地方官，自此以后，“非进士不入翰林，非翰林不入内阁，南、北礼部尚书、侍郎及吏部右侍郎，非翰林不任。而庶吉士始进之时，已群目为储相。通计明一代宰辅一百七十余人，由翰林者十九”。②进士成为翰林官员进用的唯一途径。即便偶有征辟，也只是被授为翰林待诏、孔目一类的低级官员，如文徵明、何良俊。以致焦竑感叹说：“词林故华贯，国初惟材是畀，不局身格，后独以一甲进士若庶吉士充之，他有与者，辄摈不相容，而其途狭矣。”③翰林官员的选拔，一旦形成固定的标准和程式而缺少必要的变通，势必难以包纳所有人才。

宋代翰林院官大多由进士出身，但需有出任地方官的经历，而明代进士则无此限制：“国家翰林侍从，亦两制之类，率用高科，其余则用庶吉士一甲三人，终不外任。庶吉士者，每科或选或不选，留者或多或少，国家之意，本欲使之种学绩文，以为异日公卿之储。士既与此选，自可坐致清要，不复苦心于学，又不通知民事，天下以文学名者，不复得预。遗才颇多，故不若制科之为得也。制科行，人人自奋于学，以求知于上，不待督责矣。”④本意是为了储养人才，使翰林院官能更好地学习典章，以备日后重用。然而既无实际事务，就很容易出现流于清谈而疏于政事的弊病。

明代翰林院“兼前代两制、三馆、二史之任”⑤，综括了唐宋以来翰林学士院、秘

---

① 《明英宗实录》卷三百三。

② 张廷玉等：《明史》卷七十《选举二》，中华书局 1974 年版，第 1702 页。

③ 焦竑：《玉堂丛语》卷六《师友》，中华书局 1981 年版，第 197 页。

④ 王鏊：《震泽长语》卷上《官制》，文渊阁《四库全书》第 867 册，第 203 页。

⑤ 周应宾：《旧京词林志》卷三《纪典上 · 沿革》，四库全书存目丛书史部第 259 册，第 4 页。“兼两制”，即兼内外两制，宋代由翰林学士、中书舍人分掌，明代专归翰林院。沈德符《万历野获编》卷十“词林 · 词林知制诰”云：“宋朝分内外两制，翰林学士与中书舍人对掌之，本朝独归其任于翰林。”

书监、史馆、中书舍人等诸衙职任①。对此，丘濬认为："翰林之职，以备顾问，参议论，侍讲读，谓之侍从可也。而博士、典籍、舍人等官，亦系之侍从者，盖以今制皆属于翰林故也。中书舍人之职，虽有专科，然所书者学士所草之制，况今内阁亦有舍人，别书诏敕云。"②明代翰林院的职掌大致包括以下几个方面：第一，侍从顾问与经筵讲学③。翰林学士之职，"凡赞翊皇猷，敷扬人文，论思献纳，修纂制诰、书翰等事，无所不掌"；翰林侍读学士之职，"凡遇上习读经史，则侍左右，以备顾问，帅其属以从"；翰林侍讲学士之职，"凡遇上讲究经史，亦如之"；翰林侍读、侍讲之职，与翰林侍读学士、侍讲学士相同；五经博士之职，分掌五经，"人各专门，明经同异得失，究其指归，以备讲读"；翰林典籍之职，"掌四库书籍，守扃钥，以伺上命"；翰林侍书之职，"明习六书之法，凡遇上习书，则侍左右，以备考订，点画音声"；翰林待诏之职，"凡遇上宣问文义，以备呼召，编摩、誊写等事亦如之"。④ 第二，编纂史书与充任考官、读卷官。"史官之职，修撰掌撰述，编修掌纂辑，检讨掌检阅，凡史事俾专掌焉。孔目以首领为职，掌言语、趋走、会计、簿书之事。"⑤经筵侍讲、纂修史书，一旦上称圣意，往往能够得到升迁，因而翰林院官往往被称作"华选"⑥。此外如主考两京乡试、巡幸扈从等，也多以翰林院官从事⑦。丘濬曾赋《学士四荣》诗，概括翰林学士的四件荣事：史馆进书，经筵进讲，奉天侍宴，谨身读卷⑧。从中可以看出明代翰林院的主要职任。

---

① 明代翰林制度在建置上的一个明显变化，是废止了唐宋时期属于翰林院的蓄养各类具有特殊才能士人的功用，而只保留了翰林学士院的职能。如沈德符《万历野获编》卷十"词林 · 医官再领著作"条记载，"太医院御医赵友同，字彦如，大臣荐其文学，时文皇帝方修《永乐大典》，用为副总裁。后修《五经》、《四书》、《性理》诸大全，又用为纂修官。其职实词林妙选，而衔仍方技杂流也。始彦如为宋景濂弟子，初用胡祭酒荐，拜华亭训导，曾主浙江乡试，满九载当升，以少师姚广孝言其知医，遂得此官，因而留京师充纂修。又有荐其知水利者，命从户部尚书夏元吉治水江南。其人之多才技可知矣，不幸以医见知，不及为文学近臣，终老异途，可慨也!"即便所作所为"实词林妙选"，赵友同职能以太医院御医的身份兼领纂修事宜，未能获得专属于"文学近臣"的"翰林"称号。

② 丘濬：《大学衍义补》卷七《治国平天下之要 · 正百官 · 简侍从之臣》按语，文渊阁《四库全书》第712册，第113页。

③ 如张位《词林典故 · 经筵》云："凡初开经筵，以勋臣一人及首位中堂充知经筵官，其余中堂俱同知经筵，衙门自编修以上年深相应者及掌詹、祭酒，俱充讲官，修撰以下年浅者充展书官(近年检讨亦题讲官，讲读亦展书)，礼部正卿亦有充讲官者。"

④ 黄佐：《翰林记》卷一《职掌》，文渊阁《四库全书》第596册，第862页。

⑤ 黄佐：《翰林记》卷一《职掌》，文渊阁《四库全书》第596册，第862页。

⑥ 如王鏊《震泽长语》卷上云："翰林院故事，经筵初开，讲读侍从官皆有白金文绮之赐；史成进御，亦进秩加赏。或纂修功多，及书成，以事故去，则不沾恩数；或先以事故去，不效劳勚，偶值书成，亦得沾恩数。故有经筵头、修书尾之说。"

⑦ 如张位《词林典故 · 廷试》云："凡廷试，学士以上俱充读卷官，若庶子、谕德署掌院事者，虽不兼学士，亦读卷官；受卷官、弥封官各二员，用宫坊或讲读以下年深者；掌卷官四员，用史官年浅者，近亦用讲读。"

⑧ 丘濬：《重编琼台稿》卷五，文渊阁《四库全书》第1248册，第95-97页。

明代翰林院虽还存有“待诏”性质，但其“职事文翰”、为“著作之庭”的色彩已较唐、宋更浓。王鏊以设衙位置的变化反映明代翰林院职能和地位的变迁：

唐、宋翰林，极为深严之地，见于诗歌者多矣。国朝翰林院，设于长安门外，为斋宿委积之所。内有东阁，众学士聚焉，为朝退会揖之地。史馆为讲读史官所聚集。皆无公座。至修史之日，旋设十馆于东角门之右，事竣去之。求如古之深严，未之见也。唯文渊阁政本所自出，号为深严，其比古之翰林耶？今翰林在外，虽非复唐宋之深严，然非文学之臣不预，无复工伎、茶酒、医官、杂流，跬步卿相，视唐宋为重矣。①

宣德以后，随着内阁地位的上升，翰林院地位逐渐弱化。正统七年(1442)，翰林院署由禁内移置长安左门外，内阁正式取代翰林院行使“侍从”、“论思”等职责。至明代后期，翰林院地位日益没落，沈德符曾以万历三十二年(1604)庶吉士散馆的情形予以生动说明：“近来台省雄剧，夐出词林上，每遇散馆，诸吉士多颙望留，其舆皂则计日以眄言路，惟恐为史官之隶人。此辈就中，又以乌府为第一。闻其赛愿时，入台则用羊豕，入垣则用鸡鹅，若留作编、检，仅用浊醪豆腐而已。今年值甲辰诸君散馆，有闲窥于吏部门者，见诸隶互相询答，一人问：‘汝主拜何官？’振声应曰：‘御史。’又问一人，徐对以‘给事’。最后问一人，垂首半日不应。苦诘之，第长吁‘照旧’二字而已。适友人姚仲含受吏科，其颜色甚惨沮，因语以吏部所见，亦一为启齿。”②庶吉士散馆轻翰林而重台省，反映了晚明士人心目中二者之间权力的高下。在清人昭梿看来，导致这一变化的原因在于，明代改变了唐宋以来翰林院“侍从衙门”的角色，而将其设置为一个与政府其他部门一样的外署衙门：“唐、宋优重词林，最为清秘，凡制诰草麻外，一切机务，皆与商榷，故其品为高要。明代设翰林院于东长安门外，视之与部院等，坐耗俸赀，毫无一事，惟以为入阁之阶。”③话虽略显绝对，却把握住了明代翰林院享有特殊地位的根本所在：明代中期以后，它是迈向明代臣子所能达到权力顶峰的惟一途径。④

五

清代翰林职任，最初隶属于书房和文馆，自天聪十年(1636)隶属于内三院，即内国史院、内秘书院和内弘文院。顺治元年(1644)，始建翰林院，“定翰林院为正三品衙门，晋学士秩正三品，侍读、侍讲学士正四品，侍读、侍讲正五品，修撰从六品，编修

① 王鏊：《震泽长语》卷上《官制》，文渊阁《四库全书》第867册，第203-204页。

② 沈德符：《万历野获编》卷十《词林·吉士散馆》，中华书局1959年版，第269页。

③ 昭梿：《啸亭续录》卷一《南书房》，中华书局1980年版，第398页。

④ 如沈德符《万历野获编》卷十《词林·词林拜太宰》云：“阁臣之专用词林，自嘉靖中叶始，迄今恰六十年。此诚偏枯不均之事。”

正七品，检讨从七品，裁博士、侍书、待诏。”①其时并未设满洲翰林，仅设汉学士一员，其他都没有固定员额。② 其后屡经更易，于康熙九年，再次改内三院为内阁，分置翰林院，增置满洲侍读、侍讲学士。此后一直沿至清末，翰林院均为独立的政府机构。

关于清代翰林院职掌，顺治十五年第二次设置翰林院时曾作明确规定：“一、经筵日讲撰拟讲章；一、外国奏书令四译馆官缮译；一、考选庶吉士；一、开列教习庶吉士职名，送内阁具题；一、纂修缮译各项书史；一、开列纂修职名，送内阁具题；一、凡会试、乡试、及武会试主考，开列职名，送该部具题；一、撰拟封赠诰敕，开列翰林官职名，送内阁具题；一、题补翰林官员，及差遣、俸满、丁忧、给假等项，行文各部；一、侍直；一、侍班；一，扈从；一、贴黄；一、修玉牒；一、捧敕书；一、教内书堂；一、上陵；一、分献；一、册封；一、赍诏。”③而将会试、殿试、廷试、举贡、册封事宜等职事划归礼部，撰拟文官印信、关防字样的职事划归吏部，撰拟武官印信、关防字样的职事划归兵部。《钦定历代职官表》根据品秩高低，对各官职掌予以详细叙述：掌院学士、侍读学士、侍讲学士，“掌国史、图籍、制诰、文章之事，凡南书房侍直、尚书房教读，自读、讲学士以下，咸得预选。祭告郊庙神祇，则拟上祝文；恭上徽号，册立册封，则拟上册文、宝文；内外文武官碑文、祭文，皆撰词以进而行之。修辑诸书，则以掌院学士充总裁官，读、讲学士以下充纂修官。其直省考官，及提督学政，磨勘乡会试卷，凡翰林官皆预焉”。④ 侍读、侍讲、修撰、编修、检讨，“掌撰述编辑、儤直经幄”。

清代翰林制度虽基本承袭明制，但有以下几个重要变化：

第一，在翰林学士之上设掌院学士，满汉各一员。掌院学士，在官职设置上与翰林学士承旨类似。顺治元年十一月，曾任明朝降臣胡世安为掌院学士。顺治十五年，定掌院学士之制，与学士同为五品官，始设满员。康熙二十八年(1689)以前，掌院学士多由礼部侍郎兼任，如顺治十五年折库讷、王熙以礼部侍郎兼翰林院掌院学士。康熙二十八年，翰林院掌院学士李光地调任通政使，遂以文华殿大学士兼户部尚书徐元文兼翰林院掌院学士，不设正员。乾隆元年以后，均以大学士及尚书、侍郎兼任。掌院学士的择选，“必文学淹通、众所推服者，始克胜任”。⑤ 而对于选任者的出身及官职，有明确规定：满洲掌院学士缺出，以詹事、少詹事、读讲学士、祭酒、庶子，暨科甲出身之太

① 鄂尔泰、张廷玉：《词林典故》卷二《官制》，文渊阁《四库全书》第 599 册，第 458 页。

② 一说设侍读学士、侍讲学士各一人。参见《钦定历代职官表》卷二十三《翰林院 · 国朝官制》。

③ 《清世祖实录》卷一百二十四。乡试用翰林官，如王士禛《居易录》卷九云：“庚午顺天乡试，考试官翰林院侍讲学士王掞、编修魏希徵，同考试官知县何讷等十五人。旧例，顺天乡试考试官，例用编修、检讨，皆史官也，武试则用侍读、侍讲。(康熙戊午武乡试，予以侍读为正主考官，侍讲韩公元少副考。)特用讲学，防揣摩也。同考例用京官员外郎、主事、中书舍人、行人等官，用外官自是科始。”

④ 永瑢等：《钦定历代职官表》卷二十三《翰林院 · 国朝官制》，文渊阁《四库全书》第 601 册，第 438 页。

⑤ 此为康熙二十八年五月谕旨，见《词林典故》卷三“掌院学士”条。

常寺卿、光禄寺卿、太仆寺卿、通政副使、大理寺少卿、鸿胪寺卿、太常寺少卿、太仆寺少卿、内阁侍读学士为应升；侍读、侍讲、洗马、司业，暨科甲出身之通政使参议、光禄寺少卿、鸿胪寺少卿、科道等官为其次应升。汉掌院学士缺出，以詹事、少詹事、读讲学士、祭酒为应升，庶子、侍读、侍讲为其次应升。二者均由吏部开列具题。①

第二，翰林院除设正官之外，另设办院事和协办院事官员。据《钦定历代职官表》说，"翰林院不设司属，凡有陈奏及往来文牒，旧例以典簿笔帖式具稿呈堂。雍正元年，以官轻滋弊，令掌院学士于俸浅编修、检讨内，择才守优长者，满洲、汉人各二人，充作司官，名曰办院事。后复增置协办院事二人，由掌院学士抡充，有阙递补。"②办院事、协办院事，虽不是作为职衔出现，却体现了清代翰林院在管理体制与机构运行方面的进一步完善。

第三，对翰林院官实行"大考"之制。定期对官员进行考察，明代即已行之，谓之"京察"。然而翰林院官因职在侍从，往往免去不考，即便进行考核，也多只是翰林学士出具考语，并不出题考试。清代"大考"之制，专为翰林官之考试，始于顺治十年(1653)。据《清世祖实录》记载，其年二月丙辰，"谕吏部：国家设翰林院衙门，原为储养人才，以充侍从之选。故特选教习满书官员，令伊等兼习满语满文，以资奏对讲读。选授之时，惟择少年，以其易于学习也。今计三科之内，有经六七年者，有经三四年者，朕亲临内院面试，若不加分别，伊等何由激劝。今将通满洲文义者三人，不拘资俸，以应升之缺用，胡兆龙以侍讲升侍读学士，李霨以编修升中允兼编修，庄冏生以检讨升赞善兼检讨。其次可造者十二人，沙澄、王紫绶、张士甄、王熙、艾元徵、夏敷九、何采、章云鹭、韦成贤、高光夔、李廷枢、张弘俊，各仍照原衔，责令勉力习学，俟再试分别。其全未通晓、不能成文者五人，范正脉、张文明、朱廷爆、成亮、刘泽芳，理应调外，念伊等曾入词林数内，姑著调六部用"。③ 其年四月丁酉，顺治皇帝又御太和门，亲试兼翰林衔吏部侍郎成克巩、礼部侍郎张端，及内三院学士刘正宗，编、检以上官六十二员，考题为《君子怀德论》一篇和《请立常平仓疏》一篇。此后历朝，均由皇帝不定期出题对翰林官进行考试，以此定其升擢迁转④。其意正如康熙所说，"国家设立翰林院衙门，原以储养人材，娴习文学，以备顾问编纂之用。必淹贯经史，博极群书，方克谙练体裁，洞悉今古，敷词命意，典赡弘通，悉登著作之林，用佐右文之治，始为称职。今将翰林各官，特行考试，朕亲加详阅，分别次第，以示劝惩"。⑤

第四，院下分设庶常、起居注、国史三馆，进一步明晰各自职任。

庶常馆，即庶吉士"讲肄之所"，雍正十一年(1768)设。清代庶吉士的考选，与明

---

① 朱珪等：《皇朝词林典故》卷十七《官制·掌院学士》，光绪十三年重刊本。

② 永瑢等：《钦定历代职官表》卷二十三《翰林院·国朝官制》，文渊阁《四库全书》第601册，第440页。

③ 《清世祖实录》卷七十二。

④ 参见商衍鎏：《清代科举考试述录及有关著作》，百花文艺出版社2004年版，第167-169页。

⑤ 《清圣祖实录》卷一百一十九。

代类似，区别在于清代庶吉士分习汉书和习清书两类：“凡每科殿试传胪后，集诸进士于保和殿，试以论、诏、奏、议、诗、赋，录其佳者进御，掌院学士乃以诸进士引见，蒙擢者改为庶吉士，入馆分清、汉书肄业，不任以事。”①庶常馆内设教习大臣满洲、汉人各一人，小教习翰林官六人。教习大臣的遴选，“国初教习多以内院学士为之，侍读等亦间有预者。自康熙九年后，皆以掌院学士领其事，而内阁学士时参用焉。六十一年辛丑科，始以工部尚书陈元龙领教习事。嗣后，尚书、侍郎之不兼院事者，均得为之，皆由特简，无常制”。② 小教习的设置，主要是负责实际的授课教导任务，以侍读、侍讲以下资深学优的翰林院官担任，由教习大臣会同掌院学士共同抡选，最初设立是在康熙三十三年，后来曾于雍正八年停设，复于乾隆十年再设，以后沿用不改。庶吉士在馆期间，每月定期考试，三年期满，由教习大臣疏请散馆，举行毕业考试。因为清代庶吉士分习汉书和清书两类，学习、考试内容各不相同，习汉书的散馆时考诗、赋、策论或八股文等，习清书的散馆时考清书题一道，由皇帝亲自定其优劣，以定去留。光绪二十八年以后，庶吉士习业因时局不同而发生重大变化。③

起居注馆，康熙十年(1671)八月设，在太和门西廊，“设满记注官四员，汉记注官八员，俱以日讲官兼摄，并设满主事一员，汉军主事一员，汉主事二员”。④ 康熙五十七年三月，停起居注记注之事，专归内阁。雍正元年四月，复置居注馆，设满日讲起居注官六员，汉日讲起居注官十二员，起居注满主事二员。起居注馆事务，归掌院学士兼管并各充日讲起居注官，其他日讲起居注官以詹事府詹事、翰林院侍读学士、侍讲学士以下坊局编检等官开列充补。

国史馆，原在午门内熙和门西南，后移置东华门内稍北，为清朝的国史编纂机构。康熙二十九年(1690)，以修天命、天聪、顺治三朝史书，开三朝国史馆，书成废除。乾隆元年(1736)以修《五朝本纪》重开，至十四年(1749)书成复罢。乾隆三十年(1765)，以重修《国史列传》复设，沿至清末。国史馆设满、汉总裁各一人，由大学士、尚书、侍郎充任，以下设满汉提调、总纂、纂修、协修、清文总校等，多由翰林官兼任。

此外，清代还出现了上书房翰林、南书房翰林、外班翰林、洋翰林等称号，体现了翰林院官在职任和出身方面的变化。宣统元年九月，以侍读学士延昌上疏，从职掌、升擢、奏补等方面对清代翰林制度进行改革⑤，然而其时距离清亡仅两年时间，未能真正得到推行。

---

① 永瑢等：《钦定历代职官表》卷二十三《翰林院·国朝官制》，文渊阁《四库全书》第601册，第439页。

② 永瑢等：《钦定历代职官表》卷二十三《翰林院·国朝官制》，文渊阁《四库全书》第601册，第439页。

③ 参见商衍鎏：《清代科举考试述录及有关著作》，百花文艺出版社2004年版，第165页。

④ 朱珪等：《皇朝词林典故》卷十七《官制·日讲起居注官》，光绪十三年重刊本。

⑤ 参见《大清宣统政纪》卷二十二。

捌、文献·文学·文化——元代文学研究三论

元代文学是一个有着广阔学术空间的研究领域。自蒙古灭金统一北方，至元朝为明所灭北遁朔漠，蒙古政权在中原和江南的统治前后不过130余年，却创造了丰富卓越的文学成就。且不说被视作“一代之文学”的元代戏曲，即使历来不甚受重视的元代诗文也取得了不俗成绩。这种成绩过去或者为戏曲所掩，或者因为受近代以来文学史书写的影响而为研究者所忽略。不过随着近20余年元代文学尤其是诗文研究的巨大进展，已经有越来越多重要的成果问世，其中既有文献整理和研究方面的，也有文学、文化研究层面的。在此基础上，后继研究可以在哪些层面上予以推进？以下从三个方面就元代文学研究略抒一己之见。

一、推进形成整理与研究并重的文献学发展格局

在元代文学文献整理方面，有许多前辈先贤付出了坚实的努力，《全元散曲》、《全元戏曲》、《全金元词》、《全元文》、《全元诗》等总合一代的文献整理工作相继完成，许多元人别集、总集以及史料文献也都经整理出版。元代文学的文献整理工作虽然与唐宋文学相比尚有一定差距(文人别集的系统整理为表现之一)，但大规模的元代文献整理工作已经取得里程碑式的成果应属共识。在此背景下，如何从文献学层面推进元代文学研究更上层楼？鄙意以为应当在文献研究领域展开大规模的系统工程，以前期的整理为基础推出更多的文献研究成果，形式可以是年谱、编年、系年、资料汇编、生平考证、版本考订等。类似成果在元代文学文献研究中虽已有不少，但在深入和细致程度上与唐宋以前各代相比仍有不小差距。推进元代文学文献研究的发展，此可为方向之一。

文学史研究从本质上来说也属历史研究之一种，对处于原始状态的资料进行系统整理，是推动元代文学研究整体发展的重要基础。正如一位英国历史学家所说，“能够激发无数代人进行研究的动力就在原始资料中”。① 然而对原始资料的整理只是历史研究诸多的侧面之一，将彼此相关的各项史实记录形成连贯的叙述，对资料进行组合并为之

---

① V. H. Galbraith, *An Introduction to the Study of History*, C. Watts, 1964, p. 80.

提供必要的解释，对历史研究尤其是文学史研究来说同样重要。尽管在大多数情况下，已有的材料无法建构历史过程的完整链条，历史研究也需要适度的推测与想象，正如德国哲学家康德所指出的：“在历史叙述的过程之中，为了弥补文献的不足而插入各种臆测，这是完全可以允许的；因为作为远因的前奏与作为影响的后果，对我们之发掘中间的环节可以提供一条相当可靠的线索，使历史的过渡得以为人理解。”①文献研究所提供的，正是历史建构得以展开的基点。对文学研究来说，切入历史的具体型态，建构理解文学演进的历史情境，以便认识种种文学现象，解读文学事件，把握文学进程，有时显得颇为重要。关于此点，《复斋漫录》对陶渊明诗歌的解读，不无借鉴意义：

> 《文选》五臣注《辛丑岁七月赴假还江陵夜行途中》诗云：“渊明晋所作者，皆题年号；入宋所作，但题甲子而已。意者耻事二姓，故以异之。”思悦考渊明诗，有以甲子题者，始庚子，距丙辰凡十七年间，只九首耳，皆晋安帝时所作也。后一十六年庚申，晋禅宋，恭帝元熙二年也。宁有晋未禅宋，辄耻事二姓，所作诗但题甲子而自取异哉？矧诗中又无有标晋年号者。余观《南史》渊明传，亦云：“所著文章，皆题其年月，义熙以前，明书晋氏年号，自永初以来，惟云甲子而已。”乃知《南史》之失，有自来矣。②

《复斋漫录》所论尽管只是事实的考辨，却为具体的文学研究提供了启示：对作品立意、作家品格的把握，涉及的不仅是艺术分析问题，其中包含了对作家的生活时代、处世理念和政治立场等诸多因素的综合考察。换句话说，对于文学创作的正确理解，离不开对文学展开情境的把握，惟有在具体历史情境中把握文学进程，论析文学现象，才有可能获得正确的解释。由此也显示出文献研究所包含的文学史意义。

清人章学诚以史家眼光，立足历史研究的普遍原则，强调以“统同年谱”的方法展开文学史研究的重要价值：

> 鄙意欲仿唐、宋诗文别集各著年谱之义，将入选之诗，作一统同年谱。取汉迄明凡二千年，横排甲子干支，而以朝代年号系之。其入选诗人生卒年月有可考者，附于其下；无可考者，取其姓名见于史鉴何年，或其诗题、诗序有年月者，附于诸文；再取其年时事，裁取大纲，约略为辞，以列于格，可与诸家之诗互相印证，不特为诗家证明义旨，亦兼可为史传正其流讹，为功艺林，亦自不鲜。③

---

① 康德：《人类历史起源臆测》，《历史理性批判文集》，何兆武译，商务印书馆 1990 年版，第 59 页。

② 胡仔：《苕溪渔隐丛话》后集卷三引，人民文学出版社 1962 年版，第 20 页。

③ 章学诚：《文史通义新编》外篇二《吴澄野太史〈历代诗钞〉商语》，仓修良编，上海古籍出版社 1993 年版，第 475 页。

章学诚所说的“统同年谱”，与后人所谓的文学编年史颇为类似。在他看来，以系年方式综括诗人、诗作的“统同年谱”在“为诗家证明义旨”和“为史传正其流讹”方面都有重要意义。对此，近代史家陈寅恪也持相同看法，认为文学编年史的编纂对文学史研究的拓展和深入有重要意义：“苟今世之编著文学史者，能尽取当时诸文人之作品，考定时间先后，空间离合，而总汇于一书，如史家之长编之所为，则其间必有启发，而得以知当时诸文士之各竭其才智，竞造胜境。”①就文学史研究而言，这一方法涉及的不仅是“知人论世”的理念，具体而言，是要求文学史研究须在准确把握作家生活时代、作品创作年代、作家相互间交往唱和等历史状貌的基础上展开，对作家作品的认识、分析和解读，须立足于具体历史情境。进一步说，作家在文学史发展中并非孤立的个体，一方面要受时代风气的影响，另一方面又创造和改变着时代风气。具体历史情境的建构，正是以描述文学演进的轨迹为基本依据和立足点的。

无论是“统同年谱”还是“如史家之长编之所为”的作品编年、系地资料，都可以说是文献学研究的题中之义。对于元代文学文献学的发展来说，别集、总集等原生态资料的整理固然极为重要，在此基础上形成大规模、系统的年谱、作家作品系年等次生态文献研究成果也甚为关键，前者是奠定元代文学研究大厦的基石，而后者既是构成元代文学史研究的重要组成部分，又是通向更深入研究的阶梯。

二、上“求”下“索”：拓宽元代文学研究的时代视域

以朝代划分文学史阶段是现行中国文学史书写最常见的方式。这一方式的形成，是近代以来文学史书写进程主动选择的结果，与大学教育体制和课程设置等均有密切关系。时至今日，多数研究者也很自然地将自己归入某一代文学研究的行列，以此选择对象，讨论问题，认识和理解文学现象。这样的划分当然有其合理之处，然而也有其无法回避的局限，文学史研究以朝代为断毕竟只是近代以后文学史建构的结果，文学历史的演进并没有严格的朝代界限，或者说并不是严格按朝代的更替作为发展段落。这就要求研究者有时需要拓宽视野，将文学史演进视作一个连续的过程，而不是局限在断代的牢笼之中。笔者早年从事明代文学研究，后来转入元代，对此中情形略有体会。

在元代诗歌研究中，有一个看法影响至深：自明代以降，对于元末诗歌的认识，多与沈德潜所说的“元诗近纤”②观点接近。论者普遍认为，元末、明初在主流诗风上形成鲜明对照：元末诗歌纤秾缛丽，明初诗歌格调高洁，后者在对前者进行反拨的基础上展开。这一关于元末明初诗歌演进轨迹的建构，线索清晰，兴衰有致，有利于把握诗史进程。然而，元明之际诗歌的实际变化过程是否如此？这就需要我们放宽研究的视界，将元末与明初作为一个整体进行考察。

---

① 陈寅恪：《元白诗笺证稿》第一章《长恨歌》，《陈寅恪集》，三联书店 2001 年版，第 9 页。

② 沈德潜、周准编：《明诗别裁集》卷首沈德潜序，上海古籍出版社 1979 年版，第 1 页。

按照明清以来批评家的论述，明初诗歌历史地位的确立，改变元末诗歌绮靡的弊习为重要原因之一，其中以高启、刘基、袁凯等人为代表。杨慎《升庵诗话》引唐元荐云："洪武初，高季迪、袁可潜一变元风，首开大雅，卓乎冠矣。"①顾起纶认为："高侍郎季迪始变元季之体，首倡明初之音。"②对高启扭转元末诗风的表现，清人陆蓥具体论述说："高青丘才气俊逸，当明初一扫元季绮靡之习，《虎丘次清远道士韵》诗，直逼大谢；《牧牛词》尤澹朴。余读其《登雨花台望大江》、《夜闻谢太史诵李杜诗》诸作，辄为击节。"③沈德潜虽对高启诗歌有所批评，但也肯定他对元末诗风的扭转作用："侍郎诗……特才调有余，蹊径未化，故一变元风，未能直追大雅。"④李调元也从变革宋元诗歌弊端角度出发推举高启为明诗第一："明诗一洗宋元纤腐之习，逼近唐人。高、杨、张、徐四杰始开其风，而季迪究为有明冠冕。"⑤无论"一变元风"、"一洗宋元纤腐之习"，还是"首开大雅"、"首倡明初之音"，看重的都是高启对元末诗坛弊习的革新，及对明初诗风的引导和表率作用。

经过明清两代批评家的论述，在认为高启、刘基等人扭转元末诗风、开启明初诗风一点上，基本已成共识。四库提要对于明初诗歌成就的肯认，关键之一即认为明初诗歌对元末诗风有规正作用："明之诗派，始终三变。洪武开国之初，人心浑朴，一洗元季之绮靡，作者各抒所长，无门户异同之见。"⑥在具体评价高启时说："启天才高逸，实据明一代诗人之上……振元末纤秾缛丽之习而返之于古，启实为有力。"⑦丁丙《善本书室藏书志》为刘基文集撰写提要，评论说："基文宏深肃括亚于潜溪。诗亦沉郁顿挫，一洗元末纤秾之习。"⑧从中可以看出，从诗史角度将刘基、高启创作与元末主流诗风进行对比已成为明诗评论的通则。

刘基、高启等人的创作历程大多经历元明易代，但后世史家往往忽略其作品的时代特征而将其视为明初诗人。通过他们的论述，一条元末明初诗歌演进的线索开始形成，高启、刘基等人逐渐被视为扭转元末绮靡诗风的代表诗人。卢纯学说高启"首倡国朝之音，聿变季元之陋"⑨，吴宽称高启"生值元季，非不知有子美者，独其胸中萧散闲远，

---

① 杨慎：《升庵诗话》卷七《胡唐论诗》，《历代诗话续编》中册，中华书局 1983 年版，第 774 页。

② 顾起纶：《国雅品 · 士品一》，《历代诗话续编》下册，中华书局 1983 年版，第 1090 页。

③ 陆蓥：《问花楼诗话》卷二，《清诗话续编》（四），上海古籍出版社 1983 年版，第 2310 页。

④ 沈德潜、周准编：《明诗别裁集》卷一，第 14 页。

⑤ 李调元：《雨村诗话》卷下，《清诗话续编》（三），上海古籍出版社 1983 年版，第 1535 页。

⑥ 永瑢等：《四库全书总目》卷一百九十《明诗综》提要，中华书局 1965 年版，第 1730 页。

⑦ 永瑢等：《四库全书总目》卷一百六十九《大全集》提要第 1471-1472 页。

⑧ 丁丙：《善本书室藏书志》卷三十五，《续修四库全书》第 927 册，上海古籍出版社 2002 年版，第 584 页。

⑨ 卢纯学：《明诗正声叙》，《明诗正声》卷首，《国立中央图书馆善本序跋集录》集部第 6 册，台湾"中央图书馆"1994 年版，第 601 页。

得山林江湖之趣，发之于言……以成皇明一代之音”①，均强调刘基、高启在元末诗坛风尚中表现出的独特格调。清人赵翼将高启置于元末诗坛的背景中予以论述，肯定其不为铁崖派时风所囿的独立品格，而在评判其诗史地位时将其视作明代诗史的开端：“元末明初，杨铁崖最为巨擘。然险怪仿昌谷，妖丽仿温、李，以之自成一家则可，究非康庄大道。当时王常宗已以‘文妖’目之，未可为后生取法也。惟高青丘才气超迈，音节响亮，宗派唐人，而自出新意，一涉笔即有博大昌明气象，亦关有明一代文运。论者推为开国诗人第一，信不虚也。”②王夫之立论与赵翼类似，也将高启、刘基与元末主流诗风进行对比：“胡元浮艳，又以矫宋为工，蛮触之争，要于兴观群怨丝毫未有当也。伯温、季迪以和缓受之，不与元人竞胜，而自问风雅之津。故洪武间诗教中兴，洗四百年三变之陋。”③细绎各家论说，都包含了高启、刘基等人有意反拨元末绮靡诗风的含义，而在论及时代归属时又都将其归入明初。形成这一看法的关键点在于，明清以来的诗论家都只是对这一时期的诗人按其时代归属予以讨论，而并未将其创作置于发生的不同历史阶段中进行考察。辨析相关情形，对理解元明易代之际诗歌创作的历史实态、诗坛风尚变迁的历史轨迹均有重要意义。

尽管不少论者肯定刘基、高启等人在元末主流诗风之外独具一格，隐含与铁崖派抗衡的意味，但也有观点认为二人的创作未完全摆脱元末诗风影响，而以高启表现得更明显。王世贞评高启诗云：“悲哉乎，元格下也。太史因沿浸淫，虽忽忽未振，而弘博凌厉，殆骎骎正始。”④类似看法，在明清批评家的论述中并不少见。陈束说：“洪武初，沿袭元体，颇存纤词。时则季迪为之冠。”⑤何白指出：“季迪矩矱全唐，独运胸臆，近体不无中、晚纤弱之调，尚沿元季余风。”⑥胡应麟也说：“高太史诸集，格调、体裁不甚逾胜国。”⑦在格调、体裁方面，高启诗歌所具仍为元人风范。清人乔亿也注意到高启诗中保留的“元代痕迹”：“明初高季迪乐府五言，始刻意六朝，才情兼赡，而元习未除，骨稍轻，气稍薄也。”⑧高启诗歌之所以存在“元习未除”的情形，因他原本就生活在元明易代之际，不少诗作都写于元末。

事实上，“元习未除”与“变季元之陋”不过是高启元末诗歌创作的不同面相。高启、刘基等人的诗风，虽是对以杨维桢为代表的元末主流诗风的反叛，但其生成语境本在元末，是构成元末诗风的一个侧面，并非入明后针对元末绮靡诗风有意为之的改变。类似

---

① 高启：《高青丘集》附录，上海古籍出版社 1985 年版，第 987 页。

② 赵翼：《瓯北诗话》卷八，人民文学出版社 1963 年版，第 124 页。

③ 王夫之：《薑斋诗话》卷二《夕堂永日绪论内编》，人民文学出版社 1961 年《四溟诗话》合刊本，第 156 页。

④ 王世贞：《明诗评》卷一《高太史启》，《丛书集成初编》本，商务印书馆 1937 年版，第 2583 册第 26 页。

⑤ 朱彝尊编：《明诗综》卷八，中华书局 2007 年版，第 296 页。

⑥ 同上第 297 页。

⑦ 胡应麟：《诗薮续编》卷一，上海古籍出版社 1979 年版，第 342 页。

⑧ 乔亿：《剑谿说诗》卷下，《清诗话续编》(二)，上海古籍出版社 1983 年版，第 1105 页。

情形，在许多元明之际诗人的创作中均有表现。如汪广洋（？—1379）之诗，朱彝尊以为“饶清刚之气，一洗元人纤缛之态”①。所举诗句，如“平沙谁戏马，落日自登台”（《九日》），“天垂芳草地，渔唱夕阳村”（《西施滩》），“湿云缠戍鼓，高柳聚城鸦”（《扬州》）等，虽然具体创作时间难以确定，但从格调、意境来看，多数应当写于元末。今存《凤池吟稿》中的诗作，虽然不乏宋濂所说表现“城阙宫观之壮、典章文物之懿、甲兵卒乘之雄、华夷会同之盛”②的作品，但能体现其“清刚之气”的是他写于元末的山林之作。究其原因，正如游潜谈到刘基诗歌每有“忧时痛国”之辞时所说：“伯温生元世，岂能超出天地外，不为元人也哉？忧时痛国，每形于辞。如《悯乱》诸作二、三末句云：‘惆怅无人奏丹扆，侧身北望泪滂沱。淮濆何日歌常武？肠断严城戍鼓挝。’‘天涯地角风尘满，极目云霄欲断魂。江湖愁绝无家客，伫立看天泪眼昏。’至如《吊诸葛武侯》、《祖豫州》、《岳武穆》诸赋，悲愤愁激，读之使人踯躅思奋，其志可谅也。”③一个亲身经历元末乱世的诗人，写出“悲愤愁激”的诗赋，不过只是内心情感的自然表达。这类作品中所包含的刘基，并不是“明初”的刘基，读者只有将其置于元末的时代背景中加以理解，才能有更深刻的体会。刘基曾通过对与自己同时代一位诗人作品的解读，提示研究者应当注意作品创作的时代语境：“比五六年来，兵戈迭起，民物凋耗，伤心满目，每一形言，则不自觉其凄怆愤惋，虽欲止之而不可，然后知少陵之发于性情，真不得已，而予所怪者，不异夏虫之疑冰矣。故今观项君之集，而深有感焉。项君与予生同郡，而年少长。观其诗，则冲澹而和平，逍遥而闲暇，似有乐而无忧者，何耶？呜呼！当项君作诗时，王泽旁流，海岳奠乂，项君虽不用于世，而得以放意林泉，耕田钓水，无所维系。于此时也，发为言词，又乌得而不和且乐也？”④从诗史演变的角度来说，高启、刘基虽然在元末诗坛就独具一格，但在铁崖派盛行的背景下并未引起时人关注。入明以后，才逐渐在明代诗史建构过程中被“发现”并确立历史地位。

由以上论述而言，明清以来关于“元诗近纤”看法的形成，某种程度上是缘于论者多注意到元末诗歌创作中以杨维桢等为代表的一个侧面，而忽略了由刘基、高启等人的诗歌创作所代表的另一个侧面。事实上，与高、刘等一样不附从铁崖诗风的诗人，在元末并不鲜见。如四库提要评价王冕说：“冕天才纵逸，其诗多排奡遒劲之气，不可拘以常格。然高视阔步，落落独行，无杨维桢等诡俊纤仄之习，在元明之间，要为作者。”⑤考察元末诗歌的发展，大致存在两种不同风格的诗人群体：第一，以杨维桢及“铁门”诗人为代表，诗学温庭筠、李商隐、李贺等，奇崛秾丽，通常所说的“元诗绮靡”，即

---

① 朱彝尊：《静志居诗话》卷二《汪广洋》，人民文学出版社1990年版，第31页。

② 宋濂：《凤池吟稿序》作于洪武三年，见《凤池吟稿》卷首，影印文渊阁《四库全书》第1225册，台湾商务印书馆1986年版，第494页。

③ 游潜：《梦蕉诗话》卷上，《四库全书存目丛书》集部第416册，齐鲁书社1997年版，第695页。

④ 刘基：《项伯高诗序》，《刘伯温集》第2卷，浙江古籍出版社2011年版，第113页。

⑤ 永瑢等：《四库全书总目》卷一百六十九《竹斋集》提要，第1476页。

指这派诗人而言；第二，以高启、刘基等人为代表，诗学盛唐，作品风格沉郁顿挫，格高调壮。然而，类似高启、刘基、王冕等人在元末的创作，在当时诗坛“铁体”弥盛的背景下并未彰显，在明清批评家眼中又因其被视作明初诗人而受到遮蔽。因而在后世建构的诗史当中，元末诗坛就只留下了“柔靡”、“绮靡”的面相。从这一层面来说，将元末与明初诗坛结合起来做整体考察，有助于廓清明清以来对元末诗歌创作整体风貌的误读，重建元末诗坛的历史面貌，获得对元末明初诗史演进历程的重新理解。

上述在重释元末明初诗史方面遇到的问题，在中国历史上诸多易代之际文学的认识上都可能存在。同时也提示研究者：以朝代为断的文学史段落划分，某些时候会对理解某些文学史现象制造迷障。由此及于元代文学史研究，有时应当跨越元代的时间断限，将其置于与宋、金和明代文学相互联系的历史脉络中进行考察。

三、文化视野与元代文学研究空间的拓展

文学的生产、传播都是在文化空间中展开。作为宋、金时期通行的人才选拔制度，科举考试对文人阶层产生了深广的影响，与文学有着密切的关系。蒙古灭金、灭宋以后，出于种种原因，科举考察停废长达数十年，恢复后取士的规模也不大，因而在元代文学研究中往往不受人重视。笔者近几年从事“元代科举与文学”课题研究，接触了大量的相关文献资料，对元代科举与文学间的关系有了更进一层的认识，对某些文学问题的解读思路略有不同。以下通过对元代杂剧与科举间相互关系中一个侧面的理解，略见文化视野对元代文学研究空间拓展的启示意义。

关于元杂剧与科举间的关系，明代以降的诸多文人都进行过深入讨论。卢前《八股文小史》将八股文与戏曲的结构加以比较，钱锺书《谈艺录》也将二者相提并论①。从代言的角度来看，戏曲与科举经义均是“代他人说话”②，然而二者间的界限也颇为明显。科举作为一种国家选士制度，其关注的是对整个官僚体系的改造和补充；戏曲作为民间通俗艺术，其创作主体大多为失意文人，而接受群体则主要是知识水平不高的一般市民。元代戏曲的兴盛，虽非“以曲取士”的结果，但科举制度潜在地影响着元代曲家的组织方式和生活经验，并被他们带入到了艺术活动和创作当中。其中“书会才人”与“曲中状元”二说的出现，都可能包含了科举制度的潜在影响。

元代灭宋统一全国后，缘于各种因素的影响，科举制度停废长达数十年。在此背景下，自宋代以来形成于民间并逐渐趋于成熟的民间艺人演艺圈——“书会”得到了充分发展。活跃在各地“书会”中的戏曲创作文人，源源不断地为各类演出场所提供表演剧

---

① 参见卢前《八股文小史》，商务印书馆 1933 年版，第 9-18 页；钱锺书《谈艺录》(补订本)，中华书局 1984 年版，第 32-33 页。

② 吴乔：《围炉诗话》卷二，《清诗话续编》(一)，上海古籍出版社 1983 年版，第 546 页。

本，他们通常被称作“书会才人”①。作为一个以杂剧创作为主的下层文人群体，其兴起与元代前期诗社的兴起情况类似，一方面是缘于科举制度废除后士人生存境遇改变之后的选择，② 另一方面也与“书会”成为元代前期日趋成熟的文人组织形态有密切关系。

作为下层演艺圈的组织形式，“书会”在宋代就已具有一定规模③。宋末周密《武林旧事》载有宋时“书会”中部分艺人的名单及其擅长的表演项目：

> 书会
>
> 李霜涯（作赚绝伦） 李大官人（谭词） 叶庚 周竹窗 平江周二郎（猢狲） 贾廿一郎④

由以上人名后面所注的项目来看，周密所记载的这些“书会”中人，主要为表演艺人，与元代以后所称的以创作为主的“书会才人”有明显区别⑤。当然，这些表演艺人也不乏创作才能。如杨瑀《山居新语》卷四记载说：“宋嘉熙庚子岁大旱，杭之西湖为平陆，茂草生焉。李霜涯作谑词云：平湖百顷生芳草，芙蓉不照红颠倒。东坡道，波光潋滟晴偏好。管司捕治，遂逃避之。”⑥从李霜涯的情况，可见出其时书会中人的一般情形。

入元以后，“书会”的发展获得了更广阔的空间，“书会才人”作为杂剧创作群体开始成为其成员构成的主体。钟嗣成《录鬼簿》所列的“前辈已死名公才人”、“方今已亡名公才人”、“已死才人不相知者”、“方今才人相知者”和“方今才人闻名而不相知者”等类，即是以生卒时间先后和个人交往为依据对这一群体作家的集中著录。鉴于这一情况，孙楷第先生认为，《录鬼簿》与《录鬼簿续编》所录的曲家，“泰半为书会中人”⑦。总体来说，这些“才人”在社会身份上大多较为低微，与《录鬼簿》所列的“前辈已死名公”和“方今名公”属于两个不同的阶层。

---

① 关于元代戏曲发展中“书会”的研究，参见王国维、冯沅君、周贻白、王季思、张庚等人的论述。专文研究，有陈万鼐的《元代“书会”研究》，台湾《国家图书馆馆刊》2007 年 6 月第 1 期，第 123-138 页。

② 参见拙文《科举废而诗愈昌——科举废黜与元前期江南士人生存方式的转变》，《学术研究》2011 年第 12 期。

③ 宋代的“书会”，也指士人相互切磋、研讨科艺的学术沙龙或者教授举业的学塾。如《都城纪胜·三教外地》记载说：“都城内外，自有文武两学、宗学、京学、县学之外，其余乡校、家塾、舍馆、书会，每一里巷须一二所，弦诵之声，往往相闻。遇大比之岁，间有登第补中舍选者。”与元代“书会才人”之“书会”性质不同。参见徐朔方《论书会才人——关于世代累积型集体创作的编著写定者的身份》，《浙江学刊》1999 年第 4 期，第 113-116 页。

④ 周密：《武林旧事》卷十下，文渊阁《四库全书》本。

⑤ 也有学者认为，周密所说的书会，是“以撰作底本并表演说唱诸宫调、杂剧、小说、弹词、闹猢狲、影戏、隐语的伎艺活动”。见丁淑梅《书会活动、伎艺撰演与俳优之士》，《文艺研究》2006 年第 8 期，第 82 页。

⑥ 杨瑀：《山居新语》，中华书局 2006 年版，第 233 页。

⑦ 孙楷第：《也是园古今杂剧考》附录《元曲新考·书会》，上杂出版社 1953 年版，第 395 页。

考察现存的戏曲文献，有不少关于元代“书会”和“书会才人”的记载。如元明之际士人贾仲明在《书录鬼簿后》中，曾提到“玉京书会”、“燕赵才人”。① 贾仲明为李时中所撰悼词云：“‘元贞书会’李时中、马致远、花李郎、红字公，四高贤合捻黄粱梦。”② 为萧德祥所撰悼词，提到了“武林书会”。明成化刊本《新编刘知远还乡白兔记》的末角开场白中曾提到“永嘉书会才人”。此外，在今存的《汉钟离度脱蓝采和》杂剧曲词中，也有关于“书会才人”的记述：

【油葫芦】(正末唱)俺路歧每怎敢自专，这的是才人书会崭新编。(钟云)既是才人编的，你说我听。(正末唱)我做一段于祐之金水题红怨，张忠泽玉女琵琶怨。(第一折)

【梁州第七】(唱)若逢，对棚，怎生来装点的排场盛？倚仗着粉鼻凹五七并，依着这书会社恩官求些好本令，(云)君子务本，本立而后道生，(唱)那的愁甚么前程。(第二折)③

上述两段曲词表明，艺人们表演所用的剧本，多出自“书会社恩官”(对“书会才人”的尊称)的创作，其中也包括“才人书会崭新编”的《蓝采和》一剧，以及“才人编的”蓝采和续唱的其他剧作。今存《永乐大典》收录的南戏《小孙屠》、《宦门子弟错立身》，分别署名是“古杭书会”编撰和“古杭才人新编”的作品。由此不难看出，元代“书会才人”已经成为一个比较固定的创作群体④。这种情况，一直延续到了明初⑤。成祖永乐年间后，随着科举取士的常态化和规模化，以及统治者对戏曲、小说等的多方禁毁，“书会”作为戏曲创作群体组织形式逐渐消亡。

与“书会才人”相联系，“曲状元”的提法也颇值得注意。“曲状元”一名，较早见于天一阁本《录鬼簿》中贾仲明为马致远所补的挽词：“万花丛里马神仙，百世集中说致远，四方海内皆谈羡。战文场，曲状元，姓名香贯满梨园。《汉宫秋》、《青衫泪》、《戚

---

① 钟嗣成：《录鬼簿》卷首，《续修四库全书》第 1759 册，第 142 页。

② 钟嗣成：《录鬼簿》卷上，《续修四库全书》第 1759 册，第 152 页。

③ 王季思主编：《全元戏曲》第 7 册，人民文学出版社 1999 年版，第 118、121 页。

④ 丁淑梅认为，书会活动的性质和样态，并不是以文人创作剧本为中心的，是回归戏曲自然发展的民间状态，以下层文人认同民间话语，提升了民间俗文学伎艺撰演的水平。(前揭文，第 85 页)其立论的依据，是元代杂剧剧本的文本创作水平与伎艺表演水平不在同一层次。尽管如此，我们仍应看到，元代杂剧文本的创作，其创作群体的规模和剧本的数量是十分庞大和丰富的。而作为聚集杂剧创作文人的“书会”，在元代杂剧发展过程中扮演的主要角色，仍是以提供演出的剧本为主，虽然有不少编写剧本的文人自己也曾参与演出。这种角色的分野，由《录鬼簿》和《青楼集》二书记录群体的不同即可见其一斑。此外，在讨论“书会”的功能和作用时，还需注意区分宋、元两代的差异。

⑤ 如朱有燉《桃源景》杂剧有旁白云：“这城中书会老先生们，见孩儿唱得好，生得又风流可喜，便与她一个乐名，唤做桃源景。”《刘盼春守志香囊怨》有旁白云：“这《玉盒记》正可我心，又是新近老书会先生做的十分好关目。”

夫人》、《孟浩然》，共庾白关老齐肩。”①此处所说“状元”，一般被认为是指才能优等之士的代称。然而如果换一个角度，从当时民间艺术圈中“书会”盛行的情形来看，所谓“曲状元”，或许可以看作艺人之间相互开展的杂剧评比之后产生的排行榜。这一推断，可以下述几个事实予以佐证：

其一，马致远曾与花李郎等人合作编写杂剧《黄粱梦》，这在现存元代杂剧的写作中是不多见的。

其二，在元代和明初的曲论中，马致远常被作为最杰出的曲家。类似情况，也反映在关汉卿身上。贾仲明为关汉卿所撰的《凌波仙》悼词云：“风月情、忒惯熟，姓名香、四大神物，驱梨园领袖，总编修师首，捻杂剧班头。”②

其三，根据现存的元杂剧作品和文献记载，元杂剧中往往存在一题多篇的情况。如郑廷玉、白朴均有《金凤钗》，郑廷玉、郑德辉均有《后庭花》，高文秀、赵子祥均有《害夫人》，花李郎、杨显之均有《酷寒亭》，李直夫、赵敬夫均有《错立身》，关汉卿、武汉臣均有《玉堂春》等。沈德符即曾说“元曲有一题而传至四五本者”③。这一情形的存在，或许就与“书会”中元代杂剧作家相互间的竞赛有关。因为相同的情况，在元代前期科举制度废除后诗人的创作活动中十分普遍。二者之间的区别，只不过是各自分属于不同的创作群体，从事不同的艺术创作而已。

其四，今存南戏作品《张协状元》第一出的开场白有一段关于“书会”演艺竞赛的记载：“《状元张协传》，前回曾演，汝辈搬成。这番书会，要夺魁名。占断东瓯盛事，诸宫调唱出来因。”④《宦门子弟错立身》第十二出的唱词（生延寿马唱《麻郎儿》）中，也有“更压着御京书会”⑤之语。由此说来，其时“书会”之间在创作和演出方面都是有相互比较和竞赛的。此外，如钟嗣成《录鬼簿》论及睢舜臣时说：“维扬诸公俱作《高祖还乡》套数，公[哨遍]制作新奇，诸公者尽出其下。”⑥所说虽是散套创作，可见类似通过某一题目第分高下的评比，不仅存在于科举考试当中，也已植根于宋元以降文人的各种文化活动与日常生活。

以上对元代科举与戏曲关系的论述，只是以文化视野观照元代文学的一个具体事例。此外元代文学发展史上的诸多现象和问题，都需要拓宽研究的视界，置于元代历史文化的宏阔背景予以理解和认识。

---

① 钟嗣成：《录鬼簿》卷上，《续修四库全书》第1759册，第146页。
② 钟嗣成：《录鬼簿》卷上，《续修四库全书》第1759册，第144页。
③ 沈德符：《万历野获编》卷二十五《词曲・杂剧院本》，第648页。
④ 王季思主编：《全元戏曲》第9册，第5-6页。
⑤ 王季思主编：《全元戏曲》第9册，第198页。
⑥ 钟嗣成：《录鬼簿》卷下，《续修四库全书》第1759册，第159页。

玖、元代科举二题

元代自太宗以后迄于武宗时期，虽然倡行科举的声音不绝如缕，但都未能得到广泛的支持，“自国家混一以来，凡言科举者，闻者莫不笑其迂阔，以为不急之务”①，反映了当时科举受到冷落的实际情形。到了仁宗时期，随着宋、金故老的去世以及吏制弊端的日益突出等原因，科举制度得以恢复。然而其间情势，正如许有壬所说，“设科来，列圣首诏，必有因而摇之者”②。元统二年以后，科举经历了短暂的停罢。虽然在至元六年得以再度恢复，但其取士的功用已大为降低。到了至正十二年以后，由于各处兵乱，交通不便，科举制度虽然仍挺行不辍，但在程序和体制方面却多行“便宜之计”，规模已大不如前，各科所取也鲜有济世之才，实际上是处于一种半废的状态。公元1368年，明军攻破大都(北京)，宣告了元朝的灭亡，元代科举制度至此也完全终结。

虽然元代前期科举制度废而不行，开科以后，其规模较之宋代也要小得多，其间最多的一科元统元年也仅取一百人，但其在士人心态、时代风尚、文学风气等方面产生的影响却同样深广。对此，欧阳玄指出：“自世以科目取士，士子得失之相形，有大于衣敝缊袍与衣狐貉者矣。”③吴师道也说：“科举之选，所以望天下之士者重矣。”④在此背景下，科举考试成为元代士人的重要选择，即便是少数民族士人也同样如此。元代科举在体制上虽然主要承自宋、金两代，但也有所创制，其中在考试内容上弃诗赋而专以经义取士、分别族属而分设左右榜两点，体现出在种族与文化两个层面上的特殊内涵。

一、从诗赋到经义的历史变迁

科举取士以诗赋还是经义作为命题内容，在宋代曾经进行过广泛的争论，也经历了

---

① 张之翰：《议科举》，《西岩集》卷十三，文渊阁《四库全书》第1204册，第464页。

② 许有壬：《送冯照磨序》，《至正集》卷三十二，文渊阁《四库全书》第1211册，第228页。

③ 欧阳玄：《送伍成均南归序》，《圭斋文集》卷八，四部丛刊初编本。

④ 吴师道：《送浦江邑长元凯公序》，《礼部集》卷十四，文渊阁《四库全书》第1212册，第192页。

数次的递变①。元仁宗皇庆二年(1313)十月，下诏恢复科举，诏书对设科精神做了如下说明：

> 学秀才的经学、词赋是两等，经学的是说修身齐家治国平天下的勾当，词赋的是吟诗课赋作文字的勾当。自隋唐以来，取人专尚词赋，人都习学的浮华了。罢去词赋的言语，前贤也多曾说来。为这上头，翰林院、集贤院礼部先拟德行明经为本，不用词赋来。俺如今将律赋省，题诗、小义等都不用，止存留诏、诰、章、表，专立德行明经科。明经内《四书》、《五经》，以程子、朱晦庵注解为主，是格物致知修己治人之学、这般取人呵，国家后头得人材去也。②

不难看出，在词赋与经义二者之间，元代科举明显重经义而轻词赋。陶宗仪概述由“戊戌选试”到延祐开科考试内容的变化：“初焉试论、赋，盖又宋金余习，后则一以经学为本，非复向时比矣。”③显示出元代科举以经义作为取士主要依据的特征。

同年十一月，再次下诏对考试科目及参考书目做了详细规定。其中左榜(汉人南人)分三场举行：第一场明经，分试经疑二问、经义一道，经疑规定：“《大学》、《论语》、《孟子》、《中庸》内出题，并用朱氏《章句集注》，复以己意结之，限三百字以上。”经义规定：“各治一经，《诗》以朱氏为主，《尚书》以蔡氏为主，《周易》以程氏、朱氏为主，已上三经，兼用古注疏，《春秋》许用三传及胡氏传，《礼记》用古注疏，限五百字以上，不拘格律。”第二场试古赋、诏、诰、章、表内科一道，规定：“古赋、诏、诰用古体，章、表参用古体、四六。”第三场试策一道，规定：“经史、时务内出题，时务不矜浮藻，惟务直述，限一千字以上。”④至正以后，略有变更：第一场改四书疑一道为本经疑，第二场于古赋外，增诏、诰、章、表内又科一道⑤。由此可以看出，元代科举考试在科目设置上是将经义(包括经疑)、辞赋(古体)、策论三者并举，而将经义放在第一位⑥。

---

① 参见祝尚书《宋代科举与文学》第二章《宋代进士科的考试》，中华书局2008年版，第43-65页。

② 佚名：《通制条格》卷五《科举》，浙江古籍出版社1986年版，第69页。

③ 陶宗仪：《南村辍耕录》卷一《科举》，中华书局1959年版，第18页。

④ 佚名：《通制条格》卷五《科举》，第76-77页。又见《大元圣政国朝典章·礼部》卷四、《元史》卷八十一《选举一·科举》。元代科举考试《春秋》经参用胡氏传，部分原因是因为胡传在元代前期十分盛行。吴莱《春秋通旨后题》云：“自宋季德安之溃，有赵先生者北至燕。燕赵之间，学徒从者殆百人。尝乎出一二经传及《春秋胡氏传》，故今胡氏之说特盛行。”(《渊颖吴先生文集》卷十二)

⑤ 见宋濂等：《元史》卷八十一《选举一》，中华书局1976年版，第2026页。

⑥ 元代科举考试程式、科目的设立，以朱熹《学校贡举私议》为指导思想，重经学实是题中应有之义。朱熹《学校贡举私议》提出的科举之法为：“均诸州之解额以定其志，立德行之科以厚其本，罢去词赋而分诸经子史时务之年以齐其业，又使治经者必守家法，命题者必依章句，答义者必通贯经文，条举众说，而断以己意。”(《晦庵先生朱文公文集》卷六十九)

元代科举制度的恢复尽管要到仁宗皇庆二年，然而其体制的确立却在此之前①。而其中的一个重要内容，是关于科举考试科目和内容的讨论，并最终形成了皇庆二年诏书中的相关规定。

世祖至元八年，徒单公履进言请行贡举，姚枢、许衡、董文忠应召讨论其事。姚燧《董文忠神道碑》记其事云：

> 八年，侍读徒单公履欲行贡举，知上于释崇教抑禅，乘是隙言儒亦有是，科书生类教，道学类禅。上怒已，召先少师文献公、司徒许文正公与一左相庭辩。公自外入，上曰："汝日《四书》，亦道学者?"公曰："陛下每言：士不治经究心孔孟而为赋诗，何关修身，何益为国！由是海内之士，稍知从事实学。臣今所诵，皆孔孟言，乌知所谓道学哉！而俗儒守亡国余习，求售己能，欲锢其说，恐非陛下上建皇极、外修人纪之赖也。"事为之止，君子以为善于羽翼斯文。②

所谓"亡国余习"，是针对金代科举制度而言的。金代科举取士，重辞赋而轻经义③。对于金代科举的这一倾向，元世祖极力予以批评："士不治经、究心孔孟，而为赋诗，何关修身，何益为国!"并由此引起了北方学风的转变："海内之士，稍知从事实学。"在此背景下，词赋在科举制度中的地位势必会降低④。

---

① 皇庆二年十月下发的诏书中有这样的说法："又奏为立科举的俺文卷里照呵，世祖皇帝、裕宗皇帝几遍教行的圣旨有来，成宗皇帝、武宗皇帝时分贡举的法度也交行来，上位根底合明白题说。"(《通制条格》卷五《科举》)可见自世祖以后的成宗、武宗各朝，都曾集议过科举，且形成了见诸文字的贡举条例。

② 姚燧：《牧庵集》卷十五，四部丛刊初编本。又见《元史》卷一四八《董俊传》附董文忠传。

③ 对此，金代遗民刘祁有清楚认识："金朝取士，止以词赋为重，故士人往往不暇读书为他文。尝闻先进故老见子弟辈读苏、黄诗，辄怒斥，故学止工于律赋，问之他文则懵然不知。"(《归潜志》卷八)

④ 王恽至元五年至至元八年间出任御史台监察御史，曾作《请举行科举事状》，对于这一时期科举制度讨论中轻词赋的做法提出批评："又如儒人户计，委系深通文学者，依例免差。若此科不立，恐不能镜别是否，使屡通文艺之人，终身不被其泽，而又无路可进，得展实用于明时，诚可惜也。以此参详科举为法，以之取人，实为公当。故历代因仍，虽格制异同，终不能少废，此明验也。鸿惟太宗合罕皇帝，圣模宏远，戊戌年间，以程试之法，略为施行。当时翕然向化，所得人材不少。据设科事理，既系先朝已行故事，理宜追述闻奏，定夺施行。如此则上可以副圣主求贤致理之心，下庶几多得人材，大补铨选内外百官之用。不然，人情急于进用，势利所在，侥竞成俗。若此风一煽，治道无由而隆，风俗因之而靡，尚何选法之有哉!"(《秋涧先生大全文集》卷八十七《乌台笔补》)作《论明经保举等科目状》，指出："今体访尚书省批送礼部同翰林院官讲议科举事，省拟将词赋罢黜，止用经义明经等科。其举子须品官保举之人，然后许试。夫如是，恐事出非常，中外失望。"(《秋涧先生大全文集》卷八十六《乌台笔补》)又作《论科举事宜状》，指出："伏见朝廷发明诏议科举，以取进士。盖欲明公道，广仕途，以革徼竞之风；选人材，收实用，致隆平之化。然闻礼部所拟，止以经义词赋两科取人。伏虑浅狭拘窒，于国于士，两有未尽。"(《秋涧先生大全文集》卷八十九《乌台笔补》)从一个侧面反映了这一时期科举制度讨论中已初步形成了重经义的看法。

至元十二年，徒单公履再次上书请求恢复科举制度，此次参加讨论的有姚枢、窦默、杨恭懿(1225—1294)等人。据姚燧《领太史院事杨公神道碑》记载：

> 侍讲徒单公履请设取士之科，诏先少师文献公、司徒窦文正公与公杂议。公上奏曰："三代以德行六艺宾兴贤能，汉举孝廉，兼策经术，魏晋尚文辞，而经术犹未之遗。隋炀始专赋诗，唐因之，使自投牒，贡举之法遂息。虽有明经，止于记诵。宋仁宗始试经义，亦令典矣。哲宗复赋诗，辽金循习，将救斯弊，惟如。明诏尝曰：'士不治经学孔孟之道，日为赋诗空文。'斯言足立万世治安之本。今欲取士，宜敕有司，举有行检通经史之士，使无投牒自荐，试以《五经》、《四书》大小义、史论、时务策。夫既从事实学，则士风还淳，民俗趋厚，国家得识治之才矣。"奏入，上善之。①

据《元史》本传记载，杨恭懿少年时期"暇则就学，书无不读，尤深于《易》、《礼》、《春秋》，后得朱熹集注《四书》，叹曰：'人伦日用之常，天道性命之妙，皆萃此书矣。"②基于这样的学术背景，他在讨论中取经学而斥诗赋乃是情理中事。苏天爵《陕西乡贡进士题名记》则云："至元十有一年，乃命儒臣文正窦公默、文献姚公枢、文正许公衡、文康杨公恭懿集议贡举，条目之详，具载于策书。"③虽然许衡等人的策书今已不可见，但从诸人的学术经历、论谏言论等来看，关于这一时期所设计的科举体制，有一点是可以明确的，即经术应当取代辞赋而被置于最重要的地位。如《元史·窦默传》叙窦默之学术经历云："孝感令谢宪子以伊洛性理之书授之，默自以为昔未尝学，而学自此始。适中书杨惟中奉旨诏集儒道释之士，默乃北归，隐于大名，与姚枢、许衡朝暮讲习，至忘寝食。继还肥乡，以经术教授，由是知名。"④《元史·许衡传》叙许衡之学术经历云："往来河洛间，从柳成姚枢得伊洛程氏及新安朱氏书，益大有得。寻居苏门，与枢及窦默相讲习，凡经传、子史、礼乐、名物、星历、兵刑、食货、水利之类，无所不讲，而慨然以道为己任。"⑤二人均为元代前期重要的理学家。

元代前期关于科举考试内容的讨论中，主张以经义取代辞赋的观点居于上风。究其原因，主要包括以下三个方面：

第一方面，元世祖即位以后，确立了以实用为主的治国理念。元世祖即位诏中这样说道："爰当临御之始，宜新弘远之规。祖述变通，正在今日。务施实德，不尚虚文。

---

① 姚燧：《牧庵集》卷十八，四部丛刊初编本。《元史》卷一百六十四杨恭懿本传系此事于至元十二年，奏文较此为略。

② 宋濂等：《元史》卷一百六十四，中华书局1976年版，第3841页。

③ 苏天爵：《滋溪文稿》卷三，中华书局1997年版，第28页。

④ 宋濂等：《元史》卷一百五十八，中华书局1976年版，第3730页。

⑤ 宋濂等：《元史》卷一百五十八，中华书局1976年版，第3717页。

虽承平未易遽臻，而饥渴所当先务。”①纵观元代前期，元世祖务实的治世策略基本得到了贯彻。程钜夫曾从与宋代科举对立的角度出发，概括其时的社会风尚说：“国朝合众智群力，壹宇内，自筦库达于宰辅，莫不以实才能立实事功，而清谈无所用于时。”②以实用为根本的治国理念，加上对宋金灭亡历史教训的总结和反思，促成实学派士人在对待科举问题方面的态度，或是讳言科举，或是主张以经义取代词赋③。

元世祖崇尚实用的治国理念，直接体现在他对金代科举的认识当中。在一次与许衡的对话中，他称赞了许衡不重科举的思想。据耶律有尚为许衡所作的《考岁略》记载：

> 庚申，上在正位宸极，〔许衡〕应诏北行至上都。入见，问所学，曰：“孔子。”问所长，曰：“虚名无实，误达圣听。”问所能，曰：“勤力农务，教授童蒙。”问科举何如，曰：“不能。”上曰：“卿言务实，科举虚诞，朕所不取。”④

元世祖之所以形成“科举虚诞”的观念，显然是基于对宋、金科举考试以词赋为主要内容的了解。而这种以表现文采为主要目的的科目设置，显然与元世祖“务实”的政治理念不符，“不取”实属必然。

萧<U+5265>与门人间的一番对话，或许多少能透露出许衡等实学派士人对于科举制度的看法⑤。据苏天爵《元故集贤学士国子祭酒太子右谕德萧贞敏公墓志铭》记载：

> 〔皇庆〕二年四月，征拜集贤学士、国子祭酒，依前太子右谕德，进阶通议大夫，公以老疾辞。门人疑焉，问曰：“圣人乐得天下英材而教育之，今先生辞祭酒者何也?”公曰：“曩在京师，有朝士再三以成均教法为问者，余告之曰：‘若欲作新胄子，当罢岁贡，一如许文正公时，专于教养。彼既外无利禄之诱，内有问学之功，则人材庶有望矣。’此语一传，物议鼎沸，执政者亦深不以为然。今余出则徇人，岂能正己以正人乎!”⑥

值得注意的是，萧<U+5265>发表这番言论的时间是在皇庆二年四月，这一年的十月，元仁宗正式下诏恢复科举。不难想象，在这一时期的朝议之中，提倡科举的呼声一定很高，因此

---

① 宋濂等：《元史》卷四《世祖一》，中华书局 1976 年版，第 64 页。

② 程钜夫：《送黄济川序》，《雪楼集》卷十四，文渊阁《四库全书》第 1202 册，第 179 页。

③ 在这一时期一些士人的讨论中，甚至提出了对那些只以词赋见长士人的任用原则：“优于文词、短于应变者，处翰林、司马、文学、礼官、博士之任。”（胡祗遹《紫山大全集》卷十二《上李尚书书》）

④ 许衡：《鲁斋遗书》卷十三附录，文渊阁《四库全书》第 1198 册，第 455 页。

⑤ 许衡的学术理念，可由《留别谭彦清序》（其二）的相关论述见其一斑：“夫人之学，贵于师古，师古者或滞于形迹，而不适于用也；贵于随时，而随时者或狗之苟简，而不中于理也。二者其可谓善学乎？惟师古适用，随时中理，然后可与论学。”（《鲁斋遗书》卷八）

⑥ 苏天爵：《滋溪文稿》卷八，第 116-117 页。

萧𣂏苏天爵的墓志铭中才会说"此语一传，物议鼎沸，执政者亦深不以为然"。这也从另一个侧面反映出许衡的儒学教育，并不以应对科举考试为出发点。而这一点，一定程度上代表了实学派士人在恢复科举考试方面的态度。

从元世祖潜邸时期就已成为重要谋臣的刘秉忠，在论及科举制度时，也认为应当以经义为重。海失迷后称制二年(1250)，他在给忽必烈所上的万言书中说："古者庠序学校未尝废，今郡县虽有学，并非官置。宜从旧制，修建三学，设教授，开选择才，以经义为上，词赋、论策次之，兼科举之设，已奉合罕皇帝圣旨，因而言之易行也。"①同一年，郝经上书与杨奂论学，也认为："自佛老盛而道之用杂，文章工而道之用晦，科举立而士无自得之学，道入于无用。"②总体来看，在未行科举之前，北方士人间关于科举取士科目的讨论，基本形成了重经义而轻词赋的倾向。如李谦《大名路重修庙学记》云："后世以科举取士，学者为利禄所汩，国家之所尚，父兄之所教，词章记诵之外无与焉。噫！词章记诵，学之末也，舍本逐末，非学也。幸国制简易，取人之法未立，为士者盍亦志也。本为已返古遁斯可矣。古道且不可复，明经修行，蹈先汉之风，犹之可也。"③值得注意的是，李谦是元好问在东平校文时所取四人之中的第三名，本以词章见长④。而在此时的言论之中，已经有"词章记诵，学之末也，舍本逐末，非学也"的看法，时代风尚的转移于此可见一斑。郝经也曾指出，即便是词赋习气很浓的平阳、泽州地区，阅读儒家经典的风气也十分盛行："金源氏有国，流风遗俗，日益隆茂。于是平阳一府冠诸道，岁贡士甲天下，大儒辈出，经学尤盛。虽为决科文者，《六经》传注皆能成诵。"⑤"宋儒程颢尝令晋城，以经旨授诸士子，故泽州之晋城、陵川、高平，往往以经学名家，虽事科举，而《六经》传注皆能成诵，耕夫贩妇，亦耻谣诼而道文理，遂与齐、鲁共为礼义之俗而加厚焉。"⑥

第二方面，元代前期的统治者和大多数士人，鉴于宋金灭亡的历史事实，或反对以科举取士，或认为科举考试不能以词赋作为取士标准。

金代科举在太宗天会元年(1123)设立之初，以词赋、经义两科取士，二者并行，词赋进士试诗赋、策论各一篇，经义进士试经义、策论各一篇。此后历经演变，逐渐形成了重词赋而轻经义的倾向。刘祁《归潜志》记金代科举考试内容说：

> 金朝取士，止以词赋为重，故士人往往不暇读书为他文。……国家初设科举，用四篇文字，本取全才。盖赋以择制诰之才，诗以取风骚之旨，策以究经济之业，

---

① 宋濂等：《元史》卷一百五十七，第3690页。

② 郝经：《郝文忠公陵川文集》卷二十四，北京图书馆古籍珍本丛刊本。

③ [正德]《大名府志》卷五，《全元文》第9册，江苏古籍出版1999年版，第82-83页。

④ 参见《元史》卷一百六十《阎复传》。

⑤ 郝经：《宋两先生祠堂记》，《郝文忠公陵川文集》卷二十七，北京图书馆古籍珍本丛刊本。

⑥ 郝经：《先曾叔大父东轩老人墓铭》，《郝文忠公陵川文集》卷三十六，北京图书馆古籍珍本丛刊本。

论以考识鉴之方。四者俱工，其人材为如何也？而学者不知，狃于习俗，止力为律赋，至于诗、策、论俱不留心，其弊基于为有司者止考赋，而不究诗、策、论也。①

词赋、经义两科为金代科举的主要科目，但就地位来说，词赋重于经义。如承安四年(1199)规定："词赋依旧，分立甲次，第一名为状元。经义魁次之，恩例与词赋第二人同，余分为两甲中下人，并在词赋之下。"②以辞赋作为取才的主要依据，难免有不切实用的地方。宋、金因为实行科举而亡国，且由进士出身的士人在国家危难之际很少能成就大义。循此思路，在蒙古统治者看来，科举制度自然也就没有实行的必要。

宋代取士专尚科目，虽然得人无数，但其流弊也十分突出。程钜夫《送黄济川序》云：

数十年来，士大夫以标致自高，以文雅相尚，无意乎事功之实，文儒轻介胄，高科厌州县，清流耻钱谷，滔滔晋清谈之风，颓靡坏烂，至于宋之季极矣。③

好发高谈大论，而失于躬行实践，是宋代士人尤其是南宋末年普遍存在的现象。而这些现象又往往与科举制度的流弊联系在一起："及世愈弊，而有司选士，往往取对偶俳优之词以为工。于是师友率以趋时为务，遂至于浮靡之风起而实学废。间有一二好古者，从事于其实，则师友相聚而笑之，乡闾以是致侮，有司不以是见擢。于此时能杰然特出、卓然不惑，独其心欲追古人而从之者，盖君子犹有所难矣。"④随着南宋灭亡，甚至出现了"以学术误天下者，皆科举程文之士"⑤的言论。由此出发，即使是一些下层士人，也肯定元代不实行科举的正面意义："圣远道丧文弊，士大夫科目时文累久矣。今大元混一南北，科目未兴，嘉会儒生，蠲免科役，为之士者，正宜看已下靠实工夫，反观自省，不为圣贤不已。"⑥由宋入元的士人，对于宋末科举流弊大多有切身的感受。基于这样的经历，在他们看来，元代前期科举制度的停废，未尝不是一件幸事，士人正可以借此反省自我，真正用心于"为往圣继绝学"的学问。

虽然宋代科举取士曾出现过经义和辞赋两种择选标准，但在元前期士人的认识中，宋代科举带有浓厚的以词赋取士的色彩。如李谦《中山前进士题名记》云："由隋唐迄辽

---

① 刘祁：《归潜志》卷八，中华书局 1983 年版，第 80 页。

② 脱脱等：《金史》卷五十一《选举志》，中华书局 1975 年版，第 1137 页。

③ 程钜夫：《雪楼集》卷十四，文渊阁《四库全书》第 1202 册，第 179 页。

④ 程端学：《赠潘氏二子序》，《积斋集》卷三，文渊阁《四库全书》第 1212 册，第 337 页。

⑤ 谢枋得：《程汉翁诗集序》，《叠山集》卷六，四部丛刊续编本。

⑥ 鲁梦果：《重修儒学记》，《湖广图经志书》卷五，引自李修生主编《全元文》第 22 册，江苏古籍出版社 2002 年版，第 285 页。

宋，皆以文词设科。”①以文章作为标准选取进士，这些进士在踏入仕途以后是否就一定不能胜任官吏的各项事务，自然是仁者见仁智者见智。然而宋、金既然都走向了灭亡，其时以词赋作为取士主要准则的科举制度自然也该被埋葬，更何况在两朝末年，科举的弊端确实表现得非常突出，对士风造成负面影响。诸多由宋入元的士人都对这一状况做过尖锐的批评。吴澄《别赵子昂序并诗》云：“宋迁而南，气日以耗，而科举又重坏之。中人以下，沉溺不返，上下交际之文，往往沽名钓利而作，文之日以卑陋也无怪。其间能自拔者矣，则不丝麻、不谷粟，而罽毯是衣、蚬蛤是食，倡优百戏，山海万怪，毕陈迭见，其归欲为一世所好而已。”②吴澄《送何庆长序》云：“予生也晚，不及睹前修盛德之事，每于末俗而重慨叹焉。宋之季年，士自成童以上，能为进士程文，稍稍称雄于时，辄轻扬偃蹇，谓莫己若者，十而八九。盖不待擢科入官而后骄也。偶尔贡于乡，则其骄已进。偶尔舍于太学，则其骄愈进。夸言盛气，足以撼动府县，震耀乡里。晨夕所思，始终所为，无非己私人欲之发，岂有一毫救世济物之意哉！”③所谓“上有所好，下有所尚”，朱晞颜曾经概括南宋时期科举时风：“渡江以来，用议者请，始以词赋、经义别为一科，与论、策通为三场，号称时文。故学者务为新奇雕锼之语，以迎合时宰之意。”④科举考试体制经过北宋时期的发展，日渐烂熟，士人往往抛开对经典的研习，而直接投入到科举时文的写作当中，希望能收一日之效。吴澄所说的种种弊端，即是在此背景下发展形成的必然趋势。由此出现了文章和政事“两不能”的情形：“江南士名者例为文，能者鲜矣。能者有之，及施于事，犹画工不知梓人之制绘为宫室跂翚炫烂，按图作之，则棼错迷谬矣。”⑤蒙古以武立国，崇尚实效，宋、金末年流弊滋生的科举制度遭到冷落也在情理之中。鉴于此，许谦将废除科举说成是元代前期有识之士的共同想法：“近代以文辞取士，而不考其实，惟务雕镌镂刻，破碎支离，诐淫邪遁之辞，靡所不至，六经之道，或几乎息矣。圣朝敦尚实行，放斥浮辞，固学者之所愿也。”⑥或许情况并不尽如许谦所说，但从当时士人反思宋金灭亡的言论来看，他的这一看法也并非只是少数士人的痛愤之词。

第三方面，元灭金后，随着程朱理学在北方地区的广泛传播，逐渐形成了重实学的学术风气。黄百家说：“自石晋燕云十六州之割，北方之为异域也久矣，虽有宋儒迭出，声教不通。自赵江汉以南冠之囚，吾道入北，而姚枢、窦默、许衡、刘因之徒，得

---

① ［康熙］《定州志》卷十，引自李修生主编《全元文》第9册，江苏古籍出版社1999年版，第73页。

② 吴澄：《吴文正公集》卷十四，元人文集珍本丛刊本。

③ 吴澄：《吴文正集》卷二十七，文渊阁《四库全书》第1197册，第287页。

④ 朱晞颜：《送张信甫序》，《瓢泉吟稿》卷四，文渊阁《四库全书》第1213册，第412页。

⑤ 许有壬：《李遂初文集序》，《至正集》卷三十，元人文集珍本丛刊本。

⑥ 许谦：《送尉彦明赴开化教谕序》，《白云集》卷二，文渊阁《四库全书》第1199册，第566页。

闻程朱之学以广其传，由是北方之学郁起。”①至元代统一后，程朱理学成为元代书院教学的重要内容。

宋理宗端平二年(1235)，蒙古大军攻占德安府，儒者赵复(1215—1306)被俘，在姚枢劝说下，随军北上，主讲太极书院。其授学内容，“以周、程而后，其书广博，学者未能贯通，乃原羲、农、尧、舜所以继天立极，孔子、颜、孟所以垂世立教，周、程、张、朱所以发明绍续者，作《传道图》，而以书目条列于后”②，将程朱理学带到了北方③。姚燧《中书左丞姚文献公神道碑》叙其事甚详：

> 乙未，诏二太子南征，俾公从杨中书即军中求儒、道、释、医、卜、酒工、乐人。会破枣阳，并公所招，将尽坑之。大将幕竹林间，公前辩析，明诏如此，他日将何以复命。乃麾数人逃入竹中，归潜其营，匿严侯军中，才脱死数十人。继拔德安，得江汉先生赵复仁。……江汉至燕，学徒从者百人，北方经学自兹始。……汲汲以化民成俗为心，自版小学书《论孟或问》、《家礼》，俾杨中书版《四书》，田和卿版《尚书声》、《诗折衷》、《易》程传、《书》蔡传、《春秋》胡传，皆脱于燕。又以小学书流布未广，教弟子杨古为沈氏恬版与《近思录》、东莱《经史说》诸书散之四方。④

程朱理学在北方得以广泛传播，姚枢之外，杨惟中也发挥了重要作用⑤。《元史》

---

① 黄宗羲等：《宋元学案》卷九十《鲁斋学案》，中华书局 1986 年版，第 2995 页。

② 黄宗羲等：《宋元学案》卷九十《鲁斋学案》，中华书局 1986 年版，第 2994 页。

③ 如许有壬《雪斋书院记》云：“宇宙破裂，南北不通，中原学者不知有所谓《四书》也。宋行人有箧至燕者，时有馆伴使得之，乃不以公于世。时出一论，闻者竦异，讶其有得也。皇元启运，道复隆古，倡而鸣者，则有学斋姚公焉。”(《圭塘小稿》卷六)关于赵复对北方儒学兴起的启示之功，郝经曾做过高度评价：“靖康之乱，吾道遂南矣。自伊洛入于江汉，自江汉入于闽越，百有余年之间，蝉联荆楚，蔓衍巴蜀，瀸涌旁魄，弥亘岭海，如冬之日至南而极，极则复北矣，盖天之道也。于是近岁以来，吴楚巴蜀之儒，与其书浸淫而北，至于秦雍，复入于伊洛，泛入三晋、齐鲁，遂至燕云、辽海之间。而先生巍然以师道自处，学者云从景附，又为《伊洛发挥》一书布散天下，使孔孟不传之绪，家至日见。则道之复北，虽存乎运数，其倡明指示，心传口授，则自先生始。呜呼！先生之有功于吾道，德于北方学者，抑何厚耶！”(《郝文忠公陵川文集》卷二十四《与汉上赵先生论性书》)“昔之所学者，富一身而已。今也传正脉于异俗，衍正学于异域，指吾民心术之迂，开吾民耳目之蔽，削芜漫，断邪枉，破昏塞，俾《六经》之义，圣人之道，焕如日星，沛如河海，巍如泰华，充溢旁魄，大放于北方。”(《郝文忠公陵川文集》卷三十《送汉上赵先生序》)现代有学者研究认为，赵复之前，朱学已经北传。(参见姚大力《金末元初理学在北方的传播》，《元史论丛》第 2 辑，中华书局 1983 年版；徐远和《理学与元代社会 · 绪论》，人民出版社 1992 年版)然而从对整个北方学术发展格局的影响来说，赵复的功绩无疑是历史性的。

④ 姚燧：《牧庵集》卷 15，四部丛刊初编本。又见姚燧《序江汉先生死生》(《牧庵集》卷四)、《元史 · 赵复传》，略有不同。

⑤ 杨惟中生平，参见郝经《故中书令江淮京湖南北等路宣抚大使杨公神道碑铭》(《郝文忠公陵川文集》卷三十五)。

本传记述了他的一系列“以道济天下”的事迹：“皇子阔出伐宋，命惟中于军前行中书省事。克宋枣阳、光化等军，光、随、郢、复等州，及襄阳、德安府，凡得名士数十人，收伊、洛诸书送燕都，立宋人大儒周敦颐祠，建太极书院，延儒士赵复、王粹等讲授其间，遂通圣贤学，慨然欲以道济天下。”①又据《元史·儒学一·赵复传》记载，杨惟中“与枢谋建太极书院，立周子祠，以二程、张、杨、游、朱六君子配食。选取遗书八千余卷，请复讲授其中”②。郝经更是认为，正是因为杨惟中创建太极书院，延请赵复、王粹前来讲学，才出现“伊洛之学遍天下”的局面：“金源氏之衰，其书浸淫而北，赵承旨秉文、麻征君九畴始闻而知之，于是自称为道学门弟子。及金源氏之亡，淮、汉、巴、蜀相继破没，学士大夫与其书遍于中土，于是北方学者始得见而知之。然皆弗得其传，未免临深以为高也。庚子、辛丑间，中令杨公当国，议所以传继道学之绪，必求人而为之师，聚书以求其学，如岳麓、白鹿建为书院，以为天下标准，使学者归往，相与讲明，庶乎其可。乃于燕都筑院，贮江、淮书，立周子祠，刻《太极图》及《通书》、《西铭》等于壁，请云梦赵复为师儒，右北平王粹佐之，选俊秀之有识度者为道学生。推本谨始，以太极为名，于是伊洛之学遍天下矣。”③主讲数年间，赵复“名益大著，北方经学，实赖鸣之。游其门者将百人，多达材”④。期间跟随赵复受学后来成为名臣或大儒的士人，包括姚枢、杨惟中、郝经、许衡、窦默等。而其中许衡(1209—1281)被认为是促成程朱理学影响日广，并使其由民间走向朝廷的关键人物⑤。虞集《南康路都昌县重修儒学记》云：“世祖皇帝时，许文正公实得朱子之书而表章之，而其言遂衣被于天下。”⑥

关于许衡对儒学(以朱熹理学为核心)在北方传播的贡献和功绩，陈栎在延祐二年(1315)给许衡之子许师敬的上书中曾做过概括：

> 朱子之学，初明于东南，而未明于西北。恭惟先正鲁斋先生，钟乾坤之间气，于覃怀而挺生，真所谓豪杰之士，北方之学者未能或之先者也。首宗朱子，心会身行，遭时得君，倡鸣道学，上而启沃乎圣主，次而启迪乎储皇，又次而作成乎贤士夫夫，其有功于斯道大矣。⑦

具体来说，主要体现在两个方面：第一，从学术上形成了以《小学》、《四书》为根

---

① 宋濂等：《元史》卷一百四十六，第3467页。

② 宋濂等：《元史》卷一百八十九，第3414页。

③ 郝经：《太极书院记》，《郝文忠公陵川文集》卷二十六，北京图书馆古籍珍本丛刊本。

④ 姚燧：《序江汉先生死生》，《牧庵集》卷四，四部丛刊初编本。

⑤ 程朱理学最初传入北方，也受到了北方学者的反对。据苏天爵《默庵先生安君行状》记载，王若虚(1174—1243)曾经对朱子学进行过批评：“国初有传朱子《四书集注》至北方者，滹南王公雅以辨博自负，为说非之。”(《滋溪文稿》卷二十二)

⑥ 虞集：《道园学古录》卷三十六，四部丛刊初编本。

⑦ 陈栎：《上许左丞相书》，《陈定宇先生文集》卷十，元人文集珍本丛刊本。

本的经学理念；第二，将朱学引入到日常教学之中，使之成为北方士人思想学术的重心。对于这一问题，元代的许多知名学者都有论述。虞集指出："昔世祖皇帝观兵江上，得江汉赵氏，尽以朱子之书北还。鲁国许文正公首得小学之书，尊信表章，躬践以为教，又推致乎圣经贤传之遗。而斯文之正绪，大明于天下，自国都之学至于郡县党术，莫不尚焉。"①又说："许文正公生乎戎马抢攘之间，学于文献散佚之后，一旦得其书而尊信之，凡所以处己致君者，无一不取于此。而朱子之书，遂衣被海内，其功讵可量哉夫？孰知先后扶持，时其进退久速，使其身安乎朝廷之上，而言立道行者，公实始终之也。呜呼！微朱子，圣贤之言不明于后世；微许公，朱子书不著于天下。"②程端礼说："自先正许文正公以朱子学光辅世祖皇帝，肇开文运，天下学校自髫龀，经非朱子说不讲。"③苏天爵《内丘林先生墓碣铭》云："昔我国家初有中夏，士踵宋、金余习，以记诵词章相夸尚。许文正公始以孔、孟之书，程、朱之训，倡明斯道，一时师友讲习若河、汾、伊、洛之盛，刘文靖公继之，士皆知趋正学，不为异术他岐所惑。"④在南宋与蒙元对峙的政治格局下，朱熹理学在北方的广泛传播，元世祖初期将儒学作为其治理国家的一种理念，均与许衡的推动有密切关系。从朱德润的叙述中，我们大体可以看出许衡为学经历的变化及其对元代学术的影响："初，文正公以其学讲授于魏郡。壬寅岁，始诣苏门，因左丞姚公得程朱之书于江汉赵先生，遂一变旧习，精思默契，笃志力行，为时儒宗。中统初元，以窦大史荐，应诏入见。至元七年，拜中书左丞。八年，授国子祭酒，讲授国学。其后弟子继司鼎铉，四方学者咸知宗朱氏之学。其于赞治之功，岂小补哉！"⑤程朱理学之所以能在元代广泛传播并确立学术上的主导地位，许衡的作用至为关键。

从学术发展的角度来说，许衡对于宋金科举重词赋之学的倾向颇不以为然。他曾被举荐出任京兆提学，但予以拒绝。在给人写的信中这样说道："提学主司之职，京兆学官，旦望考校赋诗、议论，积年于是，将使无素业者易而尸之，于公议自不容安。""京兆旧有提学，每旦望考校赋诗、议论，是为所职。而某于举业，初不曾攻习，向者虽守小庠，仅能与童子正句读、释音训而已。今代领其职，是羸犬负乌获之任也。"⑥虽说是推脱之词，但从许衡自己的为学经历和后来的授学情况来看，却也是实情。许衡隐居魏地期间，为学"出入经传子史，泛滥释、老，下至医、卜、筮、兵、刑、货殖、水利、算数，靡所不究"。后来因为听到姚枢为学"言义正粹"，于是造访苏门，抄录朱熹的

① 虞集：《新喻州重修宣圣庙学记》，《道园类稿》卷二十三，元人文集珍本丛刊本。

② 虞集：《张氏先茔碑》，《道园类稿》卷四十五，元人文集珍本丛刊本。

③ 程端礼：《重修奉化儒学记》，王元恭《至正四明续志》卷七，《宋元方志丛刊》本。

④ 苏天爵：《滋溪文稿》卷十四，第223页。

⑤ 朱德润：《鲁斋书院三先生祠堂记》，《存复斋文集》卷二，四部丛刊续编本。

⑥ 许衡：《与人四首》其一、其二，《鲁斋遗书》卷九，文渊阁《四库全书》第1198册，第416-417页。

《论孟集注》、《中庸大学章句》、《或问》、《小学》等书以归①，学问路数也发生了重大变化："曩所授受皆非，今始闻进学之序。若必欲相从，当尽弃前习，以从事于《小学》、《四书》，为进德基，不然当求他师。"②他的这一学术理念，后来被引入到元代各级学校的教学当中，使朱学在元代成为"显学"，程朱理学遂成为元代学术思想的主流。其间因果，正如虞集所说："群经《四书》之说，自朱子折衷论定，学者传之。我国家尊信其学，而讲诵授受，必以是为则，而天下之学，皆朱子之书。……今郡县学官之外，用前代四书院之制，别立书院以居学者，因朱子而作者最多。"③被元代官学尊为正宗，是朱学能迅速成为学术主流并成为各级学校教学主要内容的关键。而引导这一变化的，正是许衡。

许衡通过授徒的方式，扩大了儒学在北方的影响，使儒学(以程朱理学为核心)训士开始逐渐形成风气。姚燧《送姚嗣辉序》云："司徒文正许公微时，于大名，于辉，于秦，于河内，以倡鸣斯道为己任，谆谆私淑，少长不一其年也，锐钝不齐其材也，积多至数百人。闻之天聪，征为成均，俄拜左相。岁余辞免，复求成均。后其弟子继司鼎铉者将十人。乡曹风纪二千石使其错中外者，又十此焉。其于隆平之治，岂不少赞乎？"④后来许衡接受元世祖征召，从事的也是授学之事，并因此培养了一大批重要的儒臣。他的这一功绩，尤为元代士人所称道。刘岳申《与吴草庐(吴澄)书》云："昔我先正许文正公以道格君，一由正与，自宗亲近属子弟皆尝受业。至今为国名臣者，皆正之徒也。今天下复知高尚程、朱之学，以上溯孔、孟遗经者，皆文正之赐也。虽明公今日得致身清峻为帝者师，震动一时，光耀四方，亦何莫非文正之余光绪业。"⑤陈旅指出："昔者许文正公以尧、舜、孔子之道佐世祖皇帝，基大化于天下。上虑其道之载于其躬而止也，俾国人子弟之贵近者学焉而嗣用之。又虑人才之不尽出于贵近也，俾士之畯茂者得共学而并用之。至元、大德间，庞臣硕彦之能以其德业著见于世者，往往许氏之门人。"⑥王沂也说："初，许文正公以集贤馆大学士祭酒国学，乃奏召旧弟子散居四方者，若耶律公有尚、高公凝、姚公燧等十二人，驿致馆下，以齿贵胄，其后皆为时魁礨知名士。自此以来，岩材里秀用举者，得受业如弟子员满百人。"⑦从许衡受学的士人，仅《宋元学案·鲁斋学案》所列就有姚燧、耶律有尚、吕壄、刘宣、贺伯颜、徐毅、白栋、王都

---

① 据王祎所拟《元列传》之许衡传载："姚枢时方以道学自任，传伊洛之学于南士赵仁甫，衡往苏门求之，得《易》程氏传、《春秋》胡氏传、《书》蔡氏传、《诗》朱氏传，与《论语、孟子集注》、《大学、中庸章句》。或间小学之书读之，深有所契，皆手钞以归。"(《王忠文公文集》卷十四)

② 姚燧：《中书左丞姚文献公神道碑》，《牧庵集》卷十五，四部丛刊初编本。又见许衡《鲁斋遗书》卷十三《考岁略》，文渊阁《四库全书》第1198册。学儒以《小学》为本，当是北方学术的共同特点。如郝经记其父郝思温之授学，也是"以《小学》为本"(《郝文忠公陵川文集》卷三十六《先父行状》)。

③ 虞集：《考亭书院重建文公祠堂记》，《道园学古录》卷三十六，四部丛刊初编本。

④ 姚燧：《牧庵集》卷四，四部丛刊初编本。

⑤ 刘岳申：《申斋集》卷四，文渊阁《四库全书》第1204册，第213页。

⑥ 陈旅：《王平章文集序》，《安雅堂集》卷六，文渊阁《四库全书》第1213册，第72-73页。

⑦ 王沂：《送曹溱序》，《伊滨集》卷十五，文渊阁《四库全书》第1208册，第521页。

中、李文炳、王遵礼、赵矩、刘季伟、高凝、苏郁、姚燉、孙安、刘安中、孛怜吉䚟、畅师文、王宽、王宾等21人。

许衡对于程朱理学发展的更大影响，是将其由一种学术思潮上升为国家统治意识的重要内容。苏天爵指出："昔我世祖皇帝既定天下，惇崇文化，首征覃怀许文正公为之辅相。文正之学，尊明孔、孟之遗经，以及伊洛诸儒之训传，使夫道德之言，衣被四海。故当时学术之正，人材之多，而文正之有功于圣世，盖有所不可及焉。"①揭傒斯说："许公居王畿之内，一时用事，皆金遗老，得早以圣贤之学，佐圣天子开万世无穷之基，故其用也弘。"②高丽籍进士李穑也说："宋社既屋，其说北流，鲁斋许先生用其学相世祖，中统、至元之治，胥此焉出。"③世祖至元前期，许衡应召出任国子祭酒，将理学引入朝廷，并使其在元世祖时期开始进入官学系统，成为国子监和各地书院讲授的主要内容。至元二十四年(1287)，诏立国子监，儒家经典成为日常教学的主要内容：

> 凡读书，必先《孝经》、《小学》、《论语》、《孟子》、《大学》、《中庸》，次及《诗》、《书》、《礼记》、《周礼》、《春秋》、《易》。④

尽管许衡强调自己的教育理念并不以科举考试为出发点，但他的教学内容还是在若干年后成为了科举考试的主体科目和参考指南。虞集指出：

> 昔在世祖皇帝时，先正许文正公得朱子《四书》之说于江汉先生赵氏，深潜玩味，而得其旨，以之致君泽民，以之私淑诸人。而朱氏诸书，定为国是，学者尊信，无敢疑贰。⑤

所谓"定为国是"，即是指将朱注《四书》、《诗经》等作为科举考试的参考书目。吴师道说："成均首善天下，魏国许文正公之教，一以建安为宗。"⑥虞集说："其书则《易》、《诗》、《书》、《春秋》、《礼》、《乐》与《论语》、《孟子》、《大学》、《中庸》。其所为说，则周、程、张、邵之言，而朱子之所论定。……我朝自许文正公以来，定为国是，大公至正，而莫敢有异议者也。"⑦对于许衡的这一贡献，元代的士人给予了很高的评价。袁桷指出："许文正公定学制，悉取资朱文公。至仁宗皇帝集群儒定贡举法，五经

---

① 苏天爵：《伊洛渊源录序》，《滋溪文稿》卷五，第73-74页。

② 揭傒斯：《吴澄神道碑》，《吴文正集》附录，文渊阁《四库全书》第1197册，第949页。

③ 李穑：《牧隐文稿》卷九，韩国成均馆大学校大东文化研究院影印本。引自李修生主编《全元文》第56册，凤凰出版社2004年版，第473页。

④ 宋濂等：《元史》卷八十一《选举一·学校》，第2029页。

⑤ 虞集：《跋济宁李璋所刻九经四书》，《道园类稿》卷三十四，元人文集珍本丛刊本。

⑥ 吴师道：《静思斋记》，《礼部集》卷十三，文渊阁《四库全书》第1212册，第168页。

⑦ 虞集：《慈利州重修宣圣庙学记》，《道园类稿》卷二十三，元人文集珍本丛刊本。

皆本建安书，蔡氏为文公门人，而《春秋》传则正字胡公之从父文定公，师友授受，宗于一门，会于一郡。至若训蒙士，正史统，庋积笔录，悉师于文公，何其盛也。”①程端礼也认为，许衡“以朱子学光辅世祖皇帝，肇开文运，百年之间，天下学者皆知尊朱子所注之经以上溯孔孟”。② 朱学在元代受到尊崇，与许衡的推行有直接关系。在此背景下，科举取士以朱学作为考试的答题指南，也是势所必然。

另一位对北方理学兴起产生过影响的人物是砚弥坚。苏天爵《元故国子司业砚公墓碑并序》云：

> 国初，岁在乙未，王师徇地汉上，公与江汉先生赵公复俱以名士为大将招致而北，久之，周流河朔，不获宁居。岁戊戌，诏试儒士，公试西京，中选。岁壬子，诏实户口，公家真定，著儒籍，自是专以授徒为业。公通诸经，善讲说，士执经从而问疑者日盛。公告以圣贤之旨，谆切明白，不缴绕于章句。中原硕儒若容城刘公因、中山滕公安上，亦皆从公授经。③

又其所作《题国子司业砚公遗墨》，将砚弥坚与赵复相提并论，强调二人对于北方儒学兴起的启沃之功：

> 昔者国家灭金之初，王师徇地汉上，悉俘其人以归，故江汉先生赵公、郧城先生砚公皆相继至北方。于是赵公居燕，出其橐中伊洛诸书，传授学徒，而中原名公巨儒，亦始得因其说，以求圣贤之学。郧城先生流落云中，久之始达真定而居焉，亦以经术为训，郡人翕然从之，往往以儒著名。④

砚弥坚的受学弟子中，名声最著的当属刘因。据《元史·刘因传》记载：“国子司业砚弥坚教授真定，因从之游，同舍生皆莫能及。初为经学，究训诂疏释之说，辄叹曰：‘圣人精义，殆不止此。’及得周、程、张、邵、朱、吕之书，一见能发其微，曰：“我固谓当有是也。”及评其学之所长，而曰：‘邵，至大也；周，至精也；程，至正也；朱子，极其大，尽其精，而贯之以正也。’其高见远识率类此。”⑤与许衡一样，刘因的学术路径，也经历了由训诂章句之学向伊洛义理之学的转变。虽然师从对象不同，但其学问渊源则一，都源自南宋以后兴起的程朱理学。而作为元前期北方最为重要的两位大儒，刘因、许衡在学理上都以程朱理学为根本，为后来科举制度确立以经义为重心奠定

---

① 袁桷：《送朱君美序》，《清容居士集》卷二十四，四部丛刊初编本。

② 程端礼：《弋阳县新修蓝山书院记》，《畏斋集》卷五，文渊阁《四库全书》第1199册，第682页。

③ 苏天爵：《滋溪文稿》卷七，第107页。

④ 苏天爵：《滋溪文稿》卷二十九，第489页。

⑤ 宋濂等：《元史》卷一百七十一，第4007-4008页。

了基础①。

元统一全国后，依照南宋四大书院之制，在天下各地广建书院，并将其作为国家学校教育的重要组成部分。许有壬《庆州书院记》云："厥初，书院表章于宋者四。我元统一海宇，学制尤备，郡若州邑，莫不有学，学莫不有官。尚虑其浚导未溥，而渐被未洽也。凡先贤过化之地，达尊之所居，德善之所莅，及于人而不能忘，好义者出规为学宫，以广教育，则为之署额，为之设官，秩视下州之正。天下之大，远州下邑，深山穷谷，增设者不知其几区也。夫以增设之广，视宋有加；人才之出，宜亦倍宋。"②根据李兵的研究，仅《宋元学案》、《宋元学案补遗》、《元史》等文献记载的以程朱理学讲学为主的元代著名学者就有60人③。其中多数为宋元之际的名儒。他们对于扩大程朱理学在士人群体中的影响发挥了重要作用。如韩同信，元前期曾主讲福建云庄书院，有感于"学者方务词赋"的宋末弊习，改以"《四书》、六经为课试科目"，并预言"科举极弊于宋，废必复，复则文公《私议》必行"④。类似情形，势必会为元代恢复科举考试改以经义取士奠定良好的基础。

二、两榜制推行的历史考察

元代科举考试采取种族与地域两种配额方式选取进士，分设左右两榜，其制虽渊源于金代科举"南北选"和女真进士科⑤，但自有特点："仁皇始行贡举，国人而下列为四

---

① 刘因、许衡二人对元代儒学的影响方式是不同的：前者主要以其著述和出处大节上受后人尊敬而影响深远，后者主要以其授徒众多而继学有人。赵汸《滋溪文稿序》云："初，国家既收中原，许文正公首得宋大儒子朱子之书而尊信之。及事世祖皇帝，遂以其说教胄子，而后王降德之道复明。容城刘公又得以上求周邵程张所尝论著，始超然有见于义理之当然，发于人心而不容已者，故其辨异端，辟邪说，皆真有所据，而非掇拾于前闻。出处进退之间，高风振于天下，而未尝决意于长往，则得之朱子者深矣。"(《东山存稿》卷二)陶宗仪《南村辍耕录》卷二"征聘"记载的一件逸事颇能说明这一问题："中书左丞魏国文正公鲁斋许先生衡，中统元年应召赴都日，道谒文靖公静修刘先生因，谓曰：'公一聘而起，毋乃太速乎？'答曰：'不如此，则道不行。'至元二十年，征刘先生至，以为赞善大夫，未几辞去。又召为集贤学士，复以疾辞。或问之，乃曰：'不如此，则道不尊。'"

② 许有壬：《至正集》卷三十六，元人文集珍本丛刊本。

③ 李兵：《书院与科举关系研究》第五章《元代书院与科举关系研究》，华中师范大学出版社2005年版，第113-117页。

④ 黄宗羲等：《宋元学案》卷六十四《潜庵学案》，中华书局1986年版，第2081页。

⑤ 金太宗天会四年(1126)十二月，金朝兵临开封，宋钦宗被俘。次年，金太宗将所辖地区分为南北两大区域，"以辽宋之制不同，诏南北各因其素所习之业取士，号南北选"(《金史》卷五十一《选举》)，南选对象为原北宋辖区士人，北选对象为原辽代辖区士人。这种分选制度，直到海陵王贞元二年(1154)正式实行南北通选后才退出金代科举舞台。(李世弼《金登科记序》，王恽《玉堂嘉话》卷五)在名额分配方面，南北选人数也大体相当："国朝设科，始分南北选。北选词赋进士擢第一百五十人，经义五十人，南选百五十人，计三百五十人。嗣场，北选词赋进士七十人，经义三十人，南选百五十人，计二百五十人。"(《金史》卷五十一《选举》)南北选面向的都是汉族士人。针对女真士人则专门设立了女真进士科："以策论进士取其国人，而用女真文字以为程文。斯盖就其所长以收其用，又欲行其国字，使人通习而不废耳。"(《金史》卷五十一《选举》)

色，国人洎诸部为右榜，试目视左榜差优。”①蒙古、色目为右榜，汉人、南人为左榜。与此相对应，左右榜均有状元，并对其族属作了严格的规定：右榜状元为蒙古人，左榜状元为汉人。缘于此，像马祖常这样“虽右列，左列及之者指未易屈”的才学渊博之士，尽管“乡、会试皆第一”，却因为其雍古部（色目）的身份，不得不拘于“以国人冠”的条例而“屈居”第二。

元代科举在民族立场上的差异，不仅体现在考试科目、内容方面，在名额分配、录取及授官等方面也有分别。在皇庆二年确立的考试程式中，将蒙古、色目人与汉人、南人分作两榜进行考试，规定蒙古、色目人只试两场：第一场经问五条，《大学》、《论语》、《孟子》、《中庸》内设问，用朱氏《章句》、《集注》；第二场策一道，以时务出题，限五百字以上。相比之下，汉人、南人要试三场：第一场试经疑二问、经义一道；第二场古赋、诏、诰、章、表内科一道；第三场试策一道，经史、时务内出题。显然，二者在考试的难易程度上存在较大差别。正因如此，才会另行规定：“蒙古、色目人愿试汉人、南人科目，中选者加一等注授。”②

名额分配方面，乡试在蒙古、色目、汉人、南人中各选七十五名，会试各取中二十五名。然而综观元代所举行的十六科考试，仅有元统元年一科取中进士一百名，其余各科均不足百名，少者如至正二十年只有35人。宋褧《故集贤直学士大中大夫经筵官兼国子祭酒宋公行状》记载了何以元统元年能足额录取的始末：“初，科举条制有云，天下选合格者三百人赴会试，内取中选者百人，概言之也。由前知举官泥条制之文，止凭赴会试数中三取一，故累举中选者恒不及百，沿袭至是举，会试进士亦不及三百。公持论坚请，取中选者百人，实自公（宋本）举始。”③大致来说，由于蒙古、色目士人的汉文化水平相对更低，加上不同地域少数民族士人汉化程度的不同，其所规定的举人数量往往很难足额。在此情况下，仍按三取一的比例录取进士，自然就无法达到百人进士的规定。

元代科举的名额分配，从数额上来说看似体现了公平原则，但如果考虑到汉人、南人的数量和整体文化水平，其中选比例是非常低的。元代科举程式，按照归附先后，将原金、宋统治地区人民分为汉人和南人，汉人生源来自十四个地区：大都、上都、真定、东平、山东、河东、河南、四川、云南、甘肃、岭北、陕西、辽阳、征东；南人生源来自四个地区：湖广、江浙、江西、河南。此外，蒙古、色目、汉人还可以进入国子监学习，取得岁贡生员或伴读出身资格，可以参加科举考试④。顺帝至元六年以后，其制稍有变更，国子监积分生员，三年一次，依科举例参加会试，中者取十八名，不占由

---

① 许有壬：《敕赐故资德大夫御史中丞赠摅忠宣宪协正功臣河南行省右丞上护军魏郡马文贞公神道碑铭并序》，《至正集》卷四十六，元人文集珍本丛刊本。

② 《大元圣政国朝典章·礼部》卷四，中国广播电视出版社1998年影元刊本，第1187页。

③ 宋褧：《燕石集》卷十五，北京图书馆古籍珍本丛刊本。

④ 宋濂等：《元史》卷八十一《选举一》，第2023页。

乡试参加会试生员录取的指标①。由此来说，南人在元代科举体制中又是最不被重视的群体②。

授官方面，皇庆科举诏中规定："第一名赐进士及第，从六品，第二名以下及第二甲，皆正七品，第三甲以下，皆正八品，两榜并同。"③然而在实际执行过程中存在优劣之别：蒙古、色目优于汉人、南人④。

尽管元代科举的左右榜制度，在一定程度上抑制了汉族士人尤其是南人考中进士的比例和数量，但从另一方面，却大大促进了蒙古、色目等少数民族士人学习汉文化经典的热情。马祖常《送李公敏之官序》云：

> 延祐初，诏举进士三百人，会试春官五十人，或朔方、于阗、大食、康居诸土之士，咸橐书橐笔，联裳造庭而待于有司，于是可谓盛矣。⑤

对于少数民族士人来说，考试内容虽为汉族士人所素习的儒家经典，但因为有固定名额的保证，竞争的对象同是汉族之外的其他民族，其学习儒家文化以便参加科举考试

---

① 宋濂等：《元史》卷四十《顺帝三》，第859页。

② 与此相呼应，元代南人在出仕方面也往往受到排挤。余阙《杨君显民诗集序》云："南方之地远，士多不能自至于京师，其抱材缊者又往往不屑为吏，故其见用者尤寡也。及其久也，则南北之士亦自町畦以相訾，甚若晋之与秦不可与同中国，故夫南方之士微矣。"(《青阳先生文集》卷四))如陶宗仪《南村辍耕录》卷二《土人作掾》记一事："至元间，别儿怯不花公为江浙丞相，议以本省所辖土人不得为掾史。时左丞佛住公谓曰：'若然，则中书掾当用外国人为之矣。'相有赧色，议遂不行。"(第31页)虽然最终并未执行，但南人在元代初期的生存环境由此可见一斑。《至正直记》亦记一事，颇能见出当时社会对南人的态度："豫章揭翰林曼硕《题雁图》云：'寒向江南暖，饥向江南饱。物物是江南，不道江南好。'盖讥色目北人来江南者，贫可富，无可有，而犹毁辱骂南方不绝。自以为右族身贵，视南方如奴隶。然南人亦视北人，加轻一等，所以往往有此诮。"(卷三《曼硕题雁》)吴澄曾指出翰林国史院在用人方面存在不利于南士的倾向："宋亡，儒科废，后四十年始复，而士以善书服勤于翰林国史院者，历月九十则出仕，与进士之高等同，恩数渥矣。然南士之得与斯选者，厥惟艰哉！"(吴澄《吴文正公集》卷十八《送左县尹序》)《元史》中随处可见不用南人的规定，如大德元年四月，中书省、御史台的奏议中提到元代用人的"旧例"："各道廉访司必择蒙古人为使，或阙，则以色目世臣子孙为之，其次参以色目、汉人。"(《元史》卷十九《成宗二》)对于元代选用官员方面南人受到歧视的做法，袁桷从几个方面进行辩说，认为轻视南人的做法不足取："今之为议者则曰：南士浅薄不足取。又曰：其文学论议，与中原大异。夫行事必本于经，考成均之法，惟文公是师，而南士独有背，何耶？余尝入议者之室，其服食器用，由南以来者，颇若惬所好，其无乃贵物而贱士与！识患于不弘，党患于过偏，自昔创业之君，合一海宇，必取遐陬荒域之士，以自近辅。维昔世祖皇帝，能知之选取，盖可稽也。"(《清容居士集》卷二十四《送朱君美序》)刘崧《吾庐严先生墓碣铭》亦云："朝选右国人而下南士。"(《槎翁文集》卷十七)王礼《霍山十二景诗序》所说的一类现象，从一个侧面反映了元代重北人而轻南人的事实："近年求仕者，有薄其乡土，诡籍中州，以利于进，视弃坟墓犹弃敝屣，况有系念于山川景物者乎？"(《麟原后集》卷二)

③ 宋濂等：《元史》卷八十一《选举一》，第2019页。

④ 参见[日]箭内亘：《元代蒙汉色目待遇考》，陈捷、陈清泉译，商务印书馆1932年版。

⑤ 马祖常：《马石田文集》卷九，元人文集珍本丛刊影明刊本，台北新文丰出版公司1985年版。

的积极性自然要高很多。正如顾嗣立所说："自科举之兴，诸部子弟，类多感励奋发，以读书稽古为事。"①如至顺元年右榜状元笃列图，据虞集《靖州路总管捏古台公墓志铭》记载："始，中书礼部奏进士名，天子将亲策之，诏中书平章、翰林承旨云中赵公世延，中书参政东平蔡公文渊，读进士对策于殿庐，集以史官侍延阁与焉。又辟其属二人，则翰林待制、前进士蜀人谢端，国子助教闽人陈旅。……三人者，读卷得笃列图之文，持上蔡公。次当读未及行，上喜动颜色，自取而读之至终篇。顾左右曰：蒙古人文学如此，祖宗治教之所及也。……国人得官骤，先达何限，而文字之贵，始以异焉。而廷中人以有知捏古氏之先者，叹其子孙能以文学显也。"②相对于笃列图这类汉文化水平很高的蒙古、色目士人，科举制度的引导对普通少数民族士人汉文化水平的提高更有不可忽视的作用。

元代少数民族接受汉文化教育虽然很早，世祖至元时期更设立蒙古国子学，招纳蒙古、色目等族子弟入学；然而从对整个少数民族群体的影响来看，科举取士在推动少数民族知识分子学习汉文化方面作用更大，范围更广。李习指出："至皇朝，加封大成之有诏。儒家业《论语》，注用朱氏；《易》、《诗》、《书》、《春秋》，宗旨有归。擢之以科选，俾弓马旃裘子弟，呫毕呻吟，造乎义礼精微之奥。由是孔子之道，洽于朔方西域。"③这是就普遍意义而言。从更高层面来说，在科举考试的刺激下，元代少数民族士人在科举领域出现了不少科举家族，如高昌偰氏，两代中共有九人先后登第，许有壬赞叹说："唐宋科举盛时，儒家世科，未有如偰氏一门兄弟之盛，天下传为美谈。"④又如马祖常、马祖孝、马祖善兄弟及马祖常的伯父马世德，也都先后登进士第，马祖宪、马献子均为国子进士，乡贡进士也有多人⑤，苏天爵许之为"海内衣冠闻族"⑥。此外，如沙班、善材、善庆父子三人，也先后登第。穆鲁丁、海鲁丁、获独步丁兄弟三人，也都由进士出身，被时人称作三凤。更为重要的是，由此出现了一批在艺术文化领域具有很高水平的知识分子。如"西域板勒纥城人"(回回)察罕，据《元史》记载，他"博览强记，通诸国字书"，是一位博学多才之士。曾与元仁宗问答，仁宗感叹说："察罕博学如此邪!"并积极从事翻译工作："尝译《贞观政要》以献。帝大悦，诏缮写遍赐左右，且诏译《帝范》。又命译《脱必赤颜》名曰《圣武开天纪》，及《纪年纂要》、《太宗平金始末》等书，俱付史馆。"⑦马祖常、高克恭、贯云石、萨都剌、廼贤、余阙等汉化程度很高的色

---

① 顾嗣立：《元诗选初集》庚《忠介公泰不华》，中华书局 1987 年版，第 1792 页。

② 虞集：《道园类稿》卷四十六，元人文集珍本丛刊影明初翻印至正刊本。

③ 光绪十九年《太平府志》卷三十七。引自李修生主编《全元文》第 37 册，凤凰出版社 2004 年版，第 6 页。

④ 许有壬：《故嘉议大夫广东道都转运盐使赠通议大夫户部尚书上轻车都尉追封高昌郡侯哈喇布哈公墓志铭》，《至正集》卷五十四，元人文集珍本丛刊本。

⑤ 黄溍：《马氏世谱》，《金华黄先生文集》卷四十三，四部丛刊初编本。

⑥ 苏天爵：《题马氏兰蕙同芳图》，《滋溪文稿》卷二十九，第 499 页。

⑦ 宋濂等：《元史》卷一百三十七《察罕传》，第 3311 页。

目人就更不必说了，他们的才学身在元代普通汉族士人之上。针对这种情形，清人王士禛感慨：

元名臣文士，如耶律楚材，东丹王突欲孙也；廉希宪、贯云石，畏吾人也；赵世延、马祖常，雍古部人也；孛术鲁翀，女直人也；迺贤，葛逻禄人也；萨都剌，色目人也；郝天挺，朵鲁别族也；余阙，唐兀氏也；颜宗道，哈剌鲁氏也；瞻思，大食国人也；辛文房，西域人也。事功、节义、文章，彬彬极盛，虽齐、鲁、吴、越衣冠士胄，何以过之?①

虽然并非都由科举造就，但科举制度在提高少数民族整体汉文化水平方面，无疑有着不可磨灭的作用。

应该说，元代科举考试虽对蒙古、色目人有所优待，存在民族和族群歧视，但也不排除是基于对蒙古、色目人整体汉文化水平的考量。尽管在元灭宋之前，蒙古、色目人就存在一定的汉化现象，而且也出现了许多具有较高汉文化水平的蒙古、色目人；然而就整体文化水平来说，蒙古、色目人仍远逊汉人、南人。李翀《日闻录》记载：

国朝故事，以蒙古色目不谙政事，必以汉人佐之。官府色目居长，次设判署正官，谓其识治体练时务也。近年以来，正官多不识字。至正年间，淮东有一路总管，在任省劄行下，“辩验收差课程钱谷”。唤该吏，怒曰：“省札云便检钱，许多钞在库，如何不便检。”错以“辩验”为“便检”也。又一县令修理谯楼，读“谯”为“焦”，又读“羁管”为“霸管”，又以首领官只管祗候。至今以为笑谈。②

陶宗仪也说：

今蒙古、色目人之为官者，多不能执笔花押，例以象牙或木刻而印之。宰辅及近侍官至一品者，得旨，则用玉图书押字，非特赐不敢用。③

其中既有用官制度的原因，也有文化水平的因素在内。世祖至元十五年(1278)，江淮行省甚至出现了“省臣无一人通文墨”④的奇怪现象。其时虽说元朝刚刚统一全国，但从中也可以看出蒙古、色目人的整体汉文化水平，尚不能与具有深远文化传统的中原和江南地区士人相比。以延祐首科为例，在所录取的五十六名进士当中，江浙一地就有十

---

① 王士禛：《池北偶谈》卷七《元人》，中华书局 1982 年版，第 165 页。
② 李翀：《日闻录》，守山阁丛书本。
③ 陶宗仪：《南村辍耕录》卷二《刻名印》，中华书局 1959 年版，第 27 页。
④ 宋濂等：《元史》卷一百七十三《崔斌传》，第 4038 页。

人，“江浙之士，与公(即干文传)为同年者十人”①。而十人之中，南人就有八人，“江浙所贡南士，同对于大廷者八人”②，“仁宗即位之初，诏行贡举，始亲策多士于廷，江浙南士入奉大对者八人”。③ 虽然从士人登科比例来说，汉族士人要少于其他民族，但从绝对数量来看，元代科举登第的大部分仍然是汉族士人。

元代科举考试根据民族、地域等差别分设左右两榜，采取不同的考试内容、录取和铨授，因此在考试程式中规定考生需要写明族属④。然而，由于元代左右榜优待蒙古、色目人的事实，难免会有汉人、南人士子为获得优待而冒称蒙古、色目人，这就是元代科举中的“冒籍”现象。元统二年，在科举废除之前，朝廷举行了一场辩论。辩论中，伯颜提出了三条废除科举的理由，其中之一就是“又有假蒙古、色目名者”⑤。许有壬也曾批评科举考试中的“冒籍”、“增年”等现象：“其冒籍、增年，大非德行、经术取人之初意。”⑥

事实上，“冒籍”现象并非仅见于科举考试当中。因为元代实行优待蒙古、色目人的民族政策，凡是存在民族差异的领域，“冒籍”现象都无法避免。欧阳玄在延祐二年廷试的对策中曾经指出：“今之女真河西，明有著令，而自混色目。北庭族属，邻于近似，而均视蒙古，乘坚趼良，并列通显。”⑦如延祐五年十一月，曾发布禁令：“禁冒籍宿卫及巧受远方职官、不赴任求别调者，隐匿不自首者罪之。”⑧宿卫作为元代入仕的途径之一，主要面向的是蒙古、色目子弟，往往易得美官，混充者自然不乏其人。元代官员铨选中，汉人、南人往往受到排挤，因此王礼也说：“予观曩时铨选，薄南士。嗜仕进者，往往诡籍于北，而讳弃父母之邦。”⑨例如萨都剌，关于其族属，有一种说法即说

---

① 黄溍：《嘉议大夫礼部尚书致仕干公神道碑》，《金华黄先生文集》卷二十七，四部丛刊初编本。

② 黄溍：《承德郎中兴路石首县尹曹公墓志铭》，《金华黄先生文集》卷三十三，四部丛刊初编本。

③ 黄溍：《干氏赠封碑阴记》，《金华黄先生文集》卷十四，四部丛刊初编本。

④ 考生家状书写格式，见《元婚礼贡举考·中书省部定到乡试程式》，《庙学典礼》(外二种)，浙江古籍出版社1992年版，第160页。

⑤ 宋濂等：《元史》卷一百四十二《彻里帖木儿传》，第3405页。

⑥ 许有壬：《送冯照磨序》，《至正集》卷三十二，元人文集珍本丛刊本。关于“增年”现象，揭傒斯《刘福墓志铭》的记载，可以为我们提供相关的一点认识：“如是数年，学大进，虽宿学有弗逮。又限以年，不得试有司。……今也，教之不以时，学之不由序。及为之选举，则又限之以年，使才者锐进恒郁而不信，愚者偷慢得以玩岁愒时。”(《揭傒斯全集·文集》卷八，第418-419页)元代乡试程式规定，只有年满二十五六岁以后，才能获得被荐举参加乡试的资格。如此一来，许多士人为了能提早参加科举考试，虚报年龄也就成了司空见惯之事。像刘福这样不谎报年龄的士人，很有可能会就此失去进取的机会。

⑦ 欧阳玄：《圭斋文集》卷十二，四部丛刊初编本。

⑧ 宋濂等：《元史》卷二十六《仁宗三》，第587页。

⑨ 王礼：《西溪八咏序》，《麟原后集》卷三，文渊阁《四库全书》第1220册，第481页。

他是由汉人冒籍为回回。孔齐《至正直记》卷一云："京口萨都剌，字天锡，本朱氏子，冒为西域回回人。"①虽然这一说法可信度并不高②，但从另一个侧面反映出"冒籍"现象在元代社会生活中确实存在。

---

① 孔齐：《静斋至正直记》，四库全书存目丛书子部第239册影清钞本。

② 今人考证中，大多以萨都剌为蒙古或色目人，几乎没有持汉族说的。

拾、元代科举考试中的经义

相比唐宋科举，元代科举考试的显著特点之一是确立经义在考试科目中的绝对主导地位。① 在所使用的教材方面，宋代诸儒尤其是二程、朱熹的注疏受到尊崇。针对这一变化，虞集指出："今天子以独断黜吏议，贬虚文，一以经学取士。士大夫言学者，非程子、朱子之说不道也。"②程端学注意到各经相关规定间的细微差别。他在元统元年所作的《春秋本义序》中指出："科诏：《诗》以朱氏为主，《书》以蔡氏为主，《易》以程、朱为主，三经兼用古注疏；《春秋》许用三传及胡氏传；《礼记》用古注疏。钦详为主之意，则凡程、朱、蔡氏之说，一字不可违，必演而伸之可也。若夫许用之意，则犹以三传、胡氏之说未可尽主也。是则合于《春秋》之经者，用之可也；其不合者，直求之经意而辨之可也。"③宋代理学家的经学著作，在元代科举考试中开始被作为主要参考书目。

对于将程、朱理学作为考试指南的设置，当时的学者大多表示赞同。如陈栎《尚书蔡氏集传纂疏自序》云："圣朝科举兴行，诸经、《四书》，一是以朱子为宗，《书》宗蔡传，固亦宜然。"④虞集《蓝山书院记》云："我国家表章圣经，以兴文化。至于《论语》、《大学》、《中庸》、《孟子》，定以周子、二程子、张子、朱子及其师友之说，以为国是。非斯言也，罢而黜之。其正乎道统之传，可谓严矣。"⑤而谈到这一做法背后的深层用意，虞集指出："国家科目之法，诸经传注合有所主，将以一道德、同风俗者，非使学者专门擅业，如近代五经学究之固陋也。圣经深远，恐非一人之见可尽。"⑥至于在实

---

① 相关规定，参见《通制条格》卷五《科举》、《大元圣政国朝典章·礼部》卷四、《元史·选举志》的记载。

② 虞集：《师氏尊经阁记》，《道园类稿》卷二十五，元人文集珍本丛刊本，台北新文丰出版公司 1985 年版。

③ 程端学：《春秋本义》卷首，清康熙十九年通志堂经解本。

④ 陈栎：《陈定宇先生文集》卷二，元人文集珍本丛刊本。

⑤ 虞集：《道园学古录》卷八，四部丛刊初编本。

⑥ 见欧阳玄《元故奎章阁侍书学士翰林侍讲学士通奉大夫虞雍公神道碑》，《圭斋文集》卷九，四部丛刊初编本。

际施行过程中是否全然如此，则另当别论①。然而不可否认的是，与宋、金科举制度相比，元代科举考试明确将经学置于首要地位，显得格外突出，也更容易得到元代前期占主导地位的实学派文士的肯定。

元代科举考试以《四书》、《五经》命题，一方面是元前期学者探讨科举体制达成的共识：科举考试应当“罢诗赋，重经学”；另一方面也是元前期恢复儒学传统的必然结果。刘敏中概述元代前期的崇儒兴学之事说：“国家以神武拯斯民，以人文弘治道，凡户以儒籍者世复其家，民之后学者复其身。中统、至元以来，通儒硕才，并进迭出，由是罢世侯，更制度，混一区夏，臣服绝域，典章礼文之懿，罔不备具。元贞、大德，重熙累洽，自京师达于郡邑，庙学一新，弦诵之声，盈于乡井，皇风炜烨，郁郁乎治与古比隆矣。”②元代前期郡学书院的迅速发展，使得科举取士成为一种现实需要。

对于元代科举先《四书》而后《五经》的科目设置，钱大昕认为这一做法只有先后之别，而无轻重之分：“《四书》取士，昉于元代。设科之始，本以《四书》文少，便于记诵，故令蒙古、色目人习之。汉人、南人，则《四书》之外，仍各占一经。经疑二问，于《四书》出题，限三百字以上。经义一道，限五百字以上。盖经义难通，《四书》易解，右膀第一场《四书》先于《五经》者，先易而后难，初非重《四书》而轻《五经》也。刘基登元统元年进士，检其文集，有《春秋》经义若干篇，而经疑不及焉，则元人之重《五经》可知矣。明初袭用元制，乡会试题，《四书》在《五经》之前，由是士子应试，专以揣摩《四书》文为事，经义徒有其名尔。”③元代科举考试出题，是否存在重《四书》而轻《五经》的情形，钱大昕根据二者难易程度予以判定，并不准确；而他仅以刘基文集存科举文的情况作为立论依据，同样也失于严谨。

事实上，在元人的论述中，对此问题已有所辨析。虞集《新喻州重修宣圣庙学记》云：“近时以进士取人，犹以难疑答问，于《四书》为先务。”④如此措意，乃是基于对“先儒之说”的认同和宋元以来形成的经学教学理念：“《易》、《书》、《诗》、《春秋》、《礼》之为经五，儒者盖莫不欲通焉。汉之专门名家，则亦已固矣。而先儒之说曰：先通一经而明，则余经可得而通也。既而又有言曰：《论语》、《大学》、《中庸》、《孟子》

---

① 如当时的名儒程端礼就认为：“国朝设科初意，专取朱子《贡举私议》，今多违之。”（黄溍《金华黄先生文集》卷三十三《将仕佐郎台州路儒学教授致仕程先生墓志铭》）苏天爵也说：“夫以国家取士之制，察行于乡里，考言于朝廷，试之以事，而人才于是出焉。世以偶俪之词，汗漫之文，织组以为工，繁缛以为美，既徼倖于中选，又苟且以终身，殊失设科求才之意矣。”（《滋溪文稿》卷三十《书罗学升文稿后》，第 509 页）并强调说：“夫伊洛之书固家传而人有之，然学之者欲一见诸实用，非徒诵习其文以为决科之计而已。”（《滋溪文稿》卷五《伊洛渊源录序》）

② 刘敏中：《济南路文庙加封圣号记》，《中庵先生刘文简公文集》卷一，北京图书馆古籍珍本丛刊第 92 册影清抄本，书目文献出版社 1988 年版。

③ 钱大昕：《廿二史考异》卷九十《元史・选举志二》，上海古籍出版社 2004 年版，第 1254-1255 页。

④ 虞集：《道园类稿》卷二十三，元人文集珍本丛刊本。

之说通，则诸经可得而通矣。此皆要言也。”①“《四书》乃孔、曾、思、孟之格言。凡理、心、身、性情之要，治天下国家之法，靡所不备。先儒以为，若理会得此，则何书不可读，何理不可究，何事不可处。又谓看得此书，他书可一见而决，六经可不治而明。盖六经一经自是一事，《四书》则无一事一理之不该，实六经之本原也。”②对于元代科举先《四书》而后《五经》的设意，徐明善曾明确指出：“明进士业先《四书》，自汉唐以来未有。……今科举先《四书》，则士者不当自外场屋。”③从设科意图来说，《四书》被放在比较重要的位置，并且在当时成为了士人的“一般知识”。如黄元吉就曾教导他的侄子说：“汝欲为学，必先熟读《四书》以为之本，而后他经可读矣。”④赵德也曾对士人可能会只研读《四书》而表示担忧：“苟以《四书》急决科利，而他书置所未暇，则凡昧于传注者，不特失其所未暇，遂并所急失之矣。”⑤显然，元代科举考试在科目设置上先《四书》而后《五经》，并非只是出于二者难易程度的不同，而是与中国学术传统中长期以来形成的经典学习方法密切相关。通过科举考试的科目设置，促使士人更好地学习经典，以此达到为国家培养、造就人才的目的，是元代科举以经义为主要出题内容的根本用意。从这一点来说，元代科举将《四书》置于经义考试的首位，乃是基于对儒家元典精神的理解。

至于在实际应试过程中，由于《五经》既有经疑，又有经义，也不能排除会出现重《五经》的情形。针对这种情况，史伯璿批评说：“自科举再开之后，汉人、南人初场《四书》，只出一疑。《五经》既有经义，又有疑义，遂使学者于《四书》往往多所忽略。道理本原所在，既不透彻，则《五经》疑义虽能为，亦依附架搆而已，非真见也。又《近思录》乃二程、周、张四夫子之言，朱文公、吕成公所集，凡学者所以求端用力，处己治人，与夫辨异端、观圣贤之大略，于此可以概见。实《四书》、六经之羽翼，非他子之集可比也。今之设科，并不及之，遂使其书几为无用之虚器，学者至于终身不识其名者。愚欲今后初场题目，汉人、南人不必于《五经》出疑，但仍旧各试一义。《四书》则依旧出疑二。”⑥史伯璿的看法，恰好从反面证明了元代科举考试中出现的重《五经》轻《四书》情形，是有悖于元代科举的设科本意的。

关于元代科举考试科目设置的用意，陈高认为不仅有助于革除前代科举制度在体制上的不足，更重要的是要通过这一措施收用人才：“朝廷以文章取士，其立法之意至善

---

① 虞集：《送朱德嘉序》，《道园学古录》卷三十四，四部丛刊初编本。

② 史伯璿：《上宪司陈言时事书》，《青华集》卷二，清嘉庆元年（1796）抄本。引自李修生主编《全元文》第 46 册，凤凰出版社 2004 年版，第 423 页。

③ 徐明善：《送李易仲石洞山长序》，《芳谷集》卷上，文渊阁《四库全书》第 1202 册，第 568 页。

④ 景星：《学庸集说启蒙序》，《大学中庸集说启蒙》卷首，文渊阁《四库全书》第 204 册，第 962 页。

⑤ 赵德：《四书笺义自序》，《四书笺义》卷首，丛书集成初编本。

⑥ 史伯璿：《上宪司陈言时事书》，《青华集》卷二，清嘉庆元年（1796）抄本。引自李修生主编《全元文》第 46 册，凤凰出版社 2004 年版，第 423-424 页。标点有所改正。

也，其取人之道至悉也，其贵之文章司命者至深且重也。是故问之疑，以观其明理；质之义，以究其通经；试之赋，以考其博物；习之诏诰表章，以视其代言献纳之方；策之时务，以明其政事设施：非徒以革前代之弊也，将以求真才之用也。”①为国选官是科举制度推行的根本目的。吴澄认为是明理、善辞和知务三者的结合：“初场在通经而明理，次场在通古而善辞，末场在通今而知务。”②苏天爵认为，如果算上未被列入考试范围的资格举荐，元代科举制度可以说是德、学、言、行四者的统一：“其为制也，询之孝弟信义，盖欲其行之有常；试之经义疑问，盖欲其学之有本。继以古赋诏诰章表，欲其敷扬宏休，以备代言之选；策以经史时务，欲其经济斯世，发为有用之学。”③又说：“夫今之贡举，革近代声律之陋，复隆古正学之规。朝廷立法既周，诸儒讲论又至。试之以疑义者，所以使人通经学古，明乎道德性命之本，达乎诗、书六艺之文，非章句括帖之是尚也。继之以古赋、制诰、章表，所以验其登高能赋，则可以为大夫，应制代言，则可以敷号令，非雕虫篆刻之为工也。终则试之以制策，于以考古今治乱之原，推天地事物之变，民之利疚，政之美恶，皆得指陈。它日措诸实用，将见真儒善治之效出焉。虽然，此特试之以言也，不尚察其行欤？故必孝弟称于乡闾，信义服于朋友，始得宾兴于乡，荐之春官，贡于天子之廷，论定而后官之。其所学所能，不有胡公所谓经义者乎，所谓政事者乎！”④皇庆时期颁布的科举程式，在命题方面将金代科举中的三科合为一科，经义之外，虽然保留了赋和策论，但其重经义的倾向十分明显。

对于元代科举以经义取代辞赋的变化，吴澄肯定其在士人明德、修行方面的作用：“科目兴，而取人不稽其本实，所取者辞章之虚而已。就使辞章如马、班、韩、柳，抑不过为艺之下下，其视古者礼、乐、射、御、书、数之艺，天壤绝也，况其辞章之鄙浅，何尝梦见马、班、韩、柳之仿佛乎？唐世兼采人望，虽未免于私，而间或不失一二。糊名考校似为至公，其弊不可胜既，然亦时有俊杰出于其间，何也？世运方盛，则暗中摸索，往往得才，偶然尔，天也，而非人也。国朝贡举率因前代，而拳拳欲取经明行修之士，意欲烛其弊而防之者。夫经苟明，则知、仁、圣、义、中、和六者之德，无一不知；行苟修，则孝、友、睦、婣、任、恤六者之行，无一不能。德无不知，行无不能，六艺纵或有缺，不害其为本立而末未备。”⑤苏天爵将其视作国家谋求长治久安的良策：“诸君子盍亦深思国家设科之本欤，非第求其文辞之工，惟愿得人以为治也。故询于所居之乡，则欲知其孝弟信义之行；问其所治之经，则欲考其道德性命之学；试之以应用之文，则可见其才华之敏；策之以当时之务，则可察其治世所长。他日立于朝廷，

---

① 陈高：《上达秘卿书》，《不系舟渔集》卷十五，文渊阁《四库全书》第 1216 册，第 271 页。

② 吴澄：《跋吴君正程文后》，《吴文正公集》卷四十九，元人文集珍本丛刊本，台北新文丰出版公司 1985 年版。

③ 苏天爵：《济阳文会序》，《滋溪文稿》卷六，第 79 页。

④ 苏天爵：《常州路新修庙学记》，《滋溪文稿》卷三，第 41-42 页。

⑤ 吴澄：《送崔德明如京师序》，《吴文正公集》卷十五，元人文集珍本丛刊本。

仕于郡县，大则谋王体断国论，次则治民事决狱讼，夫如是何患人才之不足，天下之不治乎！”①虞集认为对国家学术的发展和士人政事的练达都有启沃之功：“国家之制，通问《四书》之疑，而各明一经之义。如此，而学者其于文义，固不待言，施诸有政，何可御也。”②通过科举考试为国选任切于实用的官员，是元代科举考试以经义取代辞赋作为取士准则的重要原因。

元代科举将程、朱理学作为考试答题的主要内容，对元代的学术思想和文学文化的发展最直接的影响，是确立了程朱理学的主导地位。关于这一点，时人多有论述。虞集《考亭书院重建文公祠堂记》云：“群经四书之说，自朱子折衷论定，学者传之。我国家尊信其学，而讲诵授受，必以是为则，而天下之学皆朱子之书。书之所行，教之所行也；教之所行，道之所行也。”③邓文原《四书类编序》云：“四书之学，始明于河南二程先生，而大阐于考亭朱夫子。今家有其书，学者传诵以熟。”④蒋易《庐峰山长黄禹臣序送别》云：“我国家设科取士，非考亭、庐峰之书不读，书院设官，春秋命祀，并遵旧典，非徒尊其人，尊其道也。”⑤吕溥《送傅生彦高游学序》云：“我朝大兴文治，科举之设，度越前古。普天之下，莫不家孔孟而户程朱，可谓盛矣。”⑥吴皋《送张文在序》云：“今之学者，家四书而人六经。”⑦储惟贤（至正间湖州路安定书院山长）《湖州路归安县修学记》云：“迨至我朝，方尊用周、程、朱、张之说，而体用之学益明，且设为科目以甄拔朔南英杰之士，固已家《六经》而人《四书》矣。”⑧朱右（1314—1376）曾以《尚书》一经为例，提示说：“天相元德，崇信五经，诏取士科，《书》以朱子订传为主，经生学士，尤知向方，则孔氏删定之《书》，将行于今矣。”⑨黄溍《送慈溪沈教谕诗序》中的论述虽然只涉及了一个很小的地域，但从中却可以看出学术思想变迁的整体趋势：“国家承平日久，治教休明，建学立师，设科取士，悉主于朱子之说。至是，而鄞、慈溪之士，于朱子之书，莫不家传人诵之。”⑩对于原本流行陆学的慈溪、鄞县一带来说，促使当地士人改变为学宗尚的，更多是缘于科举取士之后现实利益的驱使。可以说，元明理学的兴盛，在某种程度上与元代科举考试将程、朱理学被推尊为答题指南的做法密切相关。

---

① 苏天爵：《燕南乡贡进士题名记》，《滋溪文稿》卷四，第46页。

② 虞集：《送朱德嘉序》，《道园学古录》卷三十四，四部丛刊初编本。

③ 虞集：《道园学古录》卷三十六，四部丛刊初编本。

④ 邓文原：《巴西集》卷下，文渊阁《四库全书》第1195册，第575页。

⑤ 蒋易：《鹤田蒋先生文集》卷上，北京图书馆藏京师图书馆钞本。引自李修生主编《全元文》第48册，凤凰出版社2004年版，第76页。

⑥ 吕溥：《竹谿稿》卷下，续金华丛书本。

⑦ 吴皋：《吾吾类稿》卷三，文渊阁《四库全书》第1219册，第41页。

⑧ 光绪八年《归安县志》卷二十五。引自李修生主编《全元文》第58册，凤凰出版社2004年版，第626页。

⑨ 朱右：《书集传发挥序》，《白云稿》卷五，《续修四库全书》本。

⑩ 黄溍：《金华黄先生文集》卷十七，四部丛刊初编本。

元代科举考试以经义为主要考试内容的做法，固然会造成士人只重视传注而轻视本经的倾向。但在许谦看来，科举制度设计中重视传注的做法，对理解经典也有所帮助。他在延祐二年所作《与赵伯器书》文中说：

经非道也，而道以经存。传注非经也，而经以传显。由传注以求经，由经以知道，蕴而为德行，发之为文章事业，皆不倍乎圣人，则所谓行道也。传注固不能尽圣经之意，而自得者亦在熟读精思之后尔。今一切目训诂传注为腐谈，五代以前姑置勿论，则程张朱子之书皆赘语尔。又不知吾子屏绝传注，独抱遗经，其果他有得乎未也？不然，则梯接凌虚，而遽为此诃佛骂祖耳。①

宋儒传注对儒家元典的解读，或许不完全符合先贤的本意，但也并非全是无稽之谈。后人对儒家经典理解的深入和深化，也不可能凭空而来，须建立在前人解经的基础之上。

元代科举以程朱理学作为主要答题指南，其直接后果是：宋代以来形成的多种儒学派别逐渐为程朱理学的一统所取代，促成了元代中期以至明代中期理学的兴盛。对此，元代以降的文人均有明确认识。徐明善说："三十年来，新说新语益众，甚者诋訾建洛。天启圣明，科举用朱氏《四书》，他经兼用伊川、胡、蔡氏，可谓得成化之本矣。"②程端礼指出："今明经一主朱子说，使理学与举业毕贯于一，以便志道之士，汉唐宋科目所未有也，诚千载学者之大幸。"③袁桷《送陈山长序》云："郡博士而下，其尊且专者，莫若书院。数十年来，朱文公之说行，祠宇遍东南，各以四书为标准，毫杪擿抉，于其所不必疑者而疑之，口诵心臆，孩提之童，皆大言以欺世。故其用功少而取效近，礼乐刑政之本，兴衰治乱之迹，茫不能以知。累累冠绶，碍于铨部，老死下僚，卒莫能以自见，良有以也。"④王祎《送乐仲本序》云："及今国家建学立师，设科取士，一用朱氏说。天下学者，咸推朱氏为大宗，而四明陆氏之学莫或讲矣。"⑤元代科举考试以朱熹对《四书》的解说作为答题的指导思想，"新说新语"自然也就失去了生存的土壤。这种状况，既不利于新思想的生发，也易使理学因为固化而失去学术本身应有的活力，致使程朱理学在明代中期陷入难以弥合的悖谬之境，最终促成了心学思想的兴盛。缘于这一认识，元代后期，越来越多的士人开始从学术层面对比朱学、陆学二者的优劣。郑玉《送葛子熙之武昌学录序》云："朱子之说，教人为学之常也；陆子之说，高才独得之妙也。二家之学，亦各不能无弊焉。陆氏之学，其流弊也如释子之谈空说妙，至于卤莽灭裂，而不能尽夫致知之功。朱氏之学，其流弊也如俗儒之寻行数墨，至于颓惰委靡，

---

① 许谦：《白云集》卷三，文渊阁《四库全书》第1199册，第588-589页。

② 徐明善：《檗涧先生文集序》，《芳谷集》卷上，文渊阁《四库全书》第1202册，第566页。

③ 程端礼：《程氏读书分年日程》卷首，四部丛刊续编本。

④ 袁桷：《清容居士集》卷二十三，四部丛刊初编本。

⑤ 王祎：《王忠文公文集》卷六，北京图书馆古籍珍本丛刊本。

而无以收其力行之效。然岂二先生立言垂教之罪哉？盖后之学者之流弊云尔。”①对任何一种学说来说，其创立者与推行者之间，对其内涵的理解是不同的。后来者对于其说的发扬，是通过遮蔽和凸显其中的部分观点和内容来予以完成的。在此过程当中，臆解与敷衍是常有之事。

元代科举考试以《四书》、《五经》为主要内容给经学发展带来怎样的影响？陆文圭认为这一做法从设科之意来说可谓切中儒学精义：“《语》、《孟》、《庸》、《学》、《诗》、《书》、《易》、《春秋》，邹鲁之学在焉。述之者，河南程子、建安朱子，胡、蔡之徒相羽翼之，句为之解。家有其书，至足矣。学不出乎此，朝廷设科取士亦不出乎此！”②虞集以《诗经》为例，肯定其导引之功：“至于朱子《诗传》之出，然后悉屏去大小序，别为一编，存而不废，以待考辨。即经以求，其故自为之说，而天下学者从之，国家定以为是，然后其说与圣贤之言诗者合，而学者有所用功矣。”③四库馆臣以历史主义的眼光剖解其中的变化，一方面指出其“时文讲义”的应试学术特色：“仁宗延祐以前，尚未复科举之制，儒者多为明经计，不为程试计，故其言切实，与后来时文讲义异也。”④另一方面将他与明代的八股文进行比较，肯定其“犹有研究古义之功”的学术创见：“《四书》定于朱子《章句集注》，积平生之力为之，至垂没之日，犹改定《大学·诚意》章句，凡以明圣学也。至元延祐中，用以取士，而阐明理道之书，遂渐为弋取功名之路。然其时经义、经疑并用，故学者犹有研究古义之功。今所传袁俊翁《四书疑节》、王充耘《四书经疑贯通》、詹道传《四书纂笺》之类，犹可见其梗概。至明永乐中，《大全》出而捷径开，八比盛而俗学炽。科举之文，名为发挥经义，实则发挥注意，不问经义何如也。且所谓注意者，又不甚究其理，而惟揣测其虚字语气，以备临文之摹拟，并不问注意何如也。盖自高头讲章一行，非惟孔曾思孟之本旨亡，并朱子之《四书》亦亡矣。”⑤虽然评价不高，但相比其对明代经学的极力贬斥，元代经学能获得“犹有研究古义之功”的评语已属不易。

然而，科举取士以《四书》、《五经》作为考试文本，在推动经典广泛传播的同时，给经典解释造成的误读也显而易见。戴表元指出：“取士以明经设科，垂二千年。其法详记诵，精传注，使人崇本勤业，不虚为浮藻而已。王荆文公行新经义，始命举子昉对策依题为文，多者遂至泛滥累百千言。呜呼！取士明经，授题限晷刻，仓卒至累千百言，而求上不畔先王之教与老师宿儒相传之说，下不失有司之程度，岂不甚劳且难哉！”⑥虞集曾以《春秋》为例，批评科举之制下士人不再追求对经典的“真解”，而仅仅满足于应试博取功名：“国家设进士科以取人，治《春秋》者，三传之外，独以胡氏为

① 郑玉：《师山集》卷三，文渊阁《四库全书》第1217册，第25页。

② 陆文圭：《送王君章序》，《墙东类稿》卷六，文渊阁《四库全书》第1194册，第600页。

③ 虞集：《郑氏毛诗序》，《道园类稿》卷十七，元人文集珍本丛刊本。

④ 永瑢等：《四库全书总目》卷三十五金履祥《大学疏义》提要，中华书局1965年版，第298页。

⑤ 永瑢等：《四库全书总目》卷三十六《经部·四书类》按语，第307页。

⑥ 戴表元：《故礼部进士徐君墓志铭》，《剡源戴先生文集》卷十五，四部丛刊初编本。

说。岂非以三纲九法，赫然具见于其书者乎？而治举子业者，掇拾绪余以应有司之格，既无以得据事直书之旨，又无以得命德讨罪之严，无以答圣朝取士明经之意。”①类似情形显然不只出现在对《春秋》一经的理解上，而是科举取士背景下儒家元典及其传注的普遍遭遇。

① 虞集：《春秋胡氏传纂疏序》，《道园学古录》卷三十一，四部丛刊初编本。

拾壹、元代科举试赋的文学史意义

皇庆二年(1313)，元仁宗下诏恢复停废长达数十年的科举制度。科目设置方面，以经义取代词赋作为出题的主要内容。考试分三场，其中第二场在古赋、诏、诰、章、表等文体中任出一题。其中古赋、诏、诰规定必须写古体，章、表可以古体、四六相互参用。① 至正元年，科举制度停废五年后再度恢复，第二场将古赋列为必考科目，诏诰、章表另出一题②。虽然元代科举并不以赋作为主要评判依据，但由于宋金时期是科举考试的重要内容之一，这一改变仍受到当时士人的广泛关注。对其用意也做过不同的解读。陈高说："试之赋，以考其博物。"③吴澄认为："次场在通古而善辞。"④苏天爵指出："继以古赋诏诰章表，欲其敷扬宏休，以备代言之选。"⑤又说："继之以古赋、制诰、章表，所以验其登高能赋，则可以为大夫，应制代言，则可以敷号令，非雕虫篆刻之为工也。"⑥提高文学、文化修养，培养施政时在政策理解、意见和建议的表达等方面的能力，是考察赋、章表等写作的初衷和基本用意。

就目前所存文献的情况来看，至正元年以前第二场考试基本上都以赋出题。元代科举考试内容上的这一改变，得到了宋元之际名儒陈栎的肯定："律赋凿之以人，惟古赋鸣其天。科目次场有赋，以古不以律，丕休哉!"⑦其出发点虽是要改变宋金科举考试以律赋出题而致"士习浮华"的弊病，其结果，是形成元代辞赋"祖《骚》宗汉"的复古特点⑧。

---

① 参见佚名《通制条格》卷五《科举》，浙江古籍出版社 1986 年版，第 26-77 页。又见《大元圣政国朝典章·礼部》卷四、《元史》卷八十一《选举一·科举》。

② 见《元史》卷八十一《选举一》，中华书局 1976 年版，第 2026 页。又见《类编历举三场文选·都省奏准科举条画》，转引自陈高华《元朝科举诏令文书考》，纪宗安、汤开建主编《暨南史学》第 1 辑，暨南大学出版社 2002 年版，第 160-162 页。

③ 陈高：《上达秘卿书》，《不系舟渔集》卷十五，文渊阁《四库全书》第 1216 册，第 271 页。

④ 吴澄：《跋吴君正程文后》，《吴文正公集》卷四十九，元人文集珍本丛刊本，台北新文丰出版公司 1985 年版。

⑤ 苏天爵：《济阳文会序》，《滋溪文稿》卷六，中华书局 1997 年版，第 79 页。

⑥ 苏天爵：《常州路新修庙学记》，《滋溪文稿》卷三，第 41-42 页。

⑦ 陈栎：《两都赋纂释序》，《陈定宇先生文集》卷二，元人文集珍本丛刊本。

⑧ 元赋"祖《骚》宗汉"的理论取向，代表论述如祝尧《古赋辨体》卷三云："古今言赋，自《骚》之外，咸以两汉为古，已非魏晋以还所及。心乎古赋者，诚当祖《骚》而宗汉，去其所以淫而取其所以则可也。"

杨维桢说："皇朝设科取赋，以古为名，故求今科文于古者，盖无出于赋矣。"①元代科举考试以古赋出题，在某种程度上改变了宋、金以来律赋盛行的风气。吴讷指出："律赋起于六朝，而盛于唐宋。凡取士以之命题，每篇限以八韵而成，要在音律谐协、对偶精切为工。迨元代场屋，更用古赋，由是学者弃而弗习。"②徐师曾说："三国、两晋以及六朝，再变而为俳，唐人又再变而为律，宋人又再变而为文。夫俳赋尚辞，而失于情，故读之者无兴起之妙趣，不可以言则矣。文赋尚理，而失于辞，故读之者无咏歌之遗音，不可以言丽矣。至于律赋，其变愈下，始于沈约'四声八病'之拘，中于徐、庾'隔句作对'之陋，终于隋唐宋'取士限韵'之制，但以音律谐协对偶精切为工，而情与辞皆置弗论。呜呼，极矣！数代之习，乃令元人洗之，岂不痛哉！"③毛晋认为元代辞赋"除完颜之粗犷，洗宋末萎弱之气"④。这种改变，更多是基于士人精神层面的考虑。

何谓古赋？虞集《易南甫诗序》云："《诗》三百篇之后，《楚辞》出焉。西都之言赋者盛矣。自魏以降，作者代出，制作之体，愈变而愈新。因唐之诗赋有声律对偶之巧，推其前而别之曰古赋。"⑤因而从时代选择上来说，元代所崇尚的古赋，继承的主要是《离骚》以至汉代的大赋传统。欧阳玄至治三年主考浙江乡试对程端学赋的取舍，可以看出元代科举考试中赋的一般体态。据欧阳玄《积斋程君墓志铭》记载："至治癸亥，予以鸠兹宰浙省，聘为秋闱试官。第二场《四灵赋》，本房得一卷，爱其词气高迥，拟寘选中。覆考官谓非赋体，欲黜之。予争之力，且曰：'其人赋场如此，经义必高手。'画三不成字号，督掌卷官对号参索取其本经观之，至则伟然老成笔也。主司是予言，乃与选。"⑥由此可以看出，元代科举考试对古赋的要求，主要是从赋的格调和精神上着眼，对体式和辞采的要求并不严格。

元代科举以古赋取代律赋作为取士标准，其用意不仅是考察士人文辞技巧的锻炼，同时也强调对前朝故实的博览。如至正元年(1341)江浙行省乡试，赋以"罗刹江"命题，"锁院三千人，不知罗刹江之为曲江也。思复(钱惟善字)引枚乘《七发》为据，其首句云：'惟罗刹之巨江兮，实发源于太末'，大为主司所称，由是知名。"⑦吴澄论述设科用意，将其概括为"通古而善辞"⑧，陈高认为其目的是"考其博物"⑨，苏天爵则认为

---

① 杨维桢：《丽则遗音序》，《丽则遗音》卷首，文渊阁《四库全书》第1222册，第146页。

② 吴讷：《文章辨体序说·律赋》，人民文学出版社1998年版，第55-56页。

③ 徐师曾：《文体明辨序说·赋》，人民文学出版社1998年版，第101页。

④ 毛晋：《丽则遗音识》，《丽则遗音》卷末，毛氏汲古阁刻本。

⑤ 虞集：《道园类稿》卷十八，元人文集珍本丛刊本。

⑥ 程敏政编：《新安文献志》卷七十一，文渊阁《四库全书》第1376册，第200-201页。

⑦ 顾嗣立编：《元诗选初集》辛集《曲江老人钱惟善》，中华书局1987年版，第2268页。其事又见瞿佑《归田诗话》卷下"罗刹江潮"，丁福保辑《历代诗话续编》，中华书局1983年版，第1274页。

⑧ 吴澄：《跋吴君正程文后》，《吴文正公集》卷四十九，元人文集珍本丛刊本。

⑨ 陈高：《上达秘卿书》，《不系舟渔集》卷十五，文渊阁《四库全书》第1216册，第271页。

主要是为了“敷扬宏休，以备代言之选”①，“验其登高能赋，则可以为大夫……非雕虫篆刻之为工也”②。元代科举体制上的这一改变，虽然得到了大多数学者的肯定，也受到了少数学者的批评：“隋唐以来，词章取士，寖失古法。宋元设科明经，而宋署题破碎，经文各务己意，而侮圣言尤甚。元于《四书》、《五经》疑、义之外，杂以古赋，未免词章旧习。”③在他们看来，即便是古赋，也仍然属于词章范围。类似言论，虽不无道理，但多是在元代后期科举之弊日显突出背景下的愤激之说。

元代科举考试取古赋而弃律赋，与元代前期文人对宋金科举以律赋取士的批评直接相关。刘祁批评金代律赋的弊习说：“金朝律赋之弊不可言。大定间诸公所作，气质浑厚，学问深博，犹可观。其后张承旨行简知贡举，惟以格律痛绳之，洗垢求瘢，苛甚，其一时士子趋学，模题画影，至不成语言，以是有‘甘泉’、‘甜水’之谕，文风浸衰。”④赵孟頫批评宋末的赋风说：“宋之末年，文体大坏，治经者不以背于经旨为非，而以立说奇险为工；作赋者不以破碎纤靡为异，而以缀缉新巧为得。有司以是取，士以是应，程文之变，至此尽矣。”⑤李祁也批评说：“古之赋未有律也，而律赋自唐始。朝廷以此取士，乡老以此训子，兢兢焉较一字于毫忽之间，以为进退予夺之机，组织虽工，俳偶虽切，而牵制局促，磔裂以尽人之才。故自律赋既作，迨今六七百年之间，而曾无一篇可传于后世，曾无一字可益于世教。”⑥陈绎曾《文筌·唐赋附说》干脆将律赋排除在了赋体作品之外：“律赋巧，或以经语为题，其实则押韵讲义，其体则押韵四六，虽曰赋，实非赋也。”⑦皇庆二年十月，中书省丞奏开科举的陈疏，代表了当时主流士人阶层对于辞赋(律赋)的一般看法：“学秀才的经学、词赋是两等，经学的是说修身齐家治国平天下的勾当，词赋的是吟诗课赋作文字的勾当。自隋唐以来，取人专尚词赋，人都习学的浮华了。罢去词赋的言语，前贤也多曾说来。为这上头，翰林院、集贤院、礼部先拟德行明经为本，不用词赋来。俺如今将律赋省，题诗、小义等都不用，止存留诏诰、章表，专立德行明经科。”⑧元自太宗戊戌以后，不定期地在北方实行定立儒籍的考试，其内容以金代科举的主要科目辞赋(律赋)为主。因为士人所习以及金末以来中州文派的影响，其时“儒者尤习文辞为进取计”⑨。此后，理学思潮逐渐兴盛，以

---

① 苏天爵：《济阳文会序》，《滋溪文稿》卷六，第79页。

② 苏天爵：《常州路新修庙学记》《滋溪文稿》卷三，第41-42页。

③ 唐桂芳：《送俞子常举教官序》，《白云集》卷五，文渊阁《四库全书》第1226册，第840页。

④ 刘祁：《归潜志》卷九，中华书局1983年版，第97页。

⑤ 赵孟頫：《第一山人文集序》，《松雪斋文集》卷六，四部丛刊初编本。

⑥ 李祁：《周德清乐府韵序》，《云阳李先生文集》卷四，北京图书馆古籍珍本丛刊本。

⑦ 陈绎曾：《文筌》，四库全书存目丛书集部第416册影清李士棻家钞本。

⑧ 佚名：《通制条格》卷五《科举》，浙江古籍出版社1986年版，第69页。又见《大元圣政国朝典章·礼部》卷四《学校一》。

⑨ 苏天爵：《元故征士赠翰林学士谥文献杜公行状》，《滋溪文稿》卷二十二，第375页。

王恽等人为代表的东平文人在接纳以理学为主的举学思想基础上，提出科举考试不能完全弃除词赋①。李孟提出恢复科举，其观点也是“先德行、经术而后文辞”②。因而延祐初年复行科举，虽然将词赋的地位置于经义之下，但仍将古赋列为科举考试的科目之一。

元初废科举不行，律赋失去了其作为功名阶梯的功用，受士人重视的程度大为降低。虞集说：“宋亡，律赋之学废。”③虞集所说乃指一般情况而言。事实上，在元代科举制度恢复之前，以律赋作为学习内容的士人仍不乏其人。如刘诜之子刘尚文，“年十三四，为律赋，辄先庠序”④。又如胡稷，“早以颖悟受知乡先生博士刘公会孟、礼部邓公中文。既逾弱冠，从余学，以赋律论率魁乡校”⑤。这样的学术背景，在以经义、古赋作为主要考试内容的元代科场中是难以取得佳绩的。因而刘尚文在科举恢复之后，转而“益研究群书”。而如胡稷，在皇庆复科的首次乡试中，虽然“自期其战艺当首捷”，其结果也只是“累不利”。在此背景下，士人转习古赋也是势所必然。吴讷指出：“延祐设科，以古赋命题，律赋之体，由是而变。”⑥用苏轼的话说，就是：“科场之文，风俗所系，所收者天下莫不以为法，所弃者天下莫不以为戒。昔祖宗之朝，崇尚辞律，则诗赋之工，曲尽其巧。自嘉祐以来，以古文为贵，则策论盛行于世，而诗赋几至于熄。何者？利之所在，人无不化。”⑦二者之间虽非简单的对应关系，但科举考试对于文学风尚变迁的影响仍显而易见。

就已知元代科举考试各科会试的赋题来看，其出题范围以经史居多。如延祐二年会试赋题为《辟雍赋》，延祐五年题为《手植桧赋》，至治元年会试题为《凌烟阁赋》，泰定元年会试题为《阳燧赋》，泰定四年会试题为《太常赋》等，至顺元年会试为《茧馆赋》，元统元年会试为《蒲轮车赋》，至正二年会试为《王会图赋》，至正五年会试为《玉德殿赋》，至正八年会试为《帝车赋》，至正十一年会试为《广寒殿赋》，至正十四年会试为《铜柱赋》，至正二十三年会试为《古剑赋》等。⑧ 许多原本属于儒学讨论的论题，也出现了以赋为体的作品，如唐元的《六艺赋》、贝琼的《大韶赋》等。

元代科举考试以古赋命题，极大地刺激了士人从事古赋创作的热情。据今人研究，现存有辞赋作品的元代赋家约有 330 多人，辞赋作品 1162 篇，其中以“赋”名篇的作品

① 王恽关于科举程式的论述，见于《论科举事宜状》、《论明经保举等科目状》、《贡举议》等文，《秋涧先生大全文集》卷八十九、卷八十六、卷三十五，四部丛刊初编本。

② 黄溍：《元故翰林学士承旨中书平章政事赠旧学同德翊戴辅治功臣太保仪同三司上柱国追封魏国公谥文忠李公行状》，《金华黄先生文集》卷二十三，四部丛刊初编本。

③ 虞集：《夏氏全史提要编序》，《道园类稿》卷十六，元人文集珍本丛刊本。

④ 刘诜：《仲子尚文墓志铭》，《桂隐文集》卷二，文渊阁《四库全书》第 1195 册，第 166 页。

⑤ 刘诜：《胡稷墓表》，《桂隐文集》卷二，文渊阁《四库全书》第 1195 册，第 169 页。

⑥ 吴讷：《文章辨体序说·古赋》，人民文学出版社 1998 年版，第 23 页。

⑦ 苏轼：《拟进士廷试策表》，《经进东坡文集事略》卷二十一，四部丛刊初编本。

⑧ 参见李新宇：《元代辞赋研究》，中国社会科学出版社 2008 年版，第 194-214 页。

800篇，以“辞”名篇的作品111篇，不以“辞”或“赋”名篇的作品251篇①。与元代科举制度恢复之后古赋创作的兴起相呼应，其时出现了不少以古赋为论述对象的文学理论著述和古赋选本。古赋理论著述如祝尧的《古赋辨体》，陈绎曾《文筌·古赋》等；古赋选本多为书坊刊刻的应举书籍，除《新刊类编历举三场文选》、《皇元大科三场文选》中著录的科举考试中选的赋作之外，还有专门备士人应举之用的当代古赋选集《青云梯》。杨维桢曾自记其所作之赋说：“余蚤年学赋，尝私拟数十百题，不过应场屋一日之敌尔，敢望古诗人之则哉？既而误为有司所采，则箧簏所有，悉为好事者持去。近至钱塘，又有以旧所制梓于书坊，卒然见之，盖不异房桐卢之见故物于破瓮中也。且过以则名，而吾同年黄子肃君又赘以评语，益表刻画之。”②杨维桢是元代中后期最为知名的辞赋作家，其作品受欢迎的程度，从一个侧面展现了元代科举考试以古赋命题背景下辞赋学习、创作的历史实态。

元代科举考试以古赋出题，对元代赋学理论和赋风产生了深远影响，形成了元代赋学和赋风惟古是尊的倾向。杨维桢论赋，推尊“赋之比义古诗而不易于则”的风雅传统：“赋之古者岂易言哉？扬子云曰：诗人之赋丽以则，词人之赋丽以淫。子云知古赋矣。至其所自为赋，又蹈词人之淫而乖风雅之则，何也？岂非赋之古者，自景差、唐勒、宋玉、枚乘、司马相如以来，违则为已远，矧其下者乎？”③而从祝尧对“楚辞体”的论述，我们大体可以看出元代对于赋风的追求：“自汉以来，赋家体制大抵皆祖原意。故能赋者，要当复熟于此，以求古诗所赋之本义，则情形于辞而其意思高远，辞合于理而其旨趣深长，成周先王‘二南’之遗风，可以复见于今矣。”④如陈泰延祐元年参加湖广行省乡试，所作《天马赋》因为“气骨苍古，音节悠然”、“熟于《楚辞》”⑤而中选。干文传、欧阳玄等人延祐二年会试所作的《辟雍赋》，在体式上也是骚体。

元代科举考试以古赋取代律赋，是否能真正促成古赋创作的兴盛，达到比隆汉魏的境界？对此，许有壬持否定意见。许有壬《林春野文集序》云：

> 贡举未行，士之力学者，积厚资深，发而为文章，决江河，泾沟池，至即盈溢。利禄一启，人重得失，始有欲速而求捷者。假步蹈律，寸跬模仿，爨而始籴，规规乎其不裕也。今试格一日之目，有古赋，有诏诰、章表。近循习多用赋，则赋当日盛，上不追骚下，亦不失为汉魏矣。而失反有今不逮昔之叹，何哉？盖昔之人有式不拟，直以所学充之；后之人无学可充，而惟式是拟也。⑥

---

① 参见李新宇：《元代辞赋研究》，中国社会科学出版社2008年版，第26页。
② 杨维桢：《丽则遗音序》，《丽则遗音》卷首，文渊阁《四库全书》第1222册，第146页。
③ 杨维桢：《丽则遗音序》，《丽则遗音》卷首，文渊阁《四库全书》第1222册，第146页。
④ 祝尧：《古赋辨体》卷一，文渊阁《四库全书》第1366册，第718页。
⑤ 陈泰：《所安遗集》卷一，文渊阁《四库全书》第1210册，第544页。
⑥ 许有壬：《至正集》卷三十三，元人文集珍本丛刊本。

在许有壬看来，科举考试以古赋为题，只能在数量上推动古赋创作的急剧增加，在提高整体创作水平上则并无太大贡献。那种并非源于自身文学素养提高而进行的创作，不过是"惟式是拟"的应时之作，并不能真正提升元代古赋的创作水准。杨维桢也曾感叹说："历评八科以来诸赋，无虑千余篇，而得可传后者，《太极》、《天马》、《瀛洲》、《金马门》数篇而已。"①明人吴讷认为元代辞赋"多浮靡华巧，抑扬归美"，"至末年而格调益弱"②。清人李调元批评说："元人变律为古，大率散漫而平直，非不滔滔清便，而丽则之旨亡矣。"③类似问题，并不只是出现在辞赋创作当中。正如赵孟頫所辩称的："狃于科举之习者，则曰巨公如欧、苏，大儒如程、朱，皆以是显，士舍此将焉学。是不然。欧、苏、程、朱，其进以是矣，其名世传后，岂在是哉！"④袁桷也说："科举足以取士，而文不足以行世。"⑤科举取士的目的，是要选取能够经世济民的政府官员，而并非是考较文学才华和文章写作技巧。以明经、德行为本，而以文艺为末，是元代科举制度推行时反复强调的。作为应试之学的科举文体，其实际创作水准的评判，需要在文学发展和文体演进的历史进程中加以衡量。

---

① 杨维桢：《新刊丽则遗音古赋程式》卷末，北京图书馆藏元刻本，《中华再造善本·集部·金元编》，北京图书馆出版社2005年版。

② 吴讷：《文章辨体序说·古赋》，人民文学出版社1998年版，第23页。

③ 李调元：《赋话》卷六《新话六》，《续修四库全书》第1715册影清乾隆绵州李氏万卷楼刻嘉庆十四年李鼎元重校印函海本。

④ 赵孟頫：《第一山人文集序》，《松雪斋文集》卷六，四部丛刊初编本。

⑤ 袁桷：《祭戴先生》，《清容居士集》卷四十三，四部丛刊初编本。

拾贰、科举废黜与元前期江南的诗歌创作

咸淳十年(1274)，宋朝举行了最后一次进士考试，两年后(1276)，元军攻陷临安，科举制度随着宋朝的灭亡而被废黜。此后，虽然关于恢复科举的讨论不绝如缕，世祖、成宗、武宗时都曾颁布过议行科举的诏令，但均未能付诸实行，直到元仁宗延祐元年(1314)才得以恢复。科举考试长达三十余年的停废，对江南士人来说甚至比改朝换代更让他们无所适从。在此背景下，江南士人的生活、心态、志趣均发生明显变化，展现出与科举时代迥异的体态。

一、科举废黜与江南士人生存状态的变化

元灭宋初期，江南也依照北方地区一样实行儒户制度，在籍的儒士除缴纳地税、商税之外，其余所有差役都被免除。然而因为实际执行过程中普遍存在托名儒户以规避徭役的现象，儒籍认定十分混乱，“亡宋登科发解、真材硕学、名卿士大夫多不在内”①，儒士“苦于赋役”、“以徭役为累”的情形仍普遍存在。② 与宋代“专尚科目”不同，元代前期科举制度废而不行，加上实行四等人制度，“南人”仕进之途基本上被切断，生存状况发生根本变化。陆文圭《送赵敏道序》云：

> 吾幼攻举子业，剽窃律赋经义套括，以争名于场屋间，吾之大惭，人以为大好焉。已乃事大缪，礼部条贯束不用，武夫健吏鸱张，而儒其服者，例遭讪侮。③

对于全力投身举业的宋末士人来说，宋元易代后取消科举考试，使他们惟一所从事的艺能失去了施展空间，此外又别无所长，生活境遇可想而知，“例遭讪侮”即是其时遭际的真实写照。入元之初，即便是一些宋末名儒，生活也十分窘迫。舒岳祥、陈著、

---

① 佚名：《庙学典礼》卷三《儒户照抄手状入籍》，浙江古籍出版社 1992 年版，第 60 页。

② 参见黄溍《承直郎潮州路总管府知事孔君墓志铭》(《金华黄先生文集》卷三十四)、李祁《元故建德路淳安县儒学教谕曹公行状》(《云阳李先生文集》卷三)的相关记述。

③ 陆文圭：《墙东类稿》卷六，文渊阁《四库全书》第 1194 册，第 601 页。

戴表元等人的诗文中，充斥着对元初困窘生活的描述。类似唐元发“老来正苦行役，每顾影寂寥，时一发浩叹”①感慨的江南士人，在元代前期并非个例。

科举考试的停废，使士人突然变得一无所能，人生价值选择成为摆在他们面前的现实问题。虽然宋代士人科举登第及被选任为官都不容易，但他们毕竟可以通过所学进入仕途。到了元代前期，江南士人入仕只能委身为吏，而这恰是传统士人所鄙弃和不擅长的。对于换代前后形成的巨大反差，赵文感叹说：

> 士之贫于今世，不亦可笑也哉！……近世富家，其骤兴崛起，不出于诗书之泽，不本于父祖之积，虽能骤致富强，惊动闾里，其子孙一落，往往鞭背马前，呼皋庭下，终不若彼出于父祖之积、诗书之泽者，虽贫且弱，犹挟册往教，号称人师。此俗人之所诋諆姗侮，而至不易得者也。②

宋代以文治国，儒士在仕途上颇显优越，元初打破这一格局，致其仕途困顿，许多儒学、科举世家开始逐渐走向没落。戴表元叙述当时的情形说：“科举罢，三百篇之策，学者黜为空言。邑中故家，虽衣冠强盛如李、杨、黄者，亦皆逋播荡析。”③士人“无以为官”，为学的热情自然也就日渐受挫，废学、改辙之举逐渐成为普遍趋势。对于这一状况，牟巘形容是“徒区区建数尺之竿，悬一鲂之饵，而欲待横江之鳣，不已疏乎”④。

在科举不兴的情况下，入仕之路被隔断，维持生计成为士人面临的基本问题。在此背景下，不少士人纷纷改辙他业。他们或教授乡里，或弃儒从商，或委身为吏，或由儒入道，或习为杂学。关于其时的总体情况，揭傒斯概括说：“自科举废，而天下学士大夫之子弟，不为农则为工、为商。”⑤王沂描述是：“其在闾巷间者，用力于空文而峙虚名；其出其仕者，赴时趣务，驰骋于声利。”⑥元代文献中有诸多关于这一时期士人改习其他艺能情况的记载，其中以出仕为吏的情形最为普遍。针对这一风气，苏天爵指出：“学者仅能执笔晓书数，其父兄已命习为吏。”⑦如唐如介，“科举废格，勉从吏役，初试于邑”。⑧ 陆千里，“幼读书，急亲养，不得守先业，由刀笔吏以进”。⑨ 上饶翁某，

---

① 唐元：《送沈晋可序》，《筠轩集》卷九，文渊阁《四库全书》第1213册，第547页。

② 赵文：《送罗山禺序》，《青山集》卷一，文渊阁《四库全书》第1195册，第7页。

③ 戴表元：《送杜子问赴学官序》，《剡源戴先生文集》卷十三，四部丛刊初编本。

④ 牟巘：《顾伯玉文稿序》，《陵阳集》卷十二，文渊阁《四库全书》第1188册，第100页。

⑤ 揭傒斯：《送也速答儿赤序》，《揭傒斯全集·文集》卷四，上海古籍出版社1985年版，第310页。

⑥ 王沂：《送张光道序》，《伊滨集》卷十四，文渊阁《四库全书》第1208册，第514页。

⑦ 苏天爵：《新城县庙学记》，《滋溪文稿》卷四，中华书局1997年版，第50页。

⑧ 唐元：《唐处士墓志铭》，《筠轩集》卷十二，文渊阁《四库全书》第1213册，第581页。

⑨ 程端礼：《送奉化吏目陆千里序》，《畏斋集》卷三，文渊阁《四库全书》第1199册，第661页。

“以儒家者流，而尝从事于律，积岁月，可以典州县之案牍，顾乃暂寓焉于征商之官”。① 鄞县杜仁杰，“与兄某同师季父景牧先生，少年试艺，藉藉有声。世迁，科举事废，公乃以军谋仕”。② 也有沦为商贾的情况。如李瑞，科举废除之后，“不能治生农工，处市井中，遂商贾为业”。③ 或改事各类技艺，如严存性，“方将以儒术取进士第，以是用于世，而科举废矣。于是益取医家之书而读之，求尽其术，以游四方，而行其志焉”。④ 薛方彦，“国初科举废，世族子弟孤洁秀拔，率从释老游，故方彦亦入龙虎山中奉真院习清静言云”。⑤ 刘西龙，“科举罢，飘飘然挟甘石书以游”。⑥ 类似记述，反映了元代前期儒士纷纷改辙他业的一般状况。针对这一现象，徐明善指出：“不意科辍，吾思场屋之文，于天下国家无补，幸甚休其劳。而凡士者又往往不堪其闲，有去而技术鸣者，有去而贾取赢者，有去而结绶于刀笔、挚金于纵横者。”⑦生活无以为凭，才能无处发挥，人生价值无法实现，于是只能将精力转投在其他艺业方面。这一选择，反映了元代前期江南士人生活的一个侧面。

与士人纷纷改学其他艺业相映照，这一时期学习儒学经典的士人开始大量减少。戴表元描述自己的亲身见闻说：“余以穷授徒江海上，乡大夫昌国应君翔孙过之，相与慨叹江南经术荒芜，纷纷朋俦中，疑难满胸而卒无所问。”⑧崔君举也说：“近则科举废久，士无系累，荡然失其所挟试，使口诵本经，且不能以句矣。”⑨方回感叹元代前期理学之道的衰落：“今之为士者，一切不讲，惟诗辞之学仅存。予朱子之乡晚出者也，仕而归老，去朱子之没未百年，求所谓义理之学者，不一见焉。”⑩如作为宋代科举考试内容之一的《春秋》，在元代前期没有举行科举考试的情况下，“学者不待申临川之禁，而绝口不复道矣”。⑪ 与此同时，士风、学风也日渐浇漓。程钜夫批评指出：“科举废，后生无所事聪明，日以放恣，诗书而刀笔，衣冠而皂隶。小有材者，溺愈深；居近利

---

① 李存：《逢遇录序》，《番阳仲公李先生文集》卷十七，北京图书馆古籍珍本丛刊，书目文献出版社 1988 影印版。

② 程端学：《元故从仕郎杭州路税课提举杜君墓志铭》，《积斋集》卷五，文渊阁《四库全书》第 1212 册，第 363 页。

③ 胡祗遹：《承直郎江西等处榷茶都转运司副使李公神道碑》，《紫山大全集》卷十七，文渊阁《四库全书》第 1196 册，第 294 页。

④ 傅若金：《赠儒医严存性序》，《傅与砺文集》卷四，嘉业堂丛书本。

⑤ 李存：《薛方彦墓志铭》，《番阳仲公李先生文集》卷二十四，北京图书馆古籍珍本丛刊，书目文献出版社 1988 影印版。

⑥ 赵文：《赠刘云山序》，《青山集》卷二，文渊阁《四库全书》第 1195 册，第 20 页。

⑦ 徐明善：《耐闲说》，《芳谷集》卷下，文渊阁《四库全书》第 1202 册，第 585 页。

⑧ 戴表元：《昌国应君类书蒙求序》，《剡源戴先生文集》卷七，四部丛刊初编本。

⑨ 朱彝尊：《经义考》卷八十六王天与《尚书纂传》引崔君举后序，文渊阁《四库全书》第 678 册，第 171 页。

⑩ 方回：《吴云龙诗集序》，《桐江续集》卷三十二，文渊阁《四库全书》第 1193 册，第 667 页。

⑪ 戴表元：《春秋法度编序》，《剡源戴先生文集》卷七，四部丛刊初编本。

者，坏愈速。不能不蹈先儒之忧。”①又说：“士无科举之累，盍亦思古人所谓明人伦者为何事。……若夫工词章而不穷其理，谈性命而不践其实，其不为功利智术之归者，无几矣。吾为此惧。”②没了科举取士的吸引，士人仿佛顿然失去了学习儒学的动力和热情，士气渐趋浮躁，士习日益败坏。

元代前期士子废学的情形，引起了许多有识士人的关注。牟巘描述其时的情形是“士散久矣”，③ 李存形容是“多兔窟鸟散”。④ 徐明善指出：“东南涵濡圣化三十年矣，科辍士散。……前辈星稀，后生云变。”⑤刘崧亦云：“时科举未行，士隳其业。”⑥以致刘岳申说自己在延祐科举初兴时，“往来涂学，几亡诵弦声”。⑦ 总体来说，科举不兴，江南士气低落：“四十年来，东南士或消声林薮，或未忘爵禄，然材学兼茂者亦无有几人，故东南之人望日以轻。”⑧科举制度长时间的停废，彻底改变了士人的生存状态。对此，黄溍感慨：“为士而生于师废民散之后，何其不幸欤！”⑨痛惜之情溢于言表。与此相联系，许多有识之士开始对儒士传统的延续深表忧虑。戴表元说：

> 余初学儒时，见世之慕利达者宗科举。科举初罢，慕名高者宗隐逸。隐逸之视科举有间也。当是时，犹各有大儒遗老有名实者为之宗，学者赖以不散。岁月推迁，心志变化，昔之为宗者且将销铄就尽，而士渐不知其宗。吾为吾道吾类惧焉。⑩

类似的担忧，不仅出现在由宋入元的遗民士人当中，随着时间的推移，也开始在统治阶层中蔓延。畏吾儿族大臣廉希宪解释善待江南儒士的原因说：“今国家起朔漠，斯文不绝如线，我更不尊礼，则儒术且将扫地矣。”⑪江南行御史台官员指出：“兵火之后，科举已废，民知为儒之不见用也，去儒而为吏、为商，甚至为盗，儒风十去六七

---

① 程钜夫：《闽县学记》，《雪楼集》卷十一，文渊阁《四库全书》第1202册，第137页。

② 程钜夫：《福宁州学记》，《雪楼集》卷十一，文渊阁《四库全书》第1202册，第137页。

③ 牟巘：《顾伯玉文稿序》，《陵阳集》卷十二，文渊阁《四库全书》第1188册，第100页。

④ 李存：《舅氏隆卧先生吴公墓志铭》，《番阳仲公李先生文集》卷二十五，北京图书馆古籍珍本丛刊，书目文献出版社1988影印版。

⑤ 徐明善：《送黄伯善序》，《芳谷集》卷上，文渊阁《四库全书》第1202册，第553页。

⑥ 刘崧：《吾庐严先生墓碣铭》，《槎翁文集》卷十七，四库全书存目丛书集部第24册，齐鲁书社1997年影印版。

⑦ 刘岳申：《嘉兴路儒学教授俞君墓志铭》，《申斋集》卷九，文渊阁《四库全书》第1204册，第301页。

⑧ 徐明善：《送彭幼元赞府序》，《芳谷集》卷上，文渊阁《四库全书》第1202册，第582页。

⑨ 黄溍：《送汪生序》，《金华黄先生文集》卷十七，四部丛刊初编本。

⑩ 戴表元：《送铅山王亦诜归乡序》，《剡源戴先生文集》卷十四，四部丛刊初编本。

⑪ 陶宗仪：《南村辍耕录》卷七《待士》，中华书局1959年版，第87页。

矣。"①正是缘于这些情形，大德年间才会颁布诏令："在籍儒人不遣子弟入学，别习他业，量事轻重，申各处提调官究治。"②而在未能从根本上解决儒士的出路问题前，儒籍士人从事其他艺业的情况势必无法杜绝，儒学的衰落乃是必然趋势。

元代前期科举制度的停废对士人生活的改变是多方位的。吴师道说："士生志四方，盖游宦所必至，古之人皆行之。独悲夫今之不幸也，科目未兴，而无以为官，从师道息，好士礼废，而无所于游。当今南北旷荡之时，而老于茅茨林穴之下者，岂无赢粮之资哉？势有所不能也。"③元统一全国后，虽规定宋代归降的旧官可以换牒出任官职，但毕竟只是少数。在以吏入官逐渐制度化的情况下，儒士的进用在这一时期受到了严重的阻滞，江南士人的生存状态和生存方式也由此发生明显变化。究其原因，科举制度的停废为其中的重要因素之一。

二、科举废黜与江南诗歌创作的兴盛

与科举制度废黜后儒学经典研习遭遇冷落相对照，更多的江南士人将精力投注在诗歌创作上。针对这一情况，任士林指出："科举事废，耳目明达之士，往往以诗自畅。"④吴澄说："自进士业废，而才华之士无所寓于其巧，往往于古今二体之诗。"⑤"迩来举子业废，稍能弄笔遣辞者，英华无所发泄，拈掇小诗之外，间或以此为务。"⑥徐明善说："自科辍以来，攻律绝者蜂出。"⑦何梦桂也说："科举业废，士以醋噫之气，郁发于诗，诗之工而文之穷也。时异世殊，士之技亟变如此。"⑧"近世学者废举子业，好尚为诗。"⑨元灭宋，废科举不行，大多数士人只能将精力和情绪投注在诗歌创作上。赵文感慨其时写诗风气的兴盛说：

> 近世士无四六时文之可为，而为诗者益众。高者言《三百篇》，次者言《骚》、言《选》、言杜，出入韦、柳诸家，下者晚唐、江西。而夷考其人，衣冠之不改化者鲜矣。其幸而未至改化，葛巾野服，萧然处士之容，而不以之望尘于城东马队之

---

① 佚名：《庙学典礼》卷一《省台复石国秀、尹应元所献学田》，浙江古籍出版社1992年版，第22页。

② 佚名：《通制条格》卷五《学令》，浙江古籍出版社1986年版，第67页。

③ 吴师道：《送方寿父之道州序》，《礼部集》卷十四，文渊阁《四库全书》第1212册，第174页。

④ 任士林：《书蒋定叔诗卷后》，《松乡集》卷七，文渊阁《四库全书》第1196册，第574页。

⑤ 吴澄：《周立中诗序》，《吴文正公集》卷十一，元人文集珍本丛刊本，台湾新文丰出版公司1985影印版。

⑥ 吴澄：《答赵仪可书》，《吴文正公集》卷八，元人文集珍本丛刊本。

⑦ 徐明善：《敝帚诗集序》，《芳谷集》卷上，文渊阁《四库全书》第1202册，第552页。

⑧ 何梦桂：《宋君巽诗序》，《潜斋集》卷七，文渊阁《四库全书》第1188册，第470页。

⑨ 何梦桂：《王石涧临清诗稿跋》，《潜斋集》卷十，文渊阁《四库全书》第1188册，第508页。

间者鲜矣。是虽山林介然自守之士，忍饥而长哦，抱膝而苦调，未尝无之，然终不能胜彼之多且雄也。故今世诗多而人甚少。①

元初科举制度停罢，加上大多数士人生活境遇窘迫，吟诗遂成为他们为学的主要趣向。具体来说，主要表现在四个方面：

其一，在科举与诗二者的交互胜负问题上，这一时期的士人大多表达了下述看法：科举考试与诗歌创作二者之间是一种此消彼长的关系，元代前期科举废除对诗歌的发展有促进作用。刘辰翁《程楚翁诗序》云："科举废，士无一人不为诗。于是废科举十二年矣，而诗愈昌。前之亡，后之昌也，士无不为诗矣。"②戴表元对比宋末与元初的状况，认为："科举场屋之弊俱革，诗始大出。"③对于经历宋元易代的江南士人来说，宋末与元初正是由于科举制度的存废，在诗歌创作方面表现出不同的景象。基于对科举与诗二者间互相妨碍的认识，舒岳祥说："自京国倾覆，笔墨道绝，举子无所用其巧，往往于极海之涯，穷山之巅，用其素所对偶声韵者，变为诗歌，聊以写悲辛、叙危苦耳。"④在这一时期的大多数诗人看来，只有在科举废黜的情况下，士人才有可能将全部的精力致力于吟咏之事，进而实现诗歌创作的繁荣兴盛。其间因果，正如黄庚所说："自龆龀时读父书，承师训，惟知习举子业，何暇为推敲之诗，作闲散之文哉！自科目不行，始得脱屣场屋，放浪湖海，凡平生豪放之气，尽发而为诗文。"⑤元初遗民诗人群体的兴盛，正是这一背景下的自然之势。

其二，江南诗社活动逐渐兴盛，诗人间唱和之风日趋浓厚。元朝统一全国后，由于未以科举取士，多数士人又不愿出任地位低微的吏员，宴聚冶游、结社唱和遂成为士人的常态生活，江南遗民诗人间结社唱和颇为普遍。⑥ 至元二十三年(1286)浦江人吴渭组织的月泉吟社，是元初江南规模最大的一次诗社活动。此外，以宴集为形式的诗人唱和也异常活跃。大德二年(1298)戴表元、顾伯玉等人的张园宴集，为我们提供了江南文人燕咏唱和盛况的一幅图景。⑦ 其间情势，正如戴表元所说："科举学废，人人得纵意无所累。"⑧其中既有无科举之累的畅意，又包含了部分江南士人宋亡后愁苦抑郁的心境，所谓"或携手秋郊行吟，或抵足夜榻卧讽，或杯觞探筹，或砚席点稾，欢谐怨怼，舒适困促，一一共发之于诗"⑨，"兵戈以来，游宦事息……前时诸公吁谟典策之具，

---

① 赵文：《诗人堂记》，《青山集》卷四，文渊阁《四库全书》第1195册，第41页。

② 刘辰翁：《须溪集》卷六，文渊阁《四库全书》第1186册，第523页。

③ 戴表元：《陈晦父诗序》，《剡源戴先生文集》卷九，四部丛刊初编本。

④ 舒岳祥：《跋王榘孙诗》，《阆风集》卷十二，文渊阁《四库全书》第1187册，第441页。

⑤ 黄庚：《月屋漫稿》卷首自序，文渊阁《四库全书》第1193册，第779页。

⑥ 具体情形，参见欧阳光《宋元诗社研究丛稿》(广东教育出版社1996年版)、方勇《南宋遗民诗人群体研究》(人民出版社2000年版)。

⑦ 戴表元：《城东倡和小序》，《剡源戴先生文集》卷十，四部丛刊初编本。

⑧ 戴表元：《陈无逸诗序》，《剡源戴先生文集》卷八，四部丛刊初编本。

⑨ 戴表元：《陈无逸诗序》，《剡源戴先生文集》卷八，四部丛刊初编本。

亦且倚阁无用，呻吟憔悴无聊，而诗生焉”①，“科场废三十年，程文阁不用，后生秀才气无所发泄，溢而为诗”②，均是对当时实际状况的描述。

其三，士人“好诗以游”成为一种风尚。如程楚翁，“负饭宿舂，行不百里，不得意而返；惩不复出，迂而不可回也，尼而不能止也，其所求于诗者如此”。③ 又如李舜臣，宋亡后，“身既已老而穷，而方好诗以游”④。舒岳祥宋亡以后归居阆风，“浙河以东，学诗者朝暮至”⑤。方回概括其时士人热衷于学诗的情形说：“今之为士者，一切不讲，惟诗辞之学仅存。……以诗歌之学求予讲画者，则不胜其众。”⑥针对这种情况，戴表元分析说：“铨改举废，诗事渐出。而昔之所靳者，骤而精焉则不能，因亦浸为之。”⑦在儒学不被作为入仕途径的背景下，多数士人开始以提高诗歌创作水平作为游学的主要内容，谈诗、写诗成为一时之风尚。

其四，诗歌成为教授初学士子和士人日常研习的重要内容。宋端宗景炎二年(1277)，科举初废之后，舒岳祥记述说：“予久逃空谷，岁且再易，归检故畦，花残药堕，已为樵牧之场、猿狙之径矣。王叔范馆于其旁，课童子不废。暇则穿蒙密，入窈窕。又自课以诗，出小编示予。此所谓用其素所对偶声韵变为诗歌者耶?”眼见这样的转变，舒岳祥感叹道：“方科举盛行之时，士之资质秀敏者，皆自力于时文，幸取一第，则为身荣，为时用，自负远甚。惟窘于笔下，无以争万人之长者，乃自附于诗人之列，举子盖鄙之也。今科举既废，而前日所自负者，反求工于其所鄙，斯又可叹也。”⑧科举制度的停罢，使得士人原本藉以获取功名的学问一夜之间沦为无用之学，用以展露才华和表达心情只有的言志之诗。如马廷鸾记其甥说：“王甥典谟之学，蚤有声场屋。科举废，辄敛才华而为诗。”⑨如宋无，“生景定间，未弱冠时，已废科举学，故惟诗是学”⑩。如于石，“世变后，一意于诗”⑪。抚州诗人吴廷兰，“进士科既废，乃肆其力于诗”⑫。兰溪诗人金似孙，“少隽敏强记，工举子文，科既废，遂一用于诗”⑬。因此，何梦桂概述其时的风尚说，“群从中子弟年来多学诗”⑭。事实上，在科举制度废而不

① 戴表元：《胡天放诗序》，《剡源戴先生文集》卷八，四部丛刊初编本。

② 陆文圭：《跋陈元复诗稿》，《墙东类稿》卷九，文渊阁《四库全书》第1194册，第645页。

③ 刘辰翁：《程楚翁诗序》，《须溪集》卷六，文渊阁《四库全书》第1186册，第524页。

④ 戴表元：《李元凯诗序》，《剡源戴先生文集》卷九，四部丛刊初编本。

⑤ 戴表元：《国南仲诗后序》，《剡源戴先生文集》卷九，四部丛刊初编本。

⑥ 方回：《吴云龙诗集序》，《桐江续集》卷三十二，文渊阁《四库全书》第1193册，第667页。

⑦ 戴表元：《张仲实诗序》，《剡源戴先生文集》卷八，四部丛刊初编本。

⑧ 舒岳祥：《跋王榘孙诗》，《阆风集》卷十二，文渊阁《四库全书》第1187册，第441页。

⑨ 马廷鸾：《王甥儒珍集序》，《碧梧玩芳集》卷十二，文渊阁《四库全书》第1187册，第91页。

⑩ 邓光荐(剡)：《翠寒集序》，钱谷编《吴都文粹续集》卷五十五，文渊阁《四库全书》第1386册，第659页。

⑪ 吴师道：《于介翁诗选后题》，《礼部集》卷十七，文渊阁《四库全书》第1212册，第240页。

⑫ 吴澄：《故诗人吴伯秀墓志铭》，《吴文正公集》卷三十九，元人文集珍本丛刊本。

⑬ 吴师道：《金兰庭诗后题》，《礼部集》卷十六，文渊阁《四库全书》第1212册，第221页。

⑭ 何梦桂：《侄孙昭德远游诗序》，《潜斋集》卷五，文渊阁《四库全书》第1188册，第448页。

行的背景下，即便在翰林馆阁当中，写诗之风亦颇为盛行。欧阳玄《国朝名臣事略序》记苏天爵生平说："初为胄子，时科目未行，馆下士誊言词章。"①以诗唱和，本就是历代士人生活的重要内容。

虽然诗歌创作因为科举制度的废除而兴盛，但也有一类士人，仍以从事举业学习的方式进行诗歌创作，何梦桂《清溪吟课序》云："清溪诗友暇日有诗课，盖其不用于举子业，而用于诗。"②元初江南诗社的兴起，从某方面来说即缘于士人以科举试士的方法展开诗歌竞赛。明人戴冠《濯缨亭笔记》记载："元时，淮人赵氏富而好文，尝以诗赋私试士，亦有状元进士等第。试毕，设燕各赠金银酒器，以名次为差。其家有明月楼，以金壶及杯盘饷赵子昂，求书春联。子昂题曰：'春风阆苑三千客，明月扬州第一楼。'当时以为绝唱。夫赵氏以货利诱士，而士皆乐就其试，又私为等第，而官不之禁。元时政令之弛，士习之卑，亦可见矣。"③组织赛诗活动，邀请当代著名诗人担任评委，对作品进行排名，是这一时期江南诗社的普遍做法。而参加诗社，在某种程度上也是科举未复时期士人获得社会认同的有效途径。

三、科废背景下元前期江南诗风的一个侧面

总体来说，元初江南士人失去进取之道后，大多不愿意委身为吏，境遇普遍窘困。见于诗歌创作，江湖习气浓厚，晚唐诗风盛行。方回指出："今之诗人，专尚晚唐，甚者至不复能为古体。"④熊禾也认为："近代诗人，格力微弱，骎骎晚唐、五季之风。"⑤具体来说，是以姚合、许浑、李商隐等人作为效法对象。⑥ 江南诗坛的这一风气，发端于宋末，至元初仍流风蔓衍。对于其时江南诗坛的格调与风尚，宋元之际名僧圆至描述说："更化以来，场屋精舍之路既废，宿师老生，稍弃其旧而趋于古。然入之既深，绝之已遽，是以未获其所欲，而先丧其所能。务为离奇佶屈、钩咽戟吻之辞，以矫其举子之声，而律吕蹇逆，粉墨黮杂，反不逮其课试所为者。"⑦学李贺即是其中之一。虞集

---

① 欧阳玄：《圭斋文集》卷七，四部丛刊初编本。

② 何梦桂：《潜斋集》卷五，文渊阁《四库全书》第 1188 册，第 440 页。

③ 《濯缨亭笔记》原为十卷，今存五卷本未见此条。引自徐成敷等修、陈浩恩等纂《增修甘泉县志》卷十《古迹下·明月楼》，《中国地方志集成·江苏府县志辑》第 43 册影光绪十二年(1885)刻本，江苏古籍出版社 1991 年版，第 438 页下。《濯缨亭笔记》作《濯缨堂笔记》。

④ 方回：《婺源黄山中吟卷序》，《桐江集》卷一，《宛委别藏》第 105 册，江苏古籍出版社 1988 影印版。

⑤ 熊禾：《题童竹涧诗集序》，《勿轩集》卷一，文渊阁《四库全书》第 1188 册，第 768 页。

⑥ 参见方回《滕元秀诗集序》(《桐江集》卷一)、《又跋冯庸居诗》(《桐江集》卷四)、虞集《庐陵谢坚白诗集序》(《道园类稿》卷十九)等文的论述。

⑦ 释圆至：《与某官书》，《牧潜集》卷五，文渊阁《四库全书》第 1198 册，第 143 页。

说："近世学诗者，好言长吉。言长吉者，造语多不可解。"①这一风气的形成，与宋末江西诗人刘辰翁有密切关系。刘将孙《刻长吉诗序》云："先君子须溪先生于评诸家诗，最先长吉。……自是传本四出，近年乃无不知读长吉诗，效昌谷体。"②学李贺的诗作，艺术表现上大多用词艰涩，造语聱牙难解，格调怪诞、靡丽。③

元初江南诗人论诗以晚唐为宗，从格调上来说多表现出穷苦愁怨之态。如经历宋元易代的永嘉诗人林景熙，何梦桂评论说：

> 窃于诗之变而有感焉。方庠序群居，高谈阔论，不过颂猗那，歌清庙，诵鱼丽、天保、凫鹥、既醉之什，变风变雅，不忍言之矣。况复齿及魏、晋、梁、陈以下，穷苦愁怨等语，如细夫寠人、羁旅寡妇之为者，相望十年间，而士大夫声诗，率一变而为穷苦愁怨之语，而吾霁山诗亦若此。④

对于江南士人来说，宋元易代给他们精神上带来的冲击，使他们在心态上都有一种国破家亡、身不我属的悲怆之情。在这种情态中作诗，"一变而为穷苦愁怨之语"实属必然。何梦桂说林景熙作诗"其辞意皆婉娩凄恻，使人读之，如异代遗黎及见渭南铜盘、长安金爵"，元初多数江南遗民之诗格调上大体如是。

与此同时，一部分士人开始对江南文坛崇尚晚唐的风气予以批评，进行反思。张纯愚说："爰自科举废，士以诗为习。倘能由黄、陈遡李、杜，上及《选》、《骚》以达《三百篇》之旨，则得风雅正传，岂不可和其声以鸣国家之盛？而多逐晚唐格调，间务为奇怪，至不可以句，奚有于涵泳之趣乎？"⑤吴澄指出："近年以来，学诗者浸多，往往亦有清新奇丽之作。然细味深玩，不过仿像他人之形影声响以相矜耀。"⑥在此基础上，元代前期的馆阁诗人开始追求清新、典雅的诗风。随着延祐初科举制度的恢复，文坛风尚也趋于雅正。

考察元代前期江南士人的诗歌创作，有一种现象值得注意：其时有不少诗人将科举时代学校教育中的程课作为诗歌创作的方式。如至元十五年(1278)，舒岳祥作《刘正仲和陶集序》，记述刘正仲两年来的"和陶"历程说："梅林刘正仲，自丙子乱离崎岖，遇事触物，有所感愤，有所悲忧，有所好乐，一以和陶自遣，至立程以课之。不二年，和

---

① 虞集：《庐陵谢坚白诗集序》，《道园类稿》卷十九，元人文集珍本丛刊，台湾新文丰出版公司1985年影印版。

② 刘将孙：《养吾斋集》卷九，文渊阁《四库全书》第1199册，第80页。

③ 参见唐元《梅庭弊帚诗序》，《筠轩集》卷九，文渊阁《四库全书》第1213册，第541页。

④ 何梦桂：《永嘉林霁山诗序》，《潜斋集》卷五，文渊阁《四库全书》第1188册，第444-445页。

⑤ 张纯愚：《与陈栎书》，陈栎《陈定宇先生文集》卷十七附录，元人文集珍本丛刊，台湾新文丰出版公司1985影印版。

⑥ 吴澄：《胡印之诗序》，《吴文正公集》卷十三，元人文集珍本丛刊本。

篇已竟，至有一再和者。”①“立程以课之”，这种科举时文学习和写作所采取的方式，被运用到和陶诗的写作当中，由此可见科举对士人生活方式和文学创作的影响之深。如此写诗，已不是将其作为一种艺术创作，而是转化成了一种生活方式。据此，对“科举废而诗愈昌”现象也能有更深刻的理解。而对这类诗歌创作的实际成就应该给予怎样的评价，则属于另一层面的论题。

① 舒岳祥：《阆风集》卷十，文渊阁《四库全书》第1187册，第425页。

拾叁、明中期吴中复古诗人的双重格调

——以袁袠、黄省曾、王宠为中心的考察

“前七子”复古运动之后，吴中诗坛被视为复古诗人的主要有袁袠、黄省曾、王宠。钱谦益说：“吴中诗文一派，前辈师承，确有指授。正、嘉之间，倾心北学者，袁永之、黄勉之也。王履吉初学于九逵，其后游边、顾之间，骎骎改辕而北。”①考察三人的理论主张与创作风格，可以发现他们在对待李梦阳的复古主张方面，与吴中前辈诗人徐祯卿有很大不同，体现出兼具复古论与地域文学传统的双重格调。究其缘由，既有个人才性的因素，又有诗坛风尚变迁的影响。

一

黄省曾被视作复古诗人，主要是基于以下事实：嘉靖七年(1528)，黄省曾写信给李梦阳，一方面表达自己素来的仰慕之意，推其为“明兴以来，一人而已”，并以所作之诗向李梦阳请教；另一方面，根据自己的理解对复古理论加以阐发。在信中，黄省曾对李梦阳正德六年(1511)出任江西按察司提学副使以后所作之诗评价甚高：“江西以后，逾妙而化，如玄造范物，鸿钧播气，种种殊别，新新无已，而脉理骨力，罔不底极。”②他的这一看法，针对的是何景明。何景明对李梦阳的批评，见于何景明所作《与李空同论诗书》③。对比正德元年(1506)至正德六年间的诗作与正德六年以后的诗作，何景明肯定前者而贬抑后者。而在黄省曾看来，何景明“空同丙寅间诗为合，江西以后诗为离”的看法，是“徒尚风容色泽、流连光景”之见，没有认识到李梦阳诗歌在不断变化中所取得的突破。在看待李、何优劣问题上，黄省曾抑何而扬李，他也因此被视为复古运动的继承者。

钱谦益因为黄省曾致信以表推崇之意而将他归于李梦阳门下，既有合理的一面，又不

① 钱谦益：《列朝诗集小传》丙集《蔡孔目羽》，上海古籍出版社1983年版，第308页。

② 黄省曾：《寄北郡宪副李公梦阳书》，《五岳山人集》卷三十，四库全书存目丛书集部第94册影明嘉靖间刻本，齐鲁书社1997年版。

③ 何景明：《何大复先生全集》卷三十二，明代论著丛刊本，台湾伟文图书出版有限公司1976年版。

免失之草率。黄省曾致信梦阳在嘉靖七年，而李梦阳嘉靖八年即去世。更为重要的是，二人在诗学观念上存在很大差异。黄省曾提出衡量作品好坏的标准与复古理论并不相同。在他看来，一首诗的好坏不应以作品的形式来衡量，关键要“辩其真不真”，情感的真实是写出好诗的基本条件。基于这一认识，黄省曾确立以谢灵运作为其诗学标准的范本。

李梦阳任江西按察司提学副使期间，曾辑录陆机、谢灵运二人诗作。在所作序中，李梦阳阐述了自己在五言古诗取法方面的基本原则：

> 李子乃顾谓徐生曰：子亦知谢康乐之诗乎？是六朝之冠也。然其始本于陆平原。陆、谢二子，则又并祖曹子建。故钟嵘曰：“曹、刘殆文章之圣，陆、谢为体贰之才。”夫五言者，不祖汉则祖魏，固也。乃其下者，即当效陆、谢矣。所谓画鹄不成，尚类鹜者也。①

李梦阳将谢灵运视作“六朝之冠”，只是肯定其在六朝诗坛的至高地位；黄省曾则推谢灵运为“千年以来，未有其匹”，将其推高到前代诗史至高无上的地位。黄省曾《晋康乐公谢灵运诗集序》云：

> 往时闲居，常录定汉魏以来古诗，每列一家，辄为之品叙，至于谢灵运，乃言曰：康乐雅好山水，故登涉之言，缔构妙绝，穷情极态，如川月岭云，玩之有余，把之不得，可谓神于咏赋者矣。且其肆览《庄》、《易》，博综百家，骈球俪金，往往不期而有，虽骨气稍劣，而寓目辄书，万象罗会，诗家能事，至是备矣。故使后代擅场之士，内无乏思，外无遗物，皆斯人为之创导也。譬之花萼，在建安时开耀其半，尚多浑含；至于康乐，色彩敷发殆尽，灵机天化，无余蕴矣。千年以来，未有其匹也。②

李梦阳、黄省曾对谢灵运诗歌的定位，反映的不仅是评价的差异，更是二者诗学统系的不同：李梦阳五言古诗以汉魏古诗作为取法对象，黄省曾则选择了南朝刘宋诗人谢灵运。推崇汉魏古诗，注重的是诗歌的气象与风骨，以及对现实世界的关注；而欣赏谢灵运的作品，则更多地关注客观事物的描摹，以及文采词藻的雕琢。汉魏诗风更切近李梦阳北方诗人的身份，而谢诗表现的是南方诗人的风调③。在写给李梦阳的信中，黄省曾

---

① 李梦阳：《刻陆谢诗序》，《空同先生集》卷四十九，明代论著丛刊本。

② 黄省曾：《五岳山人集》卷二十五，四库全书存目丛书集部第 94 册影明嘉靖间刻本。

③ 安磐通过辨析谢灵运的具体诗篇在风格上的差异，对汉魏古诗和谢诗做了详细的区分。安磐《颐山诗话》云：“谢康乐之诗，虽是涉于对偶，然而森蔚璀玮，繁密错缛，一句一字，极其深思，昔人谓‘无一篇不佳’。今观其《入彭蠡》、《华山冈》、《七里濑》、《始宁墅》、《富春渚》诸诗，模写行役江山，历历如画，信一代之伟作也。其中《初发石首城》一诗尤妙，稍尚风骨，不类诸作，有建安之风。岂其被诬见释之后，情发之真欤？此诗之所以贵情性也。”所谓“《初发石首城》一诗尤妙，稍尚风骨，不类诸作，有建安之风”，体现了与谢灵运其他诗篇风格上的不协调。

针对何景明“诗溺于陶，其法亡于灵运”的观点，对自己的看法进一步予以重申。

黄省曾不仅将谢灵运视作古代诗歌的最高典范，他还对复古诗人极力鄙薄的六朝诗歌有着浓厚兴趣①。关于这一点，同样身为吴人的王世贞曾经反复论及。如王世贞《答王贡士文禄》云：

> 仆尝私有所评其略，国初诸公承元习，一变也，其才雄，其学博，其失冗。而杨东里再变之，稍有则矣，旨则浅，质则薄。献吉三变之，复古矣，其流弊蹈而使人厌。勉之诸公四变而六朝，其情辞丽矣，其失靡而浮。晋江诸公又变之为欧、曾，近实矣，其失衍而卑。故国初之业，潜溪为冠，乌伤称辅。台阁之体，东里辟源，长沙导流。先秦之则，北地反正，历下造玄。理学之逃，新建造基，晋江、毗陵藻棁。六朝之华，昌谷示委，勉之泛澜。如是而已。②

作为吴中诗人，徐祯卿、黄省曾对于六朝诗风的喜爱是与生俱来的。虽然他们都曾有意加以改变，但却始终无法摆脱。例如，徐泰读黄省曾诗作的印象是：“姑苏黄省曾，诗宗六朝，空江月明，独鹤夜警。”③黄省曾留意六朝诗文，注重锻炼辞藻、修饰文采，《五岳山人集》中的许多序文，都是词采华丽的骈文。对于这种状况，王世贞甚表不满。他在《明诗评》卷四中批评黄省曾的诗说：“刻意六朝诸家，缀集华丽之语，联以艰深之法。如乱石垛叠，远望郁然，纵横难上。又如阛门肆中，五彩眩目，原非珍品。”④不论是理论主张还是具体创作，黄省曾与复古派都存在显著差异。他推崇李梦阳，并不意味着就会成为复古理论的推行者和实践者。在黄省曾身上，我们看到的仍是一个吴中诗人面对不断变化的诗坛风尚时对自身传统的执着。

黄省曾与复古派在理论主张与创作风格上的分歧，还可通过以下一则材料予以反映。王廷相《答黄省曾秀才》云：

> 捧读佳章，体裁类六朝及中唐格耳。诸乐府皆臻要妙，近时作者殊不多见。但辞调一律，予尚用恨之。如《秋胡行》前三解，俱托兴仙游，读之使人意思厌烦，倘非第四解稍加别致，如舞霓裳无破，终欠变极。诸章亦惟此为极佳，亦惟此为有失。《步出夏门行》佳又次之，失又次之，余虽无失词，殊不及此。僭评如何，如

---

① 如王世贞在《答陆浚明先生书》一文中，曾对吴中诗风进行严厉批评：“吾苏作者，后先固不乏，何至掇六朝诸公之败缕结鹑，联络而成章，仆私心怪之，以为如阛门市绮帛，得三尺头面耳，不直一镮也。”(《弇州山人四部稿》卷一百二十五)

② 王世贞：《弇州山人四部稿》卷一百二十七，明代论著丛刊本。

③ 徐泰：《诗谈》，四库全书存目丛书集部第417册影涵芬楼影印清道光十一年六安晁氏木活字学海类编本。

④ 沈节辅：《纪录汇编》卷一百二十，中国文献珍本丛刊本，全国图书馆文献缩微复制中心1994年版，第1799页。

何？《内经注辩序》甚佳，大类汉人文字。《康乐诗序》称许颇过，若然，则苏、李《十九首》、汉乐府、阮嗣宗皆当何如耶？余尝谓：诗至三谢，当为诗变之极，可佳，亦可恨也。留意五言古者，始知之。①

王廷相说“诗至三谢，当为诗变之极，可佳，亦可恨也”，与何景明所谓的“诗溺于陶，其法亡于灵运”，含义是一致的。黄省曾对谢灵运诗歌的定位，在王廷相看来也是过于拔高了。如果按照黄省曾的意见，将谢灵运推为古今第一诗人，那么《古诗十九首》、汉代乐府、阮籍的乐府古诗又该置于何地？事实上，王廷相没有认识到，他与黄省曾之所以在谢灵运诗歌的评价方面出现如此大的差异，在于二人遵循不同的诗学传统：王廷相遵信复古理论，黄省曾论诗渊源于吴中传统。

二

袁袠的情况与黄省曾颇为类似。嘉靖七年(1528)，袁袠以刑部主事前往河南开封主考乡试。其时，李梦阳闲居在开封家中。袁袠于是写信给李梦阳，表达自己的仰慕之情。袁袠《上李献吉先生书》云：

仆束发读书，粗通六艺之术，尝怪俗儒是非古今，甚谬甚谬。今有人文如马迁，诗如杜甫，行义如曾闵，谓不如古人，何也？君侯发颖关西，空群冀北，陵轹四始，扶摇九霄。我敬皇帝疏张天网，罗络髦彦，分布铜龙，雍容虎观，而君侯独沉滞下僚，出入钱谷，发愤孔业，扫荡陈言，吐词则沉宫振羽，宣藻则日光玉洁，而我明之制作文章，卓乎可观矣。维时徐生虎视于荆吴，边丞蛟跃于齐鲁，何子扬澜于河洛，而君侯独腾踔蹂躏，总统包容，所谓无可无不可者也。②

作为弘治、正德文坛的领袖，李梦阳在士人中享有很高声望。随着复古思潮的广播，李梦阳、何景明等人也成为许多后起文人崇拜的对象。袁袠信中所说“有人文如马迁，诗如杜甫，行义如曾闵”之人，即指李梦阳。对比徐祯卿、边贡、何景明、李梦阳四人的成就与地位，袁袠明显偏重李梦阳。后来袁袠为李梦阳作传，还特意强调他在与李梦阳相识之后，每当有使者往来，李梦阳都会托以书信。如果袁袠不是对复古理论存有好感，自然不可能与李梦阳建立起如此密切的联系。出于这一考虑，后来的明诗论者言及袁袠，将他看做李梦阳的追随者，也并非全无凭据。

---

① 王廷相：《王氏家藏集》卷二十七，四库全书存目丛书集部第53册影明嘉靖间刻清顺治十二年修补本。

② 袁袠：《衡藩重刻胥台先生集》卷十八，四库全书存目丛书集部第86册影明万历十二年衡藩刻本。

袁袠对复古派的理论主张产生兴趣，可能与胡缵宗(1480—1560)有关。袁袠《大中丞胡公集序》引述胡缵宗的话说：

文莫盛于退之，而文之体则变矣；诗莫盛于子美，而诗之体则变矣。故文必以六经为准，而秦汉次之；诗必以《三百篇》为准，而汉魏次之。舍是虽工，犹为弃源而溯委，舍根而培枝也，况未工乎?①

胡缵宗出任苏州府太守期间，最赏识王宠、袁袠二人，时常一起讨论诗文创作。胡缵宗在确立复古的原则时，信奉的是“体以代变”、“格以代降”的文学史观，在统系选择上强调“取法乎上”。就诗歌领域而言，即认为唐诗不如汉魏诗歌，汉魏诗歌不如《诗经》。后来胡应麟理解诗史的演变，也遵循了这一思路：“四言变而《离骚》，《离骚》变而五言，五言变而七言，七言变而律诗，律诗变而绝句，诗之体以代变也。《三百篇》降而《骚》，《骚》降而汉，汉降而魏，魏降而六朝，六朝降而三唐，诗之格以代降也。”②诗歌产生时代越早，诗格就越高，相应成就也就越大。胡缵宗、胡应麟等人对于诗史的判断，是以时代先后为基准的。

袁袠受胡缵宗影响，在确立诗学统系时也强调“法乎其上”，以时代先后作为诗歌取法的标准。如袁袠《复大中丞顾公论诗书》云：

今之论诗者，古体则以汉魏为宗，近体则以初唐、盛唐为准。夫五言起于苏、李、枚乘之徒，七言始于柏梁，故五、七言古体必拟汉，而又当取材于魏。建安诸子，去汉未远，犹有古风，而华采过之，特浑厚高古不逮耳。下此则潘、陆、陶、谢，去汉远矣。五、七言近体，唐初沿陈、隋之习，虽音响铿锵，藻思丽逸，而风骨未备。李、杜、王、孟、高、岑、崔数子继作，陶镕变化，集厥大成。下此钱、刘、元、白，稍涉浅易，而才力顿弱，故作者罕尚焉。此其法也。四言自《三百篇》后，鲜有继者，独韦、孟为优，魏晋而下，辞既偶俪，而气亦缓弱，颜、陆诸篇，殊非风人之旨。茂先《励志》，渊明《停云》，稍为古质，然非其至者也，尚不逮陈思，况雅颂乎？故作四言者，必以《三百篇》为法，而取材于汉魏。苟如来教，欲舍《三百篇》而宗茂先、渊明，则五七言古体亦将舍汉魏而法晋宋以下，近体亦将舍初唐、盛唐而法大历以后，此甚不可也。谚云：取法乎上，仅得乎中。学者生于叔季，不能大观逖听，游心邃古，而苟安卑陋，未见其有成也。③

① 袁袠：《衡藩重刻胥台先生集》卷十四，四库全书存目丛书集部第86册影明万历十二年衡藩刻本。又见胡缵宗《鸟鼠山人小集》卷首，末署嘉靖十五年(1536)。

② 胡应麟：《诗薮》内编卷一，上海古籍出版社1979年版，第1页。

③ 袁袠：《衡藩重刻胥台先生集》卷十九，四库全书存目丛书集部第86册影明万历十二年衡藩刻本。

诗体不同，取法对象也要有所区别。袁袠在与顾璘的论辩中强调，供人们作为典范认真学习的，应是那些代表各种诗体最高成就的作家、作品。而这类作家、作品，又往往出现于各体诗歌产生的初期：五、七言古诗以汉代为宗，律诗以李白、杜甫、王维、孟浩然、高适、岑参、崔颢等人为宗。魏晋、六朝、中唐诗歌，只能作为参考的对象。袁袠对于诗史的理解，同样暗含了“格以代降”的文学观念。

然而作为吴中诗人，袁袠虽对复古理论表示好感，却并不完全遵循复古的轨道。据王格《袁永之集序》记载：“永之语余曰：‘杜子美，诗人之富者耳，其妙悟盖不及王、孟诸公。’又出所选《唐伯虎集》示余，而定其评曰：‘伯虎才甚骏，惜流落，复不自检束，大堕于乐天队中耳。’故所存伯虎作百才一二，语稍涉乐天即黜之。呜呼永之，远不喜子美、乐天，而近于伯虎所称仅此，其际果易窥邪？”①袁袠论诗主妙悟而不言格调，强调的是对既定规则的突破；在具体诗人方面，将王维、孟浩然置于比杜甫更高的地位，与李梦阳惟杜甫是崇并不完全一致。对此，陈田辨析说：

> 永之与王履吉皆服膺空同，履吉未达，私淑而已。永之使大梁，空同赋《相逢行》赠之。空同属纩之日，遗言必袁生表墓。其子伯材书乞永之作传。永之又有悼空同诗云：“李公海岳秀，长庚兆灵异。发颖由西陲，空群眇北冀。摛词追子长，作赋凌贾谊。虎视万古前，鸿冥陋衰季。徐何抗英特，晚达劳指示。金声叶钧韶，兼总集能事。煌煌弘治间，文章准天地。抗疏逐城狐，挺节诋阉寺。八党虽稽留，二张亦敛避。青蝇何群飞，白首从吏议。淮南自狂谋，公也实奚累。繁台昔攀嵇，龙门幸无弃。白马聆雄谈，朱弦赏真趣。三复《相逢行》，绸缪伏高义。哲人竟山颓，仰止庶可企。”永之诗雄词快句，下笔凌厉，而直易之篇，伤于易尽，无复顿挫含蓄之妙。惟五律独多合作。其与顾华玉论诗，谓“四言必以《三百篇》为法，而取材于汉魏”。今玩集中此体，了无高唱，欲副斯言，眇若河汉矣。②

袁袠对李梦阳的推崇，包含了对其文学地位、持身气节等各方面的敬佩。在《上李献吉先生书》中，袁袠用很大的篇幅称扬了李梦阳为官的操行。在具体诗歌创作中，袁袠也没有追随李梦阳，而有着与李梦阳截然不同的兴趣：李梦阳以乐府古诗见长；袁袠则以五言律诗为优。

袁袠与李、何追随者的区别不仅反映在诗学领域，散文领域同样如此。如他在《少司马武陵陈公集序》中说：“文体之变极矣，治世之文和以平，叔世之文促以诡，故曰文章与时高下，岂不然哉！孝庙朝，长沙文正李公以文倡天下，天下学士大夫咸趋宗之曰：李公，今之昌黎、欧阳也。其后有崆峒李公者出，而文体稍变，学士大夫翕焉同风，习崆峒子之文，然实未有究厥旨归、涉其堂奥者也。夫今之言文者，鲜不曰西京、

① 黄宗羲：《明文海》卷二百四十七，文渊阁《四库全书》第1455册，第751页。
② 陈田：《明诗纪事》戊签卷十六“袁袠”条按语，上海古籍出版社1993年版，第1691页。

先秦，及考其述作，则艰深其辞，谲诞其体，支离庞杂，偶俳刻棘，而文体日陋。噫，西京、先秦，果若是哉！”①在袁袠看来，撰文并非做到语言艰深，体式谲诞，行文支离庞杂、偶俳刻棘，就达到了先秦两汉散文的水平，而这一点又往往是许多复古运动追随者所常犯的弊病。袁袠对于“今之言文者”的批评，体现了他在看待复古理论方面的独立见解。接下来，袁袠通过援引陈氏论文的“四病”之说，提出“一根于经史，而约之以理”的文体典范：“尝闻公之论文曰：文莫先于辨体，体正而后意以经之，气以贯之，辞以饰之。体者，文之干也；意者，文之帅也；气者，文之翼也；词者，文之华也。体弗慎则文庞，意弗立则文舛，气弗昌则文萎，辞弗修则文芜。四者，文之病也，是故四病去而文斯公矣。今观公之集，深醇雅则，质而弗俚，赡而弗秽，含气布词，一根于经史，而约之以理，其宗长沙而卓然成家者乎！”将“理”作为作文的第一要义，而将“辞”作为居于末次的要素，恰与“前七子”的复古理论相反，而与唐宋派的论文主张一致。

三

嘉靖十七年(1538)，胡缵宗作《王履吉文集序》，回忆自己当年出任苏州府太守考校诸生时的情形说：

> 缵宗前守吴课士，而见王子履吉，作而叹曰：“江左有奇士若是，是不可追轶秦汉乎？”而吴大夫士谓缵宗曰：“吾吴有大雅士，子得之乎？”曰：“得之矣。信乎其才不下徐昌谷。”卢侍御来校士，缵宗进曰：“是吴有大雅士，公得之乎？”曰：“得之矣。信乎其致不道高季迪。”然履吉以文行重江左，盖自弱冠至于今矣。缵宗与之友也，益见其文浑类贾、隽类枚，赋类司马，诗古体类曹、近体类岑。譬之箫韶既陈，琴瑟洋洋，鸾凤雝雝，春容之声，冲和之容，翕尔而作，铿尔而阕，无复浓艳侈丽之态，绚烂华靡之习，风神气格，自为虞廷一雅调，是非天下士乎？②

胡缵宗出任苏州知府在嘉靖二年(1523)，嘉靖六年(1527)离任。王宠《送天水胡公序》云：“嘉靖癸未，吾师天水胡公自皖守徙吴。……乃丁亥之秋，圣天子擢公为山东左参政。”③胡缵宗任苏州知府期间，最重王宠、袁袠两人。前节已论袁袠，本节拟讨论王宠。

---

① 袁袠：《衡藩重刻胥台先生集》卷十四，四库全书存目丛书集部第86册影明万历十二年衡藩刻本。

② 王宠：《雅宜山人集》卷首，四库全书存目丛书集部第79册影明嘉靖十六年董宜阳朱浚明刻本。

③ 王宠：《雅宜山人集》卷九，四库全书存目丛书集部第79册影明嘉靖十六年董宜阳朱浚明刻本。

王宠交游甚广，“年殆强仕，而海内胜流什五齿交矣”①。与游的诗人中，既有复古派中人物，如边贡，也有与复古派关系密切的诗人，如顾璘、刘麟、胡缵宗等；还有传统的吴中诗人，如文徵明、唐寅等。见之于诗论，王宠对陶渊明、谢灵运给予了很高评价。朱浚明《雅宜山人集序》述其诗文宗尚云：

余师雅宜先生讲业楞伽山中，浚明从游甚久，师志好山水，故游乐多在石湖，浚明无旬日离侍侧，师亦过为奖爱。每闻论文，必曰：文不法孟氏，诗不法陶、谢，未也。噫，可以观师之所趋矣。②

诗以陶渊明、谢灵运为宗，既与王宠山林诗人的身份吻合，又与吴中传统一致。如明代吴中文人经常提起的倪瓒、顾瑛二人，论诗也以陶、王、韦、柳为归。倪瓒《谢仲野诗序》云：“《诗》亡而为骚，至汉为五言，吟咏得性情之正者，其惟渊明乎？韦、柳冲淡萧散，皆得陶之旨趣，下此则王摩诘矣。何则？富丽穷苦之词易工，幽深闲远之语难造。至若李、杜、韩、苏，固已烜赫焜煌，出入今古，逾前而绝后。校其情性，有正始之遗风，则间然矣。”③强调抒写性情，以幽深闲远为尚，吴中诗风渊源有自。因此，何良俊论其诗云：“王雅宜之诗，清警绝伦，无一点尘俗气，真所谓天上谪仙人也。”④

虽然具体风格受复古思潮的影响不大，但在诗学主张上，王宠对复古理论有所借鉴。他试图用杜诗的阔大雄放来改造吴中传统诗风。袁袠《雅宜山人集序》云：“山人诗初宗李白，既乃宗杜，故其才力雄阔，辞篇丽赡，去轻靡而就沉着，尚铺缀而略陶镕，及《白雀集》诸篇，则又兴寄冲作，思调清逸，遂窥陶、谢之堂，几入王、孟之室矣。”⑤以杜诗雄阔、沉着的诗风改造吴中传统诗风的结果，王宠在诗风上接近王、孟一派，“兴寄冲作，思调清逸”，部分消除了吴中传统诗风柔靡浅弱的弊病。

如何在时代风尚与吴中传统之间寻求平衡，不仅是王宠面临的问题，同样也是弘治以至明末整个吴中诗坛所面临的问题。如陆深，也曾对这一问题做过深入思考：

作诗一事，古人论之详矣。要先认门庭，乃运机轴，须发之性情，写乎胸次，然后体裁、格律辩焉。方今诗人辈出，极一代之盛，大抵古宗《选》，律宗杜，可谓门庭正、机轴工矣。惜乎过于摹拟，颇伤骨气。昔宋时有优人，诮馆阁者衣破碎

---

① 顾璘：《王履吉集序》，《雅宜山人集》卷首，四库全书存目丛书集部第79册影明嘉靖十六年董宜阳朱浚明刻本。

② 王宠：《雅宜山人集》卷首，四库全书存目丛书集部第79册影明嘉靖十六年董宜阳朱浚明刻本。

③ 倪瓒：《清閟阁全集》卷十，文渊阁《四库全书》第1220册，第306页。

④ 何良俊：《四友斋丛说》卷二十六，中华书局1959年版，第239页。

⑤ 王宠：《雅宜山人集》卷首，四库全书存目丛书集部第79册影明嘉靖十六年董宜阳朱浚明刻本。

之服，扬言于众曰："我李义山也，为三馆诸公牵扯至此。"今日《文选》、杜诗，亦可谓牵扯尽矣。①

在陆深看来，作诗既要"先认门庭"，确立模拟学习的对象，比如"古宗《选》，律宗杜"的复古主张；又要"发之性情，写乎胸次"，如果一味模拟，难免出现"颇伤骨气"的弊病。随着复古运动的进一步深入，陆深等人对"前七子"复古主张的理解也越深刻，面对"今日《文选》、杜诗，亦可谓牵扯尽矣"的复古流弊，他们重新发掘吴中传统诗风的合理因素，以复古理论改造吴中传统。这一做法，代表了明代中期吴中复古诗人的主流观念。

上述通过对袁袠、黄省曾、王宠等人在嘉靖前期诗坛背景下所作的论析，虽然只是个例的分析，目的是希望从以下三个层面引起研究者对明代诗史建构的思考：第一，个体诗人研究对于明代诗史建构的意义，诗人风格的形成，既是诗学思潮影响的结果，同时又反过来构成诗坛风尚的趋向；第二，明代诗史建构中地域文学与主流文学风尚之间的互动与疏离；第三，在明代诗史演进的总体格局中对前后七子间复古思潮的重新认识。及于此，个案诗人的研究才具有更丰富的文学史内涵。

---

① 陆深：《与郁直斋七首》其二，《俨山续集》卷十，文渊阁《四库全书》第1268册，第726页。

拾肆、科举视野下唐宋派兴起的重新解读

在明代文学发展进程中，唐宋派是以秦汉派反对者的姿态出现的。它在明代中期的兴起，一般认为与阳明心学的影响有关①。考察明中期科举的基本状况，或许会得出与此前的主流认识不同的印象：唐宋派的兴起，科举的作用比阳明心学更加显著。唐顺之(1507—1560)、茅坤(1512—1601)、归有光(1506—1571)等人都是公认的八股文大家，唐宋派的许多论文主张，都是在批评当时科举文风的基础上展开的。无论是“以古文为时文”的辩护，或是“时文境界，间或阑入”的批评，无不显示出唐宋派与科举之间的密切关系。唐宋派对欧阳修、曾巩文章的偏爱，是矫正科举文风的需要所致。

一、明中期科举文风与唐宋派的兴起

关于明中期科举文风的概貌，夏言(1482—1548)通过将其与成化、弘治间科举文风进行对比作过如下描述：

> 窃惟国家建学校，联师儒，以教养天下之学者。既乃设科目，较文艺，以网罗天下之成材。……盖至于成化、弘治间，科举之文，号称极盛，凡会试及两京乡试，所刻文字，深醇典正，蔚然炳然，诚所谓治世之文矣。近年以来，士大夫学为文章，日趋卑陋，往往剽剟摹拟《左传》、《国语》、《战国策》等书，蹈袭衰世乱世之文，争相崇尚，以自矜眩。究其归，不过以艰深之词饰浅近之说，用奇僻之字盖庸拙之文，如古人所谓减字换字之法云耳，纯正博雅之体，优柔昌大之气，荡然无有。盖自正德末年，而此风始炽。伏自皇上登极以来，圣学格天，帝文焕日，且屡发德音，黜浮崇雅，宜乎文章之盛，骎骎乎与三代同风。乃昨岁天下进呈乡试程文，类皆猥鄙不经，气格卑弱，背盭经旨，决裂程序。其或刻意以为高者，则浮诞

① 将唐宋派的兴起归因于阳明心学，如廖可斌《唐宋派与阳明心学》(《文学遗产》1996年第3期，第78-88页)，周群《论王畿对唐宋派文学思想的影响》(《齐鲁学刊》2000年第5期，第17-21页)。左东岭则认为，唐宋派的产生与阳明心学并无关联，唐顺之所提倡的“本色论”不能被视作代表“唐宋派”的文学思想。(左东岭：《王学与中晚明士人心态》，人民文学出版社2000年版，第450-471页)限于全书主题，左东岭并未对唐宋派兴起的原因展开具体论述。

诙诡而不协于中；骋词以为辩者，则支离磔裂而不根于理。文体大坏，比昔尤甚。乃知俗学流弊，振起为难，有识者盖深忧之。兹圣明在上，若不大振颓风，力救斯文之弊，则将来道术日微，人才日坏，欲得真才以辅成治理，盖益难矣。此事关系甚大，又臣等以人事君之义，莫重于此。伏乞圣明采纳，敕考试官今次会试较士，务取醇正典雅、明白通畅、温柔敦厚之文，凡一切驾虚翼伪、钩棘轧茁之习，痛加黜落，庶几士子知所趋向，而文体可变而正矣。①

这是夏言嘉靖十一年(1532)给皇帝上疏中的第一条"变文体以正士习"。在他看来，科举文风与士人风尚、社会风貌间存在必然联系。成化、弘治间科举文风"深醇典正"，文体舂容，士习醇正，社会风貌淳庞敦厚。到了正德末年，科举文风日趋新奇，八股文写作中普遍存在不加转化地摹拟《左传》、《国语》、《战国策》、《史记》、《汉书》等秦汉典籍词句的情形，生搬硬造，"以艰深之词饰浅近之说，用奇僻之字盖庸拙之文"，矜矜于炫耀奇词丽句，将八股文简单作为博取功名的工具。这种文风在明中期的流衍，很大程度上与李梦阳、康海等人"文必秦汉"的文学观念有关。夏言疏中批评的八股文风气，即是秦汉派末流常犯的弊病②。为纠正这股歪风，夏言提出理想的八股文至少应具备五方面的特点：体式"纯正博雅"，旨趣"温柔敦厚"，气韵"优柔昌大"，格调"醇正典雅"，语言"明白通畅"。

那么，怎样才能写出理想的八股文呢？顾潜(1471—1534)的回答是：除了阅读科举考试指定教材《四书》、《五经》之外，还应多读唐宋八大家的文章。弘治、正德间，顾潜以御史出任京师提学官，对士子备考所应阅读研习的书目作了明确规定：

作文贵纯正明白，戒用尖新险怪之语。又须博学强记，《四书》、《五经》之外，旁及诸子诸史，并唐韩柳、宋欧苏曾王诸家之文，庶几临文资取不穷，或用其事，

① 夏言：《南宫奏稿》卷一《正文体重程序简考官以收真才疏》，文渊阁《四库全书》第429册，第420页。

② 如王慎中《寄道原弟书十六》云："方洲尝述交游中语云：总是学人，与其学欧、曾，不若学马迁、班固。不知学马迁莫如学欧，学班固莫如学曾。今我此文，正是学马、班，岂谓学欧、曾哉？但其所学，非今人所谓学。今人何尝学马、班，只是每篇中抄得三五句《史》、《汉》全文，其余文句皆举子对策与写柬寒温之套，如是而谓之学马、班，亦可笑也。"(《遵岩先生文集》卷四十一)王慎中对"学马、班"之人的批评，主要针对八股文中模拟、剽窃秦汉古文而言。王慎中、唐顺之二人均是少年登科，他们对秦汉派弊病的认识，是从学习写作八股文开始的。屠隆(1542—1605)对秦汉派末流的弊病有更深入的分析："明兴，北地李献吉、信阳何仲默、姑苏徐昌穀，始力兴周、汉之文，诗自《三百篇》而下，则主初唐。厥后诸公继起，气昌而才雄，徒众而力倍，古道遂以大兴，可谓盛矣。然学士大夫之奋起其间者，或抱长才而乏远识，踔厉之气盛，而陶镕之力浅，学《左》、《国》者得其高峻而遗其和平，学《史》、《汉》者得其豪宕而遗其浑博，模辞拟法，拘而不化。独观其一，则古色苍然；总而读之，则千篇一律。"(《由拳集》卷二十三《文论》)个人的才情、学识间均存在差异，局限于对某一文风的模仿而缺乏必要的变通，必然会出现剽窃抄袭的弊端。

或师其意，或仿其格，无不可者。若徒记诵近时刊印时文并讲义、活套等书苟应考校，则其立志不远，取法已卑，验出必行惩责。①

如果将上文的"苏"理解成指苏洵、苏轼、苏辙三人，那么顾潜开列的唐宋八家恰好与后来唐宋派所说八家名目相同。顾氏以唐宋八大家的文章作为科举考试的参考书目，这一做法颇具眼光。从指导写作的角度来说，直接以《史记》、《汉书》作为模仿对象，文章语言不免聱牙崛曲、尖新险怪，风格也容易偏向"艰涩新奇"一路；唐宋八大家的文风则大多"纡余委备"、"条达疏畅"（苏洵《上欧阳内翰第一书》），更符合科举文体的要求。

唐宋派之所以舍秦汉古文而以唐宋古文为取法对象，并非是对秦汉古文的创作成就表示不满，而是在重塑科举文风背景下的策略性选择。因此，唐宋派确立宗派统系，并不着眼于秦汉、唐宋古文二者艺术成就的高下，而由指导现时文章创作的角度立论，注重对更具操作性的"法"的探讨。唐顺之《董中峰侍郎文集序》云：

汉以前之文，未尝无法，而未尝有法，法寓于无法之中，故其为法也，密而不可窥。唐与近代之文，不能无法，而能毫厘不失乎法，以有法为法，故其为法也，严而不可犯。密则疑于无所谓法，严则疑于有法而可窥，然而文之必有法，出乎自然而不可易者，则不容异也。且夫不能有法，而何以议于无法？有人焉见夫汉以前之文，疑于无法而以为果无法也，于是率然而出之，决裂以为体，饾饤以为词，尽去自古以来开阖首尾经纬错综之法，而别为一种臃肿佶涩浮荡之文，其气离而不属，其声离而不节，其意卑，其语涩，以为秦与汉之文如是也，岂不犹腐木湿鼓之音，而且诧曰：吾之乐合乎神。呜呼，今之言秦与汉者纷纷是矣，知其果秦乎汉乎否也？②

在唐顺之看来，秦汉散文无论是语言习惯还是行文方式，都去明代甚远，效仿者如果不能领悟其中精义，"率然而出之"，势必造成文章语言艰涩，意味卑浅，气韵浇漓，声调疏散，导致一种"臃肿佶涩"的浮荡文风。在唐宋派眼里，秦汉派及其追随者所理解的并非秦汉文风的精义，而是"决裂以为体""饾饤以为词"的"伪秦汉"风格。有鉴于此，唐宋派文人转而以学唐宋散文来纠正学秦汉散文产生的流弊。

提高八股文的格调，使八股文表现出"高古典雅"的风味，茅坤的经验是：将六经、秦汉古文及唐宋八大家古文融会贯通，领会其中精义。茅坤《文诀五条训缙儿

① 顾潜：《申严条约事》，《静观堂集》卷八，四库全书存目丛书集部第48册影清雍正十年桂云堂刻玉峰雍里顾氏六世诗文集本。

② 唐顺之：《重刊荆川先生文集》卷十，四部丛刊初编本。

辈》云：

> 三曰调格。格者，譬则风骨也。吾为举业，往往以古调行今文。汝辈不能知，恐亦不能遽学。个中风味，须于六经及先秦、两汉书疏与韩、苏诸大家之文涵濡磅礴于胸中，将吾所为文打得一片凑泊处，则格自高古典雅。①

茅坤这里所谓的“以古调行今文”，显然不是指字句模拟的形似，而是强调二者风骨韵味方面的神同。以作古文之法作八股文，茅坤的这一看法，旨在改变明中期八股文写作中存在的“规模虽具，精义无存，及剽袭先儒语录、肤廓平衍者”(方苞《进四书文选表》)现象。

一个流派理论体系的建构，离不开具体范本的支撑，且其对文学发展的影响时常超过纯粹理论所展现的文学力量。唐宋派确立在明中期文坛的主导地位，主要通过两条途径：一方面，唐宋派以标举唐宋八大家古文，在理论建设上对明中期科举文风进行改革；另一方面，他们还通过编选相关文本，为科举考试提供参考书目。唐顺之编纂《文编》，强调通过精读范文，把握古人作文的法则。收录文章，经史诸子之外，多取唐宋八大家文章，与顾潜的看法不谋而合。茅坤编《唐宋八大家文钞》，选文之外，加以评论，一个很重要的用途是将其作为八股文写作的参考书。他在书前《论例》中对自己的选文标准作过如下声明：

> 苏明允《易》、《诗》、《书》、《礼》、《乐》论，未免杂之以曲见，特其文遒劲。子瞻《大悲阁》等记及赞罗汉等文，似狃于佛氏之言，然亦以其见解超朗，其间又有文旨不远、稍近举子业者，故并录之。②

苏轼《大悲阁记》这样“似狃于佛氏之言”的文章之所以能够入选，“稍近举子业”是其中一个重要因素。因此清人章学诚在《文史通义·文理》中说：“归氏之于制艺，则犹汉之子长、唐之退之，百世不祧之大宗也。故近代时文家之言古文者，多宗归氏。唐宋八大家之选，人几等于五经四子，所由来矣。”③《唐宋八大家文钞》能够成为明清士人群体的经典读本，与其选文策略密不可分。这也从一个侧面反映了唐宋派与科举之间的密切关系。

---

① 茅坤：《茅鹿门先生文集》卷三十二，《茅坤集》，浙江古籍出版社 1993 年版，第 875 页。

② 茅坤：《唐宋八大家文钞》卷首，文渊阁《四库全书》第 1383 册，第 15 页。

③ 章学诚：《文史通义》卷二，辽宁教育出版社 1998 年版，第 57 页。

二、唐宋派“尚欧”思想的实质

唐宋八大家中，唐宋派尤其推崇欧阳修、曾巩二人①。究其原因，也与科举有不可分割的联系。

欧阳修文章受到推崇，一个重要原因是在唐宋派看来，八大家中欧文风调与《史记》最为相近。在唐宋派理论体系中，可以清楚看到这样一条路径：他们学欧阳修文章，在于欧文品格与《史记》接近；他们推崇《史记》，在于《史记》最切近地秉承了六经文章的精义。这一理论路径的形成，是基于以下认识：由欧阳修文章上窥《史记》进而窥测六经文章精义，是使八股文“气息淳古”的正确做法，直接取法六经，很容易误入歧途。方苞总结唐宋派与“前七子”的不同，认为：“古文气体，所贵澄清无滓。澄清之极，自然而发其光精，则《左传》、《史记》之瑰丽浓郁是也。始学而求古求典，必流为明七子之伪体。”②唐宋派、“前七子”二者流派统系上看似“同归”，实则由于在是否经由唐宋古文上溯秦汉经典存在分歧而体现不同的治学路径。“始学而求古求典”与通过探索唐宋古文“求古求典”，唐宋派在法古道路上表现出与“前七子”截然不同的倾向。“前七子”“文必秦汉”与唐宋派“文宗欧曾”理论主张间的区别，这一点是主要方面。

欧阳修文章与《史记》之间的会通，在茅坤与归有光二人的理论与创作中都有所体现。归有光对《史记》情有独钟，言必称《史记》。《明史·文苑传》论归有光云：“有光为古文，原本经术，好太史公书，得其神理。”这一看法，有归有光自己的相关论述作为佐证。如《五岳山人前集序》云：“性独好《史记》，勉而为文，不《史记》若也。”《与陆太常书》云：“执事又过称其文有司马子长之风。子长更数千年，无人可及，亦无人能知之。仆少好其书，以为独有所悟。”《花史馆记》云：“子问必挟《史记》以行。余少好是书，以为自班孟坚已不能尽知之矣。独子问以余言为然。间岁不见，见必问《史记》，语不及他也。”③类似记述，在归有光《震川先生集》中还有不少。此外，归有光还曾用五彩笔评点过《史记》。都可以看出归有光对《史记》曾做过精深的钻研。

归有光以《史记》作为自己文章写作的范本，然而《列朝诗集小传》记述的一则轶事却传递了这样一个信息：归有光与欧阳修二人的文章有某种相似之处。据《列朝诗集小

---

① 如罗洪先《祭唐荆川文》云：“文继欧曾，诗驾韦刘。”(《念庵文集》卷十七)王世贞论正德以来诗文流变云：“诸公四变而六朝，其情辞丽矣，其失靡而浮。晋江诸公又变之为欧曾，近实矣，其失衍而卑。”(《弇州四部稿》卷一百二十七《答王贡士文禄》)黄淳耀《答张子灏书》云：“《荆川集》送到，此老是欧曾嫡派。”(《陶庵全集》卷一)

② 方苞：《古文约选·凡例》，郭绍虞主编《中国历代文论选》第3册，上海古籍出版社2001年版，第396页。

③ 分别见归有光《震川先生集》卷二、卷七、卷十五，上海古籍出版社1981年版，第27、152、388页。

传》丁集中《震川先生归有光》记载：

嘉靖末，山阴诸状元大绶官翰学，置酒招乡人徐渭文长，入夜良久乃至。学士问曰："何迟也?"文长曰："顷避雨士人家，见壁间悬归有光文，今之欧阳子也。回翔雒诵，不能舍去，是以迟耳。"学士命隶卷其轴以来，张灯快读，相对叹赏，至于达旦。①

一位刻意以《史记》作为学习范本的作家，写出的文章却被认为与欧阳修的文章风格类似。归有光理论主张与创作实践的错位，即缘于欧文风调与《史记》间的会通。

茅坤编选《唐宋八大家文钞》，将与《史记》关系的远近作为择取标准，并以此为唐宋八大家的文章排列座次。茅坤《唐宋八大家文钞》卷首《论例》说：

宋诸贤叙事，当以欧阳公为最，何者？以其调自史迁出，一切结构裁剪有法，而中多感慨俊逸处，予故往往心醉。曾之大旨近刘向，然逸调少矣。王之结构裁剪，极多镵洗苦心处，往往矜而严，洁而则，然较之曾，特属伯仲，须让欧一格。至于苏氏兄弟，大略两公者文才疏爽豪荡处多，而结构裁剪四字非其所长，诸神道碑多者八九千言，少者亦不下四五千言，所当详略敛散处，殊不得史体。何者？鹤颈不得不长，凫颈不得不短，两公于策论，千年以来绝调矣，故于此或杀一格，亦天限之也。予览欧、苏二家论不同，欧次情事甚曲，故其论多确而不嫌于复；苏氏兄弟则本《战国策》纵横以来之旨而为文，故其论直而鬯，而多疏逸遒宕之势。欧则譬引江河之水，而穿林麓，灌畎浍；若苏氏兄，弟则譬之引江河之水而一泻千里，湍者萦，逝者注，杳不知其所止者已。②

在茅坤看来，唐宋八大家中，欧文最得"史体"，叙事"情事甚曲"，议论准确而不繁复，文辞简劲而不疏宕。出于喜爱，茅坤《唐宋八大家文钞》在辑选欧文后，另选《庐陵史钞》，对欧文独得《史记》风调的一面进一步予以强调。对茅氏的这一做法，艾南英(1583—1646)结合唐顺之关于秦汉、唐宋古文"无法""有法"的讨论，将其具体化为两个方面："然不佞极推宋大家之文，以其有法。而其稍病宋大家之文，亦因其过于尺寸铢两、毫厘不失乎法。视《史》、《汉》风神，如天衣无缝，为稍差者，以其法太严尔。宋之文由乎法，而不至于有迹而太严者，欧阳子也，故尝推为宋之第一人。"③艾氏认为，唐宋派之所以对欧文推崇备至，关键在于欧文既能得《史记》、《汉书》风神，又能

① 钱谦益：《列朝诗集小传》，上海古籍出版社1983年版，第560页。

② 茅坤：《唐宋八大家文钞》卷首，文渊阁《四库全书》第1383册，第15页。

③ 艾南英：《答陈人中论文书》，《艾千子先生全稿》卷五，明代论著丛刊本，台北伟文图书出版公司1977年版。

如其他宋人文章，有法可循，易于士子学习。

茅坤、归有光等人出于改革明中期科举文风的需要推崇《史记》，因而也不免存在重“法”轻“实”的倾向，过于强调对叙事法则的探索而忽视对叙事精神的领悟，理论主张与创作实践之间未能做到步调一致。对此，清人章学诚批评说：

> 惟归、唐之集，其论说文字皆以《史记》为宗，而其所以得力于《史记》者，乃颇怪其不类。盖《史记》体本苍质，而司马才大，故运之以轻灵。今归、唐之所谓疏宕顿挫，其中无物，遂不免于浮滑，而开后人以描摩浅陋之习。故疑归、唐诸子，得力于《史记》者，特其皮毛，而于古人深际，未之有见。①

“宗欧”理论的提出，意在通过研磨欧文上窥《史记》为文的风神格调，进而领悟先秦元典的精义，借此改造明中期科举文风，创作出“高古典雅”的八股文。

虽然以追求元典精义、史家叙事精神为宗旨，然而从秦汉到明代，时代内容已经不同，科举文体的要求也有其特殊性，茅坤、归有光、唐顺之等人“以古文为时文”的八股文与《史记》叙事格调之间存在差异乃势所必然②。尽管如此，唐宋派通过提倡欧阳修文章改革明中期科举文风的努力及所取得的影响，仍值得肯定。

三、道德理性缺失与唐宋派“宗曾”思想的内在精神

曾巩的文章受唐宋派青睐，与他们改革明中期科举文风的另一个看法有关，即对八股文“载道”意味的强调。

八股文作为明代科举考试的主要文体形式，到了明代中期弊病百出。其中突出的一点是：这一时期的八股文，总的来说缺乏对经义所蕴涵元典精神的领悟，“载道”意味渐淡，出现了大量炫耀文章技巧的作品，“浮艳险怪，不根义理”的倾向日益显著。对

---

① 章学诚：《文史通义校注》卷三《文理》，中华书局 1994 年版，第 286-287 页。

② 因为以指导八股文写作为出发点，唐宋派的理论主张在实际创作中不能得到很好遵行，其效仿者在八股文写作中同样普遍存在字句摹拟的情况。对此，朱曰藩以唐宋派批评“前七子”的方式批评茅、唐等人文宗八大家的做法：“公（即李梦阳）殁，新学聿起，病公者曰：节仪，血气耳。文自韩、欧、苏氏以来已有定式，何必摹拟秦汉，惜哉！李氏子乃不闻吾圣人之道而死。噫，嗟嗟！无所倚之谓圣，空同之文有所倚者也，子所谓不闻道者也，即摹拟宜也。子圣人也，亦规规于韩、欧、苏氏，操其关键，寻其节奏，猎其情采，每一篇出，曰：此韩文，此欧阳文，此东坡海外文。无乃亦有所倚哉！推是心与摹拟秦汉者何以异？石亭陈公曰：当此末法之日，出世者便要据狮子呵阿难骂迦叶，做一程佛子，奈之何？予曰：佛固好做，但恐只是魔得其便，飞精射人。假汝说法，汝终不是到地释迦耳。”（《山带阁集》卷三十三《跋空同先生集后》）摹拟秦汉古文是摹拟，摹拟唐宋古文同样是摹拟，统系选择的差异与文学创作水平间并无必然联系。朱曰藩的批评，深中唐宋派及其追随者的弊病。

于明中期八股文元典精神缺失的现象，桂萼、张璁等人曾多次予以批评①。痛感于明中期科举制度存在的诸多弊病，张璁提出三条对策，其中最重要的举措是派遣京官主考各省乡试。为了强化矫正科举文风的力度，张璁从内容到风格对中举试录作了如下规定：

> 务要平实尔雅，裁约就正。说理者，必窥性命之蕴；论事者，必通经济之权。判必通律，策必稽古。②

派遣乡试考官始于嘉靖七年(1528)。嘉靖八年，唐顺之以会元登进士第。在为嘉靖八年会试录所作序中，张璁肯定了科举文风所发生的变化："观经义之文，多发明理致，不事浮夸，知初试之变也；观诏、诰、表、论、判之文，多率循典实，不事奇怪，知再试之变也；观五策之文，多经略世故，不事剽窃，知三试之变也。"③对于此次科举变革引起的文风变化，王世贞以"简劲"予以概括④。

嘉靖十年(1531)，明政府第二次派京官往各省主考乡试。这一年，王慎中(1509—1559)以户部主事往岭南主考乡试，取中举人林大钦于次年以状元登第。嘉靖十五年(1536)，王慎中由南京礼部员外郎升任山东提学佥事，任职期间，所树立的八股文的

---

① 如桂萼《论修明学政疏》云："诸生业举子，志在仕进，经书初解章句，便拟题目作文字，竞为浮华放诞之言，以便有司之口，遂致破裂经传，不特买椟还珠而已。若之此类，虽名曰士人，其设心与垄断之徒何异？故近代作为科举活套，亦自称绝江网，是甘以市井小人自居，恬不以为耻也。放心至此，尚何望其读书穷理，以求见圣贤之心法哉！"(《太傅桂文襄公奏议》卷三)张璁《送甘思诲还乡序》云："自夫世俗以科举为学，师弟子之所相授受者，不过绨章绘句之文，而道卒无得于心焉。故其合也如伪，离也如弃。视力诸百工技艺为师弟子者反不逮焉，则亦何恩义之有？"(《张文忠公集·文稿》卷一)张璁《慎科目》云："士心日偷，风俗大坏，穷经者失其旨，信傅者谬其说，诚所谓侮圣人之言者有矣。"(《张文忠公集》奏疏卷三)茅坤、唐顺之等人的文章中也有相关论述。如茅坤《与胡举人朴庵书》云："仆少时颇以举子业自喜，而世之学士大夫，抑或以仆当窃一高第也。已而乡、会试，诸有司抑尝首拟，并不果。此固数之偶不偶介乎其间，而仆抑自恨于科场中，殊自有失着也。近年来，举业已多务新奇，每一放榜，一番炫眼。抑不知举子业故起于王荆公所厌诗赋取士，而特设经义以求天下之士，盖即汉人明经遗意也。而世之士既竞以新奇相高，于经术遂疏而不讲，卤莽阔略，而怪且幻矣。近于儿曹辈得执事所中乡试卷读之，中间文调虽不免与世之务新奇者相矜，而于题中肯綮，则大都已入宋儒个中髓处矣。惟其新奇，从经术中洞关窍、栉骨理，譬则孙吴之治兵，本之正，以出入变化，百战百胜，无不如意，未有不以诎天下之敌者。幸兄慎自爱。"(《茅鹿门先生文集》卷五)茅坤从王安石改"诗赋科举"为"经义科举"的本义出发，对正德末年以来的科举文风提出严厉的批评。所谓"竞以新奇相高，于明经遗意疏略不讲"，表明在嘉靖初期科举考试中，经义精神严重缺失，士子所关心的不再是科举制艺阐发圣人之道的文体本位，而是将重点转向词句的锻造。由此看来，道德理性的缺失，是这一时期八股文写作中普遍存在的问题。

② 张璁：《慎科目》，《张文忠公集·奏疏》卷三，四库全书存目丛书集部第77册影明万历四十三年张汝纪等刻增修本。

③ 张璁：《会试录序》，《张文忠公集·文稿》卷一，四库全书存目丛书集部第77册影明万历四十三年张汝纪等刻增修本。

④ 见王世贞《弇山堂别集》卷八十二《科试考二》。

典范是成化、弘治间“博厚典正”的台阁文风。王惟中(慎中弟)在论及王慎中任职山东期间的取文标准时说:

初，山东士子见先生所为广东录，争相慕效。先生自以所作虽峭厉雄奇有可喜，然不足为式，而所谈乃成化、弘治间诸馆阁博厚典正之格。士由此知向往，其文一出于正。①

追求“峭厉雄奇”文风，从另一个角度来说，即更关心词句的锻造而忽略文章的道德意涵，虽不失为文章一格，却并非八股文“正体”。在明中期科举改革中，王慎中主要通过录取举人、指导教学等方式树立典范的科举文风，以达到矫正明中期科举文风的目的。

对当时“务奇”科举文风表示不满的还有茅坤。他致力于改变这一倾向，采取的具体做法是：以“道”救“文”，强化八股文的道德意蕴，“从经术中洞关窍、栉骨理”。茅坤《陆萧山举业刻引》云:

今之举子业，宋熙宁以来经义遗意也。世代日以移，而文章之调亦日以变，以至于今。或谓举子业非古之乡举里选者之法，恐不足以得豪杰。予窃不然，特存夫上之有司，与下之为士者何如耳。今之士，大较并旦劓暮窃，以希一日者之进耳。有司之所操尺幅以求天下之士，又多影相袭而踵相赝耳。《传》不云乎：“文以载道。”又曰：“其辞文，其旨远。”第使为举子业者，能不诡于道，以各言其心之所至，而其辞与旨特文且远焉。而为有司者，或又稍能瞥眼而注视之，譬之金之在砂、玉之在璞也，天下之豪杰岂不辈出于其间，而又何必古之土簋洼樽者之法而后食且饮邪？予尝谓举子业只论真与假，而今之有司与士，亦特辨以此耳。②

所谓“道”，指的是圣贤之道，即元典经义所体现的道德蕴涵。在茅氏看来，八股文应在“不诡于道”的基础上“各言其心之所至”，阐发理道，而不是将其作为“希一日者之进”的工具。

基于上述看法，当茅坤将眼光投向整个古文发展历程时，“道德性”成了他评价历代古文的重要标准:

孔、孟没而诗、书六艺之学不得其传，秦皇帝又从而燔之，于是文章之旨散逸残缺。汉兴，始诏求亡经，而海内学士稍得以沿六艺之遗，而转相授受。西京之文

① 焦竑:《国朝献征录》卷九十二《河南布政司参政王先生慎中行状》，四库全书存目丛书影万历四十四年徐象橒曼山馆刻本，齐鲁书社 1996 年版。

② 茅坤:《茅鹿门先生文集》卷三十一，《茅坤集》，第 842 页。

号为尔雅，其最著者，贾谊、晁错、董仲舒、司马迁、刘向、扬雄、班固是也。魏、晋、宋、齐、梁、陈、隋之间，斯道几绝。唐韩愈氏出，始得上接孟轲，下按扬雄而折衷之。五代之间，浸微浸灭。欧阳修、曾巩及苏氏父子兄弟出，而天下之文复趋于古。数君子者，虽其才之所授小大不同，而于六艺之学，可谓共涉其津而溯其波者也。由此观之，文章之或盛或衰，特于其道何如耳。……得其道而折衷于六艺者，汉、唐、宋是也，虽其衰且弱也，不得而废也。……本朝刘、宋，尝拓门户。弘治、正德间，北地李梦阳攘袂而呼曰："文在是矣。"倡者叱咤，听者辟易。于今学者，犹剿而附焉。嗟乎！间以之按六艺之遗，及西京以来作者之旨，然乎？否邪？得非向所谓草莽而窃者邪？传不云乎："圣人没而微言绝。"此予所以尝私为之累欷而不能已也。①

究竟应以何种标准评判文章高下？秦汉派的看法是：文章的修辞比思想更重要。李攀龙在《送王元美序》中说："以余观于文章，国朝作者，无虑数十家称于世。即北地李献吉辈，其人也，视古修辞，宁失诸理。"②针对这一观点，茅坤重提"文以载道"的命题。在他看来，评判文章高下的标准，不应是修辞的精巧与否，关键在于是否得"六艺之遗"，文章不是与修辞相盛衰，而是与"道"相盛衰。在《八大家文钞总序》、《与王敬所少司寇书》等文章中，茅坤反复表达了自己的这一看法。

唐宋八大家中，曾巩的文章有比较浓厚的道德意味。唐宋派中最早推崇曾巩的是王慎中，在《曾南丰文粹序》一文中，他明确将"道德性"作为自己推崇曾巩文章的理由：

由西汉而下，莫盛于有宋庆历、嘉祐之间，而杰然自名其家者，南丰曾氏也。观其书，知其于为文良有意乎，折衷诸子之同异，会通于圣人之旨，以反溺去蔽，而思出于道德，信乎能道其中之所欲言，而不醇不该之蔽，亦已少矣。视古之能言，庶几无愧，非徒贤于后世之士而已。推其所行之远，宜与《诗》、《书》之作者并天地无穷而与之俱久。然至于今日，知好之者已鲜，是可慨也。盖此道不明，士之才庶可以有言矣，而病于法之难入，困于义之难精，决焉而放于妄，以苟自便，而幸人之相与为惑。其才不足以有言，则愧其不能，矫为之说，诬焉以自高，而掩其不能之愧，以为是不足为也。其弊于今为甚，则是书尤不可不章显于时。③

王慎中之所以要将唐宋八大家中最为人忽视的曾巩推到与《诗经》、《尚书》并称的位置，一个很重要的原因在于：曾氏古文以弘扬圣人之道作为自己的核心创作理念，浓厚的道

① 茅坤：《茅鹿门先生文集》卷十四《文旨赠许海岳沈虹台二内翰先生》，《茅坤集》，第491-492页。

② 李攀龙：《李攀龙集》卷十六，齐鲁书社1993年版，第390页。

③ 王慎中：《遵岩先生文集》卷十五，北京图书馆古籍珍本丛刊影隆庆五年邵廉刻本，书目文献出版社1988年版。

德关怀是曾巩文章的显著特征。所谓“会通于圣人之旨”、“思出于道德”，关注的都是曾巩文章的思想层面。浓厚的道德蕴涵，是曾巩文章的鲜明特征。

与此类似，茅坤在《唐宋八大家文钞论例》中也明确表示，他选曾巩文章，看重的也是曾氏文章的思想性，而非艺术性：

> 曾南丰之文，大较本经术，祖刘向。其湛深之思，严密之法，自足以与古作者相雄长，而其光焰或不外烁也，故于当时稍为苏氏兄弟所掩，独朱晦庵亟称之。历数百年，而近年王道思始知读而酷好之，如渴者之饮金茎露也。①

茅坤在《论例》中有意对曾巩文章进行论析，显然是别有深意。而对自己的这一看法，茅坤在《唐宋八大家文钞·南丰文钞引》中作了进一步发挥：“曾子固之才焰虽不如韩退之、柳子厚、欧阳永叔及苏氏父子兄弟，然其议论必本于六经，而其鼓铸剪裁，必折衷之于古作者之旨。朱晦庵尝称其文似刘向。向之文，于西京最为尔雅，此所谓可与知者言，难与俗人道也。近年晋江王道思、昆陵唐应德始亟称之，然学士间犹疑信者半，而至于脍炙者罕矣。”②曾巩在才情、学识上都无法与韩愈、欧阳修、苏轼等人相比，之所以能得到唐宋派格外的青睐，是由于曾氏为文，“议论必本于六经”，以反映道德理性、表现道德关怀为首要原则。注重为文的思想性，强调文章的道德意味，在唐宋派眼中，曾巩在这方面比韩、柳、欧、苏等人表现得更为突出。

归有光推重曾巩文章，着眼点也是试图以曾文的“理趣”改造明中期八股文风气。据钱谦益《黄蕴生制义序》记载：

> 传闻熙甫上公车，赁骡车以行。熙甫俨然中坐，后生弟子，执书夹侍。嘉定徐宗伯年最少，从容问李空同文云何？因挟《空同集》中《于肃愍庙碑》以进。熙甫读毕，挥之曰：“此亦无他，只文理不通耳。”偶拈一帙，得曾子固《书魏徵传后》，挟册朗诵，至五十余遍，听者皆厌倦欲卧，而熙甫沉吟咏叹，犹有余味。③

文理兼备，是明中期科举文风改革的基本方向。结合归有光的相关论述，可以肯定，他对曾巩文章的推赏，主要是出于对八股文写作中道德蕴涵的强调。

在茅坤、归有光、唐顺之、王慎中等人看来，八股文的文体特征要求“道”与“文”二者共存共生，只有“文”“道”相称，才能实现“其旨远，其辞文”，写出经典的八股文作品。唐宋派推重曾巩文章，正缘于此。而明中期八股文写作中道德理性的缺失，是他

---

① 茅坤：《唐宋八大家文钞》卷首，文渊阁《四库全书》第1383册，第15-16页。

② 茅坤：《唐宋八大家文钞》卷九十七，文渊阁《四库全书》第1384册，第190页。

③ 钱谦益：《牧斋有学集文钞补遗》，《钱牧斋全集》第7册，上海古籍出版社2003年版，第440页。

们推重曾巩文章的历史语境。

唐宋派从矫正明中期科举文风的实际需要出发，提出“文宗欧曾”的理论主张，具有“法”与“道”两方面的内涵。本篇对唐宋派与明中期科举间相关性的讨论，只是明代制度、文化与文学关系研究的一个侧面，此外更深广的内容，有待研究者进一步开掘。

拾伍、明代八股文述论

八股文又称制艺、制义、八比、时文、时艺、四书文等，是经义之文的俗称，为明清时期科举考试的主要文体。其形态与体制虽然到明代才定型，渊源则可追溯至宋代："八股之法，实肇于宋绍兴、淳祐，定于明之洪武，而盛于成化以后者。"①作为一种独立的文体类别，八股文兼具策、论等子部作品和诗、赋等集部作品的某些属性。② 其体制概括来说主要有两方面的特点：第一，"代圣贤立言"。"世之学者，从数千载之后而想象圣人之意，代为立言，而为之摹写其精神，仿佛其语气，发皇其义理，若是者谓之经义。"③摹写精神，模拟语气，阐发义理，大体概括了经义写作的基本要求。袁枚则将八股文与戏曲并举，认为："代人作语者，惟时文与戏曲，则皆以描摩口吻为工。"④虽从反面立论，亦可看出八股文"代言体"这一特点。第二，"体用排偶"。魏禧说："八股之法……一在于排比有定式。夫题之义理，有博衍数十端然后足以尽者，有举其一端扼要而无遗者。今比勒为排比，则是多端者不可尽，而得其一说而毕者，必将强为一说以对之。其对之又必摹其出比之语，斤斤然栉句比字而不敢或乱。"⑤因此顾炎武才会说："股者，对偶之名也。"⑥

八股文的篇章结构，包括题头部分(破题、承题、起讲)和股对部分。股对部分为文章主体，正格由提比、中比、后比、束比等部分构成，每比分二股，共八股。对此，商衍鎏解释说："比者，对也。起、中、后、束各两比内，凡句之长短，字之繁简，与夫声调缓急之间，皆须相对成文，是为八股之正格。"⑦此外，提比后又有出题，中比、后比间有过接，束比后有大结。然而在实际写作中，严格遵守八股的情况反而较少，反

---

① 商衍鎏：《清代科举考试述录》第七章，《清代科举考试述录及有关著作》，百花文艺出版社 2003 年版，第 247 页。

② 金克木先生认为："八股文体兼骈散，继承了战国策士的言论，汉魏六朝的赋，唐宋的文，而以《四书》为模范。分析八股文体，若追溯本原，就差不多要涉及全部汉文文体传统。"(启功、张中行、金克木：《说八股》，中华书局 1994 年版，第 92 页)

③ 戴名世：《有明历朝小题文选序》，《戴名世集》卷四，中华书局 1986 年版，第 98 页。

④ 袁枚：《答戴敬咸进士论时文》，《小仓山房尺牍》卷三，世界书局 1936 年版，第 128 页。

⑤ 魏禧：《制科策上》，《魏叔子文集外篇》卷三，中华书局 2003 年版，第 183 页。

⑥ 顾炎武：《日知录》卷十六《试文格式》，上海古籍出版社 2006 年版，第 951 页。

⑦ 商衍鎏：《清代科举考试述录》第七章，《清代科举考试述录及有关著作》，第 249 页。

倒是二股、四股、六股等格式更为普遍，也有不设股而以单行的。八股文的行文和技法也颇有讲究，清人吕留良曾列举八股文写作中最基本的文法说："破、承之贵简切而高浑也，小讲之虚涵而勿尽也，提挈之得脉而勿痕迹也，提比之笼翻而勿急也，小比之点次老练也，中股之开合切实也，后股之推廓而不馁不泛也，过文之宜反宜正、缓急合度也，结比之有余勇也，掉尾之力劲而有别趋也，一句之当拆发也，全章数节之剪裁有要也，半段半句之当缩咽得气也，过脉叠句之当上瞻下顾而实做本位也，连断详略之不可混也，两截对扇之各有定义也，立柱分股之不可合掌也，布局命意之不可复叠也。"①因为是明代以后科举考试的主要文体，明清两代论八股文作法的著作很多。清人刘熙载在《艺概》中也专列《经义概》一章，对八股文的作法予以论述。

八股文体制在明代定型并走向成熟，《明史·选举志》曾以唐诗作比，将明代八股文的流变划分为四个时期："论者以明举业文字比唐人之诗，国初比初唐，成、弘、正、嘉比盛唐，隆、万比中唐，启、祯比晚唐云。"②方苞的划分立足体格的变迁，时限上略有不同："明人制义，体凡屡变。自洪、永至化、治百余年中，皆恪遵传注，体会语气，谨守绳墨，尺寸不逾。至正、嘉，作者始能以古文为时文，融液经史，使题之义蕴隐显曲畅，为明文之极盛。隆、万间，兼讲机法，务为灵变，虽巧密有加，而气体苶然矣。至启、祯诸家，则穷思毕精，务为奇特，包络载籍，刻雕物情，凡胸中所欲言者，皆借题以发之，就其善者，可兴可观，光气自不可泯。"③考察明代八股文的历史进程，其发展大致可分为三个时期：洪武至天顺为八股文体制逐步确立的阶段，是为第一时期；成化至嘉靖为第二时期，明代八股文的发展逐步走向成熟并达到极盛；隆庆至崇祯为第三时期，各种风格交互胜负，促成了明代后期八股文的递变。

一、明前期八股文"以辞达为本"

明代开科考试在洪武三年(1370)，旋即因太祖嫌其无关实用而于洪武六年罢停，后又于洪武十七年(1384)再次施行。明初科举分试三场，其中尤以第一场为重："今科场虽兼策论，而百年之间，主司所重，惟在经义。士子所习，亦惟经义，以为经既通，则策论可无竢乎习矣。"④张岱概括指出："三场取士，专注头场。"⑤第一场以《四书》、《五经》命题，而以程朱理学为基本内容："初场试《四书》义三道，经义四道。《四书》主朱子《集注》，《易》主程《传》、朱子《本义》，《书》主蔡氏《传》及古注疏，《诗》主朱

---

① 吕留良：《程墨观略论文三则》其一，《晚村文集》卷五，四库禁毁书丛刊集部第148册，第577页。

② 《明史》卷六十九，中华书局1974年版，第1689页。

③ 方苞：《钦定四书文·凡例》，文渊阁《四库全书》第1451册，第3页。本书所引方苞《钦定四书文》均据此本。

④ 王鏊：《拟皋言》，《震泽集》卷三十三，文渊阁《四库全书》第1256册，第486页。

⑤ 张岱：《石匮书》卷二百〇二《文苑列传总论》，抄本。

子《集传》，《春秋》主《左氏》、《公羊》、《穀梁》三传及胡安国、张洽《传》，《礼记》主古注疏。”①洪武四年首科的考试内容和具体规程，均依循元朝旧制：“《四书》取士，昉于元代。……盖经义难通，《四书》易解，右牓第一场《四书》先于《五经》者，先易而后难，初非重《四书》而轻《五经》也。刘基登元统元年进士，检其文集，有《春秋》经义若干篇，而经疑不及焉，则元人之重《五经》可知矣。明初袭用元制，乡会试题，《四书》在《五经》之前，由是士子应试，专以揣摩《四书》文为事，经义徒有其名尔。”②而到了洪武十七年重开科举以后，第一场《四书》义和经义，已经由元代的各一道，增加到了总共七道，而废弃了元代科举中所设的“经疑”一项。阮葵生概论其间的变化说：“明初科举，诏令举子经义无过三百字，不得浮词异说。篇末大结，各抒己见，任陈论国家时事。后因功令加严，忌讳日甚，但许言前代，不许及本朝。久之全删去。”③明代科举考试在其发展过程中，去“经疑”而独重“经义”，从“任陈时事”变为“代圣人立言”，确立了考试文体的主要体式和基本精神。八股文之体的形成，即缘于明代科举对头场经义文的重视。

永乐十五年，明成祖颁行《五经大全》、《四书大全》等书于两京、六都国子监及天下州府县学，在内容方面进一步确立了程朱理学的主导地位：“永乐间，颁《（四书）五经大全》，废注疏不用。其后《春秋》亦不用张洽《传》，《礼记》止用陈澔《集说》。”④对于这一变化，肯定者认为：“尊《学》、《庸》、《语》、《孟》之书，断以考亭之章句，因裁以为题，敷陈词义，如一出于圣人之言。其道精微，变化尚矣。”⑤批评者指出：“制义初行，一时人士尽弃宋元以来所传之实学，上下相蒙，以饕禄利，而莫之问也。呜呼！经学之废，实自此始。”⑥看法的不同，主要是出于对八股文价值认识的差异。显而易见，科举考试以经义命题，对经学的发展无疑具有深远影响。

明代前期，八股文写作尚未形成一定的体式，多是在前代经书传注的基础上作简单发挥：“天顺以前经义之文，不过敷演传注，或对或散，初无定式。”⑦戴名世的看法与此一致：“经义之文，自天顺以前，作者第敷衍传注，或整或散，初无定式。”⑧这一时期的八股文，在风格上大体以“简朴”⑨为尚：“在宣德以前，场屋之文虽间失之朴略，

---

① 《明史》卷七十《选举二》，中华书局1974年版，第1694页。
② 钱大昕：《廿二史考异》卷九十《元史·选举志二》，上海古籍出版社2004年版，第1254-1255页。
③ 阮葵生：《茶余客话》卷十六《八股文坏文风文运》，中华书局1959年版，第469页。
④ 《明史》卷七十《选举二》，中华书局1974年版，第1694页。
⑤ 艾南英：《今文定序篇上》，《天佣子集》卷一，旧学山房藏板道光丙申重刻本。
⑥ 顾炎武：《日知录》卷十八《四书五经大全》，第1043页。
⑦ 顾炎武：《日知录》卷十六《试文格式》，第951页。
⑧ 戴名世：《丁丑房书序》，《戴名世集》卷四，第93页。
⑨ 永瑢等：《四库全书总目》卷一百九十《钦定四书文》提要，中华书局1965年版，第1729页。

而信经守传，要之不抵牾圣人。”①“大抵宣德以前，其词简而质。”②方苞所谓“恪遵传注，体会语气，谨守绳墨，尺寸不逾”，也即此意。这种风格，在对明末八股文风深恶痛绝的清初人眼里，反而有“大巧若拙”之美。吕留良认为：“洪、永之文，质朴简重，气象阔远，有不欲求工之意，此大圭清瑟也。”③俞长城评价这一时期的八股文，也说：“其所谓文，宗唐宋之经解，抉程朱之语录，浑穆简质，不求自工。故陈素庵曰：‘制义之瓌，始于守溪。’钱吉士曰：‘明文天顺以前为极盛，至成弘而衰。’言似过高，其旨可绎也。”④早期八股文较为典型的作品，如洪武十八年(1385)探花黄子澄所作《天下有道则礼乐征伐自天子出》：

> 治道隆于一世，政柄统于一人。夫政之所在，治之所在也。礼乐征伐皆统于天子，非天下有道之世而何哉？昔圣人通论天下之势，首举其盛为言。若曰天下大政，固非一端；天子至尊，实无二上。是故民安物阜，群黎乐四海之无虞；天开日明，万国仰一人之有庆。主圣而明，臣贤而良，朝臣有穆皇之美也；治隆于上，俗美于下，海宇皆熙皞之休也。非天下有道之时乎？当斯时也，语离明则一人所独居也；语乾纲则一人所独断也。若礼若乐，国之大柄，则以天子操之，而掌于宗伯；若征若伐，国之大权，则以天子主之，而掌于司马。一制度，一声容，议之者天子，不闻于以诸侯而变之也。一生杀，一予夺，制之者天子，不闻于以大夫而擅之也。皇灵丕振，而尧封之内，咸懔圣主之威严；王纲独握，而万甸之中，皆仰一王之制度。信乎！非天下有道之盛世，孰能若此道哉！

黄子澄为洪武十八年会元。他的这篇四书文，题目出自《论语·季氏》，首两句为：“天下有道，则礼乐征伐自天子出；天下无道，则礼乐征伐自诸侯出。”破题二句，明破“有道”；承题一般为四句，三句、五句亦可，承作者之意，不入口气；以“若曰”、“且夫”、“意谓”、“尝思”起讲，为八股文常用格式，起讲以后，体用排偶，入圣贤口气，围绕“有道之世”与“有道之时”正面发论。从格调来看，庄重典雅，语带台阁之气，虽是八股文初创时期之作，但规模已具。洪武二十四年，规定四书文的格式：“凡作四书经义，破、承之下，便入大讲，不许重写官题。”⑤体现出在体式方面的自觉追求。

---

① 徐阶：《崇雅录序》，《世经堂集》卷十二，四库全书存目丛书集部第79册影明万历间徐氏刻本。

② 徐阶：《会试录序》，《世经堂集》卷十三，四库全书存目丛书集部第79册影明万历间徐氏刻本。

③ 吕留良：《东皋遗选前集论文一则》，《晚村文集》卷五，四库禁毁书丛刊集部第148册，第575页。

④ 俞长城：《先正程墨初集小引》，《俞世宁文集》卷四，四库未收书辑刊第9辑第21册影清康熙刻本，第98页。

⑤ 张朝瑞：《皇明贡举考》卷一引《明会典》，续修四库全书第828册影明万历刻本，第152页。

综合来看，促成明前期“以辞达为本”①八股文风格的因素，主要来自三个方面：

第一，与明初以来当权者的提倡和引导密切相关。朱元璋曾对翰林院撰写文章的格调做过指导性的论述：“古人为文章，或以明道德，或以通当世之务，如《典》、《谟》之言，皆明白易直，无深怪险僻之语。至如诸葛孔明《出师表》，亦何尝雕刻为文，而诚意溢出，至今使人诵之，自然忠义感激。近世文士，不究道德之本，不达当世之务，其辞虽艰深，而意实浅近，即使过于相如、扬雄，何裨实用。自今翰林为文，但取通道理、明世务者，毋事浮藻。”②基于这样的思想，他对于经义之文的要求也是“不拘旧格，惟务经旨通畅”③。正统六年(1441)，曾下诏：“其出题，不许摘裂牵缀，及问非所当问。取文务须淳实典雅，不许浮华。违者从风宪官纠劾治罪。”④都旨在提倡一种朴略、典雅、淳实、庄重的八股文风。

第二，与这一时期的整体学术风尚有关。黄宗羲曾揶揄地说这一时期的儒学是“此亦一述朱，彼亦一述朱耳”⑤，虽含有批评之意，但也可以看出其时“恪遵传注”的学术风尚。

第三，还与这一时期的科举考试的命题用意相关：“其所试题目，皆摘取经书中大道理、大制度、关系人伦治道者，然后出以为题。当时题目无甚多，故士子专用心于其大且要者。其用功有伦序，又得以余力旁及于他经及诸子史，主司亦易于考校，非三场匀称者不取。”⑥正如王夫之所说：“经义之设，本以扬搉大义，剔发微言，或且推广事理，以宣昭实用。”⑦由此出发，不尚浮词，追求淳实典雅的文风，也就在情理之中。

二、明代中期八股文体式的成熟

成化以至嘉靖百余年，是明代八股文发展的高峰期。艾南英认为：“自有制科以来，得人之盛，莫逾于成、宏(弘)、正、嘉之际。”⑧李乐也说：“本朝成、弘、正德、嘉靖初文字，和平雅淡，不求文而文自不可掩，正如美人生相，不待簪花而后佳人也。”⑨总体来说，这一时期的八股文写作，不仅名家辈出，其中具有代表性的文章，更被后世视为八股文的典范。就其风格演变来看，这一时期的八股文又可分为成化、弘治

---

① 张朝瑞：《皇明贡举考》卷一引俞宪语，第152页。

② 黄佐：《翰林记》卷十一《正文体》，文渊阁《四库全书》第596册，第977页。

③ 王世贞：《弇山堂别集》卷八十一《科试考一》，第1540页。

④ 张居正等：《明会典》卷七十七，万有文库影万历十五年刊本，第14页。

⑤ 黄宗羲：《明儒学案》卷十《姚江学案叙录》，中华书局1986年版，第179页。

⑥ 丘濬：《大学衍义补》卷九《治国平天下之要·正百官·清入仕之路》，文渊阁《四库全书》第712册，第131页。

⑦ 王夫之：《夕堂永日绪论外编》第四十九则，《薑斋诗话》卷二，人民文学出版社1961年版，第186页。

⑧ 艾南英：《黄章丘近艺序》，《天佣子集》卷二，旧学山房藏板道光丙申重刻本。

⑨ 李乐：《续闻见杂记》卷十一第十三则，四库全书存目丛书子部第242册，第407页。

与正德、嘉靖两个阶段。

成化、弘治时期，是明代八股文演变的重要转折期。一方面，八股文的体制与格式开始走向成熟。对此，顾炎武曾以成化、弘治时期的两次会试为例予以说明："经义之文，流俗谓之八股，盖始于成化以后。……成化二十三年会试《乐天者保天下》文，起讲先提三句，即讲乐天四股，中间过接四句，复讲保天下四股，复收四句，再作大结。弘治九年会试《责难于君谓之恭》文，起讲先提三句，即讲责难于君四股，中间过接二句，复讲谓之恭四股，复收二句，再作大结。每四股之中，一反一正，一虚一实，一浅一深。(亦有联属二句四句为对，排比十数对成篇，而不止于八股者。)其两扇立格(谓题本两对，文亦两大对)，则每扇之中，各有四股，其次第之法，亦复如之。故今人相传谓之八股。若长题则不拘此。"①从八股文的演变来看，虽然早在宋朝就已出现四股、六股、八股之体，但只是个别现象，并没有形成一定成式；只有到了成化以后，八股文写作才比较普遍采用"八股体"。

另一方面，成化、弘治间八股文的总体风格深醇典正、平正典雅，被视为八股文的"正体"。对此，黄汝亨概述说："成、弘间作者之文，即才华学术不同，各根本所学，而致其才俱以理为宗，格为律，气为御，词为经纬，精如丝发之不相乱，而天然自在，如眉目顶踵之不易位。无论已至者之妙，即漫漶败笔，而先辈气格自见，譬犹商周彝鼎，王谢衣冠，自是人间清贵之具。"②对这一时期的八股文风格，戴名世以"风气浑朴，含蓄不尽"③予以概括。这种八股文气象的形成，与这一时期对八股文所做的改革有密切关系。

宣德以后，尤其是到了景泰、天顺年间，八股文写作中浮华、牵缀的弊病日显突出。反映在八股文命题方面，琐碎、隐僻之题屡见不鲜。截搭题的出现，更是将这一趋势推到极致："近年以来，典文者设心欲窘举子以所不知，用显已能。其初场出经书题，往往深求隐僻，强截句读，破碎经文，于所不当连而连，不当断而断，遂使学者无所据依，施功于所不必施之地，顾其纲领体要处反忽略焉。以此科场题目，数倍于前。"④其结果，时文风气也因此大变："其录出以为程文者，又多萎薾粗浅，拘泥缠绕，不厌士心。录一出，议论纷然。其所谓主意之说，尤为乖缪。凡其所命之题，专主一说，谓之主意，殊不知圣经深远，非一人之见所能尽，理苟通焉，斯在所取矣，何必惟已之同哉！士子志于必得，谓非合主司之意不可以取中，往往将圣经贤传之旨，旁求曲说，牵缀迁就，以合主司所主之意。此非独坏士习，其为圣经之蠹也甚矣。"在此背景下，丘濬、李东阳等人借主持会试等时机，试图扭转时文风气："时经生文尚险怪，

① 顾炎武：《日知录》卷十六《试文格式》，第951页。

② 黄汝亨：《正始编序》，《寓林集》卷七，四库禁毁书丛刊集部第42册，第176页。

③ 戴名世：《丁丑房书序》，《戴名世集》卷四，第93页。

④ 丘濬：《大学衍义补》卷九《治国平天下之要·正百官·清入仕之路》，文渊阁《四库全书》第712册，第131页。

濬主南畿乡试，分考会试，皆痛抑之。及是课国学生，尤谆切告诫，返文体于正。”①其中丘濬被视为扭转科举文风的关键人物。“廖道南谓举业尔雅，自丘文庄知贡举始。”②丘濬一方面肯定明代前期八股文切关宏义的命题宗旨，称期“其所试题目，皆摘取经书中大道理、大制度、关系人伦治道者，然后出以为题”③，另一方面，对其时大多“敷演传注”的写作风格又颇为不满：“今世举子所习者，虽是五经濂洛之言，然多不本之义理，发以文采，徒缀缉敷演以应主司之试焉耳。名虽正理，其实与前代所习之诗赋无大相远也。欲革其弊，在择师儒之官，必得人如胡瑗者以教国学；慎主司之选，必得人如欧阳修者以主文柄：则士皆务实用以为学，本义理以为文，而不为无益之空言矣。”④由此出发，丘濬利用自己出任乡试、会试考官之机，对那些“为文以奇怪相高，或不可句”，答题中出现“怪词险语”，或者“慕道学”、“过为诡异之行以缴名”的士人，严加裁抑，使士人风气朝“正”的轨道转变。⑤ 丘濬主考会试的成化十一年(1475 年)，所取会元即后来被视作明代八股文宗主的王鏊。缘于此，后人评论说：“论文者首成、弘，而当时前后典文如徐时用、丘仲深、吴原博、李宾之、谢千嵩、王济之、张廷祥诸公，有厌古喜新，生心害政之忧。故其取士刊文，必以明经合传为主。所传诸程墨，凡理学题必平正通达，事实题必典则浑厚。明体达用，文质得中，彬彬称绝盛者，诸君子挽回之力也。”⑥成化、弘治年间经典八股文风的形成，与其时一批文臣的导向有密切关系。

成化、弘治间的八股文作家，以钱福、王鏊为代表，而历代评价褒贬不一。扬之者如俞长城，将王鏊誉为“一代之俊英，斯文之宗主”：“制义之友王守溪，犹史之有龙门，诗之有少陵，书法之有右军，更百世而莫并也。前此风会未开，守溪无所不有；后此时流屡变，守溪无所不包。理至守溪而实，气至守溪而舒，神至守溪而完，法至守溪而备。”⑦又称赞钱福：“钱鹤滩少负异才，科名鼎盛，文章衣被天下，为制艺极则。”⑧凌义远也说：“制艺之盛，莫如成、弘，必以王文恪公称首。”⑨抑之者如王夫之，论王鏊、钱福二人，认为：“钱鹤滩与守溪齐名，谓之曰‘钱王两大家’。所传《恶不仁者》谓……以此称‘大家’者，缘国初人文字，止用平淡点缀，初学小生，无能仿佛。钱、王出，以钝斧劈坚木手笔，用俗情腐词，着死力讲题面，陋人始有津济，翕然推奉，誉

---

① 《明史》卷一百八十一丘濬本传。

② 梁章钜：《制艺丛话》卷四，上海书店出版社 2001 年版，第 57 页。

③ 丘濬：《大学衍义补》卷九《治国平天下之要 · 正百官 · 清入仕之路》，文渊阁《四库全书》第 712 册，第 131 页。

④ 丘濬：《大学衍义补》卷九《治国平天下之要 · 正百官 · 清入仕之路》，文渊阁《四库全书》第 712 册，第 128 页。

⑤ 何乔新《赠特进左柱国太傅谥文庄丘公墓志铭》引，《椒邱文集》卷三十，文渊阁《四库全书》第 1249 册。

⑥ 梁章钜：《制艺丛话》卷四引钱禧语，第 57-58 页。

⑦ 梁章钜：《制艺丛话》卷四引，第 56 页。

⑧ 梁章钜：《制艺丛话》卷四引，第 58 页。

⑨ 梁章钜：《制艺丛话》卷十二引，第 231 页。

为‘大家’，而一代制作，至成、弘而扫地矣。”①前一种看法建立在二人对明代八股文体的承前创造，后一种认识立足于二人对后代八股文风的影响。虽然褒贬各异，但王鏊的八股文在后世确有很大影响。如《儒林外史》中的鲁小姐学八股文，就是“先把一部王守溪的稿子读的滚瓜烂熟”。虽说是反讽之意，但也可以从另一侧面反映出，王鏊的八股文在明清时期确被奉为典范。

成化、弘治时期的八股文界，王鏊被认为是具有开创性的人物：“本朝举业文字，自永乐、天顺间，非无佳者，然开创首功，惟文恪王公鏊为正宗。……文恪《周公兼夷狄驱猛兽而百姓宁》会试文字，何等气格，何等精练，当百世不磨。”②其所作八股文，被后人认为是“法式渐精，隐创时局”③，开创了一代之时文风气。如其名篇《百姓足君孰与不足》：

> 民既富于下，君自富于上。盖君之富，藏于民者也；民既富矣，君岂有独贫之理哉？有若深言君民一体之意以告哀公。盖谓公之加赋，以用之不足也；欲足其用，盍先足其民乎？诚能百亩而彻，恒存节用爱人之心，什一而征，不为厉民自养之计，则民力所出，不困于征求，民财所有，不尽于聚敛。闾阎之内，乃积乃仓，而所谓仰事俯育者，无忧矣；田野之间，如茨如梁，而所谓养生送死者，无憾矣。百姓既足，君何为而独贫乎？吾知藏诸闾阎者，君皆得而有之，不必归之府库，而后为吾财也；蓄诸田野者，君皆得而用之，不必积之仓廪，而后为吾有也。取之无穷，何忧乎有求而不得？用之不竭，何患乎有事而无备？牺牲粢盛，足以为祭祀之供；玉帛筐篚，足以资朝聘之费。借曰不足，百姓自有以给之也，其孰与不足乎？饔飧牢醴，足以供宾客之需；车马器械，足以备征伐之用。借曰不足，百姓自有以应之也，又孰与不足乎？吁！彻法之立，本以为民，而国用之足，乃由于此。何必加赋以求富哉！

此篇文题，出自《论语·颜渊》。破题二句，明破“足”；承题五句，诸人皆直称名号，故称有若。破、承都用作者之意，不入口气。“盖谓”以下入有若口气，围绕朱熹《集注》所谓“有若深言君民一体之意”展开论述，分为起讲、出题、虚股、中股、后股、束股、大结等段落，体式完备。李光地曾以唐诗作比，指出王鏊八股文的最大特点在于体式之备与正：“或问王守溪时文笔气，似不能高于明初人。应之曰：唐初诗亦有高于工部者，然不如工部之集大成，以体不备也。制义至守溪而体大备。某少时颇怪守溪文无甚拔出者，近乃知其体制朴实，书理纯密，以前人语句多对而不对，参差洒落，虽颇近

---

① 王夫之：《夕堂永日绪论外编》，《薑斋诗话》卷二，人民文学出版社 1961 年版，

② 李乐：《见闻杂记》卷五第四十二则，四库全书存目丛书子部第 242 册，第 269 页。

③ 高塘：《高梅亭读书丛钞·明文钞三编·化治文序》，华东师范大学图书馆藏稀见丛书汇刊第 28 册，北京图书馆 2006 年版。

古，终不如守溪裁对整齐，是制义正法。如唐初律诗平仄不尽叶，终不如工部声律密细，为得律诗之正。”①《钦定四书文》评论此文，也着眼其篇法的完备：“层次洗发，由浅入深，题义既毕，篇法亦完。此先辈真实本领，后人虽开阖照应，备极巧变，莫能继武也。”②王鏊此文，可以说是八股文正体的典范之作。

与王鏊齐名的钱福，为弘治三年(1490)状元，会试也是第一。俞长城曾评其所作八股文说：“鹤滩之文，发明义理，敷扬治道，正大醇确，典则深严，即至名物度数之繁，声音笑貌之末，皆考据精详，摹画刻肖，中才所不屑经意者，无不以全力赴之。”③钱福所作八股文，如会元墨卷《好仁者　加乎其身》、《经正则庶民兴　无邪慝矣》、《诚则形　变则化》等文，均能做到“质直明锐，题义豁然”，虽然时有用典太多、所求过浅之弊，但辞章典雅，气势奔放，局度阔大，不失为名家作手。

经过成化、弘治年间的变革和发展，明代八股文在正德、嘉靖时期逐渐由成熟走向鼎盛。尤其是嘉靖时期，明代公认的八股文大家，如唐顺之(嘉靖八年进士)、薛应旂(嘉靖十四年进士)、归有光(嘉靖十九年举人，嘉靖四十年进士)、瞿景淳(嘉靖二十三年进士)等人，都活跃在这一时期。如《明史·文苑三·归有光传附胡友信传》云：“明代举子业最擅名者，前则王鏊、唐顺之，后则震川(归有光)、思泉(胡友信)。”艾南英《今文定序篇下》云：“今天下言举业，断自成化至嘉靖，以守溪(王鏊)、荆川(唐顺之)、昆湖(瞿景淳)、方山(薛应旂)为四大家。果可谓之定评欤？以予观之，此一时之论，非一代之通评也。……虽然，守溪、荆川至矣。”④“四大家”中，嘉靖时期占了三家。又或有“八大家”之说：“有明八大家者，合吴县王鏊、武进唐顺之、常熟瞿景淳、武进薛应旂、昆山归有光、德清胡友信、归善杨起远、临川汤显祖而称也。”⑤“八大家”中，嘉靖时期占了四家，其时八股文之盛由此可见一斑。

关于正德、嘉靖之八股文与成化、弘治之八股文间的差别，戴名世论述说：“今之论经义者有二家，曰铺叙，曰凌驾。铺叙者，循题位置，自首及尾，不敢有一言之倒置，以为此成化、弘治诸家之法也。凌驾者，相题之要而提挈之，参伍错综，千变万化而不离其宗，以为此《史》、《汉》、欧、曾之法也。”⑥虽然戴名世认为成化、弘治时期的八股文，“其鸿文名篇世所号为铺叙者，未尝不扼题之要而尽题之趣，极题之变，反覆洞悉乎题之理，而非如今之讲铺叙者，仅仅循题位置，寻讨声口，遂以为尽题之能事也”，不能简单地以铺叙和凌驾作为成化、弘治和正德、嘉靖八股文的区别；然而就其总体风尚而言，成化、弘治与正德、嘉靖时期八股文间确实存在较大不同，体式上也有明显差异：前一阶段更注重八股文的文体规范，后一阶段更偏重八股文的气格和篇章

---

① 梁章钜：《制艺丛话》卷四引，第56页。

② 方苞：《钦定化治四书文》卷三，文渊阁《四库全书》第1451册，第26页。

③ 梁章钜：《制艺丛话》卷四引，第58页。

④ 艾南英：《天佣子集》卷一，旧学山房藏板道光丙申重刻本。

⑤ 梁章钜：《制艺丛话》卷12引卫廷琪语，第241页。又见赵吉士《寄园寄所寄》卷七。

⑥ 戴名世：《丁丑房书序》，《戴名世集》卷四，第93页。

技法。

方苞概括正德、嘉靖时期八股文的特点，认为是“能以古文为时文，融液经史，使题之义蕴，隐显曲畅”。就其演进趋势而言，这一特点的形成，部分原因是针对秦汉派流弊给八股文写作造成的负面影响：“近年以来，士大夫学为文章，日趋卑陋，往往剽剟摹拟《左传》、《国语》、《战国策》等书，蹈袭衰世乱世之文，争相崇尚，以自矜眩。究其归，不过以艰深之词饰浅近之说，用奇僻之字盖庸拙之文，如古人所谓减字换字之法云耳，纯正博雅之体，优柔昌大之气，荡然无有。盖自正德末年，而此风始炽。”①徐阶比较弘治、正德八股文风的变化，指出：“弘治以前，其词雅而畅；正德间，其词蔚以昌矣，然厌弃师说而流于诡僻、骛于怪奇者亦间有之。”②如何改变这一状况，顾潜提出：“作文贵纯正明白，戒用尖新险怪之语。又须博学强记，《四书》、《五经》之外，旁及诸子诸史，并唐韩柳、宋欧苏曾王诸家之文，庶几临文资取不穷，或用其事，或师其意，或仿其格，无不可者。”③而将这一思想予以深入阐述并使之影响一代文风的，则是我们通常所说的唐宋派。

唐宋派对八股文的改革主要包括两个层面：第一个层面在技法方面，能够将古文章法尤其是唐宋八大家的文法运用于八股文写作，包括遣词、谋篇等方面的内容，所谓“起伏呼应，虚实开阖”④，“正反开阖，抑扬唱诺，顺逆周折，骋控张歙，其变不穷”⑤，“开合首尾，经纬错综”⑥，均是就技法而言；第二个层面在气格、精神方面，茅坤说自己“为举业，往往以古调行之”，具体来说，即“于六经及先秦两汉书疏于韩、苏诸大家之文涵濡磅礴于胸中，将吾所为文打得一片凑泊处，则格自高古典雅”⑦。用方苞的话说，就是“以韩欧之气，达程朱之理，而吻合于当年之语意”⑧。

嘉靖时期八股文“以古文为时文”的风气，一般认为始于唐顺之，而大成于归有光：“以古文为时文，自唐荆川始，而归震川又恢之以闳肆。”⑨唐顺之八股文如《子莫执中　一节》：

---

① 夏言：《正文体重程序简考官以收真才疏》，《南宫奏稿》卷一，文渊阁《四库全书》第 429 册，第 420 页。

② 徐阶：《会试录序》，《世经堂集》卷十三，四库全书存目丛书集部第 79 册影明万历间徐氏刻本。

③ 顾潜：《申严条约事》，《静观堂集》卷八，四库全书存目丛书影雍正十年桂云堂刊本，齐鲁书社 1997 年版。

④ 茅坤：《文诀五条训缙儿辈》，《茅鹿门先生文集》卷三十二，《茅坤集》，浙江古籍出版社 1993 年版，第 875 页。

⑤ 王慎中：《义则序》，《遵岩先生文集》卷九，北京图书馆古籍珍本丛刊影隆庆五年邵廉刻本，书目文献出版社 1988 年版。

⑥ 唐顺之：《董中峰侍郎文集序》，《重刊荆川先生文集》卷十，四部丛刊初编本。

⑦ 茅坤：《文诀五条训缙儿辈》，《茅鹿门先生文集》卷三十二。

⑧ 方苞：《钦定正嘉四书文》卷二，归有光《吾十有五而志于学　一章》评语。

⑨ 方苞：《钦定正嘉四书文》卷二，归有光《吾十有五而志于学　一章》评语。

时人欲矫异端之偏，而不知其自陷于偏也。盖不偏之谓中，而用中者权也。子莫欲矫杨墨之偏而不知权焉，则亦一偏而已矣。此孟子斥其弊以立吾道之准也。且夫吾道理一而分殊，而为我之与兼爱，固皆去道甚远者也。吾道以一而贯万，而执其为我与执其兼爱者，固皆执一而不通者也。于是有子莫者，知夫杨墨之弊，而参之于杨墨之间，以求执乎其中焉。盖曰：其孑孑然以绝物如杨子者，吾不忍为也，但不至于兼爱而已矣；其煦煦然以徇物如墨子者，吾不暇为也，但不至于为我而已矣。自其不为为我也，疑于逃杨而归仁；自其不为兼爱也，疑于逃墨而归义。子莫之于道似为近也，然不知随时从道之谓权。以权应物之谓中，而杨墨之间非所以求中也。徒知夫绝物之不可，而不知称物以平施，则为我固不为也，而吾道之独善其身者，彼亦以为近于为我而莫之敢为矣；徒知夫徇物之不可，而不能因物以付物，则兼爱固不为也，而吾道之兼善天下者，彼亦以为近于兼爱而莫之肯为矣。虽曰将以逃杨也，然杨子有见于我，无见于人，而子莫有见于固，无见于通，要之均为一曲之学而已。知周万变者，果如是乎？虽曰将以逃墨也，然墨子有见于人，无见于我，而子莫有见于迹，无见于化，要之均为一隅之蔽而已。泛应不穷者，果如是乎？夫为我，一也；兼爱，一也。故杨墨之为执一，易知也。中，非一也；中而无权，则中亦一也。故子莫之为执一，难知也。非孟子辞而辟之，则人鲜不以子莫为能通乎道者矣。

题出《孟子·尽心上》。破题二句，正面解析题中之义。承题五句，用作者之意，析孟子立言之旨。“且夫”以下为起讲，所论之意虽不出朱熹“子莫执为我、兼爱之中而无权”之论，然而辞气排荡，结构谨然，有韩、苏论辩文之遗风。《钦定四书文》评论此文，认为：“止将题所应有义意，一一搜抉而出之，未尝务为高奇，而人自不能比。并古文老境也。”①

归有光作文近宗欧阳修，远宗《史记》。方苞奉旨编选《钦定四书文》，对归有光推崇备至，不仅选文数量为明人第一(共34篇)，评价也甚高，评语如“淳古淡泊，风格最高”，“神气浑脱，化尽题中畦界”，“沉潜儒先训义，积之深醇而出之显易，然非浩气充溢，则亦不能若是之挥斥如志也”，等等。归有光所作八股文如《大学之道　一节》其三：

圣经论大人之学，在于尽其道而已矣。盖道具于人，已而各有当止之善也。大人之学尽是而已，圣经所以首揭之，以为学者立法欤。自昔圣王建国，君民兴学设校，所以为扶世导民之具，非强天下之所不欲，而其宏规懿范之存，皆率天下之所当然。是故作于上者，无异教也；由于下者，无异学也。其道可得而言矣，己之德所当明也，故学为明明德焉。人受天地之中以生，所谓昊天曰明，及尔出王，昊天

① 方苞：《钦定正嘉四书文》卷六，文渊阁《四库全书》第1451册，第192页。

曰旦，及尔游衍，非吾心之体乎？“人心惟危，道心惟微”，此人之所以有爽德也。谓之明者，明此而已。懋吾时敏缉熙之功，致其丕显克明之实。洗心濯德，超然于事物之表，而光昭天地之命。盖吾之德固天地之德也，德本明而吾从而明之耳。不然，则道不尽于己，非所以为学矣。民之德所当新也，故学为新民焉。吾与天下之人而俱生，所谓“立爱惟亲，立敬惟长，始于家邦，终于四海”，非吾分之事乎！“道有升降，政由俗革”，此世之所以有污俗也。谓之新者，新此而已。尽吾保乂绥猷之责，致其裁成辅相之道，通变宜民，脱然于衰世之习，而比隆三代之治。盖今之民固三代之民也，民本当新而吾从而新之耳。不然，则道不尽于人，非所以为学矣。明德新民，又皆有至善所当止也，故学为止至善焉。惟皇建极，惟民归极。“会其有极，归其有极”，孰不有天理之极致乎！知至至之，知终终之，此道之所以无穷尽也。谓之止者，止此而已。有宪天之学，而后可以言格天之功；有格天之功，而后可以言配天之治。不与天地合，其德犹为未明之德也；不与三代同，其治犹为未新之民也。人己之间，道犹有所未尽，而非所以为学之至矣。是则明德以求尽乎为己之道，新民以求尽乎为人之道，止至善以求尽乎明德新民之道，古人无道外之学也如是。

文中诸多用语，如“昊天曰明，及尔出王；昊天曰旦，及尔游衍”，“人心惟危，道心惟微”，“立爱惟亲，立敬惟长”，“始于家邦，终于四海”，“道有升降，政由俗革”，“惟皇建极，惟民归极”，“会其有极，归其有极”，“知至至之，知终终之”等，均采自前人，而能自然生动，融液其中，略无扞格之弊。《钦定四书文》评论此文，认为：“化、治以前先辈，多以经语诂题，而精神之流通，气象之高远，未有若兹篇者。学者苦心探索，可知作者根柢之浅深。”又指出：“《三百篇》语，汉魏人用之，即是汉魏人气息；汉魏乐府古诗，六朝人用之，即是六朝人音节。观守溪、震川之用经语，各肖其文之自己出者，可悟文章有神。”①

三、明代后期八股文的递变

隆庆以至崇祯七十余年，是明代八股文的衰变期。对明代后期八股文风格的演变，吕留良有十分细致的评述：“隆庆辛未，复见弘、正风规，至今称之。文体之坏，其在万历乎。丁丑以前，犹厉雅制。庚辰，令始限字，而气格萎薾。癸未，开软媚之端，变徵已见。己丑，得陶、董，中流一砥，而江湖已下，不能留也。至于壬辰，格用断制，调用挑翻，凌驾攻刦，意见庞逞，矩矱先去矣。再变而乙未，则杜撰恶俗之调，影响之理，剔弄之法，曰圆熟，曰机锋，皆自古文章之所无，村竖学究，喜其浅陋，不必读书稽古，遂传为时文正宗。自此至天启壬戌，咸以此得元魁，展转烂恶，势无复之。于是

① 方苞：《钦定正嘉四书文》卷一，文渊阁《四库全书》第1451册，第75页。

甲乙之间，继以伪子伪经，鬼怪百出，令人作恶。崇祯朝，加意振刷。辛未、甲戌、丁丑，崇雅黜俗，始以秦汉唐宋之文，发明经术，理虽未醇，文实近古，名搆甚多，此犹未备也。庚辰、癸未，忽流为浮艳，而变乱不可为矣。”①其间具体的演化之迹是否如吕氏所说的如此明晰，自然是见仁见智；然而就总体趋势来说，“多变”是这一时期八股文发展的显著特征。冯梦祯说自己考中进士后不到三十年间，“文凡几变”：“一变而为嘉靖晚年之华靡，再变而为隆、万间之刻画，三变而为今日之吊诡缪悠。”②由此出现了“岁化月迁，一唱百和，东下之流，既倒之澜，虽诏旨日下，而不能禁也”的情形。陶望龄感慨于万历中期八股文风变化之迅速：“予自通籍来，经生制举之文略已再变。壬辰、戊戌间，文士务极才力，旁摭广骛，庶几乎浩漾无涯涘之观，而偭发毁方，浮浊不泚，往往有之。至辛丑后，其能者率刊华吐腴，相高以理，相矜以态，其流又纤俭寒弱，不复振耸人。第见夫潦收水清为可爱玩，不知继以消缩，且趋于竭也。”③顾炎武甚至感叹说：“时文之出，每科一变。”④文风的善变，与明代后期时代之变局正好一致。

明代后期八股文的新变，可以概括为以下几个方面：

第一，这一时期的八股文，在体式结构和文章技法方面更为成熟和完备。戴名世所谓“有明一代之文，莫盛于隆、万两朝”，即是从这两方面立论：“能文之士相继而出，各自名家，其体无不具而其法无不备，后有起者，虽一铢累黍毫发而莫之能越。”⑤徐越也认为：“嘉靖以前，文以实胜；隆、万以后，文以虚胜。嘉靖文转处皆折，隆、万始圆，圆机，田、邓开之也，后渐趋于薄矣；嘉靖文妙处皆生，隆庆、万历始熟，熟调，汤、许开之也，后渐入于腐矣。”⑥与此同时，也会造成变体的盛行：“嘉靖以后，文体日变，而问之儒生，皆不知八股之何谓矣。孟子曰：大匠诲人，必以规矩。今之为时文者，岂必裂规偭矩矣乎！”⑦冯梦祯曾批评万历时期的八股文风气说：“今之时文，汗漫无当，不知式耳。”⑧

第二，八股文的思想基础在这一时期发生了动摇，程朱理学失去了一统的地位，取而代之的是阳明心学，老庄道学、禅宗等思想也错见于其间，内容上逐渐流于驳杂。冯梦祯就曾感慨，“今之操觚者，竞以禅语入文而文病”⑨。李光地比较前后思想内容的变化，指出：

---

① 吕留良：《东皋遗选前集论文一则》，《晚村文集》卷五，四库禁毁书丛刊集部第148册，第575页。

② 冯梦祯：《皇明四书文纪序》，《快雪堂集》卷三，四库全书存目丛书集部第164册。

③ 陶望龄：《戴玄趾制义序》，《陶文简公集》卷四，四库禁毁书丛刊集部第9册，第260页。

④ 顾炎武：《日知录》卷十七《生员额数》附《生员论》，第967页。

⑤ 戴名世：《庆历文读本序》，《戴名世集》卷四，第106页。

⑥ 梁章钜：《制艺丛话》卷六引，第87页。

⑦ 顾炎武：《日知录》卷十六《试文格式》，第951页。

⑧ 冯梦祯：《文式引》，《快雪堂集》卷三，四库全书存目丛书集部第164册。

⑨ 冯梦祯：《序郑元夫举业近草》，《快雪堂集》卷三，四库全书存目丛书集部第164册。

前代自洪、永之间，设科取士，以经义为先。至于中世，王、钱诸家辈出，而其道始盛。今择其至者，则不过熟读《章句》、《或问》、《大全》之书，专精于先儒之说而已。以故其取材甚雅驯，非洙泗濂洛之精华不收也；其持论甚敬谨，非孔孟程朱之謦欬不貌也；其传神甚微细，非圣贤之语脉文意，则不敢抟合控勒而纵横以骛驱也。后之读者以为质。此如成周之季谓先进野人者，以经义初指揆之，既极彬彬无以加已。嘉、隆以后，异说盛流，师传毁弃，材则兼收夫子史，论则出入于秦汉。又其甚者，则佛老之绪余糟粕而已。至于破体坏法，踔躏颠倒，尤韩子所谓杂乱无章，而转相夸毗侈为至极。彼不知经义设科之意，初不如此也。①

在八股文写作中掺杂心学、道学、禅学等思想的情况，虽然在正德、嘉靖时期已经出现，如嘉靖元年(1522)，章侨、梁世骠曾上疏批评当时八股文写作中“异学”风气盛的情形：“嘉靖元年十月内，礼部题该礼科给事中章侨，奏为崇正学以图治理事。内称：三代以下，论学正莫如朱熹。近世以来，有等倡为异学之徒，大率取陆九渊之简便，惮朱熹为支离，甚者以朱熹为好名，文章为腐烂等。因又该监察御史梁世骠奏称：自古道学之传，至宋儒朱熹，可谓大明矣。近年以来，以陆九渊为尊德性，以朱熹为支离，概多可丑。”②徐阶也说：“正德以降，奇博日益，而遂以入于杨、墨、老、庄者，盖时有之。”③但从总体来说，“嘉、隆以前，姚江之书虽盛行于世，而士子举业尚谨守程朱，无敢以禅窜圣者，故于理多合”。④ 然而这种情况，在隆庆二年以后发生了显著的变化：“自兴化(李春芳)、华亭(徐阶)两执政尊王氏学，于是隆庆戊辰《论语》程义，首开宗门，意端兆于此矣。此后浸淫无所底止，科试文字大半剽窃王氏门人之言，阴诋程朱，近复佐以诸子百家管商杂霸之说，故去理愈远，而先辈预自撰录，其流弊至于主者未入闱，而试目已传布中外。”隆庆二年，李春芳担任会试主考，“厌《五经》而喜老庄，黜旧闻而崇新学”，首场《论语》“子曰由诲汝知之乎”一节，破题用“圣人教贤者以真知，在不昧其心而已”⑤，带有明显的王学色彩。对于此次会试所造成的不良影响，王夫之批评说：“良知之说，充塞天下，人以读书穷理为戒。故隆庆戊辰会试《知之为知之不知为不知》文，以不用《集注》，由此而求之一转，取士教不先而率不谨，人士皆束书不观，无可见长，则以撮弄字句为巧，娇吟蹇吃，耻笑俱忘。如‘战战兢兢，如履薄冰’，而撮云‘冰兢’；‘念终始典于学’，而撮云‘念典’。乃至市井之谈，俗医星相之语，如‘精神’、‘命脉’、‘遭际’、‘探讨’、‘总之’、‘大抵’、‘不过’，是何污目

---

① 李光地：《名文前选序》，《榕村集》卷十一，文渊阁《四库全书》第1324册，第686页。

② 俞汝楫：《礼部志稿》卷九十四《正学·诋訾程朱》，文渊阁《四库全书》第598册，第709页。

③ 徐阶：《崇雅录序》，《世经堂集》卷十二，四库全书存目丛书集部第79册影明万历间徐氏刻本。

④ 艾南英：《历科四书程墨选序》，《天佣子集》卷一，旧学山房藏板道光丙申重刻本。

⑤ 顾炎武：《日知录》卷十八《破题用庄子》，第1057页。

聒耳之秽词，皆入圣贤口中，而不知其可耻。此嘉靖乙丑以前，虽不雅驯者，亦不至是。”①自隆庆以后，八股文写作出现了“异学”横行的局面：“士子谈经义，辄厌薄程朱，为时文辄诋訾先正，而百家杂说，六朝偶语，与夫郭象、王弼、繁露、阴符之俊句，奉为至宝。”②影响之下，即便是反对者如艾南英，所涉猎的内容也是杂而不纯：“予以积学二十余年，制艺自鹤滩、守溪下至宏(弘)、正、嘉、隆大家无所不究，书自六籍子史、濂洛关闽、百家众说、阴阳兵律、山经地志、浮屠老子之文章，无所不习。”③时代之风气，由此可见一斑。

第三，八股文题逐渐流于琐细。这一时期八股文题琐细的显著变化，是截搭题的流行。所谓截搭题，是于经文中不当连而连，不当断而断，割截而成的八股文题。任何一种考试，一旦形成固定的体制，必然会应运而生各种以揣摩试题等为形式的学习教育方法。这种情形，在景泰以后的科举考试中就已有表现，到嘉靖后期开始变得尤其突出：“至嘉靖末年，时文冗滥，千篇一律，记诵稍多，即掇第如寄，而无赖孝廉，久弃帖括者，尽抄录小本，挟以入试。”④在这种情况下，为了防止考生以背诵范文而获取功名，考题上追求偏、怪等特色也就不足为奇。对此，王夫之批评说：“横截数语乃至数十语，不顾问答条理，甚则割裂上章，连下章极不相蒙文字，但取字迹相似者以命题，谓之巧搭。万历以前无此文字。自新学横行，以挑剔字影、弄机锋、下转语为妙语，以破句断章、随拈即是为宗风，于是科场命题亦不成章句。如‘邦畿千里’二节，绝去‘可以人而不如鸟乎’；‘孟懿子问孝’章，绝去‘子曰生事之以礼’三句；‘行己有耻，使于四方’，绝去‘不辱君命’：皆所谓搭题也。命题如此，而求有典有则之文，其可得乎？”⑤其结果，“有司主此以出题，士子主此以为文，今日为士子既以此进身，异日为主司又以此取士，《宋史》所谓缪种流传，今日时文之弊殆类之也”。⑥ 文风的割裂也就不可避免了。

第四，生造之语渐多，造成文风奇诡、峭拔。谈到万历后期的八股文习气，冯梦祯说：“文且日敝，无道德之泽，六艺之腴，先民之典刑，而逞其臆说，饰以芜词，剿竺乾之余沈以为玄，袭市井之恢谈以为通，言愈肆而愈浮，意弥凿而弥诡。”⑦对于这一趋势，王夫之批评说：“文字至撮弄字面，而秽极矣。黄葵阳已启其端，至万历壬辰而益

---

① 王夫之：《夕堂永日绪论外编》第二十二则，《薑斋诗话》卷二，第173-174页。

② 艾南英：《增补今文定今文待序》，《天佣子集》卷一，旧学山房藏板道光丙申重刻本。类似情形，在宋代也曾出现。林之奇(宋绍兴二十一年进士)曾批评说：“今之取士，既以两科兼用，合乎元祐之制矣。臣愿申敕中外学校贡举考官，所试题目，亦毋出于老氏、庄、列之书，以排擯浮伪无实之空言，而使世之儒者，一意于孔孟六经之习，实名教之幸。”(《拙斋文集》卷五《乞崇儒术黜异端》

③ 艾南英：《前历试卷自序》，《天佣子集》卷二，旧学山房藏板道光丙申重刻本。

④ 沈德符：《万历野获编》卷十六《科场·会场搜检》，中华书局1959年版，第413页。

⑤ 王夫之：《夕堂永日绪论外编》第五十一则，《薑斋诗话》卷二，第188页。

⑥ 丘濬：《大学衍义补》卷九《治国平天下之要·正百官·清入仕之路》，文渊阁《四库全书》第712册，第131-132页。

⑦ 冯梦祯：《拟山东试录后序》，《快雪堂集》卷三，四库全书存目丛书集部第164册。

滥。陈懿典《宪章文武》出题云：‘国宪王章，本朝为重；阐文绎武，昭代为尊。’此是何等语，而一时传诵为警句！嗣后效之以不通者三十余年。崇祯间诸名人力为洗涤，然犹有云：‘天无子，人之圣者为其子；海无内，人之圣者居其内。’(‘德为圣人’四句会墨)如此迷惑丧心之语，犹拔作南宫首卷，文字安得不陋？士习安得不偷邪？”①

隆庆、万历以后，面对八股文风的嬗变，虽然朝廷不止一次地下诏厘正文体，但其变化的趋势却仍然难以遏制。俞长城概述说：“二三十年来，风会靡而不起，学术杂而未醇，何也？此其故一在于主司，一在于选家。”②究其原因，大致有以下三个方面：

第一，时代好奇的趋尚。冯梦祯曾以自身经历，感叹尚奇的时风：“真实居士闲居，喜从诸生谈经义。时方趋谲怪，而居士语平实无奇，相信者甚寡。”③造成类似情形的原因，郭正域分析说：“上屡下明诏，厘正文体，乃上之禁之也如防川，而下之趋于回遹奇谲也如川溃。三令五申，曾不比于一苇，而士习日浇，争涛贾勇，啮隄而奔波，则何以故？毋亦上之所申令者在此，而意向之所注者又在彼，士从好而不从令也。”④袁宏道指出：“举业之用，在乎得售。不时则不售，不穷新而极变，则不时。是故虽三令五督，而文之趋不可止也，时为之也。”⑤戴名世也说：“制义者，与时为推移，故曰时文。时之所趋，遂成风气，而士子之奉以为楷模者胥会于一。然而势有所止，情有所厌，思有所穷，运有所转，于是乎数十年而变，或数年而变，或变而盛，或变而衰，往往相为倚伏。”⑥

第二，衡文者的取择标准和评文眼光。艾南英指出：“今天下言正文体者，何其难欤！数年以来，上所以风示士子，训厉学臣，与夫镌考官，黜解人，法令如是严且具，而文体终不能正，何也？始者主司慕悦新奇，奇士未收，而先收填剽割裂窜经赘子之文。其文外似富而中甚贫，而天下之士既以为忧。近者主司稍稍悔之，思返古道，归于纯雅，纯雅未收，而空疏庸腐之人杂然并进，甚则谬诞无稽之文，俨然列之房牍，而不畏天下之议。其后岂文体终不可正欤？原其心，非不欲为国家收得士之效也，而所收终不能如衡文者之心，又何欤？吾以为此皆不读书之过也。士子浅陋而不学，则弱者安于庸腐，强者相竞为填剽，而衡文者亦复入之。衡文者浅陋而不学，则以庸腐为醇雅，以丑杂为奇古，其识量所至固无足怪。”⑦又说：“至于今日，主司之所录者，未必皆舆论之所推；舆论之所推者，未必尽为主司之所录。以俚语谚说、浮薄不根之文，簧鼓后进，其权又足以进退天下之士，而士亦从而宗之。”⑧李乐也认为：“古人重身教，所以

① 王夫之：《夕堂永日绪论外编》第二十一则，《薑斋诗话》卷二，第173页。
② 俞长城：《先正程墨序》，《俞世宁文集》卷四，四库未收书辑刊第9辑第21册，第97页。
③ 冯梦祯：《序项生经义》，《快雪堂集》卷三，四库全书存目丛书集部第164册。
④ 郭正域：《福建程录序》，《合并黄离草》卷十八，四库禁毁书丛刊集部第14册，第59页。
⑤ 袁宏道：《时文叙》，《袁宏道集笺校》卷十八，上海古籍出版社1981年版，第703页。
⑥ 戴名世：《宋嵩南制义序》，《戴名世集》卷四，第113页。
⑦ 艾南英：《甲戌房选序上》，《天佣子集》卷一，旧学山房藏板道光丙申重刻本。
⑧ 艾南英：《黄章丘近艺序》，《天佣子集》卷二，旧学山房藏板道光丙申重刻本。

《大学》云：‘其所令反其所好，而民不从。’今日试院先生出示，必言举子文字，如用佛经、老庄语者不取。据余目见，中式文甚少，然何尝无佛语、老庄家言。至序文必言平正通达，务黜奇诡，然奇诡至不能解读者中式甚多。故天下文体大坏，皆所好所令自相违悖致之也。后生小子看这样子，焉得心术不坏。”①正因如此，那些肆意进取的士子，才会投其所好，崇尚所谓的“俚语谚说、浮薄不根之文”：“今天下文士，务怪逞奇，不如是，不足以投时好而取青紫，何可深罪。”②亦有取此以抑彼之意：“今士习矫伪，文体浮薄，衡文者深忧之，间售庸浅之文为矫枉计。”③以科举取士，一旦失于引导和控制，便很容易出现“以文章中试官”的情形。所谓上有所好，下有所务，利之所在，人无不化，在时代风尚日趋浮靡的背景下，明代后期八股文风流于“空疏庸腐”实属必然。

第三，坊刻八股文集的盛行。关于坊刻时文对八股文风之间的影响，黄汝亨指出：“自文士以沦落憎命，而作者之心与主司之眼若有司焉，而不得自主。贾人以文为市，又从而溷之，鱼目夜光，杂陈莫辨。迨夫时过情定，循题按理，虚中而品置之，则文章之权伸矣。”④钱谦益曾从选文角度出发，对明代嘉靖以后八股文风的演变做过如下描述：“嘉靖以前，士习淳厚，房稿坊刻，绝无仅有。评选程墨行于世者，敖清江、项瓯东也。嘉靖末年，毘陵吴昆麓、吴江沈虹逵游于荆川之门，学有原委，始有《正脉》、《玄览》之刻，学者皆宗尚之。厥后则有刘景龙之《原始》，范光父之《文记》，皆以轨范先民，本原正始，而时贤之窗稿，青衿之试牍，皆不得阑入焉。万历之中，娄江王逸季大操月旦之评，然用以别流品、峻门户而已，未及乎植交。万历之末，武林闻子将始建立坛坫之帜，然用以招朋徒，广声气而已，未及乎牟利。启、祯之间，风气益变，盟坛社坛，奔走号跳，苞苴竿牍，与行卷交驰，除目邸报，与文评杂出。妖言横议，遂与国运相终结。以选文一事征之，亦当代得失之林也。”⑤汤斌描述其时的情形说：“近日士子，不务为有本之学，专一剽窃摹拟，人书肆购决科之文数百篇，闭门而诵之。又择其庸腐纤靡者以为式，左割右扯。幸而获第，取其所揣摩之技，镂板布传。后生又从而效之。”⑥其间情势，正如吕留良所说：“一省一科之风气，定于主司；天下数科之风气，定于选手。”⑦对于嘉靖后期以降坊刻八股文集变乱文风的弊病，王世贞曾予尖锐批评：“科场文字，渐趋奇诡，而坊间所刻及各处士子之所肄习者，更益怪异不经，致误初学，转相视效，及今不为严禁，恐益灌渍人心，浸寻世道，其害甚于洪水，甚于异

---

① 李乐：《闻见杂记》卷九第八十九则，四库全书存目丛书子部第242册，第341页。

② 李乐：《闻见杂记》卷五第五十三则，第273页。

③ 冯梦祯：《序吴无竞制义草》，《快雪堂集》卷三，四库全书存目丛书集部第164册。

④ 黄汝亨：《酉戌墨卷选序》，《寓林集》卷七，四库禁毁书丛刊集部第42册，第179页。

⑤ 钱谦益：《家塾论举业杂说》，《牧斋有学集》卷四十五，上海古籍出版社1996年版，第1509页。

⑥ 汤斌：《唐成斋制义序》，《汤子遗书》卷三，文渊阁《四库全书》第1312册，第481页。

⑦ 吕留良：《东皋遗选今集论文三则》其一，《晚村文集》卷五，四库禁毁书丛刊集部第148册，第576页。

端。"①然而即便如此，却是屡禁不止："今日之文，自庸谫腐烂，至耽奇喜僻之士，莫不有套。试取其所习用者而骤禁之，将人人自废矣。而解之者曰：此时也。"②时代风气已成，其中各种因素相互交杂，要想改变，非一朝一夕之事。

上述各方面因素的交互作用，促成了明代后期八股文风的衰变。针对其间演变的趋势，戴名世指出："迨于天启、崇祯之间，文风坏乱，虽有一二巨公竭力搘拄，而文妖叠出，波荡后生，卒不能禁止。"③清人叶梦珠具体论述说："自万历末而文运始衰。启、祯之际，社稿盛行，主持文社者，江右则有艾东乡南英、罗文止万藻、金正希声、陈大士际泰；娄东则有张西铭溥、张受先采、吴梅村伟业、黄陶庵淳耀；金沙则有周介生钟、周简臣铨；溧阳则有陈百史名夏；吾松则有陈卧子子龙、夏彝仲允彝、彭燕又宾、徐闇公孚远、周勒卣立勋，皆望隆海内，名冠词坛。公卿大夫为之折节缔交，后生一经品题，便作佳士，一时文章，大都骋才华，矜识见，议论以新辟为奇，文词以曲丽为美，当好尚之始，原本经传，发前人之所未发耳。逮其后，子史佛经，尽入圣贤口吻；稗官野乘，悉为制义新编。六经四子，任意诠解，周、程、朱注，束之高阁。朝庭亦厌其习，严饬学臣厘正，故于试卷面页，必注恪遵明旨，引庄、列杂书，文体怪诞者不录。……然而流风已成，究不能改。迨甲申、乙酉之际，愈趋愈甚……文体大坏，而国运亦随之矣。"④明末八股文风的多样性，既缘于当时缺乏一个可供士人共同遵守的定则，也与其时不同地域、不同群体对八股文风的不同追求有关。各种体式和风格，在晚明都有存在的空间。

崇祯间，先后有江西派和云间派兴起，试图通过改革八股文风以达到改变士风的目的，曾使明末八股文呈现出宗经复古、崇尚醇雅的风气。其中江西派以艾南英、陈际泰、罗万藻为代表："予与陈大士、罗文止三人者，起而振之，以《易》、《诗》、《书》、《春秋》、《礼》、《乐》之言，代《语》、《孟》之文，以古雅深醇之词，洗里巷之习，一时后辈从风丕变。"⑤云间派以陈子龙、夏允彝等为代表。然而余风未远，就已经流弊丛生："往者豫章尝以经术理义之文倡天下矣，逾数年而天下以豫章为戒，目之曰幽涉；迩者云间则又以昌明博大之文倡天下矣，今年来复闻天下以云间为戒，目之曰肤漫。夫幽涉岂豫章之始，而肤漫岂云间之初哉？"⑥既然政治上已经失去掌控全局的能力，八股文写作显然也无法做到体式和风格的整齐划一。明末八股文变革的失败，是时代变局中的必然之势。

明代后期八股文风虽屡经代变，但正如方苞所说，尽管存在"专事凌驾、轻剽促

---

① 王世贞：《弇山堂别集》卷八十四《科试考四》，第1595-1596页。

② 黄汝亨：《志远斋会课序》，《寓林集》卷七，第187页。

③ 戴名世：《庆历文读本序》，《戴名世集》卷四，第106页。

④ 叶梦珠：《阅世编》卷八《文章》，上海掌故丛书本。

⑤ 艾南英：《王子巩观生草序》，《天佣子集》卷二，旧学山房藏板道光丙申重刻本。

⑥ 罗万藻：《庚辰房书衡序》，《此观堂集》卷一，四库全书存目丛书集部第192册影清乾隆二十一年跃斋刻本。

隘，虽有机趣而按之无实理真气”的情形，也体现出“气质端重、间架浑成”的气象；部分作品虽然“偭弃规矩以为新奇，剽剥经子以为古奥，雕琢字句以为工雅，书卷虽富，辞气虽丰，而圣经贤传本义转为所蔽蚀”，但也不乏“思力所造、涂径所开，或为前辈所不能到”①的佳作。这一时期的八股文界，出现了一批明清时期颇具影响的八股文名家。

根据前人评述，隆庆、万历时期的八股文名家主要有胡友信、汤显祖、赵南星、陶望龄、许獬等，其中汤显祖虽是以戏曲著名，其八股文也甚为可称。汤显祖为万历十一年(1583)进士，与同科的邹泗山、万国钦、叶修并称“江西四隽”，又被清人列为明代“举业八大家”之一。他的八股文，在当时与传奇、诗赋并称“昭代三绝”。此外，他还曾点阅《汤(宾尹)许(獬)二会元制义》一书。他虽然论文主“情”，但在八股文方面则追慕“钱王之法”，讲究机法，崇尚清通雅正。如所作墨卷《我未见好仁者　一章》：

圣人慨成德者之难，因言弃德者之众焉。夫好仁恶不仁非绝德也，特自弃者不用其力耳，圣人所以重有慨与！想其意曰：君子之学也，以为仁也；君子之成仁，以其能自力也。有仁焉而无力以成之，吾能无慨然于今乎？于今观之，仁可好也，而好仁者我未见也；不仁可恶也，而恶不仁者我未见也。夫好仁之名，夫人乐得之，而吾以为未见者，以好非感发之好，乃无以尚之之好也；恶不仁之名，夫人亦乐得之，而吾以为未见者，以恶非愤激之恶，乃不使加身之恶也。惟其如是，是以难也。虽然，未尝难也。有人焉奋然而起，深明乎仁不仁之分；惕然而思，实用乎好恶之力。吾知有弗好，好则仁必从之。盖无以尚之之域，亦起于一念之好也。我未见好仁者，亦何尝见好焉而力不足者乎？有弗恶，恶则不仁必去之。盖不使加身之域，亦起于一念之恶也。我未见恶不仁者，亦何尝见恶焉而力不足者乎？盖天之生人不齐，人之受质非一，则力不足于用者，或有其人，而有志于仁者恒少，无志于仁者恒多，则吾之于斯人也，实未之见。夫力之足不足也，以用而见也，未有以用之，胡为而遽罪乎？力仁之成不成也，以力而决也，未有以力之，胡为而绝望于仁？然则吾之所见者，非天有所限，彼自限之而已矣；非仁远于人，人自远之而已矣。安得实用其力者，一起焉而副吾之望哉！

题目出自《论语·里仁》。汤文以“慨成德者之难，因言弃德者之众”破题，义旨与朱熹《四书集注》所说“此皆成德之事，故难得而见之”之意相合。行文开阖有度，富于文采，与汤氏主张的“自然灵气，恍惚而来，不思而至”精神一致，亦即袁中道所谓“时义虽云小技，要亦有抒自性灵”②。《钦定四书文》评论此文，认为：“无事钩章棘句，而题之

① 梁章钜：《制艺丛话》卷一引方苞语，第19页。
② 袁中道：《成元岳文序》，《珂雪斋集》卷十，上海古籍出版社1989年版，第482页。

层折，神气毕出。其文情闲逸，顾盼作态，固作者所擅场。”①

天启、崇祯时期尽管当明文之末，却可以说是明代八股文发展的又一高潮。时代风气虽然尽为沦丧，但也多有迥出其间而上追成、弘、正、嘉格调的八股文名家，又都能自成一格，称名当世。姜宸英概述这一时期的八股文名家并论其格调说：“近世金正希、杨伯祥、吴梅村、陈大士、陈卧子、黄蕴生诸公者出，始博取先秦、两汉、唐宋人以来之文，大发之于帖括，经史子集，纵其驱策，横竖钩贯，无所不可，而机杼自出，一空从前作者。”②天启、崇祯间的八股文名家，有黄淳耀、章世纯、艾南英、罗万藻、陈子龙等，而以陈际泰、金声最为著名。这一点，可说是清代文人的共识：“迨于天启、崇祯之间，有两家并以文显于天下，曰金正希，曰陈大士。”③“在天启、崇祯中，休宁金氏、临川陈氏两家，奋然特兴，横绝一世，而其源流指归，未有不出于先辈者。”④“自有制义以来，守溪、荆川，典型具备，当时之人固不意其后之有鹿门、震川也。鹿门、震川，变而之古，浩气逸情，笼络一代，不意后之又有正希、大士也。数君子者，皆负孤特无所附丽之志，而又深以数年之学，故其文能自树立，不谓前之人已极，后之人遂无以加也。”⑤关于金声、陈际泰等人对明末八股文风的振拔意义，方苞概括说：“制科之文，至隆、万之季，真气索然矣。故金、陈诸家，聚经史之精英，穷事物之情变，而一于四书文发之。义皆心得，言必己出，乃八股中不可不开之洞壑也。”⑥这种在八股文写作上的振衰之举，是明末士人力图挽救时代衰亡各种努力的一个侧面。

金声于崇祯元年(1628)考中进士，授庶吉士，入翰林院读书。其时明王朝已内外交困，金声屡次上疏论时政，因为不被重用，“屡疏乞归”。明亡后，举兵抗清，被俘身亡。《明史》本传称其“工举子业，名倾一时”，在明末八股文界与陈际泰、章世纯、罗万藻齐名，并称“时文四大家”。金声的八股文风格幽深矫拔，能于“浮腐饾饤经语子语，以日趋于臭败”⑦的明末风习中独树一帜，自铸雅词，被誉为“启、祯之冠”：“金正希崛起为雄，力追古初，为文幽深矫拔，为启、祯之冠。”⑧时值明末，倡导“复古”是拯救世运、文运衰亡的首选路径，八股文界也不例外。金声在八股文创作“力追古初”的取向，即是明末复古思潮复兴的一种表现。所作如《德行　一节》：

追论陈蔡相从之人，其人才之盛有可观者焉。甚矣陈、蔡之围也，区区数千师而有德行、言语、政事、文学，若而人俱坐困其中焉，岂独一大圣人哉？尝观古今

---

① 方苞：《钦定隆万四书文》卷二，文渊阁《四库全书》第1451册，第218页。
② 姜宸英：《张弘蘧制义序》，《湛园集》卷一，文渊阁《四库全书》第1323册，第634页。
③ 戴名世：《陈大士稿序》，《戴名世集》卷四，第104页。
④ 戴名世：《庆历文读本序》，《戴名世集》卷四，第106页。
⑤ 汤斌：《唐成斋制义序》，《汤子遗书》卷三，文渊阁《四库全书》第1312册，第481页。
⑥ 方苞：《钦定启祯四书文》卷四，金声《德行　一节》评语。
⑦ 艾南英：《金正希稿序》，《天佣子集》卷三，旧学山房藏板道光丙申重刻本。
⑧ 梁章钜：《制艺丛话》卷七引俞长城语，第114页。

人才，唐虞而后，于周为盛。越数百年而遂有孔氏之门，后先奔走，心悦诚服，则忠臣义士之效，不必其在朝廷也；患难死生，与聚与共，则云风龙虎之从，不必其在得时也。陈、蔡之阨为已事矣，而夫子回思相从之士，忽忽其不乐。呜呼，彼一时依依相从者，伊何人哉！迄今纪之，师师济济，犹在目前，念我夫子，如之何其弗思也。尚德不倦，躬行不怠，所愿望难见也，时则有若颜渊、闵子骞、冉伯牛、仲弓；出言有章，吐辞为经，旷代逸才也，时则有若宰我、子贡。至若经世之略，为富为强，政事有寄也，而冉有、季路其人在焉；道德之华，弦歌博雅，文学千古也，而子游、子夏其人在焉。道大莫能容，所欲杀者夫子，而于诸贤无忌也。设诸贤非从夫子游，挟其德行、言语、政事、文学，以博取人间富若贵，与一切功名才望，固自易易，何困阨若斯也，而诸贤不愿也。圣人无阨地，所自信者天命，而人心则不敢必也。设诸贤但以从夫子之故，奉其德行、言语、政事、文学，以投凶暴之一烬，而师弟朋友，无一存者，固事势之常，亦无可如何也，而诸贤不惧也。不可以德感，不可以说动，不可以力格，不可以学化。平昔之能事，当此上下无交之日，亦何所施，而君子固穷，则凄凉之奇，况惟同心可以共尝。修德不获报，尚口乃致穷，果艺无长策，文采不庇身。特出之英华，当此病莫能兴之日，于邑无色，而大节在三，则无位之依归，其愚处正不可及。迄今日而或以夭折，或以疾亡，或以难死，九原之下，既不可作，其存者或以仕，或以故游于四方，归其故里，杏坛之上，无复陈、蔡一人。子独何心，能不悲哉？嗟夫！患难之侣，安乐弗见，虽庸夫俗子，尚难忘情，而况此奇杰之士与！

《钦定四书文》评论此文，称其“脍炙人口久矣”①。破题不及朱熹《集注》所说“因材施教”之意，而但言“人才之盛”，金声是有感而发。其中如“当此上下无交之日，亦何所施，而君子固穷，则凄凉之奇，况惟同心可以共尝”等句，实是明末境况的真实写照。汪琬综论金声的八股文风格，认为其“大率以灏瀚之气，雄放之才，沉幽陗拔之思，驰骋上下于思泉、震川、鹿门诸作，而自名一家。上之研极天人，次之讲明经世有用之学，而于前古盛衰治乱、废兴得失之故，尤惓惓微写其意，而见诸议论翰墨之间。窥其所得，视全盛时作者无异，可谓淳且厚矣”。② 借古讽今，援古证今，类似原本属于八股文写作中的“禁区”，到了明代后期都被打破了。“代圣人立言”的意味逐渐退居其次，转而占据主导的是“变风变雅”的品格。金声的八股文，虽然是八股中之变体，却在一定程度上使其摆脱了恪守传注的局限，赋予了八股文以新的生命。名为八股，实则具备了策论的品格。

陈际泰万历二十八年(1600)与罗万藻、章世纯、艾南英同中秀才，时称章、罗、

① 方苞：《钦定启祯四书文》卷四，文渊阁《四库全书》第1451册，第386页。

② 汪琬：《金正希先生遗稿序》，《尧峰文钞》卷二十九，文渊阁《四库全书》第1315册，第492页。

陈、艾，又称江西四大家。然而他直到崇祯三年(1630)才考中举人，四年(1631)成进士，已经年届七旬。或许正是由于迟迟未能考中进士，陈际泰在八股文创作上葆有的热情终其一生都未减退，“一日可二三十首”，“先后所作至万首”，当时见于流传的也有千余篇，甚至存在一题五篇(《充类至义之尽也》)的情形。对此，《明史·文苑传》概称：“经生举业之富，无若际泰者。”陈际泰的八股文虽然“凡数变”①，然而都能“以一己之精神，透圣贤之义旨”，被认为是扭转一代风气的人物：“守溪、震川与近年陈大士，则各因而递为国朝开创之首者，三家而已。”②陈际泰对明末八股文风的改造，主要体现在“泛出于《穀梁》、《荀卿》、《国策》、《韩非子》者为尤多”。如所作《欲齐其家者先修其身》(《启祯四书文》卷一)：

> 家取则于身，故君子谋所以齐之者焉。夫以不德之身，强行于物，即家且先格矣，岂能齐乎？且夫家之难齐，甚于国之难治也。所谓甚于国者有二：国者，威权之所可驭也，用恩之地，而威权之分失矣。国者，耳目之所不接也，昵就之人，而耳目之际真矣。威权不得而施，则反其道乃可以相易；耳目不得而匿，则益其事乃足以相当。其必先修身乎！一家之中，其为贤不肖者，不一而足。齐之者，将使人人有士君子之行。夫狭邪淫比，禁之而不止者，无术以至之也。吾修吾身，言必称先王，动必稽古昔，则作事可法，而无自恣其偷越之思。故其子弟之教，不肃而成。一家之中，其爱恶相攻者，亦不一而足。齐之者，将使人人有秉礼度义之意。夫诟谇嚣陵，调之而愈棼者，无道以御之也。吾修吾身，情欲之感，无介乎仪容，晏安之私，不形于动静，则用情正大，而无自开其偏溺之端，故其起伏之情，不剂而平。夫治家以和者，固不以乖戾致恩义之暌，而其弊或至于无节；治家以严者，固不以亵狎致妇子之嬉，而其弊或至于不乐。故齐家莫修身若也。身修，固去其和与严之名，而兼乎和与严之利者乎！盖关雎麟趾之休，本于文德；而风火利贞之义，究归言行。然则欲齐家者，其所先盖可知矣。

此篇题目出自《大学》，破题、承题一改此前“多直用先儒语以诂之”的惯例，转而“挹取群言，自出精意，与相发明”③。《钦定四书文》评论此文“词旨明达，体质纯茂，又变其平日纵横跌宕，而一归于经术”，反映出陈际泰八股文的两个显著特点：宗经复古，才气纵横。反映在八股文创作中，既能做到义有所宗，又能感时触事，发为经世之论，正如方苞所说：“两家(金声、陈际泰)之文，指事类情，悲时悯俗，可以感发人心，扶植世教者。”④

---

① 陈际泰：《太乙山房稿自序》，引自《古今图书集成·理学汇编·文学典·经义部》卷一百八十二《纪事》。

② 魏禧：《跋归震川先生全集》引邱维屏语，《魏叔子文集外篇》卷十二，第635页。

③ 方苞：《钦定启祯四书文》卷二，《学而时习之　一节》评语。

④ 方苞：《钦定启祯四书文》卷四，金声《德行　一节》评语。

引用参考文献

一、古代典籍

[光绪]《归安县志》，光绪八年刊本。

[嘉靖]《东乡县志》，《天一阁藏明代方志选刊》第40册影明嘉靖刻本，上海古籍书店1981—1982年版。

[嘉靖]《湖广图经志书》，《日本藏中国罕见地方志丛刊》第16册，书目文献出版社1991年版。

[嘉靖]《仁和县志》，光绪十九年武林丁氏刻本。

[嘉靖]《许州志》，《天一阁藏明代方志选刊》第47册影明嘉靖刻本。

[康熙]《重修河南通志》，清康熙九年（1670）增补顺治本。

[康熙]《山东通志》，康熙十七年刊本。

[乾隆]《钦定胜朝殉节诸臣录》，文渊阁《四库全书》第456册，台北：商务印书馆1986年。

[乾隆]《鄞县志》，乾隆五十三年刻本。

[万历]《新修南昌府志》，《日本藏中国罕见地方志丛刊》第5册。

[雍正]《广东通志》，文渊阁《四库全书》第562-564册。

[雍正]《广西通志》，文渊阁《四库全书》第565-568册。

[雍正]《河南通志》，文渊阁《四库全书》第535-538册。

[雍正]《湖广通志》，文渊阁《四库全书》第531-534册。

[雍正]《畿辅通志》，文渊阁《四库全书》第504-506册。

[雍正]《江南通志》，文渊阁《四库全书》第507-512册。

[雍正]《山西通志》，文渊阁《四库全书》第542-550册。

[雍正]《陕西通志》，文渊阁《四库全书》第551-556册。

[雍正]《四川通志》，文渊阁《四库全书》第559-561册。

[雍正]《浙江通志》，文渊阁《四库全书》第519-526册。

[正德]《饶州府志》，《天一阁藏明代方志选刊续编》第44册，上海书店1990年版。

《大元圣政国朝典章》，影元刊本，中国广播电视出版社1998年版。

《明代登科录汇编》，台北：学生书局1969年版。
《明太祖实录》，台北："中央研究院"历史语言研究所，1962年版。
《钦定大清一统志》，文渊阁《四库全书》第474-483册。
《钦定日下旧闻考》，文渊阁《四库全书》第497-499册。
《御定佩文斋书画谱》，文渊阁《四库全书》第819-823册。
艾南英：《艾千子先生全稿》，明代论著丛刊本，台北：伟文图书出版公司1977年版。
艾南英：《天佣子集》，旧学山房藏板道光丙申重刻本。
陈高：《不系舟渔集》，文渊阁《四库全书》第1216册。
陈栎：《陈定宇先生文集》，元人文集珍本丛刊本影清刊本，台北：新文丰出版公司1985年版。
陈旅：《安雅堂集》，文渊阁《四库全书》第1213册。
陈谟：《海桑集》，文渊阁《四库全书》第1232册。
陈让、夏时正纂修：[成化]《杭州府志》，四库全书存目丛书史部第175册影明成化刻本，齐鲁书社1996年版。
陈泰：《所安遗集》，文渊阁《四库全书》第1210册。
陈田：《明诗纪事》，上海古籍出版社1993年版。
陈绎曾：《文筌》，四库全书存目丛书集部第416册影清李士棻家钞本，齐鲁书社1997年版。
成廷珪：《居竹轩诗集》，文渊阁《四库全书》第1216册。
程端礼：《程氏读书分年日程》，四部丛刊续编本。
程端学：《春秋本义》，清康熙十九年通志堂经解本。
程端学：《积斋集》，文渊阁《四库全书》第1212册。
程钜夫：《雪楼集》，文渊阁《四库全书》第1202册。
程敏政编：《明文衡》，文渊阁《四库全书》第1373-1374册。
程敏政编：《新安文献志》，黄山书社2004年版。
戴表元：《剡源戴先生文集》，四部丛刊初编本。
戴良：《九灵山房集》，文渊阁《四库全书》第1219册、四部丛刊初编本。
戴名世：《戴名世集》，中华书局1986年
邓文原：《巴西集》，文渊阁《四库全书》第1195册。
丁丙：《善本书室藏书志》，《续修四库全书》第927册，上海古籍出版社2002年版。
丁复：《桧亭集》，文渊阁《四库全书》第1208册。
杜应芳修，陈士彦、张文德纂：[万历]《河间府志》，中国科学院图书馆选编《稀见中国地方志汇刊》第3册，中国书店1992年版。
鄂尔泰、张廷玉：《词林典故》，文渊阁《四库全书》第599册。

范承勋等：《明续纂云南通志》，康熙三十年刻本。
方苞：《钦定四书文》，文渊阁《四库全书》第1451册。
方回：《桐江集》，《宛委别藏》第105册，江苏古籍出版社1988年版。
方回：《桐江续集》，文渊阁《四库全书》第1193册。
方孝孺：《逊志斋集》，文渊阁《四库全书》第1235册。
冯继科等：[嘉靖]《建阳县志》，《天一阁藏明代方志选刊》第10册影明嘉靖三十二年刻本。
冯梦祯：《快雪堂集》，四库全书存目丛书集部第164、165册影明万历四十四年黄汝亨、朱之蕃等刻本。
傅若金：《傅与砺诗集》，嘉业堂丛书本。
傅若金：《傅与砺文集》，嘉业堂丛书本。
高继允修，姚孔硕、涂逢豫纂：[乾隆]《太谷县志》，《稀见中国地方志汇刊》第4册。
高启：《高青丘集》，上海古籍出版社1985年版。
高塘：《高梅亭读书丛钞·明文钞三编》，华东师范大学图书馆藏稀见丛书汇刊第28册，北京图书馆，2006年版。
郜相修，樊深纂：[嘉靖]《河间府志》，《天一阁藏明代方志选刊》第2册影嘉靖十九年刻本。
葛万里：《别号录》，文渊阁《四库全书》第1034册。
贡奎：《贡文靖公云林诗集》，北京图书馆古籍珍本丛刊第96册影明弘治三年范吉刻本，书目文献出版社1988年版。
贡师泰：《贡礼部玩斋集》，天顺七年(1463)沈性刻、嘉靖十四年(1535)徐万璧重修本。
谷应泰编：《明史纪事本末》，中华书局1977年版。
顾耿臣修，任于峤纂：[康熙]《鄜州志》，《稀见中国地方志汇刊》第8册。
顾起纶：《国雅品》，《历代诗话续编》下册，中华书局1983年版。
顾潜：《静观堂集》，四库全书存目丛书集部第48册影清雍正十年桂云堂刻玉峰雍里顾氏六世诗文集本。
顾嗣立：《元诗选初集》，中华书局1987年版。
顾炎武：《日知录》，上海古籍出版社2006年版。
管声骏：[康熙]《崇安县志》，《稀见中国地方志汇刊》第32册。
管时敏：《蚓窍集》，文渊阁《四库全书》第1231册。
归有光：《震川先生集》，上海古籍出版社1981年版。
郭绍虞主编：《中国历代文论选》第3册，上海古籍出版社2001年版。
郭正域：《合并黄离草》，四库禁毁书丛刊集部第13、14册影明万历四十年史记事刻本，北京出版社2000年版。

郝经：《郝文忠公陵川文集》，北京图书馆古籍珍本丛刊本。
何景明：《何大复先生全集》，明代论著丛刊本，台北：伟文图书出版有限公司1976年版。
何良俊：《四友斋丛说》，中华书局1959年版。
何梦桂：《潜斋集》，文渊阁《四库全书》第1188册。
何乔新：《椒邱文集》，文渊阁《四库全书》第1249册。
洪迈：《容斋随笔》，文渊阁《四库全书》第851册。
洪遵：《翰苑群书》，文渊阁《四库全书》第595册。
胡行简：《樗隐集》，文渊阁《四库全书》本。
胡应麟：《诗薮》，上海古籍出版社1979年版。
胡仔：《苕溪渔隐丛话》，人民文学出版社1962年版。
胡祗遹：《紫山大全集》，文渊阁《四库全书》第1221册。
胡助：《纯白斋类稿》，丛书集成初编本。
黄庚：《月屋漫稿》，文渊阁《四库全书》第1193册。
黄玠：《弁山小隐吟录》，文渊阁《四库全书》第1205册。
黄溍：《金华黄先生文集》，四部丛刊初编本。
黄溍：《文献集》，文渊阁《四库全书》第1209册。
黄汝亨：《寓林集》，四库禁毁书丛刊集部第42、43册影明天启四年吴敬等刻本。
黄省曾：《五岳山人集》，四库全书存目丛书集部第94册影明嘉靖间刻本。
黄瑜：《双槐岁钞》，中华书局1999年版。
黄虞稷：《千顷堂书目》，上海古籍出版社2001年版。
黄元骥等：[康熙]《广西通志》，康熙二十二年刊本。
黄仲昭：[弘治]《八闽通志》，明弘治刻本。
黄宗羲：《明儒学案》，中华书局1986年版。
黄宗羲等：《宋元学案》，中华书局1986年版。
黄佐：《翰林记》，文渊阁《四库全书》第596册。
贾淇、章时鸾修，冯惟敏纂，王国桢增修，王政熙补纂：《保定府志》，《稀见中国地方志汇刊》第2册。
姜宸英：《湛园集》，文渊阁《四库全书》第1323册。
焦竑：《国朝献征录》，四库全书存目丛书影万历四十四年徐象樗曼山馆刻本。
焦竑：《国朝献征录》，四库全书存目丛书史部第100-106册影中国史学丛书影印明万历四十年徐象樗曼山馆刻本。
焦竑：《玉堂丛语》，中华书局1981年版。
揭傒斯：《揭傒斯全集》，上海古籍出版社1985年版。
解缙：《文毅集》，文渊阁《四库全书》第1236册。
金幼孜：《金文靖集》，文渊阁《四库全书》第1240册。

康海：《武功县志》，《稀见中国地方志汇刊》第 8 册影万历四十五年许国秀刻本。
康如琏修，康弘祥等纂：[康熙]《鄠县志》，《稀见中国地方志汇刊》第 8 册。
康熙《御选明诗》，文渊阁《四库全书》第 1442-1444 册。
孔齐：《静斋至正直记》，四库全书存目丛书子部第 239 册影清钞本。
蓝鼎元：《鹿洲初集》，文渊阁《四库全书》第 1327 册。
雷应元纂修：[康熙]《扬州府志》，《稀见中国地方志汇刊》第 12 册。
李翀：《日闻录》，守山阁丛书本。
李存：《番阳仲公李先生文集》，北京图书馆古籍珍本丛刊本。
李东阳：《怀麓堂集》，文渊阁《四库全书》第 1250 册。
李光地：《榕村集》，文渊阁《四库全书》第 1324 册。
李居颐纂修：[乾隆]《翼城县志》，《稀见中国地方志汇刊》第 5 册。
李侃、胡谧纂修：[成化]《山西通志》，四库全书存目丛书史部第 174 册影民国二十二年影钞明成化十一年刻本。
李乐：《续闻见杂记》，四库全书存目丛书子部第 242 册。
李辂修，赵本、吴骥纂：[正统]《大名府志》，《稀见中国地方志汇刊》第 3 册。
李梦阳：《空同集》，文渊阁《四库全书》第 1262 册。
李梦阳：《空同先生集》，明代论著丛刊本，台北：伟文图书出版有限公司 1976 年版。
李攀龙：《李攀龙集》，齐鲁书社 1993 年版。
李祁：《云阳李先生文集》，北京图书馆古籍珍本丛刊本。
李清馥：《闽中理学渊源考》，文渊阁《四库全书》第 460 册。
李穑：《牧隐文稿》，《域外汉籍珍本文库》第 2 辑集部第 8 册，重庆、西南师范大学出版社、人民出版社 2011 年版。
李焘：《续资治通鉴长编》，文渊阁《四库全书》第 314 册。
李调元：《赋话》，《续修四库全书》第 1715 册影清乾隆绵州李氏万卷楼刻嘉庆十四年李鼎元重校印函海本。
李调元：《雨村诗话》，《清诗话续编》(三)，上海古籍出版社 1983 年版。
李维樾、林增志编：《忠贞录》，文渊阁《四库全书》第 447 册。
李维桢修：[万历]《山西通志》，《稀见中国地方志汇刊》第 4 册。
李贤：《古穰集》，文渊阁《四库全书》第 1244 册。
李贤等：《明一统志》，文渊阁《四库全书》第 472-473 册。
李心传：《建炎杂记》，文渊阁《四库全书》第 608 册。
李肇：《翰林志》，文渊阁《四库全书》第 595 册。
李周望编：《国朝历科题名碑录初集·明洪武至崇祯各科附》，台北：华文书局 1969 年版。
练子宁：《练中丞集》，文渊阁《四库全书》第 1235 册。

梁兰：《畦乐诗集》，文渊阁《四库全书》第 1232 册。
梁明翰修、傅学礼纂：[嘉靖]《庆阳府志》，《稀见中国地方志汇刊》第 9 册。
梁章钜：《制艺丛话》，上海书店出版社 2001 年版。
梁兆阳修、蔡国祯等纂：[崇祯]《海澄县志》，《稀见中国地方志汇刊》第 33 册。
廖道南：《殿阁词林记》，湖北先正遗书本。
林弼：《林登州集》，文渊阁《四库全书》第 1227 册。
林富、黄佐纂修：[嘉靖]《广西通志》，四库全书存目丛书史部 187 册影明嘉靖刻蓝印本。
林駉：《古今源流至论》，文渊阁《四库全书》第 942 册。
林廷棉、周广纂修：[嘉靖]《江西通志》，四库全书存目丛书史部第 182、183 册影明嘉靖刻本。
凌迪知：《万姓统谱》，文渊阁《四库全书》第 956-957 册。
凌云翰：《柘轩集》，文渊阁《四库全书》第 1227 册。
刘辰翁：《须溪集》，文渊阁《四库全书》第 1186 册。
刘方誉、林继衡等修，王光蕴等纂：[万历]《温州府志》，《稀见中国地方志汇刊》第 18 册。
刘基：《诚意伯刘文诚公文集》，四部丛刊初编本。
刘基：《诚意伯文集》，文渊阁《四库全书》本。
刘基：《刘伯温集》，林家骊点校，浙江古籍出版社 2011 年版。
刘将孙：《养吾斋集》，文渊阁《四库全书》第 1199 册。
刘敏中：《中庵先生刘文简公文集》，北京图书馆古籍珍本丛刊第 92 册影清抄本。
刘祁：《归潜志》，中华书局 1983 年版。
刘棨修，孔尚任等纂：[康熙]《平阳府志》，《稀见中国地方志汇刊》第 6 册。
刘三吾：《坦斋刘先生文集》，四库全书存目丛书影万历六年贾缘刻本。
刘三吾等：《书传会选》，文渊阁《四库全书》第 63 册。
刘诜：《桂隐文集》，文渊阁《四库全书》第 1195 册。
刘崧：《槎翁文集》，四库全书存目丛书集部第 24 册影嘉靖元年徐冠刻本。
刘昫等：《旧唐书》，中华书局 1975 年版。
刘沂春修，徐守纲、潘士遴纂：[崇祯]《乌程县志》，《稀见中国地方志汇刊》第 16 册。
刘岳申：《申斋集》，文渊阁《四库全书》第 1204 册。
刘仔肩：《雅颂正音》，文渊阁《四库全书》第 1370 册。
龙文彬：《明会要》，中华书局 1956 年版。
陆深：《俨山外集》，文渊阁《四库全书》第 885 册。
陆深：《俨山续集》，文渊阁《四库全书》第 1268 册。
陆文圭：《墙东类稿》，文渊阁《四库全书》第 1194 册。

陆文圭：《墙东类稿》，文渊阁《四库全书》第 1194 册。

陆文焕纂修、张顾恒增修[康熙]《归安县志》，《稀见中国地方志汇刊》第 14 册。

陆心源等修：[光绪]《归安县志》，光绪八年刊本。

陆钛纂修：[嘉靖]《山东通志》，四库全书存目丛书史部第 188 册影明嘉靖刻本。

陆蓥：《问花楼诗话》，《清诗话续编》(四)，上海古籍出版社 1983 年版。

罗天益：《卫生宝鉴》，人民卫生出版社 1987 年版。

罗万藻：《此观堂集》，四库全书存目丛书集部第 192 册影清乾隆二十一年跃斋刻本。

罗月霞主编：《宋濂全集》，浙江古籍出版社 1999 年版。

吕留良：《吕晚村先生文集》，四库禁毁书丛刊集部第 148 册影雍正三年天盖楼刻本。

吕溥：《竹谿稿》，续金华丛书本。

马端临：《文献通考》，中华书局 1986 年版。

马廷鸾：《碧梧玩芳集》，文渊阁《四库全书》第 1187 册。

马祖常：《马石田文集》卷九，元人文集珍本丛刊影明刊本。

茅坤：《茅坤集》，浙江古籍出版社 1993 年版。

茅坤：《唐宋八大家文钞》，文渊阁《四库全书》第 1383 册。

牟巘：《陵阳集》，文渊阁《四库全书》第 1188 册。

倪涛：《六艺之一录》，文渊阁《四库全书》第 830-838 册。

倪瓒：《清閟阁全集》，文渊阁《四库全书》第 1220 册。

欧阳修、宋祁：《新唐书》，中华书局 1975 年版。

欧阳玄：《圭斋文集》，四部丛刊初编本。

彭润章等纂修：[同治]《丽水县志》，同治十三年刻本。

彭韶：《彭惠安集》，文渊阁《四库全书》第 1247 册。

戚延裔修，马天选等纂：[康熙]《建德县志》，《稀见中国地方志汇刊》第 14 册。

钱大昕：《廿二史考异》，上海古籍出版社 2004 年版。

钱谦益：《列朝诗集小传》，上海古籍出版社 1983 年版。

钱谦益：《牧斋有学集》，上海古籍出版社 1996 年版。

钱谦益：《钱牧斋全集》，上海古籍出版社 2003 年版。

钱宰：《临安集》，文渊阁《四库全书》第 1229 册。

乔亿：《剑谿说诗》，《清诗话续编》(二)，上海古籍出版社 1983 年版。

丘濬：《大学衍义补》，文渊阁《四库全书》第 712 册。

丘濬：《重编琼台稿》，文渊阁《四库全书》第 1248 册。

瞿佑：《归田诗话》，丁福保辑《历代诗话续编》，中华书局 1983 年版。

任士林：《松乡集》，文渊阁《四库全书》第 1196 册。

阮葵生：《茶余客话》，中华书局 1959 年版。

沈德符：《万历野获编》，中华书局 1959 年版。
沈德潜、周准编：《明诗别裁集》，上海古籍出版社 1979 年版。
沈节辅：《纪录汇编》，中国文献珍本丛刊本，全国图书馆文献缩微复制中心，1994 年版。
沈括著，胡道静校注：《新校正梦溪笔谈》，中华书局 1957 年版。
史鉴：《西村集》，文渊阁《四库全书》本。
史起钦修、林子燮等纂：［万历］《福宁州志》，《稀见中国地方志汇刊》第 33 册。
释如一纂：《福清县志续略》，《稀见中国地方志汇刊》第 33 册影日本宽文刻本。
释善住：《谷响集》，文渊阁《四库全书》第 1259 册。
释圆至：《牧潜集》，文渊阁《四库全书》第 1198 册。
舒岳祥：《阆风集》，文渊阁《四库全书》第 1187 册。
宋褧：《燕石集》，北京图书馆古籍珍本丛刊本。
宋濂：《宋学士文集》，四部丛刊初编本。
宋濂等：《元史》，中华书局 1976 年版。
宋讷：《西隐集》，文渊阁《四库全书》第 1225 册。
宋祁：《景文集》，文渊阁《四库全书》第 1088 册。
苏轼：《经进东坡文集事略》，四部丛刊初编本。
苏天爵：《滋溪文稿》，中华书局 1997 年版。
苏天爵编：《国朝文类》，四部丛刊初编本。
孙承泽：《春明梦余录》，文渊阁《四库全书》第 868-869 册。
台湾"中央图书馆"编：《"国立中央图书馆"善本序跋集录》集部第 6 册，台北："中央图书馆"，1994 年版。
汤斌：《汤子遗书》，文渊阁《四库全书》第 1312 册。
唐桂芳：《白云集》，文渊阁《四库全书》第 1226 册。
唐开陶纂修：［康熙］《上元县志》，《稀见中国地方志汇刊》第 11 册。
唐顺之：《重刊荆川先生文集》，四部丛刊初编本。
唐文凤：《梧冈集》，文渊阁《四库全书》第 1242 册。
唐元：《筠轩集》，文渊阁《四库全书》第 1213 册。
陶安：《陶学士集》，文渊阁《四库全书》第 1225 册。
陶望龄：《陶文简公集》，四库禁毁书丛刊集部第 9 册影明天启七年陶履中刻本。
陶宗仪：《南村辍耕录》，中华书局 1959 年版。
田汝成：《西湖游览志余》，文渊阁《四库全书》第 585 册。
田雯：《古欢堂集》，文渊阁《四库全书》第 1324 册。
佟世燕修，戴务楠纂：［康熙］《江宁县志》，《稀见中国地方志汇刊》第 10 册。
屠直纂修：［康熙］《屯留县志》，《稀见中国地方志汇刊》第 5 册。
脱脱等：《金史》，中华书局 1975 年版。

脱脱等：《辽史》，中华书局 1974 年版。
脱脱等：《宋史》，中华书局 1977 年版。
汪广洋：《凤池吟稿》，文渊阁《四库全书》第 1225 册。
汪克宽：《环谷集》，文渊阁《四库全书》第 1220 册。
汪梦斗：《北游集》，文渊阁《四库全书》第 1187 册。
汪森：《粤西文载》，文渊阁《四库全书》第 1465-1467 册。
汪琬：《尧峰文钞》，文渊阁《四库全书》第 1315 册。
汪宗伊、程嗣功修，陈舜仁等纂：[万历]《应天府志》，《稀见中国地方志汇刊》第 10 册。
王昂重编：[嘉靖]《吉安府志存》，嘉靖刻本。
王鏊：《姑苏志》，文渊阁《四库全书》第 493 册。
王鏊：《震泽集》，文渊阁《四库全书》第 1256 册。
王鏊：《震泽长语》，文渊阁《四库全书》第 867 册。
王宠：《雅宜山人集》，四库全书存目丛书集部第 79 册影明嘉靖十六年董宜阳朱浚明刻本。
王谠：《唐语林》，中华书局 1987 年版。
王逢：《梧溪集》，北京图书馆古籍珍本丛刊影元至正、明洪武间刻景泰七年陈敏政重修本。
王夫之：《薑斋诗话》，《四溟诗话 · 薑斋诗话》合刊本，人民文学出版社 1961 年版。
王恭：《白云樵唱集》，文渊阁《四库全书》第 1231 册。
王国安等：[康熙]《浙江通志》，康熙二十三年刊本。
王翰：《梁园寓稿》，文渊阁《四库全书》第 1233 册。
王祎：《王忠文公集》，金华丛书本。
王祎：《王忠文公文集》，北京图书馆古籍珍本丛刊本。
王季思主编：《全元戏曲》，人民文学出版社 1999 年版。
王礼：《麟原后集》，文渊阁《四库全书》第 1220 册。
王溥：《五代会要》，中华书局 1998 年版。
王樵：《方麓集》，文渊阁《四库全书》第 1285 册。
王慎中：《遵岩先生文集》，北京图书馆古籍珍本丛刊影隆庆五年邵廉刻本。
王士禛：《池北偶谈》，中华书局 1982 年版。
王世贞：《明诗评》，丛书集成初编本。
王世贞：《弇山堂别集》，中华书局 1985 年版。
王世贞：《弇州山人四部稿》，明代论著丛刊本，台北：伟文图书出版有限公司 1976 年版。
王叔杲、王应辰纂：[嘉靖]《永嘉县志》，《稀见中国地方志汇刊》第 18 册。

王廷相：《王氏家藏集》，四库全书存目丛书集部第53册影明嘉靖间刻清顺治十二年修补本。

王沂：《伊滨集》，文渊阁《四库全书》第1208册。

王应麟：《四明文献集》，文渊阁《四库全书》第1187册。

王元恭修，王厚孙、徐亮纂：《至正四明续志》，宋元方志丛刊本，中华书局1990年版。

王政修，张珽、陈瑞纂：［康熙］《唐县新志》，《稀见中国地方志汇刊》第2册。

王直：《抑庵文集、后集》，文渊阁《四库全书》第1241-1242册。

王祖肃、杨宜仑修，虞鸣球、董潮纂：［乾隆］《武进县志》，《稀见中国地方志汇刊》第12册。

魏时应修、张榜等纂：［万历］《建阳县志》，《稀见中国地方志汇刊》第31册。

魏禧：《魏叔子文集》，中华书局2003年版。

吴伯宗：《荣进集》，文渊阁《四库全书》第1233册。

吴澄：《吴文正公集》，元人文集珍本丛刊本影成化二十年刊本。

吴澄：《吴文正集》，文渊阁《四库全书》第1197册。

吴皋：《吾吾类稿》，文渊阁《四库全书》第1219册。

吴讷、徐师曾：《文章辨体序说·文体明辨序说》，人民文学出版社1998年版。

吴乔：《围炉诗话》，《清诗话续编》(一)，上海古籍出版社1983年版。

吴师道：《礼部集》，文渊阁《四库全书》第1212册。

夏言：《南宫奏稿》，文渊阁《四库全书》第429册。

萧统编，李善注：《文选》卷九，中华书局1977年版。

萧彦等：《掖垣人鉴》卷，四库全书存目丛书史部第259册影明人文集丛刊影印明万历十二年序刻本。

谢枋得：《叠山集》卷六，四部丛刊续编本。

熊禾：《勿轩集》，文渊阁《四库全书》第1188册。

徐伯龄：《蟫精隽》，文渊阁《四库全书》第867册。

徐成敟等修、陈浩恩等纂：《增修甘泉县志》，《中国地方志集成·江苏府县志辑》第43册影光绪十二年(1885)刻本，江苏古籍出版社1991年版。

徐度：《却扫编》，文渊阁《四库全书》第863册。

徐纮编：《明名臣琬琰录》，文渊阁《四库全书》第453册。

徐阶：《世经堂集》，四库全书存目丛书集部第79册影明万历间徐氏刻本。

徐明善：《芳谷集》，文渊阁《四库全书》第1202册。

徐溥：《谦斋文录》，文渊阁《四库全书》第1248册。

徐松：《宋会要辑稿》，中华书局1957年版。

徐松：《唐两京城坊考》，中华书局1985年版。

徐泰：《诗谈》，四库全书存目丛书集部第417册影涵芬楼影印清道光十一年六安冕氏木活字学海类编本。
徐相国等：[康熙]《湖广通志》，康熙二十三年刊本。
徐飏廷修，徐介纂：[康熙]《长子县志》，《稀见中国地方志汇刊》第 5 册。
许衡：《鲁斋遗书》，文渊阁《四库全书》第 1198 册。
许起凤修，高登科等纂：[乾隆]《宝鸡县志》，《稀见中国地方志汇刊》第 8 册。
许谦：《白云集》，文渊阁《四库全书》第 1199 册。
许有壬：《至正集》，文渊阁《四库全书》第 1211 册。
许有壬：《至正集》，元人文集珍本丛刊本影石印本。
杨慎：《升庵诗话》，《历代诗话续编》中册，中华书局 1983 年版。
杨士奇：《东里文集、续集》，文渊阁《四库全书》第 1238-1239 册。
杨维桢：《丽则遗音》，文渊阁《四库全书》第 1222 册、毛氏汲古阁刻本。
杨维桢：《新刊丽则遗音古赋程式》，北京图书馆藏元刻本，《中华再造善本・集部・金元编》，北京图书馆出版社 2005 年版。
杨亿：《杨文公谈苑》，上海古籍出版社 1993 年版。
杨瑀：《山居新语》，中华书局 2006 年版。
杨载：《翰林杨仲弘诗集》，四部丛刊初编本。
姚燧：《牧庵集》，四部丛刊初编本。
叶联芳纂修：[嘉靖]《沙县志》，《稀见中国地方志汇刊》第 33 册。
叶梦得：《石林燕语》，文渊阁《四库全书》第 863 册。
叶梦熊纂，庄曾明、叶子循等续纂：[顺治]《重修郃阳县志》，《稀见中国地方志汇刊》第 8 册。
叶梦珠：《阅世编》，上海掌故丛书本。
佚名：《庙学典礼》(外二种)，浙江古籍出版社 1992 年版。
佚名：《太常续考》，文渊阁《四库全书》第 599 册。
佚名：《通制条格》，浙江古籍出版社 1986 年版。
佚名：《土官底簿》，文渊阁《四库全书》第 599 册。
永瑢等：《钦定历代职官表》，文渊阁《四库全书》第 601 册。
永瑢等：《四库全书总目》，中华书局 1965 年版。
游潜：《梦蕉诗话》，四库全书存目丛书集部第 416 册影明刻清康熙修补梦蕉三种本。
于成龙等：[康熙]《江西通志》，康熙二十二年刊本。
于慎行：《谷山笔麈》，中华书局 1984 年版。
余来明、潘金英编校：《翰林掌故五种》，武汉大学出版社 2009 年版。
俞汝楫编：《礼部志稿》，文渊阁《四库全书》第 598 册。
俞宪：《皇明进士登科考》，台北：学生书局 1986 年版。
俞长城：《俞世宁文集》，四库未收书辑刊第 9 辑第 21 册影清康熙刻本，北京出版社 1998 年版。

虞集：《道园类稿》，元人文集珍本丛刊第 5、6 册影明初覆刊本。

虞集：《道园学古录》，四部丛刊初编本。

喻政主修：[万历]《福州府志》，福州：海风出版社 2001 年版。

元好问编：《中州集》，中华书局 1959 年版。

元稹：《元稹集》，中华书局 1982 年版。

袁国梓纂修：[康熙]《嘉兴府志》，《稀见中国地方志汇刊》第 15 册。

袁宏道：《袁宏道集笺校》，上海古籍出版社 1981 年版。

袁桷：《清容居士集》，四部丛刊初编本。

袁枚：《小仓山房尺牍》，世界书局 1936 年版。

袁袠：《衡藩重刻胥台先生集》，四库全书存目丛书集部第 86 册影明万历十二年衡藩刻本。

袁中道：《珂雪斋集》，上海古籍出版社 1989 年版。

曾华盖修，洪如琅等纂：[康熙]《新修寿昌县志》，《稀见中国地方志汇刊》第 15 册。

张朝瑞：《皇明贡举考》，《续修四库全书》第 828 册影明万历刻本。

张朝瑞：《忠节录》，四库全书存目丛书史部第 90 册。

张璁：《张文忠公集》，四库全书存目丛书集部第 77 册影明万历四十三年张汝纪等刻增修本。

张岱：《石匮书》，抄本。

张居正等：《明会典》，万有文库影万历十五年刊本。

张宁修、陆君弼纂：[万历]《江都县志》，《稀见中国地方志汇刊》第 12 册。

张位：《词林典故》，四库全书存目丛书史部第 258 册影明万历十四年张位刻本。

张一魁纂修：[康熙]《纂修景州志》，《稀见中国地方志汇刊》第 3 册。

张以宁：《翠屏集》，文渊阁《四库全书》第 1226 册。

张之翰：《西岩集》，文渊阁《四库全书》第 1204 册。

章学诚：《文史通义》，沈阳：辽宁教育出版社 1998 年版。

章学诚著，仓修良编：《文史通义新编》，上海古籍出版社 1993 年版。

章学诚著，叶瑛校注：《文史通义校注》，中华书局 1994 年版。

昭梿：《啸亭续录》，中华书局 1980 年版。

赵德：《四书笺义》，丛书集成初编本。

赵孟頫：《松雪斋文集》，四部丛刊初编本。

赵升：《朝野类要》，文渊阁《四库全书》第 854 册。

赵文：《青山集》，文渊阁《四库全书》第 1195 册。

赵彦卫：《云麓漫钞》，文渊阁《四库全书》第 864 册。

赵翼：《瓯北诗话》，人民文学出版社 1963 年版。

郑方坤：《全闽诗话》，文渊阁《四库全书》第1486册。
郑玉：《师山集》，文渊阁《四库全书》第1217册。
郑真：《荥阳外史集》，文渊阁《四库全书》第1234册。
钟嗣成：《录鬼簿》，《续修四库全书》第1759册。
周必大：《玉堂杂记》，文渊阁《四库全书》第595册。
周密：《武林旧事》，文渊阁《四库全书》第590册。
周三进纂修：[康熙]《五台县志》，《稀见中国地方志汇刊》第4册。
周士英纂修，熊人霖增修：[崇祯]《义乌县志》，《稀见中国地方志汇刊》第17册。
周应宾：《旧京词林志》，四库全书存目丛书史部第259册。
朱德润：《存复斋文集》，四部丛刊续编本。
朱珪等：《皇朝词林典故》，光绪十三年重刊本。
朱睦㮮：《革除逸史》，文渊阁《四库全书》第410册。
朱晞颜：《瓢泉吟稿》，文渊阁《四库全书》第1213册。
朱彝尊：《静志居诗话》，人民文学出版社1990年版。
朱彝尊编：《明诗综》，中华书局2007年版。
朱右：《白云稿》，《续修四库全书》1326册影明初刻本。
朱元璋：《御制大诰》，续修四库全书第862册。
朱元璋：《御制大诰三编》，续修四库全书第862册。
朱元璋：《御制大诰续编》，续修四库全书第862册。
祝尧：《古赋辨体》，文渊阁《四库全书》第1366册。

二、今人著述

陈高华：《陈高华文集》，上海辞书出版社2005年版。
陈寅恪：《元白诗笺证稿》，三联书店2001年版。
邓绍基、杨镰主编：《中国文学家大辞典·辽金元卷》，中华书局2006年版。
方勇：《南宋遗民诗人群体研究》，人民出版社2000年版。
桂栖鹏：《元代进士研究》，兰州大学出版社2001年版。
[日]箭内亘：《元代蒙汉色目待遇考》，陈捷、陈清泉译，商务印书馆1932年版。
李兵：《书院与科举关系研究》，华中师范大学出版社2005年版。
李新宇：《元代辞赋研究》，中国社会科学出版社2008年版。
卢前：《八股文小史》，商务印书馆1933年版。
欧阳光：《宋元诗社研究丛稿》，广州：广东教育出版社1996年版。
潘荣胜主编：《明清进士录》，中华书局2006年版。
启功、张中行、金克木：《说八股》，中华书局1994年版。
钱钟书：《谈艺录(补订本)》，中华书局1984年版。
商衍鎏：《清代科举考试述录及有关著作》，天津：百花文艺出版社2004年版。

孙楷第：《也是园古今杂剧考》，上杂出版社 1953 年版。
孙楷第：《元曲家考略》，上海古籍出版社 1981 年版。
王德毅等：《元人传记资料索引》，中华书局 1987 年版。
萧启庆：《蒙元史新研》，台北：允晨文化实业股份有限公司 1994 年版。
萧启庆：《内北国而外中国：蒙元史研究》，中华书局 2007 年版。
萧启庆：《元朝史新论》，台北：允晨文化实业股份有限公司 1999 年版。
萧启庆：《元代的族群文化与科举》，台北：联经出版事业股份有限公司 2008 年版。
萧启庆：《元代进士辑考》，台北："中央研究院"历史语言研究所 2012 年版。
徐远和：《理学与元代社会》，人民出版社 1992 年版。
杨鸿年：《汉魏制度丛考》，武汉大学出版社 1985 年版。
杨镰：《元代文学编年史》，山西教育出版社 2005 年版。
余来明主编：《中国文学编年史·元代卷》，湖南人民出版社 2006 年版。
翟国璋主编：《中国科举辞典》，江西教育出版社 2006 年版。
祝尚书：《宋代科举与文学》，中华书局 2008 年版。
左东岭：《王学与中晚明士人心态》，人民文学出版社 2000 年版。
左东岭主编：《中国诗歌通史·明代卷》，人民文学出版社 2012 年版。

《中国科举文化通志》书目

历代制举史料汇编
历代律赋校注
七史选举志校注
唐代试律试策校注
八股文总论八种
游戏八股文集成
翰林掌故五种
贡举志五种(上)
贡举志五种(下)
明代科举与文学编年(上)
明代科举与文学编年(中)
明代科举与文学编年(下)
明代状元史料汇编(上)
明代状元史料汇编(下)
四书大全校注(上)
四书大全校注(下)
钦定四书文校注
《游艺塾文规》正续编
钦定学政全书校注
《清实录》科举史料汇编
梁章钜科举文献二种校注
二十世纪科举研究论文选编
《礼部韵略》与宋代科举
科举废止前后的晚清社会与文学
《儒林外史》的现代误读
游戏八股文研究
元明科举与文学考论
明代八股文选家考论
唐代科举与试赋